Jacob Katz

Aus dem Ghetto in die bürgerliche Gesellschaft

Jacob Katz

Aus dem Ghetto in die bürgerliche Gesellschaft

Jüdische Emanzipation 1770–1870

Aus dem Englischen von Wolfgang Lotz

Jüdischer Verlag bei athenäum

Titel der Originalausgabe:
Jacob Katz, *Out of the Ghetto.*
The Social Background of Jewish Emancipation, 1770–1870

CIP-Kurztitelaufnahme der Deutschen Bibliothek

Katz, Jacob:
Aus dem Ghetto in die bürgerliche Gesellschaft:
jüd. Emanzipation 1770–1870/Jacob Katz. Aus d.
Engl. von Wolfgang Lotz. – Dt. Erstausg. –
Frankfurt am Main: Jüdischer Verlag bei Athenäum, 1986.
Einheitssacht.: Out of the ghetto ⟨dt.⟩
ISBN 3-7610-0394-3

Deutsche Erstausgabe

Umschlagabbildung: Napoleon stellt den israelitischen Kult wieder her, 30. Mai 1806 (Foto: Nationalbibliothek Paris)
Umschlaggestaltung: Bine Cordes, Weyarn
Satz: Computersatz Bonn GmbH, Bonn
Druck und Bindung: Bercker, Graphischer Betrieb GmbH, Kevelaer
Printed in West Germany
ISBN 3-7610-0394-3

Inhalt

Vorwort

Der Titel dieses Buches offenbart bereits die Absicht des Verfassers: Es ist die Beschreibung und Analyse des Wandlungsprozesses, durch den die Juden, die bis zum Ende des 18. Jahrhunderts in Ghettos am Rande der Gesellschaft abgesondert waren, die ersten Schritte zur Integration im Strom des europäischen Lebens unternahmen. Seit dieser Zeit wird der Exodus der Juden aus dem Ghetto als eine Wende in der jüdischen Geschichte anerkannt. Gleichzeitig muß die Eingliederung der Juden in die europäische Gesellschaft als bedeutsames Ereignis in der europäischen – wie später auch der amerikanischen Geschichte – angesehen werden, angesichts ihrer aktiven Rolle auf allen Gebieten des täglichen Lebens sowie ihrer passiven Rolle als Zielscheibe gesellschaftlicher Unduldsamkeit.

Man kann sich keineswegs darüber beklagen, daß dieses Thema nicht die Aufmerksamkeit der Historiker erweckt hätte, jedoch konnten sich nur wenige bei der Behandlung dieses Stoffes von den Vorurteilen freimachen, die einem Thema dieser Art nun einmal anhaften. Es wäre anmaßend zu behaupten, daß mir das gelungen sei, was anderen versagt war. Doch sei mir gestattet, darauf hinzuweisen, daß ich mich seit über dreißig Jahren mit diesem Thema befasse – nachdem ich 1934 meine Doktorarbeit über die Assimilierung deutscher Juden geschrieben hatte – und daß ich die Gefahr einer übergroßen Subjektivität sehr wohl erkannte und bemüht war, mich davor zu hüten.

Den Aufbau des Buches besprach ich mit meinem Freund Professor Shmuel N. Eisenstadt, der meinen ersten Entwurf gelesen hatte. Yakov Guggenheim half mir bei der Fertigstellung des Manuskripts sowie bei der Verifizierung der Quellen. Es ist mir eine angenehme Pflicht, all denen, die mir bei der Herausgabe dieses Buches behilflich waren, meine Dankbarkeit auszudrükken.

Jerusalem, März 1972 — *Jacob Katz*
The Hebrew University of Jerusalem

Einleitung zur deutschen Ausgabe

Seit dem Erscheinen der englischen Fassung dieses Buches vor über einem Jahrzehnt sind einige neue Arbeiten erschienen, die diesen Themenkreis berühren; keine dieser Arbeiten zwang jedoch den Verfasser zu einer Revision seiner Ansichten über die behandelte Problematik. Beim Austritt der Juden aus dem Ghetto, d. h. aus der politischen Verfassung, der sozialen Isolierung und dem religiös-kulturellen Eigenleben, die seit dem Mittelalter ihre Existenz bestimmten, handelt es sich nicht um einen in sich geschlossenen historischen Vorgang. Die Voraussetzungen dafür sind in der Entstehung des mehr oder weniger säkularisierten Lebensraums der nichtjüdischen Umgebung zu suchen, in den der Eintritt der Juden stattfand. Die Emanzipation der Juden ist also ein integrierender Teil der radikalen Wende in der Geschichte Europas von der halbfeudalen, vorrevolutionären Ordnung zu der als „modern" gekennzeichneten Welt. Diese Wende scheint ein unerschöpfliches Thema für Historiker, Geschichtsphilosophen und Intellektuelle aller Art zu sein, die sich über das Wesen unserer modernen Epoche Rechenschaft geben wollen. So häufen sich die Untersuchungen, die mehr oder weniger auch das Schicksal der Juden in der modernen Welt betreffen.

Immer größer wird die Auswahl der historischen und geschichtsphilosophischen Arbeiten, die unmittelbar das jüdische Phänomen zum Gegenstand haben. Der Grund hierfür liegt wohl darin, daß der Eintritt der Juden in die europäische Gesellschaft nicht, wie erhofft, die endgültige Lösung der sogenannten Judenfrage brachte, sondern sich als der Anlaß zu ihrer gesteigerten Verwicklung erwies. Die Verfechter der Judenemanzipation glaubten, diese würde der erste Schritt zur völligen Absorbierung der Juden in ihre jeweilige Umgebung werden. Statt dessen brachte sie erneute soziale und politische Konflikte und Spannungen mit sich, die schließlich zur Judenkatastrophe der Hitlerzeit und zur kaum überwindbaren moralischen Belastung der beteiligten Völker führte. Daher das gesteigerte Interesse an der jüdischen Geschichte der Neuzeit, die auch die in in diesem Buch behandelte Periode umfaßt.

In dieser Untersuchung habe ich mich auf die erste, vielleicht positiv zu nennende Phase der Entwicklung beschränkt. So konnte ich den historischen Prozeß unter dem politischen, sozialen und religiös-kulturellen Aspekt verfolgen und analysieren, und zwar sowohl vom Standpunkt der jüdischen als auch der nichtjüdischen Gesellschaft. In einer späteren Untersuchung („From Prejudice to Destruction, Antisemitism 1700–1933"), die speziell das Verhältnis der Umwelt zu den Juden behandelt, habe ich die Entwicklung bis zum Vorabend der Katastrophe verfolgt.

Die grausige Geschichte des Holocaust ist heute sowohl der Gegenstand ernster historischer Forschung als auch betonter Aufmerksamkeit der ganzen westlichen Welt. Dieses Interesse ist jedoch nicht ausschließlich auf die historische oder moralische Besinnung zurückzuführen. Sofern dies der Fall ist, kann die Verfolgung der Ereignisse sich nicht auf die Schreckenszeit beschränken. Die Problematik der jüdischen Existenz in der nichtjüdischen Umgebung hat tiefere historische Wurzeln, die nur durch die Vertiefung in die fernere Vergangenheit aufgedeckt werden können. Eine Darstellung und Analyse der beginnenden Symbiose zwischen der Judengemeinde und der modernen Gesellschaft dürfte also dem Bedürfnis einer solchen Vertiefung entgegenkommen.

Es wäre jedoch schlecht um eine historische Themenwahl bestellt, wenn sie ihre Berechtigung nur von aktuellen Bedürfnissen der Gegenwart ableiten könnte. Der Eintritt der Juden in den Gesellschaftskreis europäischer Völker dürfte, ohne Rücksicht auf seine späteren Folgen, nicht nur für diejenigen von historischem Interesse sein, denen jüdische Geschichte ein spezielles Anliegen ist. Dieser Eintritt erfolgt, wie gesagt, im Zusammenhang mit dem Modernisierungsprozeß, der die europäischen Staaten im 18.–19. Jahrhundert erfaßte. Mit dem jüdischen Bevölkerungszuschuß, selbst wenn es zahlenmäßig unbedeutend schien, ist in jeden der europäischen Staaten ein vom landläufigen verschiedenes Element in den historischen Prozeß der Metamorphose hineingeraten, der nicht ohne Wirkung bleiben konnte. Ob seinerzeit begrüßt, gefürchtet oder beschielt, in historischer Sicht gehört dieser Vorgang zu der Geschichte des jeweiligen Landes. Nur eine noch immer nicht überwundene Scheu, sich mit jüdischen Belangen direkt auseinanderzusetzen, kann den Historiker moderner Gesellschaften veranlassen, an dem Phänomen sozusagen vorbeizusehen.

Jerusalem, September 1986 *Jacob Katz*

Erstes Kapitel

Gesellschaftliche Revolution – mit Unterschieden

Hundert Jahre Geschichte – vom letzten Drittel des 18. Jahrhunderts an gerechnet – hatte in den Ländern Europas zu tiefgreifenden Änderungen geführt. In der Wirtschaft, der Politik, der gesellschaftlichen Struktur sowie in denjenigen ideologischen Bereichen, die diese Gebiete beherrschen, zeichnete sich eine drastische Wandlung ab. Dieser Wechsel betraf alle europäischen Länder, jedoch hauptsächlich den Westen. Nirgends griff die Wandlung so tief ins Leben wie in der jüdischen Gemeinschaft, die in jenen Ländern existierte und die bis dahin als abgesonderte Einheit angesehen worden war. Während bei den europäischen Nationen eine wirtschaftliche, politische und gesellschaftliche Verschiebung stattfand, vollzog sich bei den Juden eine weitaus tiefergehende Veränderung, die sich auf ihre gesamte Gesellschaftsordnung auswirkte. In dem Jahrzehnt zwischen 1760 und 1770 wurden die Juden lediglich als Teil einer in aller Welt zerstreuten jüdischen Nation angesehen. Doch um 1860 wäre ihnen diese Definition nicht mehr gerecht geworden, obgleich man noch immer zweifeln mochte, nach welchen Gesichtspunkten man sie klassifizieren sollte. In der erstgenannten Zeitspanne bezeichnete man einen Juden nach dem Land seiner Herkunft – also als englischen, französischen oder deutschen Juden. Zu jener Zeit war das jedoch lediglich eine geographische Bezeichnung, die allenfalls auf die gemeinsamen Charaktereigenschaften verwies, die die Mitglieder der verschiedenen Gemeinden aufzeigten. Hundert Jahre später – wenn jemand als französischer, englischer oder deutscher Jude bezeichnet wurde – bedeutete das, daß er in gewissem Sinne zweierlei gesellschaftlichen Gruppierungen angehörte: Er war ein Bürger einer der genannten Nationen und zusätzlich auch ein Jude.

Im Laufe des erwähnten Jahrhunderts vollzog sich in den jüdischen Gemeinden eine Wandlung, die ihren gesetzmäßigen Status, ihre berufliche Aufgliederung sowie ihre kulturellen und religiösen Anschauungen und Gewohnheiten maßgeblich beeinflußte. Dieser Vorgang wurde von den Zeitgenossen jener Periode sowie von späteren Historikern mit verschiedenen Bezeichnungen bedacht: Naturalisierung, Reform, bürgerliche Verbesserung, Amalgamierung, Assimilation, Emanzipation. Letztere Bezeichnung war die gebräuchlichste und wurde manchmal in ihrer begrenzten politischen oder rechtlichen Bedeutung angewendet, doch oft auch in einem umfassenderen Sinn. Diese Bezeichnungen deuten auf die verschiedenen Aspekte des Wandlungsprozesses hin.

Auf all diesen Gebieten entfernten sich die Juden immer mehr von ihrer bislang rein jüdischen Lebensweise und paßten sich den Gepflogenheiten ihrer nichtjüdischen Umgebung an. Manche Kreise der jüdischen Gemeinden wurden von ihrer Umgebung völlig absorbiert, nämlich jene, die ihr Judentum aufgaben, Mischehen eingingen und zum Christentum übertraten. Manchmal erschien es ihren Zeitgenossen, als würde diese unheilvolle Lossagung vom Judentum letztlich zur Auflösung der jüdischen Gesellschaft führen. Diese Prognose verwirklichte sich jedoch nicht; das Ergebnis der politischen, gesellschaftlichen und kulturellen Wandlung war keineswegs die Auflösung der jüdischen Gemeinschaft, sondern ihre Umgestaltung von Grund auf. Am Ende der hier behandelten Zeitspanne ist die jüdische Gemeinschaft durchaus existent, wenn auch in ihrer Struktur völlig anders als ein Jahrhundert zuvor. Die Aufgabe dieses Buches ist es, den Wandlungsprozeß des Judentums in Mittel- und Westeuropa in dieser Zwischenperiode zu beschreiben und zu analysieren.

Was mit den Juden der westlichen Länder in den hundert Jahren von etwa 1770 bis 1870 geschah, wurde ein Muster, dem auch die Juden in anderen Teilen der Welt später folgten. Die unmittelbare Nähe der osteuropäischen Juden zu ihren Glaubensgenossen in Westeuropa brachte es mit sich, daß Juden in Polen und Rußland auf die Entwicklung im Westen aufmerksam wurden. Es ist auch in Wirklichkeit keine strenge Trennung zwischen Ost und West. Die Juden in Galizien zum Beispiel gehören historisch und kulturell zu den „Ostjuden". Als Folge politischer Ereignisse – der Teilung Polens in den Jahren 1772–1795 – kamen die galizischen Juden unter die Herrschaft eines westlich orientierten Staates, nämlich Österreich. Auf diese Weise wurden sie unter politischen Druck gesetzt, sich den Anforderungen eines aufgeklärten und fortschrittlichen Regimes anzupassen. Die Reaktion des galizischen Judentums auf dergleichen Anregungen war im großen ganzen negativ. Ein wirklicher Wandlungsprozeß auf gesellschaftlichem und kulturellem Gebiet begann in Galizien erst viel später – etwa in der Mitte des 19. Jahrhunderts –, und das gleiche geschah in Rußland. Zu Anfang drang nur ein Echo von dem, was sich im Westen ereignete, bis nach Rußland; erst um 1840 und 1860, als westliche Verlockungen durch die Erwartung von Besserung auf politischem Gebiet und gesellschaftlicher Anerkennung mehr Gewicht erhielten, gewann die fortschrittliche Bewegung eine gewisse Stoßkraft.

In anderen Gemeinden, wie beispielsweise bei den Moslems, begann der Wandlungsprozeß noch später. In Algerien kam er als Folge der französischen Besetzung (1830) und der Kolonisation gegen Ende des 19. Jahrhunderts; im Irak erst nach dem Ersten Weltkrieg. Obgleich beeinflußt durch das westliche Judentum, und teilweise sogar durch seine Vertretungen eingeleitet (wie zum Beispiel durch die „Alliance Israelite Universelle"), spielte sich der Wandlungsprozeß hier anders ab, da andere Bedingungen vorherrschten. Das gleiche – wenn auch aus unterschiedlichen Gründen – war in den Ländern wie den USA, Südafrika und Australien der Fall, als Juden dorthin auswanderten. Hier waren die Juden einem Wandlungsprozeß unterworfen, bei dem sich die Besonderheiten jüdischer Metamorphose mit dem Anpassungszwang, dem jede Gruppe von Neueinwanderern ausgesetzt war, vereinten.

Nur in Westeuropa – in Deutschland, Österreich, Ungarn, Frankreich, Holland und England – vollzog sich die jüdische Emanzipation in ihrem weiteren Sinne mehr oder weniger zur gleichen Zeit. Man kann sagen, daß sie in diesen Ländern ähnlich, wenn nicht identisch verlief. Denn auch westliche Länder unterscheiden sich voneinander, was die Absorption jüdischer Minderheiten beeinflußt; die Anzahl der ansässigen Juden war in den einzelnen Ländern verschieden; der historische Hintergrund war ungleich; die Erinnerungen, die sich auf jüdisch-christliche Beziehungen in der Vergangenheit bezogen und die überwunden werden mußten, waren ganz gewiß nicht identisch; die politischen Institutionen und gesellschaftlichen Bedingungen, von denen sowohl die formelle wie auch die tatsächliche Integration abhängig war, waren in den einzelnen Ländern verschieden. Wenn man dem noch den rein zufälligen Faktor der unterschiedlichen Persönlichkeiten hinzufügt, die den politischen Kampf anführten und richtungweisend für gesellschaftliche und kulturelle Anpassung waren, erkennt man jeweils einen anderen Ursachenkomplex, der die Geschichte jüdischer Emanzipation in diesen Ländern geprägt hat.

In der Tat kann die Geschichte jüdischer Emanzipation in jedem einzelnen der westlichen Länder separat, wenn auch nicht isoliert von den anderen, beschrieben werden. Der wechselseitige Einfluß darf nicht ignoriert werden. Das Beispiel und die Lehren deutscher Reformatoren wie Moses Mendelssohn machten ihren Einfluß auch auf französische Juden geltend; und der politische Fortschritt, den französischen Juden durch die Revolution in Frankreich erfuhren, wirkte sich ebenfalls auf das deutsche Judentum aus. Den holländischen Juden wurde nach der Eroberung Hollands durch die Franzosen im Jahre 1795 die Staatsbürgerschaft gewährt, wobei die holländische Nationalversammlung dem französischen Beispiel folgte. Später, um 1830, war der Ausdruck „Jüdische Emanzipation" ein politischer Slogan geworden und breitete sich von England auf den europäischen Kontinent aus, wo der Kampf um Ebenbürtigkeit seinen Gipfel erreicht hatte.[1]

Es besteht kein Zweifel, daß zwischen den Ereignissen in den einzelnen Ländern eine Verbindung bestand. Trotzdem war der eigentliche Ablauf und das Ergebnis dieser Ereignisse in den einzelnen Ländern verschieden. Ihre Darstellung als Einheit bedingt die Vernachlässigung von Einzelheiten und den Verzicht, auf die Besonderheiten der Entwicklung in jedem einzelnen Land einzugehen. Doch das ist der Preis, den man dafür bezahlt, wenn man ein einheitliches Bild zeichnet, das auf Beobachtungen jener Begebenheiten beruht, die sich gleichzeitig in verschiedenen Ländern abspielten.

Die Darstellung jüdischer Emanzipation im Westen als bedeutungsvoller Gesamtvorgang ist berechtigt. Denn wenn auch die Ergebnisse dieser Entwicklung unterschiedlich waren, so waren doch die Grundlagen für die Wandlung identisch. Diese Wandlungstendenz griff auf alle Stände und Klassen der westlichen Nationen über, und obgleich die jüdische Gesellschaft erst zu einem späteren Zeitpunkt davon berührt wurde, hatte sie dort eine tiefere Wirkung als woanders. Die Umwandlung der jüdischen Gesellschaft von ihrem prärevolutionären Status war zu jener Zeit vielleicht der größte Umschwung in der europäischen Gesellschaft überhaupt.

Die tiefe Wirkung, die die revolutionäre Ära in der europäischen Gesellschaft auf die Juden ausübte, war kein Zufall. Den Grund dafür muß man in der außergewöhnlichen Beschaffenheit der jüdischen Gesellschaft in ihrem früheren Stadium suchen. Ganz allgemein kann man die jüdische Gesellschaft jener Zeit als traditionsgebunden bezeichnen, und das in einem ganz besonderen Sinn. Die jüdische Gesellschaft schöpfte ihre religiösen und kulturellen Werte, die Grundlage ihrer Existenz als solche, aus der Vergangenheit; sie hielt daran fest als Quelle der Orientierung in der Gegenwart und vertraute darauf auch zur Absicherung der Zukunft.[2] Diese Vergangenheit, auf die sich die Juden bezogen, lag im fernen Altertum, in talmudischen und biblischen Zeiten. Das war an und für sich nicht einzigartig, da ja auch die Christen ihre Traditionen pflegten, die bis zu einem gewissen Grad mit denen der Juden identisch waren und, wenigstens zum Teil, aus demselben Zeitalter stammten. Die Verbindung mit dem Alterum war jedoch anderer Art. Die christliche Gesellschaft akzeptierte eine gewisse literarische Tradition aus alter Zeit als religiöse Richtschnur für die Gegenwart. Verschiedene Institutionen, wie zum Beispiel die katholische Kirche, verfolgen ihr Entstehen bis zurück ins Altertum, während andere, wie der Staat und seine Rechtsprechung, Schulen usw., mehr von der unmittelbaren Vergangenheit ausgehen. Das besondere an der jüdischen Gesellschaft war ihre absolute Abhängigkeit von der fernen Vergangenheit; denn jüdische Tradition betrachtet alles religiös Wertvolle – Gesetz, Studium und Kultur – als alten Zeiten entstammend, den Zeiten der Bibel und des Talmuds.

Es besteht ein weiterer Unterschied zwischen der jüdischen und der christlichen Gesellschaft. Die christliche Gesellschaft betrachtet ihre Religion als ein Erbe von Völkern, die einst lebten und dann untergingen. Wann immer von einer Identifikation mit Völkern aus dem Altertum die Rede war – insbesondere mit den biblischen Israeliten –, so war das eher symbolisch gemeint. Im Bereich der Wirklichkeit fand die christliche Gesellschaft ihre

Identität in dem konkreten Milieu der Gegenwart. Die Juden jedoch betrachten sich als direkte Nachkommen des alten Volkes Israel. Sie waren nicht nur die Erben einer Kultur, sondern eine blutmäßige Fortpflanzung anderer, die ihnen diese Werte vermacht hatten. Nach ihrer eigenen historischen Überlieferung, die in ihrer christlichen (oder auch moslemischen) Umgebung bereitwilligen Widerhall fand, gehörten die Juden nicht dem Ort an, in dem sie lebten, sondern hatten – aus ihrem eigenen Land vertrieben – ein *zeitweiliges* Refugium bei anderen Völkern gefunden. Die Überlieferung stellte mit der Ankunft des Messias auch ein Ende des Exils in Aussicht. Bis dahin gab es kein anderes Mittel zur Selbstidentifizierung als die Aufrechterhaltung der Tradition. Zugegeben, nicht alle Bestandteile dieser Tradition konnten im Exil aufrechterhalten werden, und auf manche Anrechte der biblischen und talmudischen Gesetze einschließlich der vorgeschriebenen religiösen Pflichten mußte man zwangsläufig verzichten. Dennoch hielt man an der Theorie fest, daß das Leben – sowohl privat als auch in der Öffentlichkeit – durch religiöse Gesetze geregelt werden konnte und die Aufrechterhaltung der Tradition ihm einen tieferen Sinn verlieh. Trotz der grundlegenden Wandlungen in ihrer Umgebung und des ständigen Wechsels dieser Umgebung, bedingt durch freiwillige oder erzwungene Emigration, gelang es den Juden, ein gewisses Gleichgewicht zwischen den unabdingbaren Anforderungen des täglichen Lebens und den wichtigsten Geboten der Tradition herzustellen. Das kostete sie allerdings einen doppelten Preis. Zunächst waren es die Einschränkungen auf verschiedenen Gebieten des täglichen Lebens, dann die entstellende Abänderung der traditionellen Inhalte. Die Einseitigkeit jüdischen Lebens im Mittelalter und in der Ghetto-Zeit ist bekannt, ebenso die zwangsläufige Anpassung von Tradition an die Erfordernisse des praktischen Lebens. Andererseits, so sehr man die Traditionen auch änderte, geschah das immer in ihrem eigenen Rahmen. Jeder Wechsel, der auftauchte oder den man durch Anpassung an die Umgebung vollzog, war irgendwie auf traditioneller Basis gerechtfertigt. Man kann daher sagen, daß diese Gemeinschaft in einem ganz besonderen Sinne traditionsbewußt war. Die Tradition spielte hier eine weitaus größere Rolle als bei den Völkern, unter denen die Juden lebten. Als sich der Rahmen einer traditionellen Gesellschaft überall in Europa auflöste, war die

Umwandlung um so größer, je mehr eine bestimmte Gesellschaft mit ihren Traditionen verbunden war.

Dies ist eine vorläufige Antwort auf die Frage, warum die jüdische Gemeinschaft mehr betroffen war als jede andere. Eine ausführliche Erklärung wird später gegeben. Zunächst muß eine eingehende Beschreibung der traditionellen Gesellschaft in jenen Ländern gegeben werden, wo die späteren Umstürze stattfanden.

Obgleich dieses Buch sich in erster Linie mit der jüdischen Gemeinschaft im Kontext ihrer diversen Wandlungen befaßt, muß man auch jene Gemeinschaften beachten, die die jüdische Gesellschaft zunächst umgaben und sie dann allmählich, wenn auch nicht gänzlich, absorbierten. Diese nur teilweise zustande gekommene Absorbierung der Juden durch die Gesellschaft, die sie umgab, brachte ein neues Element in diese Gesellschaft und trug zu ihrer Vielfalt und Komplexität bei. Die Reaktion darauf stand in keinem Verhältnis zu der Größe der absorbierten Gruppe. Der Übergang von einer ghettoartigen Existenz der Juden bis zur teilweisen Eingliederung in ihre Umgebung war in keinem Fall ein reibungsloser oder unbedachter Wandlungsvorgang, so wie es bei den französischen Hugenotten der Fall war, die in ihren Exilländern in abgesonderten Kolonien, häufig in der Nachbarschaft der jüdischen Ghettos, lebten. Im Lauf der Zeit hörten die Hugenotten auf, als Gruppe zu existieren, und bewahrten höchstens einige wenige institutionelle und kulturelle Besonderheiten.[3]

Andererseits verlief die Integration der Juden – auch wenn sie im Endeffekt der der Hugenotten ähnelt – während des eigentlichen Wandlungsprozesses sehr unterschiedlich. Der Wechsel im amtlichen Status der Juden – ihre Wandlung von Fremden zu Staatsbürgern – wurde in keinem europäischen Land durch allgemeine Gesetzgebung bestimmt, und ihre Anerkennung als gleichberechtigte Mitglieder der Gesellschaft war in keinem Fall das natürliche Ergebnis gegenseitiger Anpassung. Sowohl die politischen als auch die gesellschaftlichen Aspekte des Problems wurden als Sonderthemen behandelt und in den gesetzgebenden Körperschaften jedes einzelnen Landes sowie in der Öffentlichkeit heftig diskutiert. Den langwierigsten und heftigsten Meinungsstreit gab es in Deutschland, doch in kleinerem Umfang auch in den übrigen europäischen Ländern.[4]

Wenn man eine Erklärung für die heftige Reaktion der nichtjüdischen Gesellschaft auf den Anpassungsprozeß der jüdischen Gemeinschaft sucht, muß man wieder auf die Vergangenheit zurückgreifen. Die Beziehungen zwischen Juden und Nichtjuden waren seit langem traditionell verankert; was das Image des Juden betraf, hatte man herkömmliche Vorurteile und stereotype Begriffe. Eine historisch und theologisch definierte Bewertung verband sich mit den Juden in den Augen christlicher Tradition.[5] Ihr Schicksal als für alle Zeiten Verbannte betrachtete man als direkte Auswirkung der Tatsache, daß sie das Christentum ablehnten, oder – in primitiver Fassung – als göttliche Vergeltung für die Kreuzigung Christi. Diese Lehre diente als Erklärung sowie zur Rechtfertigung des Status der Juden als Fremde. Wenn die christliche Gesellschaft die Juden als integrierte Einheit in sich aufnehmen sollte, mußte sie zunächst ihre stereotypen Vorstellungen und Vorurteile gegen alles Jüdische überwinden. Das würde auch im besten Fall ein äußerst langsamer Vorgang sein – was auch der Fall war. Die immer noch fortlebenden Vorurteile manifestierten sich zunächst in der ablehnenden Haltung derer, die ihre Argumente gegen die jüdische Emanzipation aus dem uralten antijüdischen Arsenal schöpften, mit leichten Anpassungen an die gegenwärtige Lage. Doch waren die alten Vorurteile auch bei jenen zu finden, die die Emanzipation der Juden befürworteten und die ihre Befürwortung von einer radikalen Abänderung dessen abhängig machten, was sie für traditionell jüdisch hielten.

Man kann die Geschichte der Juden zu dieser Zeit als Wechselspiel zwischen veränderten Lebensbedingungen, neuen Typen und Institutionen einerseits, und einer Umformung von Ideen, Begriffen und Klischees andererseits bezeichnen. Leider war der letzte Vorgang im allgemeinen langsamer als der erste. Das zeigt sich schon darin, daß sich der letzte Vorgang im 20. Jahrhundert immer noch fortsetzt. Derartige Beobachtungen führen oft dahin, daß sich der Historiker in den Ereignissen als solchen verstrickt und bei den Auseinandersetzungen, die er beschreiben soll, Partei ergreift. Historische Objektivität verlangt von ihm jedoch gewisse Zurückhaltung; er muß nicht nur die eigentlichen Ereignisse aufzeichnen und analysieren, sondern mit gleicher Objektivität auch Ideen und Gefühle wiedergeben und es dem Leser überlassen, eigene Schlüsse zu ziehen.

Zweites Kapitel

Ghetto-Zeiten

Die Auflösung der Traditionsgemeinschaft begann in Westeuropa. Von dort breitete sich Wandel und Zerfall auch auf andere Länder aus. Da hier die erste Phase des Zerfalls im Mittelpunkt der Betrachtung steht, empfiehlt es sich, die Traditionsgemeinschaft in ihrer historischen Realität zu beschreiben, die den Hintergrund und den Kampfplatz für den beginnenden Wechsel bildete[1], genauer gesagt, eine sachliche und analytische Beschreibung der jüdischen Gesellschaft zu geben, wie sie in den Jahren von 1650 bis 1750 in Deutschland, Österreich-Ungarn, Frankreich, Holland und England existierte.

Statistische Daten über die jüdische Bevölkerung vor Ende des 18. Jahrhunderts sind nicht vorhanden. Man kann sich jedoch eine ungefähre Vorstellung von der Größenordnung machen, wenn man von der vorhandenen Statistik am Ende des 18. Jahrhunderts ausgeht und sich von dort zurückarbeitet.

Die jüdischen Gemeinden, die am meisten hervorstachen, befanden sich zu dieser Zeit in Deutschland und im Kaiserreich Österreich. Ende des 18. Jahrhunderts lebten schätzungsweise 175 000 Juden in Deutschland. In der österreichischen Donaumonarchie – eigentlich nur in Mähren, Böhmen und Wien – lebten 70 000 Juden. In Ungarn gab es zu dieser Zeit 100 000 Juden. Im Westen waren in Frankreich nicht mehr als 40 000 Juden ansässig, wovon die Mehrzahl die aschkenasische Gemeinde von Elsaß-Lothringen bildete und eine kleine Gruppe Sephardim in Südfrankreich lebte. In Holland und England gab es gleichfalls zwei Gemeinden, Sephardim und Aschkenasim, davon lebten in Holland 50 000 und in England 25 000.[2]

Die englischen Juden waren in der Mehrzahl Neuankömmlinge, als Resultat einer lebhaften Einwanderungswelle. Um die Mitte des 18. Jahrhunderts waren es nicht mehr als etwa 8 000.[3] Die jüdische Bevölkerung in Holland erwuchs aus der langsamen, aber steten Absorbierung von Einwanderern sephardischer Herkunft, unter ihnen Marranen, die der spanischen und portugiesischen Inquisition entkommen waren, sowie Aschkenasim aus Deutschland und Polen. Diese Entwicklung begann zu Anfang des 17. Jahrhunderts und setzte sich anhaltend fort.[4] Die meisten der 100 000 Juden in Ungarn waren ebenfalls Einwanderer. Einige kamen aus Böhmen und Mähren, andere aus Galizien, nach der Rückeroberung Ungarns von den Türken durch das österreichische Kaiserreich am Ende des 17. Jahrhunderts. Zu dieser Zeit gab es dort weniger als 20 000 Juden.[5] Auch in anderen Ländern muß mit gewissen Schwankungen in der Anzahl der jüdischen Einwohner gerechnet werden. In Deutschland und Österreich jedoch widersetzte man sich nicht nur der jüdischen Einwanderung, sonderen reduzierte auch das natürliche Wachstum der jüdischen Bevölkerung durch strenge Beschränkung der Eheschließungen. Hinsichtlich der Tatsache, daß sich das 18. Jahrhundert durch erhebliches Bevölkerungswachstum auszeichnete, muß trotzdem angenommen werden, daß auch die Anzahl der Juden rapide anstieg, und zwar nicht nur in Einwanderungsländern, sondern überall. Die Zahlenangaben zu Ende des 18. Jahrhunderts müssen gründlichst korrigiert werden, wenn man sie als Ausgangspunkt zur Schätzung der Bevölkerungsdichte von hundert oder hundertfünfzig Jahren früher verwendet.

Bei der Schätzung des Verhältnisses zwischen der Anzahl jüdischer Einwohner und nichtjüdischer Bürger gibt es ähnliche Ungenauigkeiten. Am Ende des 18. Jahrhunderts lebten die 50 000 holländischen Juden unter einer Bevölkerung von zwei Millionen, was 2,5 Prozent gleichkam – es war der höchste Prozentsatz in ganz Westeuropa. Die 100 000 Juden in Ungarn waren Teil einer Bevölkerung von sieben Millionen, sie entsprachen also 1,4 Prozent. In anderen Ländern war der Prozentsatz erheblich niedriger, in Deutschland weniger als 1 Prozent, in Frankreich nur zwei von tausend. Es kann mit Sicherheit angenommen werden, daß im 17. Jahrhundert nicht einmal dieses Verteilungsverhältnis in den genannten Ländern erreicht wurde.

Es wäre jedoch ein großer Irrtum, die wirtschaftliche, gesellschaftliche und religiöse Rolle der Juden in der europäischen Gesellschaft lediglich nach ihrer Anzahl zu bemessen. Sogar in den Ländern, die Juden aufnahmen, waren diese nicht über das ganze Land zerstreut, da man ihnen nicht gestattete, sich überall anzusiedeln, wo sie wollten. In Frankreich war der Vertreibungs-Erlaß, der noch aus dem Mittelalter stammte, niemals rückgängig gemacht worden. Im Gegenteil, es war 1615 von Ludwig XIII. neu bestätigt worden. Die sephardischen Juden im Süden waren als verkappte Christen eingewandert. Als ihre Identität aufgedeckt wurde, sahen die Behörden über das Verbleibsverbot hinweg, doch wurde es nicht offiziell aufgehoben. Später, unter Ludwig XV., wurden Freibriefe für Einzelpersonen und sogar für ganze Gemeinden ausgestellt, in denen auch Juden ausdrücklich erwähnt waren.[6] In diesen offiziellen Dokumenten wurde der Vertreibungs-Erlaß einfach ignoriert, jedoch nicht außer Kraft gesetzt. Die Juden in Metz, Elsaß und Lothringen stellten einen unwillkürlichen Erwerb Frankreichs dar – durch die Annexion dieser Gebiete während der Kriege mit Deutschland, im 16. und 17. Jahrhundert, besonders in der Zeit zwischen 1648 und 1681.[7] Die Franzosen hätten ohne weiteres den Vertreibungs-Erlaß vollstrecken können, wenn sie es gewollt hätten. Man verzichtete jedoch darauf, mit der vollen Härte des Gesetzes einzugreifen, und die Elsässer Juden durften auch weiterhin innerhalb der Grenzen Frankreichs leben. Die offizielle Erlaubnis, an einem bestimmten Ort zu wohnen, hing jedoch allein vom guten Willen der örtlichen Behörden ab, und zahlreiche Städte, wie Straßburg, Colmar und Münster, blieben den Juden weiterhin verschlossen.[8] Die Städte und Dörfer, die den Juden gestatteten, ansässig zu werden, erhoben für dieses Privileg eine Sondersteuer und begrenzten strengstens die Berufe, die den Juden offenstanden.

Holland wurde als das Land bezeichnet, in dem die Juden früher als in jedem anderen europäischen Staat freundliche Aufnahme und Toleranz fanden. Dieses Lob ist nicht unberechtigt, da sich die Juden in Holland schon zu Beginn des 17. Jahrhunderts in religiöser und wirtschaftlicher Hinsicht freier und weniger gehemmt fühlten als in allen anderen europäischen Ländern. Trotzdem waren die Vorteile, die die holländischen Juden im Vergleich mit den Juden in anderen Ländern genossen, nur relativ, da sie dem wirtschaftlichen Aufschwung in Holland sowie der Atmosphäre religiöser Toleranz nach den Religionskriegen entstammten – und nicht einem Wechsel in ihrem rechtlichen Status. Der Status der holländischen Juden blieb, wie der ihrer Glaubensgenossen in anderen Ländern, unverändert. Juden, die man nach Holland einreisen ließ, mußten sich immer noch bei einer Verwaltungsbehörde der Provinz oder der Stadt eine Aufenthaltsgenehmigung besorgen, die nicht immer und nicht uneingeschränkt gewährt wurde. Utrecht, Gouda und Deventer verwehrten Juden den Zugang.[9] Auch wenn sie in Holland geboren waren, blieben die Juden nach wie vor Fremde, die man theoretisch einfach ausweisen konnte, ohne das Gesetz zu verletzen.[10]

Eine wesentliche Abweichung von dieser Regel gab es nur in England. Obgleich der rechtliche Status der Juden, die seit Cromwells Zeit einwandern durften, noch nicht völlig geklärt war, gewährte eine Aufenthaltsgenehmigung ihnen das Recht, sich in allen Teilen des Landes niederzulassen. Allerdings wurde ein aus dem Ausland eingewanderter Jude auch weiterhin als Ausländer angesehen, doch waren jene, die dort geboren waren, britische Untertanen.[11] Politische und berufliche Beschränkungen, die den Juden auferlegt wurden, waren das Ergebnis konstitutioneller Gesetze, nach denen gewisse Ämter den Mitgliedern der anglikanischen Kirche vorbehalten waren. Diese Beschränkungen waren nicht gegen die Juden gerichtet, sondern gegen die nicht-anglikanischen Christen, so daß die Juden keinen Grund hatten, sich herabgesetzt zu fühlen.

In Deutschland, Österreich und Ungarn war immer noch das alte Muster anzutreffen. Es gab in diesen Ländern zahlreiche Orte, sogar ganze Bezirke, von denen Juden ausgeschlossen waren. Viele Kleinstädte und Dörfer hielten an dem – noch aus dem Mittelalter stammenden – Privileg von *non tolerandis Judaeorum* fest. Es gibt keine rationale Erklärung, weder in wirtschaftlicher noch sonstiger Hinsicht, für die An- oder Abwesenheit von Juden in bestimmten Gegenden. In Fürth zum Beispiel gab es eine blühende jüdische Gemeinde, während sich in dem benachbarten Nürnberg ein Jude nur bei Tageslicht und in Begleitung eines Einwohners der Stadt zeigen durfte.[12] Halberstadt und Magdeburg – beides wichtige Wirtschafts- und Verwaltungszentren und seit Mitte des 17. Jahrhunderts von Preußen beherrscht – unterschieden sich in ihrem Verhalten den Juden gegenüber beträchtlich voneinander. Halberstadt beherbergte seit dem Mittelalter ohne Unterbrechung eine der ältesten jüdischen Gemeinden. In Magdeburg dagegen mußten die Juden mühsam darum ringen, überhaupt aufgenommen zu werden, sogar unter der relativ toleranten Herrschaft der preußischen Könige.[13] In Leipzig spielten die Juden eine wichtige Rolle auf den großen Messen, und während diese stattfanden, gestattete man ihnen, Gottesdienste abzuhalten und koschere Küchen zu unterhalten. Aber erst 1713 gestattete man einer einzigen jüdischen Familie, sich in Leipzig niederzulassen, und vierzig Jahre später einer zweiten. Erst im Jahre 1837 erlaubte man den Juden, eine anerkannte Gemeinde zu gründen und einige öffentliche Institutionen, wie beispielsweise eine Synagoge, zu errichten.[14] 1670 wurden die Juden aus Wien vertrieben, doch einige Familien, darunter die des reichen Hofjuden Samuel Oppenheimer, durften nach einer Zeitspanne von fünf Jahren wieder zurückkehren. Die nächste Generation von Juden erfüllte eine wichtige Funktion im Wirtschaftsleben des österreichischen Kaiserreichs. Gleichzeitig spielte sie eine auffallende Rolle im Leben des westlichen Judentums. Trotzdem durften sie bis 1849 keine Gemeinde gründen.[15] In den Zwillingsstädten Buda und Pest am Ufer der Donau herrschten verschiedene Bedingungen. Buda besaß seit der Türkenzeit eine gemischte sephardisch-aschkenasische Gemeinde. In Pest durfte sich kein Jude über Nacht aufhalten, wenn er einer Geldstrafe entgehen wollte.[16] In den ungarischen Provinzen hing die Aufnahme oder Ausschließung der Juden von der Entscheidung der Stadtverwaltungen oder dem Wunsch des Landadels ab. Die ersteren waren in der Regel gegen die Juden eingestellt und verboten ihnen manchmal sogar die Durchreise. Unter den letzteren gab es solche, die die Juden begünstigten und beschützten. So mußten die Juden, um die Messe in Ödenburg zu besuchen, bei Verwaltungsämtern bitten und betteln, während in dem benachbarten Bezirk, der dem Grafen Esterhazy gehörte, die sogenannten sieben Gemeinden – die prominenteste unter ihnen war Eisenstadt – blühten und gediehen.[17]

Warum entstanden also derartig widersprüchliche Bestimmungen für anscheinend so ähnliche Umstände? Eine genaue Antwort darauf kann für jede einzelne Gemeinde nur unter Berücksichtigung ihrer Geschichte gegeben werden. Dabei kann man sich jedoch an zwei allgemeine Regeln halten. Zunächst die Aufspaltung der politischen Behörde in doppeltem Sinne, sowohl horizontal als auch vertikal. Die horizontale Spaltung (keine zentrale Behörde) wird in Deutschland besonders deutlich, wo nach dem Westfälischen Frieden im Jahre 1648 sich die eigentliche Staatsgewalt unter etwa dreihundert Staaten und Gemeinwesen verschiedener Größe aufteilte. Die Oberhoheit des Kaisers existiert nur auf dem Papier und wirkt sich allenfalls auf die Außenpolitik aus. Aufnahme oder Ausschluß von Juden wird als interne Angelegenheit von den örtlichen Behörden entschieden. Aber auch dort, wo die zentralen Staatsorgane weitgehende Befugnisse besitzen, bedeutet das noch lange nicht, daß diese Behörden über Aufnahme oder Ausschluß von Juden entscheiden. Die Kaiserin Maria Theresia hatte die Befugnis, die Prager Juden im Jahre 1744 auszuweisen, und war in gleicher Weise berechtigt, sie nach drei Jahren wieder aufzunehmen. Natürlich war Böhmen ein Erbteil der Habsburger, und die Kaiserin regierte dort ohne jede Einschränkung. In Ungarn fühlte sie sich berechtigt, für jeden Juden eine Kopfsteuer zu erheben als Preis für ihren kaiserlichen Schutz.[18] Doch das blieb eine reine Formalität. Der eigentliche Schutz für Juden, das heißt, die Erlaubnis, in bestimmten Städten zu wohnen, hing vom Komitat, von der Stadtverwaltung oder vom Grundbesitzer ab. Auch in Frankreich umfaßte die königliche Genehmigung für Juden, im Lande zu bleiben, nicht automatisch das Recht, in jeder beliebigen Stadt oder Siedlung zu wohnen. Eine solche Genehmigung mußte von den Behörden in den einzelnen Ortschaften erworben bzw. erkauft werden.[19]

Oftmals machten die örtlichen Behörden und die Zentralverwaltung entgegengesetzte Ansprüche auf das Entscheidungsrecht über Aufnahme oder Ausschließung von Juden geltend, worüber dann die relative politische Stärke der Parteien entschied. Ein Beispiel dafür ist die vorteilhafte Situation der Juden in Halberstadt, verglichen mit der in Magdeburg, wenn man bedenkt, daß beide Städte unter preußischer Herrschaft standen. Die Zentralverwaltung in Preußen unterstützte die jüdische Ansiedlung in beiden Städten trotz des Widerstrebens der örtlichen Behörden. In Halberstadt beugten sich die Behörden dem Druck der Zentralverwaltung. In Magdeburg dagegen war der Widerstand so stark, daß die Zentralverwaltung nachgab.[20]

Da die Aufnahme und der Ausschluß von Juden strittige Punkte waren, wurden die Entscheidungen oft von ideologischen Überlegungen beeinflußt. Die Schwankungen in der öffentlichen Meinung in bezug auf die Juden waren ein weiterer Faktor, der die Entschlüsse für oder gegen ihre Aufnahme beeinflußte. Seit dem Mittelalter haben christliche Behörden, obgleich sie in ihren Ländern die absolute religiöse Einigkeit anstrebten, bei den Juden eine Ausnahme gemacht.[21] Die Ausnahme basierte auf theologischer Grundlage. Die jüdische Nation sollte in einem Zustand der Unterdrückung erhalten bleiben, um die Wahrheit der christlichen Lehre zu bezeugen. Dieses Argument erlaubte jedoch lediglich die Aufnahme von Juden, verpflichtete sie aber in keiner Weise. Ob sie nun aufgenommen wurden oder nicht, hing davon ab, wie die Anwesenheit von Juden von den Behörden, die darüber zu entscheiden hatten, bewertet wurde. Verschiedene Gründe wirtschaftlicher und religiöser Natur, die dafür oder dagegen sprachen, wurden angeführt. Mit der Reformation und dem wachsenden Einfluß der zentralisierten Staatsführung, die auf Geldwirtschaft basierte, ergaben sich neue Argumente, die man in beiden Richtungen anwenden konnte. Die Reformation verwarf nicht die Grundidee der Duldung von Juden als historische Zeugen für das Christentum. In einigen Fällen, wie zum Beispiel in England zu Cromwells Zeit, wurden neue religiöse Prinzipien entwickelt, die man als Rechtfertigung für die Aufnahme von Juden anwendete. Einige Puritanergruppen, die sich mit den Israeliten des Alten Testaments identifizierten, entwickelten eine Art Philosemitismus, womit sie eine günstige Stimmung schufen, die den zeitgenössischen Juden zugute kam. Menasseh Ben Israel, der Förderer jüdischer Wiederansiedlung nach England (er selbst war ein sephardischer Gelehrter aus Amsterdam) konnte glaubhaft argumentieren, daß die Rückkehr der Juden nach England im Einklang mit der biblischen Voraussetzung stand, daß die totale Zerstreuung der Juden in aller Welt der Welterlösung vorausging.[22] Beim gläubigen Puritaner, der den Puritanismus als Vorläufer des tausendjährigen Reiches ansah, hatten dergleichen Argumente Gewicht. Doch in anderen Ländern erweckten die Reformation sowie die Gegenreformation oft einen religiösen Eifer, der sich gegen die Aufnahme von Juden auswirkte.[23] Der Brauch der Toleranz innerhalb der verschiedenen Strömungen im Christentum galt nicht unbedingt gegenüber den Juden. Und auch nachdem die gebräuchliche Toleranz im 17. Jahrhundert zum Prinzip geworden war, blieb die Lage der Juden noch lange Zeit unverändert.

Dasselbe trifft für die Entwicklung auf wirtschaftlichem Gebiet zu. Als das Bargeld für die Abwicklung von Geschäften der

Zentralregierung eine immer größere Rolle zu spielen begann, hatten jüdische Kapitalisten eine bessere Chance, aufgenommen zu werden. Nach Mitte des 17. Jahrhunderts wurde der Hofjude zu einer alltäglichen Gestalt in den deutschen Fürstentümern. Er diente als Agent, Lieferant, Unternehmer, Vermittler und Bankier.[24] Doch hätten all diese Funktionen auch von anderen ausgefüllt werden können, wie sich in Frankreich zeigte, wo die Juden eine relativ unbedeutende Rolle spielten. Aber wenn auch die zentralisierte Wirtschaft die Mitwirkung von Juden erforderte, war dies nicht der einzige Faktor, den wir in Betracht ziehen müssen; die städtischen Bürger, die in handwerklichen und kaufmännischen Berufen tätig waren, mißtrauten den Juden, insoweit diese eine Konkurrenz darstellten. Die Ablehnung jüdischer Präsenz durch diese Kreise war schon fast eine Tradition. Wie auch immer, die Aufnahme der Juden konnte nirgendwo als ein gelöstes Problem betrachtet werden, es war vielmehr eine schwebende Angelegenheit, die von wirtschaftlichen und religiösen Faktoren abhängig war.

Eine Beschreibung der Einzelheiten jüdischer Ansiedlung in europäischen Ländern enthüllt das zugrundeliegende rechtliche Konzept für ihre Geltung. Der Jude besaß kein verbrieftes Recht auf Aufnahme oder Duldung, und wenn er tatsächlich aufgenommen wurde, geschah das aufgrund eines Vertrags zwischen der Jüdischen Gemeinde und der entsprechenden politischen Behörde. In manchen Fällen war der jüdische Vertragspartner nur eine Privatperson, die das Aufenthaltsrecht nur für sich selbst und seine Familie erhielt. Manchmal konnte sich eine ganze Gruppe im Schatten einer einflußreichen Privatperson einnisten. Viel hing davon ab, zu welchem Zeitpunkt die Verträge abgeschlossen worden waren. An manche konnten sich Zeitgenossen noch erinnern, während andere in die ferne Vergangenheit zurückgingen. Wenn letzteres der Fall war, waren die Vertragsbedingungen oft ungenau und die Identität des nichtjüdischen Vertragspartners nicht mehr mit Gewißheit zu bestimmen. In der Tat wurde der Rechtsanspruch auf den Vertrag häufig von anderen Bewerbern angefochten, was nicht selten zum Streit zwischen den zentralen und den örtlichen Behörden führte. Aber ungeachtet der fraglichen Herkunft des Vertrages, wurde die *Tatsache* einer vertraglichen Grundlage für jüdische Ansiedlung niemals angezweifelt. Zu keiner Zeit wurde die Unklarheit über die Anfänge ihrer Seßhaftigkeit an einem bestimmten Ort von den Juden als Argument benutzt, um ihr Vorrecht gegenüber nichtjüdischen Nachbarn zu beweisen. Wäre das der Fall gewesen, hätten sie ihr Wohnrecht unabhängig von besonderen Konzessionen beanspruchen können.

Ein solcher Streit war jedoch undenkbar, da sowohl die christliche als auch die jüdische Tradition die Juden als Fremde und Verbannte betrachtete. Die politischen und rechtlichen Schlußfolgerungen aus dieser Tatsache führten zu der Annahme, die Juden hätten keinerlei Ansiedlungsrechte außer denen, die ihnen die jeweiligen politischen Behörden gewährten. Wie ein berühmter Jurist des 18. Jahrhunderts es ausdrückte: „Obgleich sie in einigen Provinzen und Städten Deutschlands geduldet werden, bleiben sie dennoch *in civitate* und nicht *de civitate*“.[25] Daraus ergab sich die unvermeidliche Schlußfolgerung, daß der Vertrag jederzeit gekündigt werden konnte. In der Tat wurden Juden manchmal gezwungen, ihren Wohnort zu verlassen, weil ihre nichtjüdischen Vertragspartner ganz einfach beschlossen hatten, sie zu vertreiben. Die bekanntesten Beispiele dafür sind die Vertreibung der Juden aus Wien 1670 und aus Prag 1744. In der Regel wehrten sich die Juden gegen die Kündigung ihrer Verträge durch Überredung oder Beeinflussung, doch stellten sie die Rechtmäßigkeit dieser Handlungsweise niemals in Frage.[26]

Noch im Jahre 1777 intervenierte Mendelssohn zugunsten der Dresdner Juden. Hunderte von ihnen drohte die Ausweisung, da sie es versäumt hatten, die jährliche Kopfsteuer zu bezahlen – ein Vergehen, das mit Ausweisung bestraft wurde, wie es die Bestimmungen, die fünf Jahre früher in Kraft gesetzt worden waren, vorsahen. Mendelssohn appellierte an die Güte des Herrschers von Sachsen und seiner Beamten und bat sie als Freunde der Menschheit , ihren Beschluß nochmals zu erwägen, aber er stellte die Rechtmäßigkeit der Ausweisung nicht in Frage. Ausweisung war für einen Juden die härteste aller Strafen, erklärte Mendelssohn, da sie ihn sozusagen „von Gottes Erdoberfläche verbannte, weil das Vorurteil ihn mit bewaffneter Hand an jeder Landesgrenze zurückwies“.[27] Hier bezieht sich Mendelssohn auf die schmerzliche Tatsache, daß der Jude für das Recht, irgendwo wohnen zu dürfen, völlig von den Behörden abhängig war.

Der Status und die Position jedes einzelnen Juden hing darum vom Besitz einer Aufenthaltserlaubnis ab, die es ihm gestattete, eine Familie zu gründen und auf ordentliche Weise seinen Lebensunterhalt zu verdienen. Die Beibehaltung einer Aufenthaltserlaubnis und deren Beschaffung für jene, die keine besaßen, war von lebenswichtiger Bedeutung für jeden Juden. Denn nicht alle besaßen dieses Privileg. Einer großen Anzahl von ihnen – manchmal waren es ganze Gesellschaftsschichten – verweigerte man das fundamentale Recht, einem bestimmten Ort anzugehören, wo sie ihr Leben verbringen konnten. Ohne eigenen Wohnort führten diese Menschen eine unsichere Existenz im Schatten der Privilegierten – als Hauspersonal in einem jüdischen Haushalt, als Lehrer oder als Gemeindediener, wofür sie eine Aufenthaltsgenehmigung erhielten, für die Zeit, für die ihre Dienste gebraucht wurden. Andere wiederum wurden zu Wanderern und zogen ziellos von einer Gemeinde zur anderen, weil sie entweder keine Beschäftigung finden konnten oder keine wollten. Sie verließen sich auf die Wohltätigkeit jüdischer Einzelpersonen oder Institutionen, wobei sie oft ihren jüdischen Glaubensgenossen zur Last fielen und zu einer Bürde sowohl für die jüdische als auch für die nichtjüdische Gesellschaft wurden.[28]

Auch für diejenigen, die die vielbegehrte Aufenthaltsgenehmigung besaßen, bestanden gewisse berufliche Einschränkungen. Der Vertrag eines Juden mit den Behörden enthielt stets spezifische Angaben, welche Berufe ihm offenstanden oder von welchen er ausgeschlossen war. Die Art des Unternehmens, das man den Juden zuteilte, unterschied sich von einem Ort zum anderen. Berufe, die an einem Ort erlaubt waren oder sogar befürwortet wurden, waren an anderen Orten verboten. Im großen und ganzen waren jedoch die geschäftlichen Unternehmen der Juden immer wieder nur Variationen eines einzigen Themas: Geschäfte, die mit Kapitaleinlage zu tun hatten. Die praktische und in gewissem Sinne sogar gedankliche Verbindung von Juden und Geld hat eine lange Vorgeschichte. Seitdem die Juden sich in aller Welt zerstreuten und unter anderen Völkern zu leben begannen, hatten sie sich im Handel hervorgetan. Doch wurde das erst im Mittelalter ein charakteristisches Merkmal der Juden, als sie durch eine Verflechtung von Umständen von fast allen Berufen ausgeschlossen wurden – mit Ausnahme von Handel und Geldverleih. Im Zeitalter einer vorwiegend natürlichen und unabhängigen Wirtschaft von Selbstversorgerländern waren die Juden einer der wenigen Faktoren, durch welche die Handelswege zwischen den verschiedenen Ländern und Kontinenten aufrechterhalten wurden. Sie beschafften auch die nötigen Geldmittel für jene Unternehmungen, die auf Kapitalanlage aufgebaut werden mußten – sogar zur Zeit der Naturalienwirtschaft. Mit der Zunahme der Bargeldwirtschaft in Europa im 16. und 17. Jahrhundert hatten die Juden mehr Gelegenheit, ihr Geld anzulegen und ihren finanziellen Scharfsinn ins Spiel zu bringen. In manchen Gebieten, wie Mähren, Böhmen (Prag) und besonders in Polen, wo die Besiedlung sehr dicht war, betätigten sich die Juden vielfach als Handwerker. Trotzdem blieb die Kapitalanlage in gewinnbringenden Unternehmen die meistverbreitete Quelle ihres Lebensunterhalts. Diese Unternehmen unterschieden sich voneinander durch ihre Größenordnung, von der beträchtlichen Kapitalanlage des Hoflieferanten eines größeren Königreichs bis hin zu den bescheidenen Beträgen eines kleinen Maklers, die sich dieser oftmals erst von einem kapitalkräftigen Glaubensgenossen leihen mußte. In beiden Fällen basierte die zu erwartende Gewinnspanne auf einer Verbindung des Kapitalpotentials mit der Erkenntnis der Bedürfnisse des Kunden und deren Befriedigung aus einer ihm unbekannten Quelle. Jedenfalls war es der Besitz von Barkapital oder die Möglichkeit, es aufzutreiben, wodurch sich die Juden den Interessenten empfahlen. Wegen der Vorteile, die man sich von der Tätigkeit der Juden versprach, wurde ihr Anwesenheit geduldet oder von jenen, die ihre Nützlichkeit erkannt hatten, sogar befürwortet.[29]

Juden, die sich in einem dieser Staaten niedergelassen und ihr Auskommen gefunden hatten, wurden zu einem Glied der gesellschaftlichen Struktur, zumindest, was die Wirtschaft betraf. Gleichzeitig unterstanden sie den jeweiligen politischen Behörden und rechtlichen Institutionen. Doch diese behandelten die Juden nicht als Einzelpersonen. Man erwartete von ihnen, eine Gemeinde zu bilden, die sich mit den verschiedenen Angelegenheiten der Einzelpersonen befaßte. Persönliche Belange wie Heirat, Scheidung, Erbschaft und dergleichen fielen unter die Zuständigkeit jüdischer Institutionen, obgleich man an den meisten Orten eine Sondererlaubnis für die Eheschließung benötigte, da diese einen Schlüssel für die Bevölkerungsdichte im Staat darstellte. Jüdische Institutionen befaßten sich mit diesen Dingen auf Grundlage der jüdischen, d. h. talmudischen Gesetze. Das talmudische Recht war auch für jüdische Gerichte der Maßstab für Schlichtung von Streitigkeiten unter Juden. An den meisten Orten standen nichtjüdische Gerichte auch den Juden offen – entweder in der ersten oder der zweiten Instanz –, und die Juden machten auch manchmal davon Gebrauch. Anrufung der nichtjüdischen Gerichtsbarkeit wurde jedoch von den Befürwortern jüdischer Tradition als Abweichung von den religiösen Geboten angesehen und war bestenfalls als Kompromiß unter besonderen Umständen zugelassen. Im Prinzip mußten alle Streitfragen unter Juden vor ein jüdisches Gericht gebracht und nach jüdischem Recht geschlichtet werden. Diese Einstellung gegenüber den nichtjüdischen Rechtsinstitutionen ist ein klarer Hinweis, daß das Verlangen nichtjüdischer Behörden nach der Errichtung jüdischer Gemeinden nicht lediglich als notwendiges Übel angesehen wurde. Ganz im Gegenteil, es war im Einklang mit jüdischen Aspirationen für ein größtmögliches Maß an Selbstverwaltung.[30]

In vielen deutschen Ländern waren die Juden in kleinen Gruppen über die Dörfer und Kleinstädte zerstreut. Da es ihnen nicht möglich war, in jeder kleinen Ortschaft eine ordentliche Gemeinde zu gründen, taten sich die Juden eines bestimmten Bezirks zusammen und schufen eine gemeinsame Organisation. Diese sogenannte *Landgemeinde* vermittelte zwischen den Juden und den bestehenden Behörden, zog die Steuern ein, die gemeinschaftlich bezahlt wurden, und übte eine gewisse Kontrolle über das Leben der Gemeindemitglieder aus. Die Behörden waren daran interessiert, daß die Landgemeinden ordnungsgemäß funktionierten, da sie ohnehin nur mit behördlicher Genehmigung und aktiver Hilfe aufrechterhalten werden konnten. Die Landgemeinden dienten ebenfalls zur Erfüllung jüdischer Bedürfnisse. Der von ihnen angestellte Rabbiner beaufsichtigte das religiöse Leben der weitzerstreuten Gemeindemitglieder und schlichtete etwaige Streitfragen. Diese Organisationen waren tpyisch für Westdeutschland, und diejenigen, die in Kleve, Paderborn, Mainz und an anderen Orten existierten, sind von Historikern im einzelnen beschrieben.[31] Eine andere Art von Verbindung zwischen Juden, die an verschiedenen Orten lebten, gab es in Böhmen und Mähren. In Böhmen vertrat die große Gemeinde von Prag sämtliche Juden bis zur Mitte des 17. Jahrhunderts. Etwa zu dieser Zeit gelang es den Landgemeinden, eine unabhängige Organisation aufzubauen, die alle Juden, die außerhalb von Prag lebten, vertrat.[32] In Mähren waren die Landgemeinden mit einer Dachorganisation verbunden, während die große Gemeinde von Nikolsburg, Amtssitz des Oberrabbiners, gewisse Vorrechte besaß.[33]

Das Privatleben der Juden spielte sich ausschließlich innerhalb der jüdischen Gemeinden ab. Kontakte mit der nichtjüdischen Gesellschaft dienten lediglich dem Erwerb. Familienleben, Erziehung, Erwachsenenbildung sowie Gottesdienste und religiöse Riten fanden selbstverständlich nur im Rahmen jüdischer Institutionen und in jüdischer Umgebung statt. In den meisten Städten, wo Juden in größerer Anzahl zusammenlebten, wohnten sie in ganz bestimmten Stadtteilen, entweder aus Zwang seitens der Behörden oder weil sie sich auf natürliche Weise in unmittelbarer Nähe ihrer eigenen Institutionen ansiedelten. Im letzteren Fall wohnten die Juden manchmal auch in einiger Entfernung von dem eigentlichen Judenviertel oder, wenn sie auf dem Land lebten, verstreut unter der nichtjüdischen Bevölkerung. Trotzdem waren sie durch ihre eigenen religiösen Bräuche und Überzeugungen sowie durch die ihrer christlichen Nachbarn von gesellschaftlichem Verkehr mit Christen ausgeschlossen und müssen – soziologisch gesehen – als separate Gruppe betrachtet werden.[34]

Sobald die Anzahl der Juden an einem bestimmten Ort groß genug war, um eine Gemeinde zu bilden, übte diese alle Funktionen des gemeinschaftlichen Lebens aus, wenn auch zunächst nur auf rudimentäre Weise. Die Leitung der Gemeinde wurde von den Gemeindemitgliedern oder von einer privilegierten Gruppe gewählt. Die Leitung besaß das Maß an politischer Macht, das ihr von den nichtjüdischen Behörden gewährt wurde. Das bedeutete die Eintreibung von Steuern, die sie den nichtjüdischen Behörden abzuliefern hatten, sowie die Aufrechterhaltung jüdischer Institutionen. Gleichermaßen verlieh es der Leitung die Macht, das Verhalten der Gemeindemitglieder, das Geschäftsgebaren (besonders im Umgang mit Nichtjuden), das gesellschaftliche Verhalten und die Befolgung religiöser Pflichten zu überwachen. Zur Durchsetzung ihrer Weisungen standen den Führern die üblichen Zwangsmittel mit Ausnahme der Todesstrafe zur Verfügung: Geldbußen, Gefängnisstrafen, Pranger und die verschiedenen Grade religiöser Achtung.[35]

Außer dieser Gemeindeorganisation gab es andere Institutionen, an die sich die Leute mit ihren Wünschen und Bedürfnissen wenden konnten und zu deren Finanzierung sie mehr oder weniger freiwillig beisteuerten. Dies waren die Synagogen, Studierstuben, Schulen für bedürftige Kinder und mancherorts *Jeschiwoth*, die Schulen für höheres Talmud-Studium. Des weiteren gab es Wohltätigkeitsorganisationen und Vereine für andere ehrenwerte Beschäftigungen, wie Krankenpflege und Lektüre religiöser Schriften. Einen besonderen Platz in der Gemeinde nahm die Bestattungsgesellschaft ein, die allgegenwärtig war. Wo immer sich eine Gruppe von Handwerkern fand, wie zum Beispiel in Prag, waren diese in einer Art Zunft organisiert.[36]

Hinter diesem formellen Gemeinschaftsrahmen offizieller Organisationen und Vereinigungen entstand eine lockere gesellschaftliche Schichtung, eine erkennbare Fächerung höherer und niederer Stände, die in der Hauptsache auf zwei Kriterien basierte: Wohlstand und talmudischem Wissen. Erfolg auf diesen Gebieten war eine absolute Notwendigkeit für jene, die eine offizielle Position anstrebten. Der Kandidat für eine solche Position mußte entweder der Hierarchie hoch eingestufter Steuerzahler angehören oder – als gänzlicher oder partieller Ersatz dafür – den Ehrentitel von *Morenu* oder *Haver* tragen, der nur Gelehrten verliehen wurde. Im Laufe von zwei oder drei Generationen unterstützten sich dann Wohlstand und Gelehrsamkeit gegenseitig; die Söhne der Reichen wie der Gelehrten hatten eine bessere Chance, gleichzeitig reich und gelehrt zu werden, und zwar durch bessere Bildungsmöglichkeiten sowie durch Heirat. Da jedoch Wohlstand und Gelehrsamkeit erringbare Eigenschaften sind, standen auch die höchsten Ämter – wenigstens theoretisch – jedermann offen. In der Praxis – obgleich nach modernen Begriffen die gesellschaftliche Mobilität nicht gerade groß war – bewältigten nur die wirtschaftlich Tüchtigen und akademisch Hochbegabten diesen Aufstieg.[37]

Eine weitere Charakteristik dieser Gesellschaft bestand in ihrer horizontalen Beweglichkeit. Keine Gemeinde – auch nicht die größte – konnte als geschlossen oder sich versorgend bezeichnet werden. Durch geschäftliche Transaktionen kamen Mitglieder verschiedener Gemeinden zusammen, entweder brieflich oder durch persönlichen Kontakt. Es war typisch für die jüdische Geschäftswelt, daß sie sich auf Verbindungen mit jüdischen Gemeinden – auch in fernen Städten und Ländern – stützen konnte. Das bezieht sich besonders auf die Angehörigen der Oberschicht – die Bankiers, Hoflieferanten und Vermittler. Doch auch die kleinen Geschäftsleute – Einzelhändler und Hausierer – kamen in der Nachbarschaft herum, wenn sie auch keine weiten Reisen ins Ausland unternahmen. Juden, die sich ihren Lebensunterhalt damit verdienten, daß sie in ihren Läden saßen und auf Kundschaft warteten, waren selten. Da Außenkontakte für den jüdischen Geschäftsmann eine Lebensnotwendigkeit darstellten, war es nichts Ungewöhnliches für diesen, von Ort zu Ort zu ziehen. Auch Eheschließungen zwischen Personen, deren Gemeinden weit auseinanderlagen, waren nichts Ungewöhnliches – besonders unter den Reichen. In der Tat waren Jugendliche schon in ihrer Schulzeit beweglich, da es bildungsmäßig erstrebenswert war, eine *Jeschiwa* – also eine talmudische Akademie – in einer der dafür berühmten Gemeinden zu besuchen. Diejenigen, die das Studium und das Rabbinat zu ihrem Beruf machten, waren ihr Leben lang stets bereit, dem Ruf einer anderen Gemeinde zu folgen. Je größer der Ruhm eines bestimmten Rabbiners, um so weiter reichte der Bezirk seiner möglichen Berufung.[38]

Durch diese Fühlungnahme und Mobilität erweiterte sich der Rahmen der jüdischen Gesellschaft über die örtlichen Grenzen hinaus. In der Tat erstreckte er sich bis jenseits der westlichen Landesgrenzen. Zumindest war ein Austausch zwischen Ländern wie Polen, Österreich, Deutschland, England, Holland und dem französischen Elsaß nichts Ungewöhnliches für Studenten oder Gelehrte. Andererseits unterhielten die sephardischen Gemeinden in England, Frankreich, Holland und Norddeutschland (Hamburg und Umgebung) ähnliche kulturelle und religiöse Verbindungen mit ihren Schwestergemeinden in Italien und in der Levante. Parallel zu den kulturellen Verbindungen liefen die geschäftlichen Transaktionen der kapitalkräftigen Kaufleute. So entstand neben der Loyalität zur eigenen Gemeinde mit ihren Bräuchen und ihrer Tradition das Bewußtsein einer breiter gefächerten Gesellschaft und darüber hinaus die Idee einer jüdischen Nation, der alle Juden auf der Welt angehörten.[39]

Die gemeinsame ideologische Bindung ging weit über die bestehenden organisatorischen Verbände hinaus. Sie basierte auf einer starken Identifizierung mit der Idee einer jüdischen Nation, der man durch Geburt und religiöse Pflicht angehörte und die ein Verlangen nach gegenseitiger Verantwortung hervorrief. Es war daher die Bindung des Einzelnen an die jüdische Tradition mit ihren Symbolen und Lehren, die ihn auch an die Gemeinschaft band, sowohl im engeren als auch im weiteren Sinne. Diese Bindung wurde in jedem Einzelfall durch den Prozeß der Einführung ins jüdische Leben mit seinen Lehren und Ritualen erreicht. Es ist allerdings wahr, daß die jüdischen Dogmen keineswegs deutlich definiert waren und daß in der Zeitspanne vom 16. zum 18. Jahrhundert eine systematische Darstellung jüdischer Lehren und jüdischen Glaubens fehlte. Nichtsdestoweniger wurden die Lehrsätze im Zusammenhang mit dem Studium heiliger Schriften durch ethische Ermahnung und Predigten dargestellt und erklärt. Die Lehrer und Prediger dieser Zeit schöpften die Substanz ihrer Lehren aus dem Talmud und aus mittelalterlichen Quellen, die durchdrungen waren von der Idee einer jüdischen Nation, ihrem metaphysischen Ursprung, ihrer religiösen Bedeutung und ihrer historischen Bestimmung. Auf diese Weise wurde der Begriff einer Nation und der Treuepflicht des Einzelnen ihr gegenüber, wie er von Philosophen und Kabbalisten des Mittelalters erklärt wurde, verbreitet und absorbiert.[40]

Die Tatsache, daß die Repräsentanten jüdischer Lehren es sich leisten konnten, in ihren Predigten Altbekanntes ständig zu wiederholen, weist darauf hin, daß man fundamentale Begriffe als gegeben ansah und ihre systematische Darstellung als unnötig betrachtete. Wenn den fundamentalen Begriffen jedoch widersprochen wurde, begegnete man einer theoretischen Abweichung mit der gleichen Schärfe wie einer praktischen Überschreitung von Gesetz und Brauch. Das zeigt sich deutlich in der Geschichte der Ketzerbewegung, die nach dem Erscheinen des falschen Messias Sabbatai Zevi entstand. Nachdem Sabbatai Zevi 1665 in der Türkei aufgetaucht war, wurde er praktisch von der gesamten Nation – mit wenigen bemerkenswerten Ausnahmen – als der wahre Messias begrüßt. Doch wurde sein Anspruch von der Mehrheit zurückgewiesen, nachdem er zum Islam übergetreten war, um sein Leben zu retten. Eine Minderheit seiner Anhänger jedoch wollte das große religiöse Erlebnis des messianischen Jahres nicht in Abrede stellen. Sie zogen es vor, zu glauben, daß die Abtrünnigkeit des Messias zum vorgezeichneten Kurs der Erlösung gehörte, und hielten weiter an seinen messianischen Ansprüchen fest. Das führte zu der metaphysischen Schlußfolgerung, daß das Böse ein Werkzeug der göttlichen Vorsehung sein mochte, und schließlich zu der Annahme einer Zweiheit in der Substanz der Gottheit – in den Augen des orthodoxen Judentums pure Ketzerei. In den darauffolgenden hundertundfünfzig Jahren jüdischer Geschichte wurde diese Sekte oder die, die man verdächtigte, ihr anzugehören, durch die Verfechter und Bewacher jüdischer Orthodoxie unablässig verfolgt.[41]

Das auffallendste Beispiel dafür war der Fall von Jonathan Eibeschütz, Rabbiner der Hamburger Gemeinde und ein berühmter Talmudist und Prediger, der in den Verdacht geriet, die sabbatinische Doktrin zu akzeptieren.[42] Die Verteidigung in dieser und ähnlichen Kontroversen war entweder totale Ableugnung oder eine Interpretation der Schriften des Verdächtigten, die jede ketzerische Bedeutung ausschloß. Keiner brachte jemals das weitherzige Argument vor, daß im Judentum der Freiheit dogmatischer Auffassungen keine Grenzen gesetzt sind. Gewiß wurden sie nicht nur verdächtigt, ketzerische Ansichten zu haben, sondern auch unmoralische Praktiken auszuüben. Aber es gibt keinen Zweifel, daß dogmatische Abweichungen von den Bewachern des offiziellen Judentums nicht weniger scharf beurteilt wurden als moralische Übertretungen.

Der wesentlich traditionalistische Charakter jüdischer Gesellschaft zeigt sich noch deutlicher in ihrer Haltung zu Neuerungen auf der Basis mystischer Erfahrung als durch die Ächtung dogmatischer Abweichungen. Eine regelrechte religiöse Bewegung mit mystischem Charakter – der Chassidismus – trat erst in der zweiten Hälfte des 18. Jahrhunderts in Polen in Erscheinung. Das liegt daher außerhalb unseres Hauptinteressengebiets. In begrenzterem Maße jedoch gab es schon zu einem früheren Zeitpunkt im Westen mystische Ausbrüche dieser Art, und die Reaktionen darauf bezeugen die Stellungnahme der Traditionsgesellschaft diesen Erscheinungen gegenüber. Der bekannteste Fall war der von Moshe Hayim Luzzatto (RaMHal), der im Jahre 1727 eine mystische Offenbarung hatte und geistiger Führer einer kleinen Gruppe von Eingeweihten in Padua wurde. Die Gruppe scheint ihn als Verkörperung des Messias und vielleicht sogar als ausgewähltes Werkzeug der Erlösung angesehen zu haben. Der Schauplatz dieses Phänomens war Italien, aber Gerüchte von den Ereignissen erreichten die deutschen und polnischen

Gemeinden. Luzzatto selbst reiste im Jahre 1735 durch Frankfurt am Main auf dem Weg nach Amsterdam, seinem unfreiwilligen Verbannungsort. In Frankfurt wurde er festgenommen und vor ein Rabbinatsgericht gebracht, das ihn dazu verurteilte, strenges Schweigen über mystische Dinge zu bewahren.[43] Das Hauptargument von Luzzattos Anklägern bestand darin, daß die Bekanntmachung seiner Offenbarungen zu möglichen Abweichungen führen könnte. Sie trugen Bedenken, er gäbe heute vor, neue Versionen der Psalmen oder des Zohar zu schreiben – „und vielleicht erscheint er morgen mit einer Neuauflage des Pentateuch“[44]. Mit anderen Worten, man befürchtete, Luzzatto könne versuchen, das überlieferte Gesetz durch ein neues zu ersetzen.

Fest eingebettet in seiner eigenen Tradition fühlte sich der Jude an seine Gemeinde gebunden und daher völlig abgesondert von der christlichen Gesellschaft. So gering auch seine ideologische Ausbildung sein mochte, war sich der Jude bewußt, daß Judentum und Christentum einander ausschlossen und daß ein Übertritt zum Christentum die Verwerfung des wahren Glaubens zugunsten des falschen bedeutete. Die nichtjüdische Gesellschaft öffnete den Juden ihre Tore – theoretisch der gesamten Gemeinde –, aber in der Praxis nur denen, die zum Christentum übertraten und sich einer der christlichen Kirchen anschlossen. Solche Fälle gab es, wo immer Juden in christlicher Umgebung lebten. In dieser Zeitspanne waren dergleichen Einzelfälle nicht sehr ausschlaggebend für die kollektive Existenz der Juden. Zwar erwähnt die halachische Literatur Fälle von Abtrünnigkeit, da sie das Gesetz für die Ausnahmen wie für die Regel festlegen mußte, aber die Musar-Literatur übergeht dieses Problem fast völlig.[45] Gewiß kann es damals nicht viele solche Fälle gegeben haben, trotz der Versuche seitens der Christen, den evangelistischen Geist mit Hilfe der pietistischen Bewegung neu zu beleben. Eine Anstalt zur Herausbildung von protestantischen Theologen zu Judenmissionaren, das *Institutum Judaicum* wurde 1724 in Halle gegründet[46]; die dort gemachten Aufzeichnungen sind übrigens eine wichtige Quelle für die Beurteilung dieses Versuchs und dessen Ergebnisse. Eine gründliche Analyse enthüllt die Tatsache, daß es trotz des Eifers der Missionare nur wenige und seltene Fälle des Übertritts zum Christentum gab. Was noch wichtiger ist – der Typ des Juden, der sich in der Tat von der Missionarsbewegung angezogen fühlte, erweist sich in den meisten Fällen als jemand, der wahrscheinlich ohnehin sein Judentum aufgegeben hätte, auch ohne äußerliche Einflüsse: als den gescheiterten Juden am Rande der Gesellschaft, der nicht nur Schwierigkeiten hatte, seinen Lebensunterhalt zu verdienen, sondern auch eine Bleibe zu finden.[47] Die Randstellung des voraussichtlichen Konvertiten erklärt die Gleichgültigkeit der jüdischen Gesellschaft für dieses Problem. Vom 17. bis in die Mitte des 18. Jahrhunderts ist kein Fall bekannt, wo ein Laienführer oder Rabbiner von einigem Format zum Christentum übertrat, was in früheren Zeitperioden der jüdischen Geschichte recht oft stattfand.

Die Außenwelt interessierte die Juden nur mäßig; sie war weder ein Gebiet für gesellschaftlichen Ehrgeiz noch eine Quelle akuter seelischer Gefahr. Jedoch stellte sie das Feld für eventuelle geschäftliche Begegnungen und für Kontakte mit Behörden dar. Die jüdische Gemeinde war äußerst besorgt, daß das Verhalten von Einzelpersonen bei Kontakten dieser Art stets untadelig war. Zu diesem Zweck übte die Gemeinde eine weitreichende Kontrolle über die Geschäftskontakte Einzelner mit der Außenwelt aus. Wer die Bestimmungen der Gemeinde auf diesem Gebiet überschritt, setzte sich der Gefahr strenger Bestrafung aus und zog sich einen scharfen Verweis zu, wie alle, deren Verhalten auch auf anderen Gebieten zu wünschen übrig ließ. Es ist klar, daß man mit einem System von Strafandrohung und Tadel allein die Lage nicht in den Griff bekam. Zahlreiche Kontakte zwischen Juden und Nichtjuden ergaben sich außerhalb der geographischen Grenzen der Gemeinde. Viele Juden gehörten nicht einmal einer Gemeinde an, sondern wanderten von einem Ort zum anderen und führten ein ungeregeltes, unstetes Leben. Ohne festen Wohnsitz verspürten sie keine Verantwortung den Institutionen und ihren ethischen Forderungen gegenüber. Diese Juden waren oft Betrüger oder gar Verbrecher und eine stete Quelle peinlicher Überraschungen für die etablierten Gemeinden.[48]

Doch auch für die Alteingesessenen präsentierte der Kontakt mit der nichtjüdischen Welt ein Problem. Die große soziale Kluft, die zwischen den beiden Gesellschaften lag, mußte zwangsläufig zu einem doppelten Maßstab gegenseitiger Verpflichtungen führen. Sowohl in der christlichen als auch in der jüdischen Gesellschaft war es durchaus nicht selbstverständlich, daß die moralischen Richtlinien, die sich für die innere Gruppe herausgebildet hatten, auch für die äußere Gruppe zutrafen. Allein die Tatsache, daß zwei verschiedene Rechtsprechungssysteme das innere Leben jeder einzelnen Gesellschaft bestimmten, mußte zu dem Schluß führen, daß die Maßstäbe, die man an diese gesellschaftliche Verhaltensweise anlegte, von der Zugehörigkeit zu einer bestimmten Gruppe abhängig war. Wenn man dazu noch die religiösen Vorurteile der einzelnen Gruppen in Betracht zieht, kann man die ungefähren Proportionen des Problems ermessen.

Von jüdischer Seite wurden in der Zeit vom 16. bis zum 18. Jahrhundert Versuche unternommen, dieser Mängel Herr zu werden. Man entwickelte Theorien, die beweisen sollten, daß die zwei Religionen eine gemeinsame Basis besaßen, was zu der Idee einer de facto ethischen Gleichheit führte. Die prekäre Lage der Juden unter den Nichtjuden diente auch als Grundlage für die Aufforderung an Einzelpersonen, von jeder Handlung abzusehen, die das physische Wohlsein seiner jüdischen Glaubensgenossen gefährden könnte.[49]

Diese ideologischen und erzieherischen Bemühungen übten vielleicht einen gewissen Einfluß aus. Ganz gewiß änderten sie nichts am eigentlichen Problem der gesellschaftlichen Kluft und des moralischen Doppelmaßstabs. Diejenigen, die mit dem Erscheinen eines neuen sozialen Aufstrebens bemüht waren, die Kluft als solche zu beseitigen, fanden an der alten Situation mit ihren moralischen Unzulänglichkeiten und Gefahren viel zu bemängeln.

Drittes Kapitel

Die Vorzeichen des Wandels

Das Bild einer Traditionsgesellschaft, das wir im vorigen Kapitel aufzeichneten, war das einer statischen Gemeinschaft und zeigte die wesentlichen Bestandteile jüdischen Lebens während der hundert Jahre, die der großen Umwälzung des nachfolgenden Jahrhunderts vorangingen. Diese Statik ist jedoch irreführend und sollte uns nicht glauben machen, daß sich in der Zeitspanne zwischen 1650 und 1750 keine Änderungen in der jüdischen Gesellschaft vollzogen. Diese Periode – insbesondere ihre zweite Hälfte – wird in der europäischen Geschichte als eine Zeit allmählicher Vorbereitung auf die große Wende angesehen, die die europäische Gesellschaft bis in ihre Grundfesten erschütterte. Man ist geneigt, die Ereignisse, die jener Zeitspanne vorangingen, näher zu untersuchen, um die vorherrschenden Ursachen für die spätere Entwicklung aufzufinden.

Der Geschichtsschreiber gerät dabei leicht in Gefahr, vieles, was man damals als unbedeutend ansah, in seinem Rückblick als Vorzeichen oder sogar als direkten Einfluß auf spätere Ereignisse zu werten. Der gesunde Menschenverstand sowie die Sozialwissenschaften lehren uns jedoch, daß Wendepunkte in der Geschichte – wie die Französische Revolution oder die Auflösung der Traditionsgesellschaft – nicht auf unmittelbar sichtbare Ursachen zurückgeführt werden können. Das veranlaßt den Historiker, sich der noch ferner zurückliegenden Vergangenheit zuzuwenden, um die ersten Risse im Gefüge der alten Gesellschaft oder das Aufkommen eines neuen Musters, neuer Ideen und Wünsche zu verfolgen, die auf die Anfänge einer neuen Entwicklung hindeuten.

Auch die jüdische Traditionsgesellschaft wurde von Historikern einer genaueren Prüfung unterzogen, bei dem Versuch, in einer scheinbar unbeschädigten Struktur Schadstellen zu entdekken. Diese wurden als die ersten Anzeichen einer kommenden Umgestaltung in der gesamten jüdischen Traditionsgesellschaft interpretiert. Hinweise, die man als Anzeichen einer Umwandlung ansah, gab es in vier verschiedenen Punkten.

Auf den gesellschaftlichen Aufstieg des Hofjuden im 17. und 18. Jahrhundert als zweifellos neuartiger Zug in der Struktur der jüdischen Gesellschaft ist bereits hingewiesen worden.[1] Infolge ihrer wichtigen wirtschaftlichen Rolle nahmen diese reichen Juden einflußreiche Positionen am Hof der Herrscher ein – bei Kaiser, Königen, Prinzen und Bischöfen, denen sie dienten. In Anerkennung ihrer Dienste wurden ihnen oftmals persönliche Privilegien zugesprochen. Manchen von ihnen erließ man die Zahlung des „Schutzgeldes", normalerweise eine der Grundbedingungen für die Duldung von Juden an einem bestimmten Ort. Der Hofjude konnte oft auch das Aufenthaltsrecht für seine Familie, seine Witwe oder seine Schwiegersöhne erwirken. Mehr noch, unter dem Einfluß des Hofjuden wurden ganze Gemeinden gegründet oder vergrößert. In gleicher Weise unterlagen Hofjuden nicht der Rechtsprechung jüdischer oder nichtjüdischer Gerichte, sondern waren nur dem Hofgericht verantwortlich, so wie die übrigen Amtspersonen des Herrschers. In der Tat ähnelte der Status des Hofjuden auch in anderer Hinsicht dem von hohen Beamten. Er wurde von seinem Herrn zu einem bestimmten Amt ernannt; er trug den Titel *Hoffaktor* oder *Hofagent* oder einen ähnlichen und bezog ein regelmäßiges Gehalt. Nicht zuletzt demonstriert der Hofjude seine hohe Stellung durch äußere Erscheinung. Er kleidet sich, wenn auch nicht gänzlich nach der Mode des einen oder anderen Standes, so doch anders als seine jüdischen Glaubensgenossen. Seine Kleidung und die Ausrüstung seines Haushalts spiegeln seinen Wohlstand und Einfluß wider.[2]

Der Typus des Juden, der sich durch seinen Dienst bei den politisch Mächtigen Ansehen und Position verschafft, ist nicht neu in der jüdischen Geschichte. Man findet ihn überall dort, wo Juden unter Nichtjuden lebten und sich dem Schutz der Machthaber anvertrauten. Dadurch, daß sie sich bei den Landesherren durch Geld und Geschäftssinn verdient machten, konnten sie sich über das Niveau der gesellschaftlich benachteiligten Klassen erheben. Jüdische Geldgeber und Landpächter des moslemischen und christlichen Spanien sind wohl die besten Beispiele hierfür.[3] Dennoch scheinen die Hofjuden des 17. und 18. Jahrhunderts alle ihre Vorläufer überflügelt zu haben. Sie waren zahlreicher, ihre Geschäfte waren von größerem Umfang, und ihr Einfluß wuchs immer mehr an; auf diese Weise kamen sie den Mächtigen immer näher. Kein Wunder, daß Historiker sie als Antriebskräfte für das betrachteten, was sich zu jener Zeit in der jüdischen Gesellschaft ereignete.

Der Epoche des Hofjuden folgte die Zeit jüdischer Emanzipation. Hofjuden nahmen im Kampf um jüdische Rechte aktiven Anteil – wenigstens in der ersten Phase der Emanzipationsära –, und man konnte diesen ganzen Prozeß ganz einfach ihrem Gewicht und Einfluß zuschreiben. Das tat in konsequenter Weise der deutsche Historiker Heinrich Schnee, der mehr als jeder andere zu unserem Wissen über die Tätigkeit der Hofjuden beitrug. Schnee zufolge war „die Emanzipation der Juden das Werk der *Hoffaktoren*". Nicht die Aufklärung und nicht die Botschaft von 1789 waren entscheidend für die Emanzipation der Juden, sondern das *Hoffakorentum.*[4]

Ob nun die Ideen von 1789 als unerheblich für die jüdische Emanzipation beiseite geschoben werden können, kann nur festgestellt werden, wenn man den Vorgang untersucht, der dem Juden den Eintritt in die Gesellschaft ermöglichte.[5] Aber selbst wenn man die Aufklärung und alles, was sie mit sich brachte, als einen der maßgeblichen Faktoren der Wandlung akzeptiert, muß man dennoch den Hofjuden als einen zusätzlichen Faktor der fortschreitenden Emanzipation betrachten. Es kann nicht geleugnet werden, daß Hofjuden, oder vielmehr ihre Nachkommen und Erben ihres Vermögens und Einflusses, sich bei den Verhandlungen, die zu einer Gesetzgebung zugunsten der Juden führten, voll einsetzten. Doch nicht die gesamte Gesetzgebung, die die Juden begünstigte, wurde von den Hofjuden unterstützt oder verdankte ihr Entstehen deren Einfluß. Die zwei vielleicht wichtigsten Edikte, das Toleranzpatent Kaisers Joseph II. von Österreich 1781–82 und die Verleihung der Staatsbürgerschaft in Frankreich durch die Nationalversammlung 1790–91 kamen ohne Zutun jüdischer Persönlichkeiten zustande.[6]

Die reichen Juden von Amsterdam begegneten mit Mißtrauen der holländischen Revolution, die nach der französischen Eroberung im Jahre 1795 den Sieg über das Haus Oranien davontrug, unter dessen Schutz die jüdischen Standespersonen ihre Gemeinde leiteten – und Wohlstand erwarben. Sie hintertrieben sogar die Maßnahmen der holländischen Nationalversammlung, die ihnen volle Staatsbürgerschaft verleihen sollten, anstatt sie zu unterstützen.[7] David Friedländer hatte seit dem Tode Friedrichs des Großen in Berlin sein Bestes getan, den Status der preußischen Juden zu verbessern, jedoch mit wenig Erfolg. Das Edikt von 1812, das eine fast vollständige Emanzipation gewährte, war Teil einer allgemeinen Reform in Preußen, die der preußischen Niederlage durch Napoleon im Jahre 1806 folgte. Bei der Formulierung dieses Edikts spielte Friedländer als Experte für jüdische Angelegenheiten die Rolle eines Beraters. Man kann ihn keineswegs als treibende Kraft dieser Ereignisse ansehen.[8] Die Arnsteins in Wien agitierten – mit zweifelhaften Ergebnissen – hinter den Kulissen beim Wiener Kongreß 1814–15, wo der zukünftige Status der Juden in den deutschen Staaten erörtert wurde.[9] Die Bemühungen der Rothschilds in Frankfurt und anderswo während der kommenden Jahrzehnte hatten jedoch mehr Erfolg.[10] Inzwischen hatten sich die Umstände geändert, und der jüdische Bankier war nicht länger ein Hofjude im eigentlichen Sinne des Wortes.

Die politische, wirtschaftliche, gesellschaftliche und intellektuelle Wende jener Zeit wirkte sich auch auf die Position und Eigenschaft der Hofjuden aus. Wie das geschah und was es bedeutete wird in der nachfolgenden Analyse klargestellt. Jedenfalls stehen die Anstrengungen der wohlhabenden jüdischen Führer, eine neue Basis für die Existenz ihrer Gemeinden zu schaffen, nicht ohne Zusammenhang mit dieser Wende. Gäbe es keinen Zusammenhang, bestünde kein Grund, warum der Wohlstand und Einfluß des Hofjuden nicht schon fünfzig oder hundert Jahre früher ähnliche Ergebnisse zustande gebracht haben sollte, zu einer Zeit, als der Hofjude auf dem Höhepunkt seiner Macht stand. Zu dieser Zeit war die Unterstützung, die der Hofjude seinen Glaubensgenossen geben konnte, eher unregelmäßig und beschränkt auf wenige kleine Erleichterungen – wie die Widerrufung des Prager Ausweisungsdelikts von 1745[11], die Gewährung des Wohnrechts an verschiedenen Orten und ähnliches.[12] Niemand dachte zu jener Zeit auch nur im entferntesten an die Möglichkeit einer Naturalisierung aller jüdischen Gemeinden oder hielt einen solchen Vorgang für wünschenswert.

Es ist wahr, daß sich in der Einstellung des Staates den Juden gegenüber noch während des alten Regimes eine Wende vollzog und daß diese ständige Wandlung im historischen Rückblick dahingehend interpretiert wird, als hätte sie dic bevorstehenden

Änderungen im Status der Juden angekündigt. Zu Anfang dieser Periode, etwa um 1650, sah man die relative Unabhängigkeit und die Selbstverwaltung der *Landgemeinden* als selbstverständlich an; die nichtjüdischen Behörden verlangten lediglich, daß die jüdischen Gemeinden das Verhalten ihrer Mitglieder überwachten und die Steuern eintrieben. Als sich die Idee des zentralisierten Staates durchsetzte und dessen allgegenwärtige Bürokratie sich entwickelte, begann der Staat sich auch in die inneren Angelegenheiten der jüdischen Gemeinden einzumischen. Von nun an erließ der Staat Bestimmungen beispielsweise über die Wahl von Gemeindeältesten, kontrollierte die Verwaltung von Gemeindefinanzen und beaufsichtigte das Wachstum der jüdischen Bevölkerung, indem er die Gründung neuer Familien begrenzte. Manche dieser Bestimmungen berührten auch diejenigen Praktiken, die mit den kulturellen Gewohnheiten der Juden verbunden waren. Um es dem Staat zu ermöglichen, die Gemeindeverwaltung zu kontrollieren, mußten Buchhaltung und die Niederschrift von geschäftlichen Transaktionen in deutscher Sprache erfolgen.[13] Die Übergangsperiode von einer relativ freien Selbstverwaltung der Gemeinden zu einer staatlich kontrollierten Organisation ist von Selma Stern in ihren Büchern über das preußische Judentum genauestens beschrieben.[14]

Ähnliche Feststellungen wurden auch in bezug auf andere Gemeinden veröffentlicht – über Württemberg von A. Weber[15], über die *Landgemeinden* im Süden unlängst von Daniel J. Cohen.[16] Man kann diesen Übergangsprozeß als charakteristisches Merkmal des gesamten deutschen Judentums im 18. Jahrhundert bewerten. Selma Stern sah in der wachsenden Einmischung des Staates in die Angelegenheiten der Gemeinden einen Hinweis auf die kommende Emanzipation. Sie gab zu, daß das staatliche Vorgehen vom Standpunkt zeitgenössischer Juden einen einschränkenden und sogar lästigen Charakter hatte. Aber sie erblickte darin die Saat einer künftigen Befreiung. Betrachtet man dagegen die Wirkung des Polizeistaates auf die jüdische Gemeinde vom Standpunkt der Emanzipation, so bedeutet die beginnende Auflösung der jüdischen Eigenverwaltung nichts anderes als die beginnende politische Eingliederung der Juden in den Staat. Hob der Staat die Selbstverwaltung der Gemeinde auf, so vernichtete er gleichzeitig die Schranken, die ihn von dieser Körperschaft trennten ... Zwang er sie mit Hilfe der Buchführung, sich der deutschen Sprache zu bedienen, so legte er gleichzeitig den Grund zu einer kulturellen Assimilation der Juden an die Umwelt."[17]

Wenn von einer Verbindung zwischen staatlicher Einmischung in das Leben der Juden zu Beginn des 18. Jahrhunderts und der Verleihung der Staatsbürgerschaft einige Generationen später die Rede ist, handelt es sich nicht um offenbare Tatsachen. Es wird lediglich angenommen, daß eine ursächliche Verbindung zwischen zeitlich auseinanderliegenden Ereignissen bestand, was jedoch durch keinerlei direktes Beweismaterial erhärtet werden kann. Belegbar wird eine solche These, wenn überhaupt, so nur durch kritische Analyse der Tatsachen in ihrer Beziehung zueinander.

Es ist richtig, daß die Einmischung der Bürokratie in das Leben der Gemeinden ständig zunahm, im Einklang mit der Forderung des zentralisierten Staatswesen, gewisse Funktionen wie Besteuerung und Rechtsprechung von den Ständen und Körperschaften zu übernehmen. Diese verloren daraufhin ihre Autonomie; die jüdischen Gemeinden gleichfalls.

Offensichtlich konnte die autonome jüdische Gemeinde des 17. Jahrhunderts im 19. Jahrhundert nicht weiterbestehen. Die Auflösung der autonomen Gesellschaft hätte in jedem Fall den Staat vor ein Problem gestellt: Was sollte mit den Juden geschehen, die in der Vergangenheit Mitglieder solcher Gemeinden gewesen waren? Ihnen volle Emanzipation zu gewähren, war eine der möglichen Lösungen, die später auch erwogen wurde. Aber es war nicht die einzig mögliche Antwort auf das Problem, und sie wurde auch nicht als selbstverständliche Entwicklung angesehen, sondern erst nach langen Überlegungen, Kämpfen und öffentlichen Debatten akzeptiert. Auch andere Lösungen wurden angeregt: Die Vertreibung der Juden wurde in Erwägung gezogen, wenigstens theoretisch. Es wurde auch vorgeschlagen, die Juden in separaten Kolonien anzusiedeln, wo sie die Möglichkeit haben würden, ihre Fähigkeit und ihren Willen zu demonstrieren, sich durch harte Arbeit in der Landwirtschaft oder im Handwerk selbst zu ernähren, bevor man sie als Staatsbürger akzeptierte. Wieder andere wollten die Juden in eine besondere Kategorie von Ausländern einreihen, die zwar rechtlichen Schutz genossen, aber wegen ihrer unterschiedlichen Religion und Kultur nicht in der Gemeinschaft der Staatsbürgerschaft aufgenommen waren.[18] Das derartige Vorschläge schließlich zugunsten einer vollen Emanzipation verworfen wurden, muß man den Tendenzen jener Zeit zuschreiben, die maßgebend für die Gestaltung der modernen Gesellschaft waren. Diese bestanden einerseits in zunehmend rationalistischen Ideen, wie die Säkularisierung des Staates oder zumindest eine Lockerung der Bindung zwischen Kirche und Staat, andererseits in der stets zunehmenden Zahl der Juden, die alte Traditionen abschüttelten zugunsten der kulturellen Gewohnheiten ihrer Umgebung. Kurz gesagt, die Emanzipation der Juden, auch wenn nur aus politischer Sicht betrachtet, kann nicht allein politischen Kräften zugeschrieben werden, sondern sie war ebenso das Resultat der erwähnten nicht-politischen Faktoren.

Es wird jedoch verschiedentlich darauf hingewiesen – und dies ist eine dritte Möglichkeit, das Problem anzugehen –, daß unter westlichen Juden eine allmähliche, aber bedeutsame Kultur-Anpassung stattfand, mindestens fünfzig Jahre bevor der Bruch in der Struktur der jüdischen Traditionsgesellschaft sichtbar wurde. Man weiß, daß die Sephardim sich seit dem Ende des 17. Jahrhunderts Bildung und Wissen der verschiedenen Länder, in denen sie lebten, aneigneten. In manchen Fällen, wie zum Beispiel im Fall des Wirtschaftsexperten Isaac de Pinto, trugen sie maßgeblich zur Kultur ihres Landes bei.[19] Die frühe kulturelle Anpassung der Sephardim ist eine bekannte Tatsache. Deutsche Juden dagegen standen in dem Ruf, in gesellschaftlicher und kultureller Absonderung zu leben, und das bis an die Schwelle des modernen Zeitalters, d. h. bis zur zweiten Hälfte oder sogar bis zum letzten Drittel des 18. Jahrhunderts. Diese Annahme wurde kürzlich von Azriel Shohet angefochten, der behauptet, die beginnende Auflösung der jüdischen Traditionsgesellschaft müsse mindestens um ein halbes Jahrhundert vordatiert werden.[20] Shohet hat eine eindrucksvolle Menge von Daten zusammengetragen, um zu beweisen, daß die deutschen Juden schon um 1700 von ihrer traditionellen Lebensweise abzuweichen begannen. Shohets Daten beziehen sich auf den Lebensstandard, die Lockerung religiöser Bräuche, das Nachlassen der hohen Einschätzung religiöser Erziehung, Bildung und ähnliches. Gleichzeitig weist Shohet auf eine Neubeurteilung der nichtjüdischen Gesellschaft und ihrer Wertvorstellungen hin, wie jüdische Zeitgenossen sie sahen. Philosophie, Wissenschaft und an-

und andere Gebiete des Wissens aus nichtjüdischen Quellen – die von früheren Generationen geächtet waren – begann man jetzt zu pflegen, und die Anerkennung durch die nichtjüdische Gesellschaft war eine begehrte Auszeichnung. In vielen Fällen führte das zum Übertritt zum Christentum. All diese Punkte sind die typischen Merkmale einer beginnenden Assimilierungsära. Wenn man sie vordatiert, kommt man dem eigentlichen Wendepunkt um etwa zwei Generationen zuvor.

Die von Shohet vorgelegten Daten können hier nicht in allen Einzelheiten erörtert werden. Einige davon sind sicherlich anfechtbar, doch andere halten einer Untersuchung stand. Was einer Klärung bedarf, ist ihre Bedeutung als Hinweis auf einen Wandel.[21] Die zu entscheidende Frage ist, ob die Erscheinungen, die Ende des 17. und zu Anfang des 18. Jahrhunderts in der jüdischen Gesellschaft auftraten, lediglich Variationen und Abweichungen vom traditionellen Muster darstellten, oder ob sie Elemente eines neuen Entwicklungsprozesses waren, der schließlich zu einer neuen Gesellschaftsstruktur führen sollte. Der Prüfstein für diesen Unterschied ist in dem Bewußtsein oder der geistigen Haltung derer zu finden, die die Dinge taten, die nur als Abweichungen oder aber als Neuerungen bewertet werden. Es hängt von den Gedankengängen der Akteure selbst und davon ab, wie sie das, was sie taten, bewerteten. Was bewog manche Leute, einen außergewöhnlichen Luxus zur Schau zu stellen, eine immer größere religiöse Laxheit zu dulden und Lebenswerte, die der nichtjüdischen Welt entstammten, zu akzeptieren? Taten sie es, weil sie eine neue Lebenseinstellung hatten? Oder fanden sie innerhalb der Tradition eine Rechtfertigung dafür – wobei sie die eventuelle Verpflichtung zu einer späteren Sühne nicht außer acht ließen. Es besteht kein Zweifel, daß die zweite Alternative die richtige ist.

Variationen des alten Traditionsmusters, so auffällig sie auch sein mochten, konnten immer noch in die alte Struktur eingefügt werden. Ein Luxusleben war auch in der Traditionsgesellschaft nichts Unbekanntes. Wer seine Genußsucht übertrieb, konnte sein Gewissen dadurch beruhigen, daß er mehr für wohltätige Zwecke stiftete oder Notleidende und arme Gelehrte finanziell unterstützte, was auch tatsächlich der Fall war. Es ist bekannt, daß die reichen deutschen Juden des 17. und 18. Jahrhunderts reichlich für wohltätige Zwecke spendeten.[22] Wenn auch die

Nachlässigkeit beim Einhalten religiöser Gebote und sogar grobe Übertretungen der religiösen Gesetze immer häufiger wurden, so bedeutete das noch lange nicht, daß die Missetäter sich eines ruhigen Gewissens erfreuten. Die meisten Aussagen über Ereignisse dieser Art entstammen der Feder von Moralisten – den Autoren der Musar-Literatur. Durch die Tatsache, daß sie diese Vorgänge aufzeichneten und verdammten, bezeugen sie, wie sich die Öffentlichkeit zu solchen Vorkommnissen stellte. Es besteht kein Grund anzunehmen, daß es unter der Oberfläche öffentlicher Meinung noch andere Ansichten gab. Gesuche an die Rabbiner von Leuten, die – für damalige Begriffe – schwere Sünden begangen hatten, gewöhnlich auf sexuellem Gebiet, und die Bitte, ihnen eine Sühne aufzuerlegen, waren zu dieser Zeit nicht weniger häufig als früher. Wenn ein Rabbiner hin und wieder eine weniger strenge Strafe verhängte – obgleich auch diese nach Begriffen des 20. Jahrhunderts ungeheuerlich anmuteten –, so war dies nur eine Variation des alten Musters.[23] Das System blieb unangefochten. Der wirkliche Wendepunkt würde erst dann kommen, wenn eine Abweichung von alten Sitten durch neue Konzepte gerechtfertigt war, die dem traditionellen Wertungssystem widersprachen.

Der Unterschied zwischen einer Abweichung, die von dem Traditionssystem neutralisiert wurde, und einer, die das System als solches unterminierte, wird im Zusammenhang mit dem Studium der Wissenschaft und Philosophie aus nichtjüdischen Quellen klar. Shohet hat Beweise dafür vorgelegt, daß die zwei großen Rabbiner des 18. Jahrhunderts, Jacob Emden (1689–1776) und Jonathan Eibeschütz (1690–1764) mit Denkprozessen vertraut waren, die ihnen nur durch den Kontakt mit nichtjüdischen Quellen zugänglich sein konnten. Beide kannten die neuen Theorien und Entdeckungen der Wissenschaft; sie hatten bestimmte Begriffe vom Rationalismus in der Philosophie und von der Theorie über das Wesen des Staates und der menschlichen Gesellschaft, und sie gebrauchten dieses Wissen auch in ihren Predigten und talmudischen Abhandlungen. Aufgrund dieser Feststellungen kam Shohet zu dem Schluß, daß Moses Mendelssohn – der als der erste jüdisch-europäische Denker angesehen wird – keinen historischen Anspruch auf einen solchen Titel hatte. In Wirklichkeit hatte er dem, was seine Vorgänger schon gewußt hatten, nichts hinzuzufügen.[24]

Wenn der bloße Kontakt mit Ideen und Konzepten Absorption bedeutet hätte, dann wäre diese Schlußfolgerung berechtigt. Die großen Rabbiner kannten diese neuen Ideen, akzeptierten sie jedoch nicht als Element eines neuen Denksystems. Sie integrierten sie in den Kontext traditionellen Denkens, nämlich der homiletischen Auslegung von Bibel und Talmud. Die neuen Elemente verloren ihren ursprünglichen revolutionären Charakter und wurden gewissermaßen neutralisiert. Obgleich sie die neuen Konzepte gebrauchten, hielten die Rabbiner an ihrer mittelalterlichen Denkweise fest. Die Methode der Homiletik war als ausreichendes Ausdrucksmedium der Traditionsgesellschaft anerkannt. Emden und Eibeschütz waren beide Anhänger dieser Methode und können mit Recht als Repräsentanten der Traditionsgesellschaft bezeichnet werden. Moses Mendelssohn andererseits war ein moderner Denker, da sein Glaube auf rationalistischer Philosophie beruhte, obgleich es ihm gelang, aufgrund dieser Philosophie seinen orthodoxen jüdischen Glauben beizubehalten, d. h. die Anerkennung der Offenbarung und Befolgung der religiösen Gesetze. Weder die Elemente noch die Schlußfolgerungen eines Denkvorganges bestimmen den Platz in der Geschichte, sondern das Gedankensystem, dessen man sich bedient.[25]

Einige der neu entwickelten Konzepte der Epoche nach dem Mittelalter wurden von Juden übernommen, verdrängten jedoch nicht das Gedankensystem, auf dem die Interpretation traditioneller jüdischer Existenz basierte. Es wurde immer noch als selbstverständlich angesehen, daß die Juden eine Nation darstellten, deren Mitglieder unter den Völkern der Welt zerstreut waren. Der messianische Glaube an eine endgültige Erlösung und Wiedervereinigung des Volkes wurde trotz der großen Enttäuschung nach dem sabbatinischen Fiasko ebenso wie andere Grundlehren jüdischer Tradition voll beibehalten. Sogar außerhalb sabbatinischer Kreise stellte man Vermutungen an über das genaue Datum, an dem der Messias erscheinen würde.[26]

Nur soweit es bewiesen werden kann, daß die Grundlehren des Judentums in Frage gestellt wurden, darf von dem Hinweis auf einen Wechsel gesprochen werden. In der Tat gab es einen Bericht über eine Gruppe sephardischer Juden, die zu Beginn des 18. Jahrhunderts in Holland lebte und die dem Vernehmen nach den heiligen Charakter des Landes Israel abstritt und sich weigerte, den besonderen Verdienst anzuerkennen, der von dessen Einwohnern zu allen Zeiten beansprucht worden war – auch als vom Tempel nur noch eine Ruine übriggeblieben war.[27] Es gibt nur Andeutungen darüber, was in der Sache gesagt wurde, und da der Berichterstatter Moses Hagiz ein palästinensischer Prediger und Propagandist für die Unterstützung des palästinensischen Judentums durch die Diaspora war, ist es möglich, daß er überempfindlich auf Bemerkungen von Leuten reagierte, die sich ihrer Verantwortung für Palästina entziehen wollten. Aber es ist kein Zufall, daß dergleichen Bemerkungen gemacht wurden. Wahrscheinlich stammten sie von sephardischen Juden, die sich in Holland sicher fühlten, den Gedanken an eine Rückkehr nach Palästina als lächerlich empfanden und sich einer finanziellen Verpflichtung für den Unterhalt der dort lebenden Juden widersetzten. Dies waren eher sporadische Reaktionen und kein Ausdruck fester und ernster Überzeugungen, was schon dadurch bewiesen ist, daß sie keinen schriftlichen Niederschlag gefunden und nirgends verbreitet wurden. Obgleich diese Gefühle keine sichtbare Wirkung hatten, wiesen sie doch auf einen Trend hin, der sich unter veränderten Umständen hätte weiterentwickeln können.

Die Lage der Juden hing jedoch nicht nur von ihrer eigenen Stellungnahme, sondern auch der ihrer nichtjüdischen Nachbarn ab. Wann offenbarten sich die ersten Anzeichen eines Wechsels unter den Nichtjuden? Die europäische Literatur des 17. und 18. Jahrhunderts ist oft von jüdischen Gelehrten nach Anzeichen einer veränderten Stellungnahme seitens jener Nichtjuden durchforscht worden, deren Schriften und Ideen eine Wende auch auf anderen Gebieten ankündigten.[28] Bei einer solchen Untersuchung muß man sich davor hüten, Variationen des alten Systems mit ideologischen Neuheiten zu verwechseln. Wie bereits erwähnt, gab es im christlichen Konzept über die Stellung der Juden in der Gesellschaft extreme Gegensätze. Es schwankte zwischen dem Wunsch, jeden Kontakt mit Juden zu vermeiden, und der Bereitwilligkeit, den Juden zu gestatten, unter ihnen zu leben. Letzteres wurde von wirtschaftlichen Interessen unterstützt, gepaart mit Nachgiebigkeit in religiösen Dingen oder bestimmt von der Hoffnung, dadurch Konvertiten unter ihnen zu gewinnen. Wenn also im 17. Jahrhundert in England die Aufnahme der Juden – motiviert von wirtschaftlichen Interessen, aber auch theologisch gerechtfertigt – befürwortet wurde, bedeutete das keine Abweichung vom alten Konzept, sondern lediglich eine Abwandlung des wohlbekannten Themas.

Ein bedeutsamer Wechsel ist in den Schriften jener zu suchen, die das Konzept einer bürgerlichen Gesellschaft voraussagen, sowie eine Trennung – oder wenigstens einen gewissen Abstand – von Staat und Kirche. Erst mit dem Entstehen eines von Religion abgesonderten Lebensbereiches ergab sich eine Situation, wo Juden auf mehr oder weniger gleichem Fuße mit Nichtjuden politisch und gesellschaftlich akzeptiert wurden. Religiöse Toleranz in dem Sinne, daß man in der Gesellschaft verschiedene religiöse Systeme und Institutionen duldete, sowie die gleichlautende Idee der moralischen Selbständigkeit des Staates ebneten den Weg für die Aufnahme des Juden in die nichtjüdische Gesellschaft. Die ersten Befürworter einer weltlichen Staatsgrundlage waren gleichzeitig die Vorläufer der Idee, die Juden in der Gesellschaft aufzunehmen, ohne ihre spätere Bekehrung zu erwarten. Es ist daher nicht verwunderlich, in den Werken von John Locke die klassische Verfechtung der Idee eines säkularen Staates und gleichzeitig die Befürwortung der Aufnahme von Juden zu finden.

Obleich Locke in *Letter Concerning Tolerance* (1689) sich in erster Linie mit den Beziehungen zwischen den verschiedenen christlichen Konfessionen befaßte, kam er konsequenterweise zu dem Schluß, „weder Heide, noch Mohammedaner, noch Jude solle seiner Religion wegen von den Bürgerrechten des Commonwealth ausgeschlossen werden“.[29] Fünfundzwanzig Jahre später entwarf John Toland die Konsequenzen religiöser Toleranz für Juden in einer christlichen Gesellschaft, obgleich er mit dem Prinzip nicht voll übereinstimmte.[30] Tolands Ausgangspunkt war nicht theoretischer Natur, sondern der praktische Vorschlag für ein allgemeines Naturalisierungsgesetz, das schon seit der Restauration in England ein politisches Thema gewesen war.[31] Ein solches Gesetz würde jedem erklärten Protestanten das Recht geben, ein englischer Bürger zu werden. Obgleich er den Ausschluß von Katholiken bejahte, befürwortete Toland die Einbeziehung der Juden in dieses Gesetz. Der Grund für die Aufnahme von Ausländern lag in der weit verbreiteten Meinung, daß die Bevölkerungszunahme zum Wohlstand des Landes beitragen würde. Wenn die Religion der Neueinwanderer nicht gerade staatsgefährdend war – wie es Toland und die meisten seiner Landsleute vom Katholizismus vermuteten – bestand kein Grund, sie auszuschließen. Juden konnten daher ohne weiteres aufgenommen werden. Angesichts der Tatsache, daß die Aufnahme der Juden in England seit Cromwells Zeit ein politisches Thema gewesen war, könnte man sagen, Toland hätte lediglich zu einem alten Problem Stellung genommen. Das Ungewöhnliche dieser Stellungnahme besteht nicht in der unbehinderten Aufnahme von Juden, sondern in den Hintergründen dafür. Die Aufnahme soll hier nicht als Zugeständnis des Christentums an jene betrachtet werden, die den christlichen Glauben leugnen, sondern wegen der Eliminierung des Christentums als Faktor in der Politik des Commonwealth.

Doch beeinflußte die Religion auch weiterhin die Rechte der naturalisierten wie auch der im Lande geborenen Staatsbürger. Toland gab, vielleicht inkonsequenterweise, die Idee einer etablierten Kirche nicht auf. Staatsämter konnten auf diese Weise für die Anhänger der Kirche reserviert werden, jedoch andere wichtige Posten auf dem Gebiet der Wirtschaft und öffentlichen Verwaltung würden auch Juden offenstehen. In diesem Punkt wich Toland von der vorherrschenden Theorie und Praxis der gesamten europäischen Gesellschaft ab, wo sich die Juden traditionsgemäß auf den Handel beschränken mußten, weil allgemein angenommen wurde, daß sie weder fähig noch willens waren, andere Berufe auszuüben. Toland äußerte die Überzeugung, daß die menschliche Natur überall gleich war – ein Grundprinzip für den sich verbreitenden Rationalismus –, und sagte voraus, daß Juden, wenn sich ihnen die Gelegenheit dazu böte, sich allen Berufen zuwenden würden wie andere Menschen auch. Hier, vielleicht noch mehr als in seinen Erklärungen über religiöse Toleranz, sah Toland eine gesellschaftliche Tendenz voraus, die sich später verwirklichen sollte.

Damals waren die Vorstellungen von Locke und Toland Einzelphänomene. Historisch gesehen waren sie der Hinweis auf eine Möglichkeit und weniger der Ausdruck sozialer Realität. Die Tatsache, daß die beiden zu ihrer Zeit keine gesellschaftliche Einwirkung erzielten, ist nicht nur dadurch bewiesen, daß ihre Ideen kein Interesse erweckten, sondern mehr noch durch tatsächliche Ereignisse, bei denen es klar wurde, daß sich die Judenfrage in den Augen der Öffentlichkeit immer noch um die traditionellen Themen drehte. Eine Generation nach dem Erscheinen von Tolands Broschüre *Gründe für die Naturalisierung der Juden* (1714) legte die Regierung einen Naturalisierungserlaß vor (1753), der sowohl vom Oberhaus als auch vom Unterhaus ratifiziert wurde. Dieser Erlaß war in seiner Anwendung äußerst begrenzt. Er gewährte einzelnen Juden das Recht, sich durch Parlamentserlaß naturalisieren zu lassen, unter der Bedingung, daß sie die hohen Kosten eines solchen Verfahrens tragen und eine Mehrheit in beiden Häusern erzielen konnten. Der Erlaß wurde zwar ratifiziert, mußte jedoch unter Druck der öffentlichen Meinung rückgängig gemacht werden. Die Kontroverse beschäftigte das ganze Land. Sie war, wie die moderne Geschichtsforschung überzeugend beweist[32], absichtlich von der Tory-Oppositionspartei hinsichtlich der kommenden Wahlen hochgespielt worden. Das mindert jedoch nicht seine Bedeutung als Hinweis darauf, wie sich das Image des Juden, gefärbt von christlicher Tradition und allgemeinem Vorurteil, in der Öffentlichkeit darstellte.[33] Noch wichtiger ist es zu erkennen, daß die Befürworter und Förderer des Juden-Erlasses nicht das Argument für die Duldung der Juden anführten, daß religiöse Erwägungen in reinen Verwaltungsangelegenheiten auszuklammern sind. Statt dessen demonstrierten sie eine nachsichtige christliche Haltung, wiesen auf die wirtschaftlichen Vorteile hin, die die Einwanderung reicher Juden mit sich bringen würde, und deuteten auf die Aussichten eines späteren Übertritts zum Christentum hin.

Der Judenerlaß in England hatte einen gewissen Einfluß auf das Denken derer, die sich auf dem Kontinent mit den Judenproblemen befaßten. Voltaire erwähnt es in seinem *Essai sur les moeurs* als Beispiel für die negative Einstellung der Bevölkerung zu den Bestrebungen der Juden.[34] In Deutschland war es ein Jude, Levi Israel, der in einem Traktat[35], den er verfaßt hatte, bevor der englische Erlaß rückgängig gemacht wurde, dafür eintrat, den Juden zu gestatten, sich als Gleichberechtigte im Lande anzusiedeln. Die Interessen des Staates und sein wirtschaftlicher Aufstieg könnten durch neue Ansiedler gefördert werden, die gemeinsam mit den bereits ansässigen Juden zum wirtschaftlichen Fortschritt beitragen würden. Jedoch hatte der Verfasser selbst auch seine Zweifel, ob die allgemein bekannten wirtschaftlichen Interessen die eingefleischten Vorurteile gegen Juden aufwiegen würden. Der Traktat hatte einen kurzen Nachhall und keinerlei praktische Konsequenzen. In den achtziger Jahren, als die Idee der jüdischen Integration zu einem öffentlichen Thema wurde, erwähnte niemand mehr Israels Traktat.

Die hundert Jahre von 1650 bis 1750 vor der Wandlungsperiode zeigen gewisse Änderungen in der gesellschaftlichen Position und der wirtschaftlichen Rolle der Juden. Bei Juden wie Nichtjuden offenbarte sich eine Änderung in ihrer Haltung dem anderen gegenüber. Jedoch im großen und ganzen blieb die gesellschaftliche Struktur, wie auch die Gedankensysteme, auf die sie sich stützte, unverändert. Es gab lediglich ein paar sporadische Hinweise auf einen Wechsel, die damals als Keime einer künftigen Spaltung kaum erkennbar waren, die jedoch im Rückblick gesehen eine Umgestaltung in Aussicht gestellt haben mögen – auf realer wie auch auf gedanklicher Ebene.

VIERTES KAPITEL

Die halbneutrale Gesellschaft

Greifbare Resultate einer veränderten Mentalität konnten sich auch im Alltag des Staates und der Gesellschaft manifestieren. Änderung im politischen Status der Juden war zu erwarten – was sich tatsächlich später erfüllte, zuerst mit dem Toleranzpatent von Kaiser Joseph II. in Österreich 1871–82 und dann mit den verschiedenen Verordnungen der Emanzipation. Das Edikt des Kaisers bezeichnete die Juden zwar nicht ausdrücklich als seine Untertanen, doch die Tatsache, daß es die Verantwortung für ihr Wohlsein genau wie für andere Stände und Konfessionen akzeptierte, deutete auf ein solches Zugeständnis hin.[1] Weitere Erlasse, insbesondere die Beschlüsse der französischen Nationalversammlung vom 18. Januar 1790 und vom 28. September 1791, machten die Sephardim im Süden und die Aschkenasim im Elsaß zu vollberechtigten Staatsbürgern. Doch diese Ereignisse fanden zu einem verhältnismäßig späten Zeitpunkt statt, als die Tendenz zum Wechsel, die zunächst nur in Ideen und Konzepten hervortrat, bereits in das Staats- und Gesellschaftsgebilde vorgedrungen war und den Impuls einer Reform von oben oder einer Revolution von unten beeinflußte. Es ist kein Wunder, daß die rechtlich anerkannte Aufnahme der Juden als Staatsbürger, die den Höhepunkt der Integration darstellte, sich nur langsam durchsetzte. Anders war es bei gesellschaftlichen Kontakten. Der Wechsel in der Art der gesellschaftlichen Beziehungen zwischen Juden und Nichtjuden war spontan und gedieh unter dem Einfluß der Konzepte von Toleranz und Freisinnigkeit.

Eine neue Einstellung auf dem Gebiet gesellschaftlicher Beziehungen kann darin gesehen werden, daß sich Juden mit Nichtjuden nicht nur bei rein geschäftlichen Anlässen zu treffen begannen. Zu Zeiten der Traditionsgesellschaft hatte jedes Treffen zwischen Juden und Nichtjuden ein klar vorgezeichnetes Ziel. Die Abwicklung von Geschäften, der Unterricht eines Juden durch einen Nichtjuden oder umgekehrt, ärztliche Behandlung eines Patienten der anderen Religionsgemeinschaft war bisher das Muster gesellschaftlicher Kontakte zwischen Juden und Nichtjuden gewesen. Ähnliche Situationen, die sich allerdings durch das Maß ihrer Vertraulichkeit voneinander unterschieden, waren immer noch durch ihren praktischen Zweck klar definiert und begrenzt. Zwischen dem Hofjuden und dem Herrn, dem er in verschiedenen Eigenschaften diente, mochte sich sehr wohl eine gegenseige Zuneigung entwickeln. Trotzdem blieb das Verhältnis zwischen den beiden weitgehend hierarchisch, wobei jeder von ihnen sich der gesellschaftlichen Kluft bewußt war.[2] Ein solches Verhältnis konnte nur so lange andauern, wie es durch seinen eigentlichen Zweck gerechtfertigt war. Man hätte es niemals um seiner selbst willen oder zur Pflege geistiger Interessen fortgesetzt. Geselligkeit um ihrer selbst willen oder für den Austausch moralischer, religiöser oder ästhetischer Werte ist ein Zeichen gesellschaftlicher Aufnahme. Um Ort und Zeit dieser neuen gesellschaftlichen Beziehung zwischen Juden und Nichtjuden zu bestimmen, ist es notwendig, nach den ersten Anzeichen dieses neuen Verhältnisses zu suchen.

Die Moral-(Musar-)Literatur zu Ende des 17. und Anfang des 18. Jahrhunderts enthält zahlreiche Beschwerden über den Komödien- und Theaterbesuch von Juden.[3] Das Ausmaß dieser Erscheinungen ist schwer zu beurteilen; die vorhandenen Quellen neigen naturgemäß zu Übertreibungen. Aber da das Verständnis für Theater und dessen Würdigung in gewissem Maße vom Grad der kulturellen Anpassung einer Person abhängt, ist anzunehmen, daß der Theaterbesuch unter den Sephardim in Holland, England und Frankreich verbreiteter war als unter den Aschkenasim, besonders in Deutschland. Der Besuch solcher Unterhaltungsstätten setzt zum einen die Bestrebung der Juden voraus, sich einem nichtjüdischen Publikum anzuschließen, und zum anderen die Bereitschaft des letzteren, sie in ihrer Mitte zu dulden. Denn obgleich die bloße Anwesenheit im Theater keine aktiven Beziehungen mit den anderen Zuschauern erfordert, schafft sie dennoch eine Atmosphäre der Zusammengehörigkeit. Daß zu dieser Zeit derartiges zwischen Juden und Nichtjuden erreicht werden konnte, zeugt von einem immer geringer werdenden Wunsch beider Gruppen, sich voneinander abzusondern.

Eine stärkere Annäherung gab es wahrscheinlich bei Zusammenkünften von Einzelpersonen zu Studien- oder Bildungszwekken. Das wachsende Interesse an jüdischer Kultur, ihren Gebräuchen und auch ihrer Literatur in nichtjüdischen Kreisen brachte viele nichtjüdische Forscher in Kontakt mit jüdischen Gelehrten.[4] Andererseits ließen sich zahlreiche jüdische Studenten von nichtjüdischen Lehrern unterrichten – besonders in der Medizin –, und seit dem letzten Drittel des 17. Jahrhunderts wurden jüdische Studenten schon an einigen Universitäten aufgenommen, nicht nur in Italien (wo das schon seit vielen Generationen der Fall war), sondern auch in Deutschland.[5] Trotzdem schufen solche Begegnungen nicht immer eine gemeinsame Grundlage. Der jüdische Student konnte an einer nichtjüdischen Universität studieren, unter gewissen Vorbehalten gegen ihre kulturellen Werte, und sich auf das Studium seines Faches im rein technischen Sinne beschränken. Der christliche Gelehrte andererseits konnte seinen jüdischen Gewährsmann als Quelle für jene verborgenen Tatsachen betrachten, die – wie die Christen annahmen – im jüdischen Geist und in der jüdischen Literatur enthalten waren. Im letzten Drittel des 17. Jahrhunderts sammelte Johann Andreas Eisenmenger viele seiner Daten im persönlichen Kontakt mit Juden in Frankfurt und Amsterdam und benutzte später diese Daten in seinem bekannten Werk „Entdecktes Judenthum".[6] Es kann jedoch kein Zweifel darüber bestehen, daß das Zusammentreffen zwischen Schülern und Lehrern der verschiedenen Religionsgemeinschaften in vielen Fällen zu einer geistigen Verbindung führte.

Trotzdem können solche zufälligen Verbindungen kaum als Vorzeichen einer neuen Epoche gewertet werden. Derartige Beziehungen hatte es schon gegeben, als die Kluft zwischen Juden und Nichtjuden am weitesten war. Den Hinweis auf einen Wechsel kann man erst vermuten, als die neutralen oder wertorientierten Zusammenkünfte zwischen Juden und Nichtjuden zu einer mehr oder weniger festen Einrichtung wurden.

Es gibt einen Fall von institutionalisierter Neutralität, wo – wenigstens entsprechend der erklärten Absicht – eine Grundlage für Geselligkeit existierte und wo sogar geistige Werte gepflegt wurden, trotz der Kluft zwischen den verschiedenen Kirchen und Konfessionen. Ich verweise damit auf den Fall der Freimaurer.

An anderer Stelle habe ich umfassend über die Freimaurer geschrieben[7] und werde mich hier auf eine Zusammenfassung meiner Abhandlung beschränken, soweit sie das von uns behandelte Problem betrifft. Die eigentliche Freimaurerei – wenn man von angeblichen oder wirklichen Vorläufern absieht – begann in England im zweiten Jahrzehnt des 18. Jahrhunderts und verbreitete sich in den darauffolgenden Jahrzehnten in Frankreich, Holland, Deutschland und zahlreichen anderen Ländern. Sie entwickelte sich aus Handwerkervereinigungen, die vom 17. Jahrhundert an auch nicht-aktive oder spekulative Mitglieder aufnahmen, das heißt Leute, die keine Handwerker waren, die aber Interesse an dem gesellschaftlichen und geistigen Leben der Mitglieder fanden, die sich in sogenannten „Logen" zusammengeschlossen hatten. Die Statuten der Logen wurden um 1720 von Reverend James Anderson formuliert. Wer wollte und konnte sich diesen Logen anschließen? Die Satzung besagt, daß die Maurer in alten Zeiten „dazu angehalten waren, in jedem Land der Religion dieses Landes oder dieser Nation anzugehören", doch als die Satzung bekanntgegeben wurde, „hielt man es für zweckmäßiger, die Maurer nur zu der Religion zu verpflichten, in der sich alle Menschen einig sind, und jedem seine eigene Meinung zu belassen".[8]

Das klingt wie eine Erklärung absoluter religiöser Toleranz. In der Tat kommt es diesem Ideal sehr nahe. Die damalige Richtung religiösen Denkens war der Deismus, die Forderung nach einem höchsten Wesen, das sich jeder vernünftige Mensch vorstellen kann. Ferner nahm man an, daß diese Religion der Vernunft jeder historischen Religion zugrunde lag. Diese Annahme wird durch die Formulierung von Andersons Satzung bestätigt. Sie drückt in unmißverständlichen Worten die Absicht aus, die Unterschiede entgegengesetzter religiöser Doktrinen zu ignorieren. Anderson war Presbyterianer, und die übrigen Logenmitglieder, als Angehörige anderer christlicher Konfessionen, hielten es offenbar für richtig, daß es außer Kapellen und Kirchen noch einen neutralen Ort geben sollte, wo sie sich auf der Basis eines religiösen Minimums, das sie verband, treffen konnten.

Waren Juden in dem Konzept des religiösen Minimums inbegriffen? Es gibt keinen Hinweis, auf welchen sich eine entweder positive oder negative Antwort stützen könnte. Wenn man den damaligen gesellschaftlichen und kulturellen Status der englischen Juden in Betracht zieht, ist es unwahrscheinlich, daß ihr mögliches Streben nach Aufnahme in den Logen den Text der

Satzung beeinflußt hat. Doch ist die Satzung so abgefaßt, daß Juden ohne weiteres als Mitglieder in Frage kommen. Als im Jahre 1732 ein Jude um Aufnahme ersuchte, wurde er in der Tat aufgenommen. Nichtsdestoweniger wurde noch einige Zeit nach seiner Aufnahme in Londoner Logen darüber diskutiert, ob ein Jude als Mitglied erwünscht sei. Doch die englische Freimaurerei akzeptierte die Konsequenzen ihrer erklärten Toleranz, und es wurde – soweit bekannt ist – niemals ein Versuch unternommen, Paragraph 1 der Satzung zu ändern oder anders auszulegen. So standen die Tore der Logen – wenigstens im Prinzip – weiterhin den Juden offen.

Im Prinzip. Das heißt noch lange nicht, daß es in der Praxis keine Diskriminierung der Juden gab. Es war das unbestrittene Recht der etablierten Logenmitglieder, jeden Kandidaten, der ihnen unpassend erschien, abzuweisen. In einigen alten Aufzeichnungen englischer Logen findet man Spuren von Diskriminierung, doch im großen ganzen entsteht ein Bild relativer Duldung von Juden, nicht nur in Theorie, sondern auch in der Praxis.

Doch guter Wille und Toleranz seitens der christlichen Mitglieder lösten noch nicht alle Probleme des jüdischen Anwärters. Die deistische Erklärung in der Satzung tilgte nicht alle Spuren christlicher Bräuche im Leben der Logen. Außer einigen neutralen Freimaurersymbolen wie Kreis und Dreieck befand sich dort auch eine Bibel einschließlich des Neuen Testaments, das einem Juden nicht heilig war. Zwei Gestalten des Neuen Testaments spielten eine besondere Rolle im Leben der Logen: Johannes der Täufer und Johannes der Evangelist, deren Namenstage (24. Juni und 27. Dezember) zu freimaurerischen Festtagen wurden. Manche Juden mögen religiös nachlässig gewesen sein, andere fanden vielleicht eine Ausrede, um ihr Gewissen zu beruhigen, doch gab es in den Logen auch gewissenhafte Juden, die darauf Wert legten, die Gebote ihres Glaubens innerhalb der Freimaurer-Bruderschaft zu befolgen. Speziell für diese wurden im Jahre 1756 besondere Gebete gedruckt, worin jeder Bezug auf das Christentum vermieden war.[9] Vielleicht hatten Juden auch separate Logen. Zugegebenermaßen war das lediglich eine *ad-hoc-Lösung*. Aber das war nicht auf England beschränkt. In Holland, Frankreich und sogar in Deutschland gab es eine ähnliche Einstellung. Eine Berliner Loge nahm im Jahre 1767 einen Juden auf und gestattete ihm, seinen Eid auf die fünf Bücher

Moses zu leisten. Die allgemeine Atmosphäre des 18. Jahrhunderts, in dem sich der Glaubenseifer verminderte und die Duldsamkeit von Rationalisten und Aufgeklärten als eine Tugend angesehen wurde, machte solche Lösungen möglich.

Trotz der scheinbar absoluten Toleranz der Freimaurer kann man sie kaum für mehr als eine halbneutrale Gesellschaft ansehen. Dies trifft sogar für das ursprüngliche englische Muster zu. Einige Abwandlungen davon im vorrevolutionären Frankreich, in Deutschland und in den skandinavischen Ländern nahmen einen ausgesprochen christlichen Charakter an. Der sogenannte schottische Ritus, der Mitte des 18. Jahrhunderts in Frankreich entstand, versuchte die Ursprünge der Freimaurerei bis zurück zu den mittelalterlichen christlichen Orden zu verlegen und führte christliche Elemente ein. Juden wurden automatisch ausgeschlossen, es sei denn, sie machten weitgehende Konzessionen.

Aus diesem Grund gab es nur wenige Juden, die sich den Freimaurern anschlossen. Außerdem kann die Aufnahme von Juden in den Freimaurerlogen wohl kaum als ein Durchbruch der Toleranz bezeichnet werden, da die Freimaurer stets bestrebt waren, so wenig wie möglich im Licht der Öffentlichkeit zu stehen. Jüdische Mitgliedschaft war eine Randerscheinung und hatte keine direkten historischen Konsequenzen.

Was dagegen Aufsehen erregte, war das freie, ungezwungene Verhalten des Kreises um Moses Mendelssohn in Berlin, der in den Jahren 1760–1770 entstand. Juden und Nichtjuden verkehrten hier miteinander, als wären die Schranken, die diese beiden Gesellschaften trennten, längst niedergerissen. Da Mendelssohns Beispiel sowie seine Philosophie und seine Lehren in diesem Buch mehrfach behandelt werden, will ich seine wohlbekannte Lebensgeschichte kurz wiedergeben.[10]

1729 in Dessau als Sohn eines Thora-Schreibers geboren, zeichnete sich Moses Mendelssohn in seinen Studien bei dem örtlichen Rabbiner David Fränkel aus. Als Fränkel im Jahre 1743 nach Berlin zog, folgte ihm Mendelssohn dorthin und benutzte die Gelegenheit, seinem umfassenden rabbinischen Wissen auch weltliche Bildung hinzuzufügen. Er hatte das Glück, in Israel Levi einen geeigneten Lehrer zu finden, einem polnischen Juden aus Samoscz, der sich auf Mathematik und jüdische Philosophie spezialisierte und als einer der ersten Förderer der Aufklärung innerhalb der jüdischen Gesellschaft angesehen werden muß. Nachdem Mendelssohn die Jeschiwa verlassen hatte, verdiente er seinen Lebensunterhalt in Berlin erst als Buchhalter einer jüdischen Firma und später als Textilhändler. Durch diese Tätigkeit war er wahrscheinlich mit Nichtjuden zusammengetroffen nach dem traditionellen Muster geschäftlicher Kontakte. Doch eine nähere Beziehung zu Nichtjuden ergab sich durch ein gemeinsames Interesse am Studium von „weltlichem Wissen" – wie man es damals im jüdischen Sprachgebrauch nannte –, von Sprachen (Deutsch, Französisch, Englisch, Latein und später sogar Griechisch), von Mathematik und von allen Gebieten der Philosophie. Man sagt, Mendelssohn habe Gotthold Ephraim Lessing am Schachtisch kennengelernt. Was die beiden jedoch in lebenslanger Freundschaft verband, waren die gemeinsame philosophische Forschung und literarische Kreativität. Denn Mendelssohn überragte alle anderen jungen Juden, die sich mit dem Studium ähnlicher Themen beschäftigten. Er nahm nicht nur die Elemente europäischer Kultur in sich auf – allerdings hauptsächlich in der deutschen Version –, sondern begann auch selbst schöpferisch zu arbeiten.

Mendelssohns erste Veröffentlichung trug den Titel *Philosophische Gespräche* (1755). Ihr folgten weitere Abhandlungen ähnlicher Art. Es war die Schrift *Phädon oder über die Unsterblichkeit der Seele in drey Gesprächen* (1767), die Mendelssohn zu einer europäischen Berühmtheit machte; in ihr versuchte er eine Lehre zu beweisen, die durch die Skepsis rationalistischer Philosophen untergraben wurde. Die europäische Gesellschaft konnte es sich nicht leisten, diese Lehre, die als Hauptstütze für das Gefüge sittlichen Verhaltens angesehen wurde, aufzugeben. Auf diese Weise bewies Mendelssohn durch seine rechtzeitige Reaktion auf ein brennendes Problem seine Zugehörigkeit zur allgemeinen Gesellschaft. Außerdem ist *Phädon* als literarisches Werk der Ausdruck von Mendelssohns geistiger Wegstrecke aus einem ausschließlich jüdischen Milieu in die europäische Gesellschaft. Nach seinen eigenen Angaben in einem hebräischen Brief an seinen Freund Naphtali Herz Wessely hatte er ursprünglich beabsichtigt, das Problem der Unsterblichkeit der Seele in einer hebräischen Abhandlung zu behandeln, die sich auf den Bestand jüdischer Quellen stützte. Hätte er diesen Plan ausgeführt, dann wäre das hebräische Buch die Fortsetzung eines früheren Versuchs von Mendelssohn geworden, mit Hilfe einer Zeitschrift, die er im Jahre 1755 zu verlegen begonnen hatte, das hebräischlesende jüdische Publikum anzusprechen.[11] Das Ziel dieser Veröffentlichung war zweifellos die Aufklärung seiner jüdischen Zeitgenossen. Sie wurde abgebrochen, wahrscheinlich aus Mangel an Interesse seitens der Leser. Mendelssohns Bemerkung, er hätte ursprünglich beabsichtigt, eine hebräische Fassung von *Phädon* zu schreiben, weist darauf hin, daß er die Idee noch nicht aufgegeben hatte, sich einem jüdischen Publikum zuzuwenden. Die Gründe, die ihn bewogen, seine Absicht schließlich doch nicht auszuführen, sind nicht bekannt, aber das Ergebnis wird aus Mendelssohns eigenen Worten in dem erwähnten Brief deutlich: „Der Gebrauch einer anderen Sprache hat eine Änderung des Themas bewirkt."[12] In der Tat folgte Mendelssohn, anstatt das Problem in seinen jüdischen Zusammenhängen zu erforschen, dem Beispiel eines griechischen Dialogs. Was den Inhalt betrifft, falls Mendelssohn überhaupt durch jüdische Quellen angeregt war, verdrängte er sie. Denn die Argumente, die für die Unsterblichkeit der Seele sprachen, wurden schließlich im Sinne der Leibniz-Wolffschen Theorie präsentiert. Hätten andere Quellen nicht unmißverständlich bezeugt, daß der Autor in vollem Besitz einer zusätzlichen kulturellen Tradition war, wäre das aus der Lektüre von *Phädon* nicht ersichtlich geworden. Es ist vielleicht überflüssig, darauf hinzuweisen, daß das Überwechseln zu einer anderen kulturellen Tradition die Konzipierung anderer gesellschaftlicher Ziele mit sich bringt. Anstatt für den jüdischen Leser zu schreiben, sprach Mendelssohn die deutsche und europäische Öffentlichkeit an. Nicht nur intellektuell, sondern auch gesellschaftlich überschritt Mendelssohn jetzt die Grenzen der jüdischen Gemeinschaft und wurde nun auch zu einem Bestandteil der nichtjüdischen Umwelt.

Das Haus dieses Philosophen hatte auf die zeitgenössischen Intellektuellen schon immer eine große Anziehungskraft ausgeübt. Als er Berühmtheit erlangte, wurde sein Haus ein beliebtes Ziel für Durchreisende, und ein Treffen mit Mendelssohn war eine der Hauptattraktionen ihres Aufenthalts in Berlin. Mendelssohn nahm auch an der Tätigkeit verschiedener gelehrter Gesellschaften teil, wo man Vorträge hielt und entsprechende Themen diskutierte.[13] Da Berlin noch keine Universität hatte, dienten diese Zusammenkünfte als gesellschaftliche Zentren für

Gelehrte und Männer von Bildung. Dort aufgenommen zu werden bedeutete die Anerkennung der Zugehörigkeit zur intellektuellen Elite der Stadt und vielleicht sogar zu der des ganzen Landes.

Allerdings war Mendelssohn weder der einzige noch der erste Jude, der in Berlin einen solchen Status erreichte. Sein Freund Aron Gumperz war ihm darin bereits voraus.[14] Gumperz hatte die übliche jüdische Schulbildung und eignete sich zusätzliches Wissen auf den Gebieten der Philosophie, Mathematik und Literatur an. Er war es, der Mendelssohn dabei half, den gleichen Weg der Selbstbildung zu verfolgen. Gumperz besuchte oft die Häuser aufgeklärter christlicher Gelehrter und gehörte einer Kaffeehaus-Gesellschaft an, in die auch Mendelssohn aufgenommen wurde, der ihn alsbald durch seinen aktiven Beitrag zum intellektuellen Streben dieser Gruppen weit übertraf. Andere folgten dem Beispiel Mendelssohns. Der bekannteste seiner Anhänger ist Dr. Marcus Herz, ein Arzt, der einer der ersten war, die Kants Philosophie verstanden. Herz dozierte über Probleme der Philosophie und Wissenschaft vor einem vorwiegend nichtjüdischen Publikum.[15] Ein anderer angesehener Philosoph – ursprünglich ein litauischer Talmud-Gelehrter, eine Mischung aus Denker und Bohemien – war Salomon Maimon.[16] Maimon erregte Aufsehen in Berlin, Breslau und anderen Städten, wo er mit denen, die sich für Philosophie interessierten, Kontakt aufnahm. Auch andere Juden, die vielleicht weniger durch ihre geistigen Errungenschaften auffielen, wurden ebenfalls in den Kreis der intellektuellen Elite aufgenommen.

Diese gesellschaftliche Lockerung war das Werk der Generation der 70er und 80er Jahren des 18. Jahrhunderts. Sie konnte nur das Resultat eines wachsenden Interesses an intellektuellem Streben sowie an moralischen und gesellschaftlichen Werten sein, die über die Grenzen religionsorientierter Traditionen hinausgingen. Während sich die Gesellschaft von den traditionellen Fesseln freimachte, die sie an religiöse Konzepte von vorwiegend christlichem Charakter banden, öffnete sich auch den Juden ein Weg in diese Gesellschaft. Trotzdem ist es zweifelhaft, ob auch diese Gruppe mehr als eine halbneutrale Gesellschaft bezeichnet werden kann. In der Tat war auch Mendelssohns Integration in der nichtjüdischen Gesellschaft unvollständig. Ein Beispiel dafür ist, daß er als Jude nicht der Freimaurerei beitreten konnte.

Während seine christlichen Freunde Gotthold Ephraim Lessing, Friedrich Nicolai, Christian Wilhelm von Dohm und andere Freimaurer waren und einige von ihnen sogar eine führende Rolle in der Bewegung spielten und große Hoffnungen in ihre restaurative geistige Kraft setzten, konnte Mendelssohn nicht einmal hoffen, Mitglied einer Loge zu werden. Er äußerte gewisse Zweifel gegenüber den hohen Erwartungen, die sein Freund Lessing vom Einfluß der Freimaurer hatte.[17] Keinesfalls konnte Mendelssohn den Freimaurern die exklusive geistige Perfektion, derer sie sich rühmten, zugestehen, da er als Jude immer noch ausgeschlossen war.

Mendelssohn blieb fern von jenen Kreisen, denen er angehört hätte, wenn er kein Jude gewesen wäre. Schon im Jahre 1762 trat ein Schweizer Schriftsteller namens Isaak Iselin mit dem Vorschlag an ihn heran, einer patriotischen Gruppe beizutreten, die sich für politische und soziale Reformen einsetzte. Mendelssohn erklärte sich als ungeeignet aufgrund seiner jüdischen Zugehörigkeit. „Sie wissen ja, wie klein der Anteil in den *Landesfreyheiten* ist, den man meinen Glaubensgenossen zugesteht. Die Unterdrückung als Bürger, zu der wir durch tief verwurzelte Vorurteile verdammt sind, lastet schwer auf den Flügeln des Geistes und macht es ihnen unmöglich, sich jemals dem Höhenflug der Freigeborenen anzuschließen."[18] Das war wohl weniger als Selbstentwertung gemeint, sondern eher als Ergebenheit in das Schicksal des Juden, der zwar über abstrakte Probleme philosophierte, jedoch von der Förderung praktischer sozialer und politischer Lösungen ausgeschlossen war. Bei anderer Gelegenheit war der Ausschluß das unmittelbare Ergebnis des niederen Status, den die Juden in den Augen der höchsten staatlichen Behörden besaßen. Im Jahre 1771 wählte die Berliner Akademie der Wissenschaften Mendelssohn zu ihrem Mitglied. Die Wahl mußte vom König, dem fortschrittlichen Friedrich II., bestätigt werden, doch dieser erhob Einspruch gegen die Wahl. Auch als die Akademie zum zweitenmal an ihn herantrat, änderte er seinen Standpunkt nicht.[19]

Wie beschränkt die von Mendelssohn und seiner Gruppe erreichte Integration tatsächlich war, wird dadurch verdeutlicht, daß nichtjüdische Kreise von diesen aufgeklärten Juden gar nicht erwarteten, am Judentum festzuhalten. Viele Beobachter waren der Meinung, daß die aktive Beteiligung von Juden in nichtjüdischen Kreisen lediglich den ersten Schritt zum Christentum darstellte. Obgleich die meisten Christen ihren christlichen Glauben sehr wohl mit einer Beteiligung an Bemühungen zur allgemeinen Aufklärung vereinbaren konnten, vermochten sie sich nicht vorzustellen, daß ein Jude eine ähnliche Anpassung vollziehen würde. Sie erwarteten daher von einem aufgeklärten Juden, die natürlichen Konsequenzen seines Abweichens vom jüdischen Lebenswandel zu akzeptieren und sich einer der christlichen Kirchen anzuschließen. Manche von Mendelssohns christlichen Bewunderern hofften im stillen auf seinen Übertritt zum Christentum, andere drängten ihn privat zu einem solchen Entschluß. Schließlich wurde er von Johann Caspar Lavater, einem der wichtigsten Vertreter des aufgeklärten Christentums, öffentlich angesprochen und aufgefordert, seinen Standpunkt zu klären. Lavater widmete Mendelssohn ein Buch (aus dem Französischen übersetzt), das die Wahrheit des Christentums unter Beweis stellte, und verlangte von Mendelssohn, die Argumente entweder zu widerlegen, oder ihre Richtigkeit anzuerkennen und sich dem Christentum anzuschließen.[20]

Mendelssohn nahm die Herausforderung jedoch nicht an. Er bestätigte feierlich seinen festen Glauben an die Wahrheit des Judentums und weigerte sich, die Gründe seiner Ablehnung des Christentums zu erörtern. Statt dessen erteilte er seinen Gegnern eine Lektion in religiöser Toleranz. Er verlangte, als Jude in Ruhe gelassen zu werden, so wie auch er verpflichtet war, keine Christen zu behelligen.[21] Die Tugend der Toleranz, erklärte Mendelssohn, sei nicht nur im Einklang mit den Geboten der Vernunft und des Fortschritts, sondern auch mit den Lehren des Judentums. Was die Toleranz betraf, sagte er, stünde das Judentum auf einer höheren Stufe als das Christentum, mit dessen missionarischem Eifer er seine eigenen Erfahrungen gemacht hatte.[22]

Mendelssohns Zurückhaltung bei der Kontroverse zwischen Judentum und Christentum bedeutete kein Zugeständnis seinerseits. Doch hatte er Bedenken, als Mitglied einer immer noch unterdrückten Minderheit über die religiösen Lehren der Mehrheit zu diskutieren. Vorsorglich wandte er sich an die Kirchenbehörden – das Konsistorium – und bat um Erlaubnis, über dieses Thema schreiben zu dürfen. Diese Erlaubnis wurde ihm gewährt mit der Auflage, daß Mendelssohn selbst die Grenzen erkennen müsse, die ihm gesetzt waren. Auch auf jüdischer Seite gab es Bedenken, da man die Konsequenzen der Kritik eines Juden am Christentum fürchtete.[23] Daher beschränkte sich Mendelssohn in seiner Antwort, und anstatt die unterschiedlichen Punkte der beiden Religionen zu berühren, nannte er die Gründe, weshalb er darüber nicht diskutierte. Hierin war er im Einklang mit dem Geist der Aufklärung.

Lavaters öffentliche Herausforderung von Mendelssohn wurde im allgemeinen als taktlose Geste angesehen. Noch mehr bedauerte die Öffentlichkeit die darauffolgende Schmähschrift eines gewissen Balthasar Kölbele, der seine Forderung nach Mendelssohns Bekehrung mit beleidigenden Bemerkungen persönlicher und antijüdischer Natur ausschmückte. Mendelssohn genoß die Sympathie liberal denkender Christen, die der Ansicht waren, man solle einen Mann nicht öffentlich über seine religiösen Anschauungen befragen. Das hieß aber nicht, daß nicht viele dieser Christen von ihm einen spontanen Entschluß erwarteten.[24] Der Jude, der am geistigen und gesellschaftlichen Leben der aufgeklärten Gesellschaft teilnahm und gleichzeitig ein praktizierender Jude blieb, war ein zu neues Phänomen, als daß man es für selbstverständlich angesehen hätte. In der Tat erfuhr die Lavater-Affäre eine Wiederholung durch eine andere öffentliche Aufforderung an Mendelssohn, zum Christentum überzutreten. Das geschah in der letzten Phase seines Lebens, im Jahre 1782, als sich die ersten Zeichen einer Wandlung in der jüdischen Zukunft zeigten und Mendelssohn selbst an die Möglichkeit einer Integration zu glauben begann.

Die Aufforderung war anonym und in einer Broschüre unter dem Titel *Das Forschen nach Licht und Recht* enthalten.[25] Das Geheimnis der Identität des Autors ist bis heute noch nicht gänzlich gelüftet. Der eigentliche Autor im technischen Sinne des Wortes scheint ein gewisser August Friedrich Cranz gewesen zu sein, ein Vielschreiber und gelegentlicher Ghostwriter. In dieser Eigenschaft diente Cranz den fortschrittlichen Berliner Juden in ihrem Kampf gegen die Konservativen und die Rabbiner. In der erwähnten Broschüre wandte er sich gegen den Wortführer der Aufgeklärten und hatte guten Grund, seine Urheberschaft zu verbergen. Indem er die Broschüre mit dem Buchstaben „S..." unterzeichnete und Wien als Verfassungsort angab, täuschte er vor, sie sei das Werk eines gewissen Josef von Sonnenfels. Sonnenfels, ein Mann jüdischer Abstammung, war Professor für Politische Wissenschaften und Hofrat und genoß gesellschaftlich und intellektuell hohes Ansehen. Mendelssohn, der zunächst getäuscht war, fühlte sich verpflichtet, den Aufruf des hochrespektierten Sonnenfels zu beantworten, der an der Abfassung des Toleranzpatents beteiligt war.

Der anonyme Autor ging davon aus, daß Mendelssohn in seiner Abhandlung über mögliche Reformen im Status der Juden behauptete, die von der jüdischen Gemeinde ausgeübte Macht, das religiöse Verhalten ihrer Mitglieder zu überwachen, sei abnorm und müsse gebrochen werden. Mit jüdischen Bräuchen einigermaßen bekannt, argumentierte der Autor, Mendelssohn habe mit seiner Behauptung die Unzulässigkeit eines wichtigen Merkmals jüdischer Tradition, das die Durchführung jüdischer Gesetze zum Ziel hatte, zugegeben. Das Aufgeben eines Teils jüdischer Tradition, meinte der Autor, müsse zu einer totalen Ablehnung des jüdischen Glaubens zugunsten des Christentums führen.

Als Antwort auf diese Herausforderung schrieb Mendelssohn *Jerusalem*, sein umfassendes Werk über die Beziehungen zwischen Staat und Religion, über den besonderen dogmatischen Inhalt des Judentums und den Standort des Judentums in der modernen Welt. Auf die Einzelheiten dieser Abhandlung werden wir später eingehen. An dieser Stelle beschäftigen wir uns mit der allgemeinen Bedeutung dieser Affäre, die auf die prekäre Lage der fortschrittlichen Juden hinweist, deren Abweichung vom traditionellen Lebensstil und Gedankengut oft als Annäherung an das Christentum ausgelegt wurde.

Mendelssohn war nicht der einzige Jude, der sich durch potentielle Missionare belästigt fühlte. Ähnlich erging es Ephraim Kuh, dem ersten jüdischen Dichter von gewisser Bedeutung, der ein großer Bewunderer Mendelssohns war. Kuh verbrachte die Jahre 1763–1768 in Berlin und ging bei Mendelssohn ein und aus. Anschließend bereiste er Holland, Frankreich, Italien, die Schweiz und Süddeutschland. Bei der Rückkehr in seine Heimatstadt Breslau kam es zu Meinungsverschiedenheiten mit den Traditionalisten der jüdischen Gemeinde. Seine christlichen Bekannten faßten das als Hinweis für seine Bereitschaft auf, zum Christentum überzutreten. Ein übereifriger Kirchenmann forderte ihn öffentlich auf, den entscheidenden Schritt zu tun. Kuh, ein äußerst empfindlicher und etwas labiler Mensch, war tief gekränkt. Sein Abweichen vom ausgetretenen Pfad des traditionellen jüdischen Lebens wurde ihm als Annäherung an das Christentum ausgelegt, wie es auch bei Mendelssohn der Fall gewesen war.[26]

Was sich zunächst einmal aus dem Einfluß fortschrittlichen Denkens in jüdischen Kreisen ergab, war keineswegs die Aufnahme der aufgeklärten Juden in die nichtjüdische Gesellschaft. Statt dessen entstand eine eigenartige jüdische Variation von fortschrittlicher Gesellschaft, die gewisse Kontakte mit der christlichen Gesellschaft pflegte, im allgemeinen jedoch unter sich blieb und sich sogar als Träger eines speziellen Auftrags betrachtete – nämlich die Ausbreitung der Aufklärung in den jüdischen Gemeinden. Auf diese Weise waren die fortschrittlichen Juden in zwei Fronten tätig: als Schriftsteller, Erzieher und Reformer für ihre Glaubensgenossen und gleichzeitig als Pfleger aufgeklärter Kultur, wenn möglich in Gemeinschaft mit Nichtjuden. Eine solche Gemeinschaft gab es tatsächlich, doch erreichte sie wohl kaum das abstrakte Modell einer neutralen Gesellschaft, wie die Förderer der Aufklärungsbewegung es sich erträumt hatten. Man kann ihnen bestenfalls den Status einer halbneutralen Gesellschaft zugestehen.[27]
Angesichts des beginnenden Zerfalls der jüdischen sowie der nichtjüdischen Gesellschaft ist es kein Wunder, daß viele eine Verbindung der entwurzelten Elemente beider Seiten befürworteten, auf der Grundlage einer Verschmelzung der religiösen Symbole und Lehren beider Konfessionen. Der Versuch wurde vom „Orden der asiatischen Brüder“ angestellt, einer Art Imitation oder Karikatur der Freimaurer, die jedoch von diesen niemals anerkannt wurde. Der Orden wurde in den Jahren 1781–1783 in Wien gegründet und errichtete Zweigstellen in Prag, Berlin, Hamburg und anderen deutschen Städten. Die Gründer waren verarmte Aristokraten und vorgetäuschte Spiritualisten, darunter auch einige Juden – von denen einer getauft war –, bewandert in der jüdischen Tradition und eingeweiht in die Lehre der Kabbala. Die ideologischen Grundlagen waren demnach eine Mischung aus christlichen und jüdischen, insbesondere kabbalistischen Elementen. Die Symbole, die in Ritualen und Zeremonien verwendet wurden, entstammten der Tradition beider Religionen. Christliche wie jüdische Mitglieder fan-

den hier vertraute Symbole vor und mußten sich gleichzeitig an jene gewöhnen, die sie stets für die Wahrzeichen einer fremden Religion gehalten hatten. Interessanterweise zog die Vereinigung eine nicht unbeträchtliche Anzahl von Christen an – darunter auch solche aus höheren Ständen –, und manche der fortschrittlichen reichen Juden traten ihr ebenfalls bei. Hier endlich hatten sie eine Gruppe gefunden, die sich offen bereit erklärte, auf ihre Exklusivität, die der Kluft zwischen den beiden feindlichen Religionen entsprang, zu verzichten.[28]

Aber auch in diesem außergewöhnlichen Verband dauerte die absolute Toleranz nicht an. Die österreichischen Behörden wurden Geheimverbänden gegenüber mißtrauisch, und der Orden mußte sein Hauptquartier nach Schleswig verlegen, wo er einen Schirmherrn im Landgrafen Karl von Hessen fand. Der Landgraf war ein Liebhaber geheimer Riten und Lehren, einschließlich der Kabbala, hoffte jedoch darin auch eine Rechtfertigung für die Wahrheit der christlichen Lehre zu finden. Andere Mitglieder des Ordens dachten ähnlich. Doch gleichzeitig wurde die versprochene Toleranz des Ordens gegenüber seinen jüdischen Mitgliedern von den echten Freimaurern, die sich nicht an die ursprünglichen Prinzipien ihrer Gründer hielten, streng kritisiert. Die Vorsteher des Ordens der asiatischen Brüder gaben nach, und die jüdischen Ordensmitglieder wurden die Opfer von Diskriminierung. Der Orden blieb nicht länger als ein Jahrzehnt bestehen. 1792 löste er sich auf.[29] Er war ein Produkt der letzten Tage des „alten Regimes“, als der Prozeß des Verfalls und der sozialen Spaltung Experimente und Kombinationen jeder Art möglich machte.

In gewissem Sinne ist es auch dieser Atmosphäre zuzuschreiben, daß eine Reihe literarischer Salons entstand, wie die der berühmten Jüdinnen Henriette Herz und Rachel Varnhagen in Berlin und Fanny von Arnstein in Wien.[30] Ihre Häuser wurden bald der Treffpunkt von Berühmtheiten, Schriftstellern, Intellektuellen, Beamten und Staatsmännern. Unter den häufigen Besuchern waren die berühmten Brüder von Humboldt – Wilhelm, ein Humanist und Staatsmann, Alexander, ein Philosoph und Wissenschaftler – und der Theologe Friedrich Schleiermacher. In Wien trafen sich Josef von Sonnenfels, der Sozialreformer und Theodor Körner mit zahlreichen kleineren Lichtern der Gesellschaft, deren Anspruch auf Anerkennung in diesem Kreis darauf basierte, daß sie zur Schaffung einer lockeren gesellschaftlichen Atmosphäre und zur Unterhaltung beitrugen. Diese Salons verkörperten für ihre Besucher – wenn nicht für die Gastgeberin – das gelegentliche Abenteuer von marginalem Charakter, über den auch jene hinwegsehen konnten, die sonst vielleicht vorsichtiger in der Wahl ihrer gesellschaftlichen Kontakte waren. Wie Henriette Herz selbst bemerkte: „Der Adel stand in der bürgerlichen Gesellschaft den Juden zu fern, um selbst, indem er sich unter sie mischte, als ihresgleichen zu erscheinen."[31] So wurden diese jüdischen Salons auch häufig von Menschen besucht, die ihre Vorbehalte gegenüber der jüdischen Integration in Staat und Gesellschaft beibehielten.

Obgleich die Integration der Juden in der nichtjüdischen Gesellschaft durchaus nicht vollendet war – sogar in Kreisen, wo sich tatsächlich große Wandlungen vollzogen –, bleibt ihre historische Bedeutung unangefochten. In der Tat wurde der partielle Abbau der Schranken zwischen Juden und Nichtjuden von Zeitgenossen als große soziale Revolution begrüßt. Es sah ganz so aus, als sei die Spaltung zwischen Juden und Nichtjuden aufgehoben. Dieser Eindruck weckte Erwartungen eines bevorstehenden Wandels in allen Sphären der Gesellschaft. Im einzelnen drückte sich diese Hoffnung in einer Art sozialen Utopie aus, in der man ein völlig neues Verhältnis zwischen Juden und Nichtjuden in nicht allzu ferner Zukunft voraussah.

Fünftes Kapitel

Zukunftsvorstellungen

Die Wechselbeziehung zwischen dem Wandel der sozialen Wirklichkeit und dem des sozialen Denkens ist zu kompliziert, als daß der Historiker, der bestrebt ist, die Folge von Ursache und Wirkung nachzuweisen, sie klar darlegen könnte. Doch zuweilen beschleunigt sich die Entwicklung auf einem dieser Gebiete derart, daß sie die Ereignisse auf dem anderen weit hinter sich läßt. Die Beschreibung der halbneutralen Gesellschaft, die im letzten Drittel des 18. Jahrhunderts an manchen Orten in Deutschland entstand, beschäftigte sich mit dem Wandel der gesellschaftlichen Realität. Dieser Wandel setzt natürlich eine gleichzeitige Verschiebung in der Einstellung von Menschen voraus, die einen Hinweis auf neue Ideen darstellt. Andererseits entwickelten fortschrittliche Kreise Ideen, die weit über den Wandel hinausgingen, der sich in Wirklichkeit vollzogen hatte. Denn der eigentliche Wandel beschränkte sich in der Hauptsache auf die gesellschaftliche Sphäre. Auf anderen Gebieten, wie Bürgerrechte, berufliche Aufteilung, wie auch die Einstellung der traditionellen Institutionen der jüdischen Gesellschaft, blieb alles oder fast alles beim alten. Aufgeklärte soziale Denker – Juden wie Nichtjuden – hatten auf all diesen Gebieten Konzepte entwickelt, die weit über die Realität hinausgingen. Sie entwickelten Vorstellungen von einer Zukunft, in der alles, was die Juden betraf, eine radikale Änderung erfahren würde.

Wenn wir von 1789 ausgehen, dem Jahr der Französischen Revolution, als soziales Denken durch das Geschehen auf sozialem Gebiet einen mächtigen Antrieb erhielt, können wir sagen, daß damals ein volles Programm bereits entwickelt war. Die Hauptvertreter dieser programmatischen Vorschläge waren Christian Wilhelm von Dohm[1] auf der nichtjüdischen und Moses Mendelssohn[2] und Naphtali Herz Wessely[3] auf der jüdischen Seite. Viele andere – besonders auf nichtjüdischer Seite – beteiligten sich an Diskussionen, zu denen sie durch Zustimmung oder Ablehnung der Vorschläge beitrugen. Wir wollen hier ihre

Vorschläge nicht nach den Schriften der Einzelnen beschreiben, sondern nach den Berührungspunkten mit unseren verschiedenen Themen zusammenfassen.

Es war den Förderern der jüdischen Sache klar, daß eine radikale Wende im Schicksal der Juden davon abhing, ob sie in den jeweiligen Ländern als vollberechtigte Bürger akzeptiert wurden. Ein derartiger Vorschlag war bereits im Jahre 1753 von einem jüdischen Schriftsteller gemacht worden, der behauptete, die Naturalisierung der Juden würde dem Land wirtschaftlichen Nutzen bringen.[4]

Die Idee wurde in den 70er Jahren des 18. Jahrhunderts immer wieder vorgebracht und zwar aus humanitären oder wohltätigen christlichen Beweggründen. Obgleich das Wort „Naturalisierung“ manchmal gebraucht wurde, hatte der Ausdruck eine andere Bedeutung als in dem ursprünglichen englischen Kontext. Es betraf nicht (wie in England) die Zulassung ausländischer Juden, sondern jene, die bereits im Lande lebten und immer noch als Fremde angesehen wurden. Wenigstens in diesem Punkt ergab sich ein neuer Blickwinkel. Von nun an war das jüdische Problem nicht länger lediglich eine Frage der Zulassung; es handelte sich darum, sie als Staatsbürger zu akzeptieren. Die Frage ihrer Staatsbürgerschaft wurde nun gemeinsam mit der Frage ihrer Aufnahme behandelt. Da jedoch solche Vorschläge nur sporadisch gemacht wurden und nicht als Teil eines breiteren Konzepts über die Rolle des Juden in Staat und Gesellschaft, kann man sie nicht als besonders bedeutungsvoll betrachten.[5] Der große Verdienst von Christian Wilhelm von Dohms Werk *Über die bürgerliche Verbesserung der Juden* lag darin, daß es die notwendigen Bedingungen und die möglichen Folgen der Aufnahme von Juden erforschte, und zwar nicht nur für die Juden selbst, sondern auch für den Staat und die Gesellschaft, die sie aufnehmen sollte.

Dohms Vorschläge – wie andere vor ihnen – betrafen Juden, die bereits im Lande angesiedelt waren. Er machte klar, daß im Fall von Ausländern die Nichtjuden den Juden vorgezogen erden sollten. Doch bereits aufgenommene Juden sollten volle Bürgerrechte genießen und dafür auch vollen staatsbürgerlichen Pflichten unterliegen. Das wenigstens sollte das Endresultat der Anwendung des Prinzips sein, daß Religion und nationaler Ursprung des Einzelnen bei der Zuteilung von Rechten und Pflichten seitens der Behörden keine Rolle spielen dürften. Für die nächste Zukunft jedoch sah Dohm noch immer eine Einschränkung jüdischer Rechte voraus. Was Staatsämter betraf, so sollten die ursprünglichen Bewohner des Landes gegenüber den Neuzugelassenen bevorzugt werden.[6] Hiermit – wie auch in seinen Vorbehalten gegen ausländische Juden – ließ Dohm erkennen, daß sich sein Denken auf zwei verschiedenen Ebenen bewegte. Auf der Ebene theoretischer Erwartungen sah er einen Staat, getrennt von der Kirche und befreit von der Bürde der etablierten Stände und deren besonderen Privilegien. In einem Staat, der auf der Loyalität seiner gesetzmäßigen Bürger basiert, könnten Juden, die sich von der Bindung an ihre Traditionen und Institutionen freimachten, in den vollen Genuß staatsbürgerlicher Rechte kommen. Vorläufig jedoch zog Dohm die Privilegien der etablierten Stände in Rechnung und – wie wir später sehen werden – ebenfalls die Bindung der Juden an einige ihrer Institutionen.[7] Da er selbst ein Beamter des preußischen Staates war, der auf einer strengen Teilung in verschiedene Stände, jeweils mit ihren Rechten und Pflichten, basierte, wollte er nicht den Eindruck eines Umstürzlers oder Revolutionärs erwecken. Er war der Meinung, das volle Maß seiner *Judenreform* würde erreicht sein, wenn die privilegierten Stände unter dem Einfluß von Vernunft und Aufklärung von sich aus auf ihre Vorrechte verzichteten.

Mendelssohn folgte Dohms Denken – jedoch nur auf der abstrakten Ebene. Mendelssohn gab seinen früheren Standpunkt auf, demnach er als Jude sich in sein Schicksal als Unterprivilegierter ergab: Als sich zu Anfang der 80er Jahre des 18. Jahrhunderts die ersten Anzeichen eines bevorstehenden Wandels zeigten, wurde Mendelssohn – im Gegensatz zu seiner früheren Einstellung – der freimütigste Interpret jüdischer Erwartungen.[8] Mehr Philosoph als Dohm und unbehindert durch offizielle Bindungen, verfocht er rückhaltlos das Prinzip der Trennung von Kirche und Staat.[9] Daraus ergab sich als selbstverständlich die Anerkennung der Juden als gleichberechtigte Staatsbürger. Mendelssohns Rechtfertigung für die Trennung von Kirche und Staat war logisch und wohl begründet. Da Staat und Religion zwei unterschiedliche Einflußsphären haben – der Staat das Gebiet des Handels, die Kirche die Sphäre der Gesinnung und Überzeugung – ist eine Trennung zwischen ihnen ebenso natürlich wie durchführbar. In der Tat, fuhr Mendelssohn fort, sei die Kombination von Kirche und Staat ein Frevel an der Vernunft, sowohl in der christlichen als auch in der jüdischen Geschichte, und müsse so bald wie möglich abgeschafft werden.[10] Es kümmerte Mendelssohn nicht sonderlich, wie sich diese Abschaffung in der Praxis vollziehen sollte – er verließ sich darauf, daß am Ende die Vernunft siegen und seine Erwartungen erfüllen würde; er sprach seine Überzeugung aus, daß dieses Ziel tatsächlich erreicht werden würde.

Dohm ging von der Voraussetzung aus, die Juden würden sich nach ihrer Einbürgerung allen Berufen – einschließlich Handwerk und Landwirtschaft – zuwenden, und die Anomalie einer kastenähnlichen Konzentration auf den Handel würde ein Ende nehmen. Erst dann würde sich der Nutzen eines Bevölkerungszuwachses als Ergebnis der Aufnahme von Ausländern offenbaren. Dohm erwartete – genau wie John Toland –, daß die Juden unter veränderten Bedingungen den Handel als ihre Haupterwerbsquelle bereitwillig aufgeben würden, denn er glaubte an die Gleichheit der menschlichen Natur. Die Einseitigkeit der Juden schrieb er ihrem traditionellen Ausschluß von den meisten Gebieten menschlichen Schaffens durch den Staat und die Gesellschaft zu. Dohm war der Ansicht, die jüdische Neigung zum Handeln sei – durch geschichtliche Tatsachen bedingt – derartig tief verwurzelt, daß man eine Änderung nur dann erwarten konnte, wenn die Berufswahl staatlich gelenkt werden würde. Das könne dadurch erreicht werden, daß man an bestimmten Orten die Anzahl der Handelslizenzen für jüdische Kaufleute begrenzte und andererseits jüdischen Handwerkern die Steuern erließ. Solche Mittel würden jedoch nur zu Anfang erforderlich sein. Im Laufe der Zeit würde eine freie Berufswahl zu einer gleichmäßigen Arbeitsverteilung führen.

Dohm verschloß sich nicht der Einsicht, daß die Einführung der Juden in neue Tätigkeitsbereiche mehr als nur eine Beseitigung gesetzlicher Beschränkungen erforderte. Der Widerstand derer, die auf bestimmten Gebieten verbriefte Rechte besaßen, mußte ebenfalls überwunden werden. Wieder verlief Dohms Denken in zwei verschiedene Richtungen. Er erwartete, daß die Handwerkszünfte mit der Zeit gänzlich verschwinden und freier Wettbewerb an ihre Stelle treten würde, wie auch im Handel. Jedoch wollte Dohm, gewarnt durch den mißlungenen Versuch von Anne Robert Jacques Turgot in Frankreich, die Zünfte abzuschaffen, erst einmal abwarten, bevor er einen derart radikalen Schritt vorschlug. Statt dessen befürwortete er eine Genehmigung für jüdische Handwerker zur Arbeit außerhalb der Zünfte und betrachtete das als nützliche Maßnahme, den lähmenden Einfluß der Zünfte einzuschränken.[11]

Wie zu erwarten war, stimmte Mendelssohn völlig mit Dohm überein, was seinen Vorschlag für freie Berufswahl betraf. Doch teilte er nicht seine Meinung, die traditionellen Berufe der Juden seien weniger wichtig für die Wirtschaft als Handwerk und Landwirtschaft. Nicht nur der Kaufmann, so behauptete er, trüge zum Wohl der Nation bei, indem er sonst nicht erhältliche Waren von einem Land ins andere brachte, sondern sogar der Kleinhändler und Hausierer – der verachtete, fast immer jüdische Paria jener Zeit –, der das gleiche in kleinem Maßstab unternahm und seinen Kunden die Waren ins Haus lieferte. Trotz dieser Überzeugung hoffte Mendelssohn, die Juden würden den Handel als ausschließliche Beschäftigung aufgeben. Noch entscheidender als Dohm wies er den Vorwurf zurück, die Juden trügen die alleinige Schuld an ihrer beruflichen Einseitigkeit. Schuld daran sei vielmehr die nichtjüdische Gesellschaft. In diesem Zusammenhang prägte Mendelssohn den berühmten Satz: „Man bindet uns die Hände und macht uns zum Vorwurf, daß wir sie nicht gebrauchen.“[12]

Die Erwartung, daß Juden sich manuellen Berufen – auch in der Landwirtschaft – zuwenden würden, warf die Frage auf, ob sie dazu imstande wären, ohne dabei mit den jüdischen Religionsgesetzen in Konflikt zu geraten. Dieselbe Frage stellte sich in bezug auf die Pflichten, die der Staat ihnen als gleichberechtigte Bürger auferlegen würde. Würde der Jude imstande sein, Militärdienst zu leisten, wenn er damit den Sabbat verletzen oder die Speisevorschriften übertreten müßte? In der Landwirtschaft würde das Arbeitsverbot am Sabbat die Ausführung dringender Arbeiten verhindern, die ein Bauer zur Pflege seiner Tiere oder auf dem Hof zu verrichten hat. Das Verbot von Schweinefleisch, dem billigsten der erhältlichen Nahrungsmittel, würde ebenfalls den jüdischen Bauern benachteiligen.[13] Auch in anderer Hinsicht mußte man die Rolle, die die Religion im Leben der Juden spielte, deren volle Einbürgerung man jetzt ins Auge faßte, berücksichtigen. Sollte man den Juden weiterhin das Recht zugestehen, sich in Gemeinden zu organisieren mit entsprechenden rechtlichen Institutionen, die ein beträchtliches Maß an Kontrolle über ihre Mitglieder ausübten? Dohm, der Nichtjude, war dabei eher geneigt, einen Kompromiß einzugehen, als Mendelssohn, der Jude. Dohm sah keinen Grund, die Juden zu zwingen, sich in einer Gemeinschaft zu organisieren. Sie sollten das Recht haben, es zu tun, wenn sie es wünschten, und konnten jeden ausschließen, der von den vorgeschriebenen Lehren und Bräuchen abwich. Darüber hinaus sollte der weltliche Arm des Staates den jüdischen Gemeinden bei der Befolgung ihrer Vorschriften in gleicher Weise helfen, wie es bei den christlichen Kirchen der Fall war. Ebenso wollte Dohm die vorherrschende Praktik beibehalten, den Juden das Recht auf jüdische Gerichtsverfahren einzuräumen und sie auch dann nach jüdischem Gesetz zu richten, wenn ihr Fall vor einem nichtjüdischen Gericht verhandelt wurde.[14] Mendelssohn, der selbst ein deutschsprachiges Buch über jüdisches Gesetz für deutsche Richter geschrieben hatte[15], mußte Dohm wohl oder übel zustimmen. Doch protestierte er energisch gegen Dohms Zugeständnis an die jüdischen Gemeinden, Andersdenkende – wenn nötig auch gewaltsam – auszuschließen. Das – so erklärte er – würde einem kirchlichen Bann gleichkommen. Und da Mendelssohn der Religion lediglich das Recht auf Überzeugung und geistigen Einfluß zugestand, schloß er logischerweise jede Zwangsmaßnahme aus.[16] Auch scheint Mendelssohns heftiger Protest seine eigene Verwicklung in dieser Frage widerzuspiegeln. Er selbst wurde wegen seiner Übersetzung des Pentateuch mit einem Bann bedroht, obgleich die Drohung nicht ausgeführt wurde. Er war selbst oft genug Zeuge solcher Ächtungen gewesen, die man bestenfalls als pure Willkür bezeichnen konnte.[17]

Ganz gewiß war sich Mendelssohn sehr wohl der Schwierigkeiten bewußt, auf die die Juden bei ihrem Eintritt in neue gesellschaftliche und berufliche Sphären stoßen würden. Ebenso mußte er wohl das Gewicht des Einwands erkannt haben, daß eine Einbürgerung sich nicht leicht mit allen Lehren der jüdischen Religion vereinbaren ließ, wie zum Beispiel mit dem Dogma einer Rückkehr nach Palästina, das im Widerspruch zu der Loyalität des Bürgers stand, die er seinem eigenen Land schuldete.[18] Doch ist es zweifelhaft, ob er das Ausmaß oder die Einzelheiten dieser Schwierigkeit übersehen konnte. Was den messianischen Glauben betraf, so erklärte er ihn lediglich für eine Formel im Gebetbuch und bemerkte, nicht gerade philosophisch, daß dergleichen Phrasen das wirkliche Leben kaum beeinflussen würden.[19] In bezug auf die widersprüchlichen Anforderungen von Religion und Staatsbürgerschaft beschränkte er sich auf den Ratschlag, die Juden sollten unter den veränderten Umständen versuchen, beiden Pflichten nachzukommen so gut es ging.[20] Da er selbst eine persönliche Lösung für das Problem der Loyalität gegenüber den Werten zweier verschiedener Welten gefunden hatte, hielt er sich für berechtigt, sie auch anderen zu empfehlen.

Als Außenseiter konnte sich Dohm ein objektiveres Bild über die Zukunft der jüdischen Religion machen. In seinen Vorschlägen für die unmittelbare Zukunft zog er auch die jüdische Religion in Betracht, akzeptierte das damals Gebräuchliche und war bemüht, Toleranz walten zu lassen. Aber offensichtlich erwartete er eine spätere Anpassung der einzelnen Juden und sogar eine Umgestaltung religiöser Traditionen. Auf den Einwand, religiöse Widersprüche würden die Juden daran hindern, gewisse Berufe zu ergreifen, antwortete er, daß in diesem Fall das wohl verstandene Eigeninteresse stets die Oberhand gewinnen würde. Das gleiche würde auf Erfüllung der Bürgerpflichten, insbesondere den Militärdienst, zutreffen. Sollten die Juden aus religiösen Gründen, wie Sabbatruhe und Speisegesetze, den Militärdienst verweigern, würden sie damit ihr Anrecht auf Staatsbürgerschaft verwirken, und es wäre dann nicht einmal unberechtigt, sie auszuweisen. Dohm war ganz sicher, daß nicht nur der einzelne Jude seine patriotische Pflicht über alle religiösen Bedenken stellen würde, sondern auch die religiösen Behörden eine solche Wahl gutheißen würden. Er verließ sich bei seiner Beurteilung auf historische Beispiele von Juden, die in den Streitkräften des Altertums fochten, sowie auf Berichte aus nicht allzu ferner Vergangenheit, wonach holländische Juden mit ausdrücklicher Genehmigung des Oberrabbiners von Amsterdam am Sabbat gekämpft hatten. Doch im Grunde basierte Dohms Voraussage auf der festen Überzeugung, daß die Gebote und Pflichten der Religion stets jenen Notwendigkeiten und Interessen Platz machen würden, die er als wichtigere menschliche Verpflichtung ansah.

Da er im Innern ein überzeugter Deist war, konnte Dohm den

Dogmen und Lehren positiver Religionen nicht viel Substantialität beimessen. Er erwartete, daß in der Zukunft eine Konfession entstehen würde, deren Lehren sich auf die Naturreligion beschränkten, das heißt, die selbstverständlichen Schlußfolgerungen der Vernunft in bezug auf das höchste Wesen und die Sittlichkeit. In der Tat rechnete er mit einem beträchtlichen Zustrom von Juden, die sich bei Verbesserung ihrer sozialen Umstände von den alten Traditionen abwenden würden.[21] Auch hier sah Dohm einen Wandel im Status des Juden in Verbindung mit einer Umwandlung der gesamten Gesellschaft.

Wenn auch Dohms Erwartungen für die Gruppe der Anhänger einer Naturreligion niemals in Erfüllung gingen, war dagegen seine Voraussage in bezug auf die Variierung der religiösen Traditionen in der jüdischen Gemeinschaft erstaunlich richtig. Nach seiner Schätzung mußte sich eine Reihe unterschiedlicher Standpunkte entwickeln. Manche würden die gesamte Struktur religiöser Vorschriften verwerfen und nur die Grundlehren jüdischer Religion beibehalten, die mit einer Religion der Vernunft im Einklang waren. Andere würden jene Rituale auswählen, die moderner Gesinnung und Überzeugung entsprechen und den Gesamtkorpus der Tradition neu interpretieren, um sie den Bedürfnissen wechselnder Umstände anzugleichen.[22] Diese Voraussage mißachtete Mendelssohns Ermahnung an seine Glaubensgenossen, den gesamten Komplex der Gesetze beizubehalten, an den sie durch die Offenbarung von Sinai gebunden waren. Mendelssohn setzte die jüdischen Lehren mit den selbstverständlichen Geboten einer natürlichen Religion gleich, so daß nach seiner Theorie das jüdische Gesetz als einziges charakteristisches Merkmal des Judentums verblieb.[23] Dohms Voraussage in bezug auf die zu erwartende Reaktion zu Mendelssohns Mahnung war eine grobe, wenn auch realistische Beurteilung der menschlichen Natur. Da die Einhaltung der jüdischen Gesetze, so erklärte er, unter wechselnden Umständen ein Hindernis für wirtschaftlichen und gesellschaftlichen Fortschritt darstellte, würden die meisten Juden, unbekümmert um die religiöse Verpflichtung sie einfach fallenlassen. Dohm sagte voraus, daß sogar Mendelssohns Schüler sich weigern würden, ihm in diesem Punkt zu folgen, da es gegen ihre eigenen Gefühle verstieß.[24]

Die Vorstellung, die sich die Aufklärungsapostel von der Zukunft machten, berührte nicht nur die Tradition und die Institutionen. Sie erwarteten, daß der ganze Charakter des Juden sich wandeln würde. Ein solcher Wandel sollte durch Bildung und Erziehung herbeigeführt werden, die auch bisher den jüdischen Charakter geformt hatten. Es gehörte zur Weltanschauung des Fortschritts, an die Formbarkeit und Vervollkommnungsfähigkeit des Menschen zu glauben, und dieses Prinzip wurde auch auf die Juden angewandt.

Nach der neuen Auffassung sollte der Jude dem Einfluß der Kultur der Mehrheit ausgesetzt werden. Das sollte zunächst einmal dadurch geschehen, daß man ihn die Sprache seiner Umgebung lehrte und ihm nahelegte, seinen eigenen Dialekt, das *Judendeutsch,* aufzugeben. Mendelssohns Generation gebrauchte noch immer diese Sprache. Er selbst benutzte sie im Briefwechsel mit seiner Verlobten und später auch mit anderen Personen seines Kreises.[25] Doch wurde diese Sprache mehr und mehr diskreditiert. Man betrachtete sie als unfein und vulgär. In der Tat wurde sie nicht als eine Sprache angesehen, sondern als eine verzerrte Form des Deutschen. Mehrere deutsche Regierungen hatten bereits ihren Gebrauch in der Buchführung verboten und damit einen starken Anreiz zum Lernen der deutschen Sprache geschaffen.[26] Der aufkommende Wunsch, gesellschaftliche Kontakte aufzunehmen und an kulturellen Ereignissen der Umgebung teilzuhaben, war ein noch stärkerer, wenn auch weniger praktischer Anreiz. Mendelssohns Übersetzung des Pentateuch war ein Ausdruck dieses Wunsches und wurde gleichzeitig das Werkzeug seiner Realisierung. Junge Leute, die in den traditionellen jüdischen Lehrinstitutionen aufgewachsen waren, lernten Deutsch im Selbstunterricht, indem sie diese neue Übersetzung verwendeten.[27]

Diejenigen, die die neue gesellschaftliche Rolle der Juden voraussahen, sahen bald ein, daß die alten Lehrmethoden unzulänglich waren.[28] Die Wohlhabenden, die schon immer ihre Kinder von Privatlehrern hatten unterrichten lassen, wobei das Pensum auch weltliche Fächer enthielt, verlegten jetzt den Schwerpunkt von den traditionell jüdischen auf weltliche Fächer. Auch Mendelssohns Kinder wurden in dieser Weise erzogen – von dem Ergebnis wird später noch die Rede sein –, doch es zeigte sich bald, daß die jüdische Öffentlichkeit andere Methoden bevorzugte. Schon in den Jahren 1761 und 1778 hatte man in Berlin Vorschläge für eine neue Art von Schule gemacht, die den veränderten Lebensbedingungen gerecht wurde und mittellosen Juden zugute kam, die ihre Kinder nicht ohne öffentliche Unterstützung in die Schule schicken konnten.[29] Die Errichtung einer solchen Institution setzte das stillschweigende Einverständnis mit einer neuen Grundlage jüdischer Schulbildung voraus. Diese Anschauung beruhte auf dem Prinzip, daß jüdische Tradition nicht die alleinige Quelle der Lehren war, mit denen eine Generation junger Juden gespeist werden sollte. Jüdische Lehren mußten durch Allgemeinwissen, das sich die Menschheit angeeignet hatte, ergänzt oder ihr Studium auf einen späteren Zeitpunkt verlegt werden. Genau dieses Programm wurde jetzt von einem Mann befürwortet, der immer als ein zwar aufgeklärter, aber getreuer Anhänger jüdischer Tradition gegolten hatte: Naphtali Herz Wessely.[30]

Wessely war ein Freund Mendelssohns und hatte bei der Abfassung der hebräischen Kommentare zur Pentateuch-Übersetzung mitgewirkt. Er war weitaus weniger geschult als Mendelssohn. Wessely war mehr Dichter als Denker und konnte ohne Schwierigkeit die Idee der Aufklärung mit jüdischer Tradition vereinbaren. Er hielt an der hebräischen Sprache fest, und die jüdische Gesellschaft blieb auch weiterhin sein Publikum. Obgleich sich dichterisch zu betätigen etwas relativ Neues war und auch seine Kommentare zu Teilen der Bibel und einem Abschnitt der Mischna, bekannt als „Die Sprüche der Väter", einige neue Ideen enthielten, wurden seine Werke dennoch in traditionellen jüdischen Kreisen gut aufgenommen. Seine Bücher wurden von führenden rabbinischen Persönlichkeiten befürwortet.[31] Vielleicht war seine eigene Naivität daran schuld, daß er nicht zögerte, bei sich bietender Gelegenheit eine Art Erziehungsprogramm für jüdische Schulbildung vorzulegen.

Die Gelegenheit dazu bot das Toleranzpatent von Österreich im Jahre 1781, das die Juden im Kaiserreich dazu verpflichtete, eigene Schulen zu erbauen oder ihre Kinder in christliche Schulen zu schicken. Beide Maßnahmen waren angetan, den Kindern ein gewisses Maß an weltlicher Bildung zukommen zu lassen. Wessely nahm mit Recht an, daß traditionell gesinnte Juden beunruhigt sein und die Forderung als Antasten ihrer Religion ansehen würden. Darauf veröffentlichte Wessely eine Flugschrift, um zu beweisen, daß der Erlaß des Kaisers nicht nur das Judentum in keiner Weise benachteiligte, sondern, ganz im Gegenteil, ein Mittel zu seiner Erhebung sein konnte.[32] Der eigentliche Grund für Wesselys These war natürlich die Tatsache, daß er die traditionelle jüdische Schulbildung als ungenügend und reformbedürftig ansah, ungeachtet des Kaisers. Sein Grundprinzip war, daß es zwei Quellen der Lehre gab: die Lehre Gottes und die Lehre des Menschen. Die letztere war durch menschliche Vernunft zu entwickeln. Die Lehre Gottes, die Thora, war der Inhalt der Offenbarung, der sonst unbekannt geblieben wäre. Nach konkreten Begriffen bedeutete die Lehre des Menschen säkulares Wissen, das sich durch menschliche Vernunft und Forschung herausgebildet hatte. Die Thora Gottes wäre damit die schriftliche Darlegung jüdischer Tradition. Als gläubiger Jude konnte Wessely nicht umhin, als die Thora auf eine höhere Stufe zu stellen als die Lehre des Menschen, aber das war lediglich eine theoretische Bewertung. In der Praxis würde das Lernen der heiligen Thora auf einer vorherigen Kenntnis säkularen Wissens beruhen. Denn – so besagte die Theorie – die heilige Thora war eine Ergänzung zu Nutz und Frommen des auserwählten Volkes, welche ohne das Wissen, das für die gesamte Menschheit obligatorisch war, keine Grundlage hätte. In der Praxis bedeutete diese Erklärung, daß sich die Schüler anfangs die Grundlagen von Allgemeinbildung aneignen mußten, und daß die Beschäftigung mit der jüdischen Tradition erst in einer späteren Phase hinzugefügt wurde. Ein solches Programm widersprach offensichtlich den herkömmlichen Methoden. Es ging sogar über eine konservative Interpretation des kaiserlichen Edikts hinaus. Das war Grund genug für die Traditionalisten, das Programm und seinen Urheber in Verruf zu bringen. Eine noch grundlegendere Ursache für die Ablehnung des Programms war Wesselys Theorie, die das jüdische Studium auf rein traditionelle Zwecke beschränkte. Andere Ziele, einschließlich der moralischen Besserung durch Erziehung, wie in der gesamten Gesellschaft, konnten durch die Aneignung von Allgemeinwissen erreicht werden – das heißt durch die Pflege der Lehre des Menschen. Dem traditionellen jüdischen „Lernen" blieb nur noch die zweitrangige Funktion, seine Adepten mit den einzigartigen jüdischen Pflichten und Auflagen vertraut zu machen.[33]

Für unser Thema hat der Fall Wessely eine besondere Bedeutung. Er verkörpert die geteilte geistige Gefolgschaft des aufgeklärten Juden. Die Lehre des Menschen ist ein Konzept zur Bezeichnung des gemeinsamen geistigen Bestrebens von Juden und Nichtjuden. Dieses Konzept konnte nur jemand ersonnen haben, der sich als Teil einer Gesellschaft fühlte, die sowohl Juden als auch Nichtjuden einschloß. Wessely hatte keine so engen Bindungen zur fortschrittlichen nichtjüdischen Gesellschaft wie Mendelssohn, aber aus eigenen gelegentlichen Erfahrungen und nach dem, was er bei anderen beobachtet hatte, war er sich der Möglichkeit sozialer Kontakte bewußt. Das genügte, um die nichtjüdische Gesellschaft in seiner Vorstellung als etwas zu betrachten, das Soziologen eine „Bezugsgruppe" nennen würden. Seine Bindung an diese Ferngruppe offenbarte sich dadurch, daß er ihre Einschätzung seiner eigenen Gruppe akzeptierte. Wesselys Werke reflektieren die negative Meinung der aufgeklärten Gesellschaft über die traditionelle jüdische Erziehung und ethischen Werte. Das zeigt sich auch in Wesselys Urteil über den einzelnen, sich absondernden Talmud-Gelehrten, den er in äußerst verletzender Form als absolut nutzloses Mitglied jeglicher Gesellschaft bezeichnet. So ist Wessely denn ein Beispiel für eine geteilte Orientierung als Resultat davon, daß die aufgeklärte Gesellschaft in die abgeschlossene jüdische Welt einzudringen begann. Diese Zwiespaltigkeit konnte sich nur bei solchen Menschen zeigen, die sich gleichzeitig zwei verschiedene Welten zugehörig fühlten.[34]

In einem weiteren Sinne war die gesamte auf die jüdische Gesellschaft bezogene Aufklärung ein Erziehungsprogramm. Der Ausdruck „bürgerliche Verbesserung" im Titel von Dohms Buch deutete bereits darauf hin. Dieser Ausdruck weist auf eine von den Behörden eingeführte Besserung im Status der Juden hin, aber ebenfalls – und ganz besonders – auf eine staatsbürgerliche und moralische Selbstverbesserung.[35] Diese Verbesserungen sollten dadurch erreicht werden, daß man ihnen die Möglichkeit gab, sich nützlicheren Berufen zuzuwenden, da man ihre ausschließlich – wenn auch unfreiwillige – kaufmännische Tätigkeit (besonders das Hausieren) wenigstens teilweise für ihre moralischen Mängel verantwortlich machte. Daß die Juden moralisch verkommen und sogar korrupt waren (ob absolut oder relativ hing jeweils vom Beurteilenden ab), wurde als selbstverständlich angenommen, und aufgeklärte Juden wie Wessely und Mendelssohn widersprachen dieser Annahme nicht. Hin und wieder machten sie einen Versuch der Rechtfertigung, wie es auch Dohm und andere wohlmeinende Nichtjuden taten, indem sie die Ursachen für die Verderblichkeit der Juden historischen Bedingungen zuschrieben, auf die die Juden keinen Einfluß gehabt hätten. Doch zweifelten sie nicht an der Diagnose als solcher.[36] Diese negative Meinung stand offenbar im Zusammenhang mit berechtigter Kritik über verschiedene Erscheinungen des Ghetto-Lebens, wie die Freiheiten, die sich manche Juden mit ihren nichtjüdischen Kunden herausnahmen. Das wurde noch verschlimmert durch das Erscheinen des allgegenwärtigen umherziehenden Schnorrer-Hausierers, der mit Juden wie mit Nichtjuden seine zweifelhaften Geschäfte machte. Man könnte das dem Maßstab der doppelten Moral zuschreiben, der sich aus der Isolierung der Juden ergab, die wiederum zu der tiefen gegenseitigen Entfremdung zwischen Juden und Nichtjuden beitrug.[37] Aufgeklärte Juden und Nichtjuden, die an die Möglichkeit einer Behebung dieser Mängel durch Berichtigung der Umstände glaubten, die sie hervorgebracht hatten, begannen mit dem Eifer sozialer und moralischer Reformer einen solchen Plan in Angriff zu nehmen. Die Vorstellungen für die Zukunft enthielten den Entwurf nicht nur einer verbesserten politischen und sozialen Situation, sondern auch eines umgewandelten jüdischen Typus und eines rehabilitierten jüdischen Charakters.

Manche Merkmale der erwähnten Zukunftsvorstellungen waren nicht die Erfindung des Berliner Kreises, sondern waren schon anderswo von jüdischen und nichtjüdischen Schriftstellern vorausgesehen worden. Schon 1714 äußerte John Toland die Meinung, die Juden unterschieden sich in ihrem Charakter nicht vom Rest der Menschheit.[38] Die moralische Vervollkommungsfähigkeit der Juden unter entsprechenden Umständen wurde bereits von Christian Fürchtegott Gellert und Ephraim Gotthold Lessing um 1746–1754 erwähnt. Beide Schriftsteller haben in ihren Werken (der erste in einem seiner Romane[39], der zweite in seinem Bühnenstück *Die Juden*) Juden dargestellt, die auf dem Niveau der aufgeklärten Menschheit standen. Die Helden Gellerts und Lessings taten alles, um einem nichtjüdischen Zeitgenossen selbstlose Hilfe zu gewähren. In Lessings Werk stand das Verhalten des Juden in scharfem Kontrast zu dem seiner nichtjüdischen Figuren. Gellert deutete an – und Lessing sagte es in klaren Worten –, daß ihre Figuren nicht den wirklichen Typus eines Juden darstellten, doch daß sich ein solcher

Typus unter günstigen Umständen künftig entwickeln würde.[40] Daß schlechte Bedingungen die Ursache für die Unzulänglichkeit der Juden auf kulturellem, sozialem sowie ästhetischem und moralischem Gebiet waren, wurde von Isaak de Pinto in seiner Polemik gegen Voltaire im Jahre 1762 hervorgehoben.[41] Die Sephardim waren natürlich den Aschkenasim in vieler Hinsicht weit voraus, und es ist durchaus möglich, daß die Juden von Bordeaux die Berliner darin übertrafen, daß sie ihr Schulwesen auf noch radikalere Weise reformierten, als Wessely vorgeschlagen hatte.[42]

Nichtsdestoweniger muß man der Berliner Gruppe zugestehen, daß sie klare Zukunftsvorstellungen hatte. In Berlin und anderen preußischen Städten wurden die Ideen von Wechsel und Wandlung nicht nur gelegentlich von dieser oder jener Einzelperson ausgedrückt, sondern von einer ganzen Gruppe gefördert. In der Tat war es die Verbundenheit mit der Idee eines Wandels in der jüdischen Gesellschaft, die die Gruppe zusammenhielt. Die Gruppe formte sich zunächst um Mendelssohn, blieb aber nach seinem Tod im Jahre 1786 weiter bestehen. Der literarische Beweis dafür war das Erscheinen der hebräischen Zeitschrift *Hameasef* in Königsberg im Jahre 1784 (ab 1786 in Berlin), die dem Fortschritt und der Aufklärung gewidmet war. Die Gruppe war als Avantgarde für soziale und kulturelle Reform bekannt und gewürdigt.[43] Von Berlin breitete sich die Idee der Aufklärung weiter aus. Diese Idee konnte natürlich nur unter günstigen Bedingungen Fuß fassen, und es ist durchaus möglich, daß sie sich an solchen Orten auch ohne äußere Einflüsse entwickelt hätte. Da die Ideen jedoch aus Berlin kamen, sah man das Eingehen darauf als Reaktion auf ihre Einflußnahme an. Noch zu Mendelssohns Lebzeiten bildeten sich weitere Gruppen aufgeklärter Juden in Königsberg, Breslau, Frankfurt an der Oder, Frankfurt am Main, Prag, Wien, Amsterdam, Kopenhagen und Metz – um nur die bekanntesten jüdischen Gemeinden zu erwähnen.

Während die jüdische Gruppe in Berlin auch auf ihre Glaubensgenossen an anderen Orten Einfluß ausübte, hatte Dohms Vorschlag, den Status der Juden zu verbessern, eine ähnliche Wirkung auf die Nichtjuden. Staatsbeamte, Philosophen und Sozialreformer übernahmen Dohms Ideen oder debattierten darüber. Die vorgeschlagenen Änderungen im Status der Juden stießen auf Bereitschaft, dank der wohlwollenden Meinung, die sich in den Staaten und der Gesellschaft von West- und Mitteleuropa in den Jahrzehnten, die der Französischen Revolution vorausgingen, verbreiteten. Rein zufällig wurde das Toleranzpatent von Kaiser Joseph II. zu einem Zeitpunkt verkündet, als Dohms Buch kurz vor der Veröffentlichung stand. Dohm war gerade dabei, die Korrekturfahnen des ersten Bandes durchzusehen, als ihn die Nachricht von der bevorstehenden Veröffentlichung des Edikts erreichte und er die Genugtuung hatte, zu wissen, daß die von ihm vorgetragenen Ideen bei den höchsten Stellen Anklang gefunden hatten.[44]

In der Tat war die ursprüngliche Anregung zu Dohms Buch entstanden, als die Elsässer Juden den französischen Behörden eine Bittschrift vorlegten, ihren Status nach fortschrittlichen Vorstellungen zu revidieren. Die Elsässer Juden hatten gegen skrupellose Gegner anzukämpfen, die in der Art ihrer Propaganda und ihrer Anschuldigungen nicht wählerisch waren.[45] Der Fürsprecher der Juden im Elsaß, Cerf Berr, ein reicher Hofjude und großer Bewunderer von Mendelssohn, wandte sich an den letzteren mit der Bitte, eine Abhandlung zu schreiben, in der er die Forderungen der Juden nach fairer Behandlung von seiten des Staates darlegte. Mendelssohn übertrug diese Aufgabe Dohm, und aus diesem Gesuch um wohlwollendere Behandlung der elsässischen Juden erwuchs ein allgemeiner Aufruf zur Besserung des Status der Juden überhaupt. All das weist darauf hin, daß Dohms Aufruf zur rechten Zeit kam und der damaligen öffentlichen Meinung entsprach. Es bestanden daher gute Aussichten, daß man den Aufruf berücksichtigen würde. Tatsächlich wurde es der Ausgangspunkt für ausgedehnte Diskussionen und Meinungsäußerungen über dieses Thema im Laufe von über zwei Jahrzehnten. Der Titel des Buches *Bürgerliche Verbesserung* gab das Stichwort für dieses Problem – da man bisher den Begriff „Emanzipation" nicht mit den Juden in Verbindung gebracht hatte.[46]

Der Ideenkomplex, der in diesem Kapitel zusammengefaßt wird, drückt die Tendenz zu einer Reform im Status der Juden sowie im gesamten Gefüge ihres gesellschaftlichen und kulturellen Lebens aus. Diese Tendenz manifestierte sich in einem tatsächlichen Wandel im Laufe der revolutionären Periode, die – was die Juden betraf – mit dem österreichischen Toleranzpatent von 1781–82 begann und mit dem Beschluß des Wiener Kongresses von 1815 endete. Geographisch gesehen gerieten alle Länder Westeuropas in die Einflußsphäre dieser Entwicklung, wenn auch nicht gleichzeitig. In einer nachfolgenden Beschreibung der Ereignisse werden wir auch diese Entwicklung berücksichtigen. Dabei soll betont werden, daß der eigentliche Wandel im Status der Juden sowie ihre gleichzeitige innere Anpassung durch Ideen beeinflußt – wenn nicht gar ausgelöst – wurde, die man als „Zukunftsvorstellungen" bezeichnen kann. Man kann ohne Schwierigkeit die Wirkung beobachten, die durch die revolutionären Vorstellungen eines Wandels hervorgerufen wurde und sich in literarischen Abhandlungen oder öffentlichen Diskussionen ausdrückte, bevor entsprechende politische Maßnahmen ergriffen wurden.

Vier Jahre vor der Französischen Revolution veranstaltete die Königliche Gesellschaft der Künste und Wissenschaften in Metz ein Preisausschreiben für einen Essay unter dem Titel „Gibt es in Frankreich Möglichkeiten, die Juden glücklich und nützlicher zu machen?" Neun Manuskripte wurden abgeliefert. Sieben davon vertraten die grundsätzliche Annahme, man könne die Juden sowohl glücklich als auch nützlich machen. Doch bewertete man in allen Fällen die Argumente als unvollständig und die Vorschläge für eine Reform als ungenau. Vier der Autoren bearbeiteten daraufhin ihr Opus von neuem. Drei von ihnen erhielten schließlich im Jahre 1788 gemeinsam den Preis, und ihre Bücher wurden veröffentlicht. Die drei gehörten verschiedenen Bevölkerungsgruppen an. Adolphe Thiéry, ein Rechtsanwalt aus Nancy, Henri Grégoire, ein Dorfpfarrer aus Lothringen, und Zalkind Hourwitz, ein polnischer Jude, der in der Königlichen Bibliothek in Paris als Bibliothekar angestellt war. Die drei, ebenso wie die anderen vier, deren Werk unveröffentlicht blieb, stimmten grundsätzlich darin überein, daß die Juden fähig waren: „Les juifs sont hommes comme nous et, à ce titre, susceptibles d'être Français" („Die Juden sind Menschen wie wir und darum auch geeignet, Franzosen zu sein"), war die Schlußfolgerung der Teilnehmer.[47] Das Zugeständnis, daß Juden schließlich auch „Menschen" waren, weist darauf hin, daß die Einbeziehung von Juden in die menschliche Gesellschaft eine Art Novum war. Grégoire drückte sich ähnlich aus, indem er sagte: „Sie waren Menschen wie wir, noch bevor sie Juden waren."[48] Nach Thiérys Ansicht war der grundlegende Glaube an die Güte der menschlichen Natur eine Bürgschaft für das Gelingen einer Rehabilitierung der Juden. Dabei übersah er nicht die Hindernisse, die einer Rehabilitierung im Wege standen, doch hielt er sie lediglich für das Produkt von Vorurteilen, die verschwinden würden, wenn man ihnen eine Philosophie der Aufklärung entgegenstellte. Thiéry stellte sich die Juden – obgleich sie zur Zeit rechtlos, moralisch bedürftig und religiös entfremdet waren – als zukünftige Bürger Frankreichs vor, wirtschaftlich und bürgerrechtlich gleichgestellt und versöhnt mit Anhängern anderer Religionen.[49]

Grégoire stimmte all dem zu, bis auf einen Punkt: Als Theologe und in der Tradition des tausendjährigen Reiches aufgewachsen, gab er die Hoffnung nicht auf, die Rehabilitierung der Juden würde sie schließlich dem Christentum zuführen.[50] In Grégoires Vorstellung vereinte sich die Hoffnung auf die Bekehrung der Juden mit fortschrittlichen humanistischen Ideen, und beides bewog ihn, sich für die Juden einzusetzen.[51] Seine Zeitgenossen jedoch hielten sich an die rationalistischen Punkte seiner Argumentation und übersahen wohlweislich seine Erwartungen bezüglich des tausendjährigen Reiches. Für diejenigen, die in der Religion ein Überbleibsel aus alten, dunkeln Zeiten sahen, das bald gänzlich verschwinden würde, war die mögliche Bekehrung der Juden von geringer Bedeutung. Der Jude Zalkind Hourwitz gehörte zu diesem Typus, und er schloß seine Argumentation mit einer Bemerkung an die Adresse christlicher Theologen ab, – wenn ihnen an der Bekehrung der Juden so sehr gelegen sei, wäre es doch in ihrem Interesse, ihnen Gleichberechtigung zu gewähren, als das beste Mittel, um zu ihrem Ziel zu kommen. Hourwitz vertrat die radikalen Anhänger der Aufklärung unter den Juden, die allen Anzeichen von Vorurteilen unnachgiebig entgegentraten, ob sie nun aus jüdischer oder christlicher Quelle stammten. Er setzte sich energisch für seine Glaubensgenossen ein und schrieb all ihre Fehler und Unzulänglichkeiten der entstellenden Wirkung der Mißhandlungen seitens der Christen zu. Er brachte seine Überzeugung zum Ausdruck, die Juden würden sich – wenn man ihnen nur die Gelegenheit und den erforderlichen Status gäbe – nicht länger von anderen unterscheiden, was ihre Bräuche, berufliche Tätigkeit und Moral betraf.[52]

Die literarische Auseinandersetzung von Metz über das jüdische Problem ist ganz offensichtlich eine Fortsetzung der Debatte, die ein Jahrzehnt früher in Berlin stattgefunden hatte. Grégoire und Hourwitz bezogen sich auf Michaelis, dessen Beitrag zu der Berliner Debatte wir später behandeln werden. Die französischen Fürsprecher der Juden waren mit den Argumenten, die Dohm und Mendelssohn vorbrachten, bestens vertraut.[53] Viele von Mendelssohns Bewunderern unter den Elsässer Juden, die sich eine bessere Zukunft für ihre Gemeinden erhofften, teilten diese Ideen.[54] Aussichten für eine Verbesserung schienen sich anzuzeigen, als alle Schichten der französischen Bevölkerung aufgefordert wurden, ihre Beschwerden den „Generalständen" vorzulegen, die im Frühjahr 1789 einberufen waren. Da die Juden noch nicht als Untertanen des Königs anerkannt waren, wurden sie nicht inbegriffen. Trotzdem erlaubte man ihnen nach vielen Bemühungen und Bittgesuchen, ihre Wünsche in einem Memorandum an die entsprechenden Behörden darzulegen.[55] Wie die meisten Franzosen, die eher eine Reform von oben als eine Revolution von unten erwarteten, baten sie um die Aufhebung gesetzlicher Beschränkungen und um eine Erweiterung ihrer wirtschaftlichen Möglichkeiten. Doch enthielt das Memorandum der Juden von Metz – angeregt von Isaiah Berr Bing, einem zähen Verfechter jüdischer Rechte – eine weitreichende Vision der Zukunft, in der sich Bing seine Gemeinde als eine wirtschaftlich ungehemmte, gesellschaftlich akzeptierte und kulturell fortschrittliche Gruppe vorstellte.[56]

Schließlich war es die Revolution, die ein Forum schuf, wo die Ideen für eine Reform auf die Probe gestellt werden konnten. Grégoire ist das Bindeglied zwischen der neuen Szene und dem Prolog, in dem die Ideen dargelegt wurden. Als Mitglied der Nationalversammlung fand Grégoire die Gelegenheit, seine Ideen zu unterbreiten, gemeinsam mit anderen Mitgliedern, die zu ähnlichen Schlußfolgerungen gekommen waren, wenn auch nicht immer auf demselben Weg.[57]

Die legislativen Beratungen der Nationalversammlung, die schließlich dazu führten, daß man den Juden Frankreichs volle Staatsbürgerrechte zugestand, waren von verschiedenen Überlegungen beherrscht, von denen später die Rede sein wird.[58] Hier beschäftigen uns lediglich die Ideen, die den Fürsprechern der Juden dazu dienten, ihre Sache bei den öffentlichen Debatten voranzutreiben. Diese Ideen waren im wesentlichen die gleichen, die schon früher in Berlin und Metz zur Sprache gekommen waren. „Die *lettres patentes* der französischen Juden entspringen der Natur, und das Siegel der Natur ist mehr wert als das Siegel sämtlicher Kanzleigerichte Europas“[59], sagte Abbé Bertolio am 30. Januar 1790 in der Nationalversammlung. Sämtliche Einwände gegen die Anerkennung der Juden als gleichberechtigte Mitbürger erklärte man als das Ergebnis von Vorurteilen, die ausgemerzt werden müßten. „Raison“ und „Humanité“ waren die Stichworte in der Argumentation zugunsten der Minderberechtigten. In einer Atmosphäre von Optimismus, der auf nicht weniger als die totale Regenerierung der Menschheit abzielte, konnten die hohen Ideale von der Rehabilitierung des Judentums auf die Dauer nicht unbeachtet bleiben.

Die Reformideen verbreiteten sich auf den Spuren französischer Eroberung und Vorherrschaft über die Grenzen Frankreichs hinaus. Holland war eines der ersten Länder, wo die französische Besetzung gleichzeitig eine soziale Revolution bewirkte. Die neue Batavische Republik mußte unter anderem auch die Position der Juden von neuem erwägen. Obgleich die meisten Juden konservativ dachten und die Vorteile, die ihnen das Königshaus gewährte, nicht unterschätzten, waren sie nichtsdestoweniger bestrebt, Bürger der Neuen Republik zu werden und in den Genuß der Rechte zu gelangen, die ihnen der neue Status verlieh. Das mußte jedoch der holländischen Nationalversammlung erst abgerungen werden, angesichts des Widerstands des einheimischen Bürgertums, für das der Jude eine Konkurrenz darstellte. Der Kampf um die Gleichberechtigung basierte auch hier auf den großartigen Vorstellungen von Gleichheit für alle Menschen. „Wer möchte es aber wohl bestreiten, daß die Juden Menschen und daß sie und die Nichtjuden im vollsten Sinne des Wortes Natur-Genossen sind?“ Das waren die Worte von Jacob George Hieronymus Hahn, einem der prominentesten Mitglieder der holländischen Nationalversammlung, am 1. August 1796. Es ist die Aufgabe der Nationalversammlung, „sie [die Juden] durch ihre Erhebung zur vollen Würde von Menschen und Bürgern glücklich zu machen und in den Herzen der holländischen Juden ein echtes Gefühl nationaler Begeisterung zu erwecken.“[60] Die Staatsbürgerschaft wurde ihnen nicht deshalb zugestanden, weil man die Eigenschaften der Juden schätzte und anerkannte, sondern wegen des allgemeinen Prinzips, wonach sie in die Kategorie von Menschen eingeordnet wurden, und in der Erwartung, sie würden sich im Laufe der Zeit die nötigen Eigenschaften aufgeklärter Menschen und Staatsbürger aneignen.

Die Ideen für eine Reform entwickelten sich zuerst in Deutschland, aber der Anstoß für ihre praktische Anwendung kam aus Frankreich. Die Juden in den westlichen deutschen Provinzen, die von den Franzosen besetzt waren oder von französisch orientierten Königen und Fürsten regiert wurden, waren die ersten, die die Staatsbürgerschaft erhielten. Die Gemeinden von Bonn und Mainz gehörten seit 1801 (seit dem Frieden von Luneville) zu Frankreich, und die dortigen Juden wurden automatisch freie Bürger. Die Juden von Frankfurt erhielten die Staatsbürgerschaft im Jahre 1808, und die des neu erschaffenen Staates Westfalen im selben Jahr. Die unmittelbaren Ursachen dieser Entwicklung waren zwar politischer Natur, wurden jedoch als Realisierung fortschrittlicher Ideen angesehen. Der weltanschauliche Einfluß wurde natürlich von den Fürsprechern der Juden, die an einer ideologischen Rechtfertigung ihrer Errungenschaften interessiert waren, hervorgehoben. Ungeniert übte die jüdische Führung durch ihre wirtschaftliche Macht auch politischen Druck aus, der jedoch immer von einer Art geistiger Rechtfertigung begleitet war. Die Sache der Juden in Westfalen und Frankfurt sowie später auch in Preußen, wurde inter alia von Israel Jacobson vertreten, ursprünglich ein Hofjude, doch einer, der durch seine geistigen Fähigkeiten und den Umfang seiner wirtschaftlichen Unternehmen über die üblichen Dimensionen seines Standes weit hinauskam. Jacobson hatte sich während der Kriege und der revolutionären Unruhen in Westdeutschland ein Riesenvermögen angeeignet, so daß er unabhängig, doch gleichzeitig ein unentbehrlicher Partner für Staaten und Staatsmänner war, die infolge der politischen Umwälzungen in finanziellen Schwierigkeiten waren. Jacobson war ein überzeugter Anhänger der Aufklärungsphilosophie und ein energischer Vertreter jüdischer Rechte. Indem er in Verhandlungen um die Bürgerrechte der Juden in den jeweiligen Ländern seinen Einfluß geltend machte, handelte er nach seiner festen Überzeugung. Er zweifelte nicht daran, daß er durch seine Fürsprache in der Sache der Juden eine Mission zur erleuchteten Menschlichkeit erfüllte.[61] Dasselbe trifft auf seinen Zeitgenossen David Friedländer zu, einen glühenden Anhänger von Mendelssohn, der in der Berliner Gemeinde eine führende Rolle spielte, als die Verhandlungen über eine Gesetzgebung für die preußischen Juden im Gange waren.[62]

Diese Verhandlungen hatten sich hingezogen, seit die Ideen für eine Reform öffentlich verbreitet wurden. Die Vertreter der jüdischen Gemeinde hatten die Behörden wiederholt um eine Reform ersucht, und ihr Anliegen wurde von den fortschrittlichen Beratern des Königs befürwortet. Doch begann eine ernste und eingehende Diskussion darüber erst im Jahre 1808, als nach der preußischen Niederlage (1806 bei Jena) eine allgemeine Reorganisation des preußischen Staates in Angriff genommen wurde. Die Verhandlungen, die vom König und seinen Ministern und Staatsbeamten geführt wurden, endeten mit dem Edikt von 1812, das Preußens 33 000 Juden die Staatsbürgerschaft – mit einigen Einschränkungen – gewährte.[63] Der Zusammenhang zwischen dem Zugeständnis der Staatsbürgerschaft und dem politischen Geschehen ist offensichtlich. Das heißt jedoch nicht, daß die Ideen der Aufklärung bei den Beschlüssen, die gefaßt wurden, keine Rolle spielten. In der Tat wurden die Ideen und Ideale der Reform in den wiederholten Gesuchen der Juden – unter ihnen radikale Vertreter wie David Friedländer und Israel Jacobson – immer wieder erwähnt. Darüber hinaus schöpften wenigstens einige der hohen Beamten ihre Anregungen aus Vorstellungen von natürlichen Rechten, wenn sie für die Befreiung der Juden aus ihrer ghettoartigen Isolierung und ihre Integrierung in Staat und Gesellschaft eintraten.[64] Einer der Teilnehmer an den Beratungen, Wilhelm von Humboldt, war tiefer in das Problem eingedrungen und ersann eine Lösung, die gleichzeitig radikaler und realistischer war.

Wilhelm und Alexander von Humboldt sind uns schon als Gäste der jüdischen Salons in Berlin begegnet.[65] Wilhelm Humboldt kannte die Juden seiner Epoche und bildete sich eine Meinung über ihre Rolle in der Geschichte. Sie hatten seiner Meinung nach drei charakteristische Merkmale: 1. Eine natürliche oder erworbene Beweglichkeit, die von ihrem nomadischen Ursprung herrührte und jedenfalls zum Verzicht auf Selbstbestimmung und Akzeptierung von Fremdherrschaft führte. 2. Die Entwicklung einer quasi-kirchlichen politischen Konstitution, in der die Religion – nach dem, was der halbrationalistische, halbromantische Humboldt als Religion ansah – fast völlig aufgesaugt wurde. 3. Gebundenheit an ein System, wie zum Beispiel die Beschneidung, ein Ritual, das ein physisches Merkmal hinterließ, wodurch sich die Juden von denen, die sie umgaben, unterschieden. Humboldt fügte hinzu, daß die Juden eigensinnig an ihren „Ursitten" festhielten und eine bemerkenswerte Fähigkeit für passiven Widerstand besaßen. Diese Züge ihres Nationalcharakters manifestierten sich im Laufe der Geschichte, die das Judentum unentwirrbar mit dem Christentum verband. Nach christlichen Begriffen ist das Judentum einerseits derselben Kategorie wie das Christentum zuzuordnen, es ist nämlich eine Religion der biblischen Offenbarung. Andererseits ist das Judentum das Gegenstück und die Verleugnung des Christentums. Durch ihre Verbindung mit dem Christentum gewannen die Juden, die damals (bei der Entstehung des Christentums) bereits ziemlich bedeutungslos waren, eine unverhältnismäßig große Bedeutung.[66]

Obgleich Humboldt die nationalen und historischen Eigenschaften des jüdischen Volkes im einzelnen benannte, war er sich – als einer der ersten Denker, die sich von dem rationalistischen Konzept der menschlichen Natur und der Geschichte der Menschheit abwandten – der begrenzten Geltung einer solchen Analyse sehr wohl bewußt.[67] Daher stellte er auch die Behauptung auf, eine Reform dürfe nicht von den Eigenschaften, die man den davon Betroffenen zuschrieb, abhängig gemacht werden. Auch in dieser Hinsicht war Humboldt seinen Zeitgenossen weit voraus. Er zweifelt an der Möglichkeit und dem Recht des Staates, Menschen nach einem vorgefaßten Plan zu leiten und zu erziehen, auf der Grundlage einer Diagnose ihrer moralischen Eigenschaften und kulturellen Errungenschaften. Der Staat hat sich lediglich passiv zu verhalten, das heißt, er muß die Hindernisse für eine freie Entwicklung seiner Bürger beseitigen. Daher ist es nicht die Sache des Staates, eine Verbesserung für die Juden anzustreben oder deren Gegner zu lehren, sie anders einzuschätzen. Der Staat solle nur die unmenschliche und vorurteilsgeprägte Denkweise revidieren, nach der ein Mensch nicht nach seinen persönlichen Eigenschaften beurteilt wird, sondern nach Ursprung und Religion, und man ihn – im Gegensatz zu allen Begriffen von menschlicher Würde – nicht als Individuum ansieht, sondern als Angehörigen einer bestimmten Rasse, deren Eigenschaften er zwangsläufig besitzt. Wie könnte der Staat eine derartige Revolution in der Denkweise der Menschen vollziehen? Dadurch, daß der Staat kategorisch erklärt, daß er keinen Unterschied zwischen Juden und Christen mehr anerkennt.[68]

Auf der Grundlage dieses Konzepts befürwortete Humboldt eine Praktik, die man später als volle Emanzipation bezeichnete, das heißt, daß der Staat die Konfession seiner Bürger völlig ignorierte. Von diesem schnellen, energischen Schritt erwartete er bestmögliche Resultate, nämlich die endgültige Integration der Juden in die Gesellschaft ihrer Umgebung. Juden würden sich den Erfordernissen aller Berufe, die ihnen offenstanden, anpassen. Die vielbeklagte Unmoral – hervorgerufen durch Diskriminierung – würde verschwinden, ebenso wie die kulturelle Kluft zwischen ihnen und ihren Nachbarn. Der einzig verbleibende Unterschied war der der Religion, was wiederum den Staat nichts anging. Demnach sollte der Staat auch von positiven Schritten absehen, für eine Reform der jüdischen Religion oder einer Festigung der bestehenden Hierarchie, wie zum Beispiel die Ernennung eines Oberrabbiners. Nach Humboldts Vorstellung würde die religiöse Organisation der Juden langsam verfallen, wenn man sie sich selbst überließe, da sich die einzelnen Juden von ihren Bräuchen abwenden und sie als nicht zur Religion gehörend zurückweisen würden. Der Jude, getrieben von dem angeborenen Bedürfnis des Menschen nach einem erhabenen Glauben, würde sich zwangsläufig dem Christentum zuwenden. Doch war das ein Blick in die Zukunft. Zur Zeit hatte Humboldt Vorbehalte gegen den getauften Juden, der seine notleidenden Glaubensgenossen im Stich ließ. Wenn die Juden erst einmal als kollektive Einheit integriert waren, wäre das Aufgeben der jüdischen Religion durch Einzelpersonen „wünschenswert, erfreulich und nützlich".[69]

Hier zeichnet der beste Vertreter der humanistisch gesinnten Christenheit seine Vorstellungen für die Zukunft auf, wenn auch in einem Memorandum, das nicht zur Veröffentlichung bestimmt war. Das grundlegende Merkmal seiner Vision ist die Beseitigung aller Hindernisse, die die persönliche Freiheit jüdischer Personen einschränkten, doch ist es auch mit der Erwartung verbunden, diese Menschen würden sich am Ende dem Christentum zuwenden. Diese Erwartung wurde von vielen geteilt, obgleich nicht von all denen, die eine Integration der Juden befürworteten oder gar dafür kämpften. Die Juden andererseits begrüßten ihren neuen Status und waren überzeugt, sie würden auch unter veränderten Bedingungen ihre Bindung zum Judentum aufrechterhalten können.[70] Die verschiedenartigen Erwartungen, die von den Verleihern und den Empfängern jüdischer Emanzipation gehegt wurden, sind vielleicht nichts Unnatürliches, doch die Tatsache, daß dieser Gesellschaftsvertrag von widersprüchlichen Hoffnungen seitens beider Parteien begleitet ist, ist ein böses Omen für eine reibungslose Durchführung.

Sechstes Kapitel

Widerstand der Nichtjuden

Die Aufnahme einzelner Juden in nichtjüdische Kreise und die Befürwortung einer allgemeinen Einbeziehung von Juden in Staat und Gesellschaft rief einen Sturm von Zweifeln und Protesten seitens derer hervor, die die Ideen nicht teilten, auf denen die veränderte Einstellung beruhte. Die gesellschaftliche Vermischung von Juden und Nichtjuden wurde vielfach als sittenwidrig angesehen. Aus dem toleranten Berlin zu Mendelssohns Zeit stammt die nette Anekdote von dem Philosophen Salomon Maimon, der eines Tages in Gesellschaft eines christlichen Künstlers in ein Gasthaus kam, wo ihm der Inhaber mitteilte, er selbst sei zwar jederzeit willkommen, aber die Gäste beanstandeten die Gegenwart seines „jüdischen Begleiters" – ein Kompliment, das der christliche Künstler sicherlich zu schätzen wußte.[1] Ein paar Jahre später veröffentlichte ein Gastwirt aus der Gegend von Hamburg ein Zeitungsinserat, daß er auf das Drängen seiner Gäste hin gezwungen war, Juden den Eintritt zu verweigern.[2] Für den Durchschnittsbürger war es in der Regel nicht notwendig, einen Grund für den Ausschluß von Juden anzugeben. Es war die selbstverständliche Fortsetzung einer Tradition.

Anders war es, wenn sich der Widerstand bei jenen zeigte, die selbst einige der traditionellen Bindungen abgestreift hatten und jetzt an der Erschaffung neuer gesellschaftlicher Gruppen beteiligt waren, wie zum Beispiel die Freimaurer und alle, die vorgaben, rationalistisch und fortschrittlich zu sein. Diese Leute waren durch ihr eigenes Bekenntnis oder die Prinzipien ihrer Institutionen verpflichtet, die Religion der anderen Mitglieder zu ignorieren. Die moralische Stellungnahme in Ehren, sie setzten nicht immer ihre praktische Durchführung voraus. Keine Logik und keine Ethik konnte es mit dem uralten Vorurteil gegen gesellschaftlichen Kontakt mit Juden aufnehmen. Auf die ideologische Grundlage für dieses Vorurteil werden wir später eingehen. Aber zweifelsohne wurden die Vorurteile durch das Auftreten und Benehmen des durchschnittlichen Juden genährt.

Der gewöhnliche Typus des Juden, insbesondere der aschkenasische Jude, fiel schon durch seine Erscheinung auf, seine seltsame Kleidung, seinen Bart, seine Sprache. Auch wenn er die Sprache seiner Umgebung gebrauchte – Deutsch, Französisch, Holländisch oder Englisch –, merkte man seiner Aussprache immer noch die Spuren seiner Muttersprache, Jiddisch, an. Jiddisch hatte sich aus dem Mittelhochdeutschen herausentwickelt. Mehrere hundert Worte entstammten dem Hebräischen und Aramäischen, uralte Ausdrücke der jüdischen Religionskultur. Spätere Generationen schätzten Jiddisch als eine selbständige und unabhängige Sprache besonderer Art. In der zweiten Hälfte des 18. Jahrhunderts jedoch, als Hochdeutsch als die neue Mustersprache eingeführt wurde und man von den örtlichen Dialekten abkam, begann man, Jiddisch als einen lächerlichen Jargon und eine Verfälschung der korrekten deutschen Sprache anzusehen.[3] Hinzu kam eine Verächtlichmachung alles Jüdischen. Nichtjuden scheuten instinktiv vor jedem unnötigen Kontakt mit diesem fremden Typus zurück.

Eine aufschlußreiche Beschreibung des alltäglichen Juden aus der Perspektive eines fortschrittlichen Nichtjuden, der die herkömmlichen Ansichten über Staat und Gesellschaft längst hinter sich ließ, findet man in den Schriften des Barons Adolf von Knigge, einer der hervorragendsten Persönlichkeiten der deutschen Aufklärung. Knigge, der aus einer verarmten Adelsfamilie stammte, träumte von sozialer Reform, wurde ein begeisterter Freimaurer und schloß sich sogar dem radikalen aufklärerischen Illuminatenorden an.[4] Knigges literarischer Ruf basiert auf seinem Werk *Über den Umgang mit Menschen,* einer Art Handbuch über das korrekte Benehmen gebildeter Leute in allen Lebenslagen. Ein Kapitel des Buches trägt den Titel: *Über Juden und wie man sie behandeln soll.*[5] 1788 bemerkte Knigge, es gäbe in Berlin und auch im Ausland – wie zum Beispiel in Holland und Amerika – Juden, die sich in keiner Weise von Menschen anderer Religionen unterschieden. Er hatte sich jedoch vorgenommen, die Menschen zu lehren, wie sie sich dem gewöhnlichen Juden gegenüber verhalten sollten. Sogar in bezug auf diesen Typus fühlt sich Knigge zu zwei versöhnlichen Bemerkungen veranlaßt: Erstens muß man die Schuld für die gesellschaftlichen und moralischen Unzulänglichkeiten der Juden zum großen Teil den Nichtjuden zuweisen, die sie unterdrückten und ihnen nur einen begrenzten Lebensraum überließen. Zweitens gab es unter den Juden – trotz aller Unterdrückung – „edle, wohlerzogene und großmütige Menschen"[6]. Dies sind die rationalen Überlegungen eines aufgeklärten Schriftstellers, eine Art Lippenbekenntnis zur humanistischen Philosophie, die damals in Mode war. Aber wie er selbst sagt, war es nicht seine Aufgabe, sich darüber aufzuhalten, woher die Eigenschaften der Juden stammten, noch ihre künftige Entwicklung vorauszusehen, sondern den Leser zu beraten, wie er mit Juden, mit denen er zwangsläufig Geschäfte abschließen mußte, umzugehen hatte. Er beschreibt den jüdischen Charakter, so wie er ihn sah, das heißt, wie er sich der feindlich gesinnten Mehrheit präsentierte.

Der Jude ist der allgegenwärtige Geschäftsmann, der überall auftaucht, wo er einen Profit wittert. Er ist von grenzenloser Tüchtigkeit, teils wegen der objektiven Umstände und teils aus angeborenem Talent heraus. Juden unterhalten internationale Beziehungen und können sich auf die Zusammenarbeit ihrer Glaubensgenossen in der ganzen Welt verlassen. Juden sind unermüdlich in ihren Bestrebungen, ihr Ziel zu erreichen, und machen auch das fast Unmögliche möglich. Darüber hinaus ist der Jude bei seinen Bemühungen unbehindert durch ethische Rücksichten. Sein einziges Ziel ist Gewinn. Der Nichtjude, der mit dem Juden Geschäfte abschließen muß, sollte diese Eigenschaften des Juden in Betracht ziehen und sie zu seinem eigenen Vorteil nutzen. Es lohnt sich für ihn, den Juden gut zu bezahlen und den Verpflichtungen ihm gegenüber pünktlich nachzukommen. Der Jude muß davon überzeugt sein, daß sein Kunde wirtschaftlich solide und auch sonst zuverlässig ist, und daß die Verbindung mit ihm auf die Dauer nutzbringend sein wird. Aber wehe dem Nichtjuden, dessen Schwäche der Jude erkannt hat! Er ist eine leichte Beute für den raffinierten Sinn des Juden, der seine Situation gnadenlos ausnutzen wird. In seiner Beschreibung denkt Knigge an den reichen Juden oder Bankier, den der verarmte Aristokrat oder nichtjüdische Bürger um Hilfe ersucht, wenn er durch die Umstände dazu gezwungen ist. Knigge vergißt auch nicht, vor dem jüdischen Hausierer und Kleinhändler zu warnen, an den der Nichtjude seine alten Kleider verkauft oder mit dem er ein anderes kleines Geschäft abwickelt. Solche armen Teufel legen in ihrem Geschäftsgebaren dieselben Eigenschaften an den Tag wie der Bankier bei seinen großen geschäftlichen Transaktionen. Der jüdische Hausierer gebraucht dieselbe Schläue und Anstrengung, um einen kleinen Gewinn zu erzielen, wie sein reicher Glaubensgenosse, der sich damit ein Vermögen verdient.[7]

Der Jude wird hier als Symbol der Habgier hingestellt, unwillkürlich zur Jagd nach dem Geld hingezogen. „Es wird gewaltig schwer den Juden, sich von Geld zu scheiden. Die baare Münze ist ihnen sehr an das Herz gewachsen." Diese Eigenschaften sind, wie Knigge erklärt, tief in der Natur des Juden verankert: „Etwas ganz Charakteristisches hat diese Nation übrigens in Allem ... Man höre die Musik in ihren Tempeln und die ganz eigene Art, wie sie dieselbe vortragen! Man sehe sie tanzen! Man gebe acht auf die Verzierungen, welche auch die reichsten alten Juden in ihren Häusern anbringen, ob nicht immer etwas von den Knäufen an den Tempeln Salomons, von den Verzierungen der Bundeslade, Scharlach, Rosenroth und gezwirnter weißer Seide mit unterläuft." In diesem letzten Abschnitt stellt Knigge – nicht einmal abwertend – einen Zusammenhang zwischen den speziellen Eigenschaften der Juden und ihrer alten Kultur her. Aber Juden sind und bleiben eine Gattung für sich und gewiß nicht eine, mit der ein Nichtjude verkehren würde, es sei denn aus rein geschäftlichen oder anderen zwingenden Gründen. Allerdings wandte Knigge diese Beschreibung nicht auf jene Juden an, „die sich (vielleicht nicht zu ihrem Glücke) nach den Sitten der Christen umgebildet haben".[8] Aber wenn es dem Juden nicht gelang zu beweisen, daß er eine der Ausnahmen darstellte, wurde er automatisch mit dem Image jenes Juden gleichgestellt, das auf all den alten Vorurteilen beruhte.

Die Versuche des Rationalismus und der Aufklärung, die alten Vorstellungen durch neue zu ersetzen, war eine anspruchsvolle Aufgabe. Ein Jude, der in die nichtjüdische Gesellschaft aufgenommen werden wollte, mußte zunächst die Vorstellungen, die man sich von Juden schlechthin machte, widerlegen und durch sein Verhalten den Beweis liefern, daß er eine Ausnahme war. Kandidaten für die Aufnahme bei den Freimaurern, gelehrten Gesellschaften oder literarischen Zirkeln gehörten natürlich dem neuen Typus an, der sich in Sprache und Verhalten dem gängigen Muster der nichtjüdischen Umgebung anzupassen suchte. Der Anpassungsvorgang war jedoch keineswegs einfach. Es war leichter für die Sephardim, die weniger in einer speziellen jüdischen Kultur verwurzelt waren. Isaac de Pinto behauptete in seiner Kontroverse mit Voltaire, daß die Vorurteile gegen die Juden möglicherweise gegenüber den Aschkenasim gerechtfertigt seien, aber keinesfalls gegenüber den Sephardim.[9] Die Fähigkeit, sich leichter der Kultur ihrer Nachbarn anzupassen, ist vielleicht die Erklärung dafür, warum Juden in England, Holland und Frankreich, die meistens Sephardim waren, ohne weiteres bei den Freimaurern aufgenommen wurden, während aschkenasische Juden in Deutschland mit Schwierigkeiten zu kämpfen hatten.[10] Übrigens, aschkenasische Frauen hatten es leichter, sich dem Kulturmuster ihrer nichtjüdischen Umgebung anzupassen. Die jüdische Traditionsgesellschaft setzte sich durch die Institutionen traditioneller Erziehung fort (der Heder, eine Art Grundschule, und die Jeschiwa, eine talmudische Hochschule). Durch diese Institutionen wurde ein großer Teil der traditionellen Kultur von einer Generation zur anderen übermittelt. Auf diese Weise wurde der traditionelle jüdische Typus geformt. Sobald die formelle jüdische Schulbildung beendet war, folgte eine geschäftliche Ertüchtigung, die den jüdischen „Typus" in vorgeschriebene Bahnen leitete. Nach religiöser Tradition waren Frauen vom Studium des Gesetzes (Thora) – dem Hauptbestandteil des traditionellen jüdischen Lehrplans – ausgeschlossen. In der Regel gingen Frauen nicht zur Schule. Sie hatten kaum eine formelle Schulbildung, lernten aber, soviel sie konnten, von ihrer Umgebung. Als Aufklärung und weltliche Schulbildung die jüdische Gesellschaft erreichten, traten diese in einen Wettkampf mit dem Studium der Thora, das traditionell die gesamte Freizeit eines Mannes in Anspruch nahm. Bei den Frauen war das nicht der Fall. So waren die Töchter wohlhabender Familien im Ghetto die ersten, die von den neuen Möglichkeiten, die sich ihnen boten, profitierten. Sie waren die ersten, die die Sprache ihrer Umgebung erlernten und sich mit Fremdsprachen und Literatur befaßten. Ebenso eigneten sie sich gesellschaftliche Umgangsformen an, die es ihnen ermöglichten, sich in einer Gesellschaft, die sich nicht nur aus Juden zusammensetzte, frei zu bewegen. Für die Männer war das schwieriger. Aus der Zeit der literarischen Salons sind Fälle bekannt, wo Männer, deren Frauen den Mittelpunkt gesellschaftlicher Zusammenkünfte bildeten, sich genierten, dort aufzutreten.[11]

Auch wenn sich einzelne Juden große Mühe gaben, die auffälligsten Besonderheiten ihrer jüdischen Erscheinung abzulegen, konnte der aufmerksame Beobachter sie trotz allem noch entdecken. Die jüdischen Mitglieder des Ordens der Asiatischen Brüder in Wien und Hamburg hatten sich gewiß den Anforderungen ihrer Umgebung angepaßt. Trotzdem machte man sich über sie lustig und bezeichnete sie als grob und ungebildet.[12] Als der Orden in der Öffentlichkeit von den Freimaurern dafür gerügt wurde, daß er auch Juden aufnahm, fühlte sich eines der Mitglieder verpflichtet, das Prinzip der allgemeinen Aufnahme ohne Berücksichtigung der Religion des Kandidaten zu verteidigen. Gleichzeitig jedoch gab er eine höchst unbarmherzige Beschreibung von dem Typus des Juden, der sich um Mitgliedschaft bewarb: „Vielleicht hat das Volk der deutschen Israeliten selbst nicht wenig dazu beigetragen, daß sich viele Leute noch nicht gänzlich von den Vorurteilen gegen sie freimachen können." Nach Auffassung dieses Ordens waren die deutschen Juden weit hinter ihren Glaubensgenossen in anderen westlichen Ländern, wie England, Frankreich und Italien, zurückgeblieben. Die deutschen Juden „halten an vielen abergläubischen, nutzlosen und lächerlichen Gebräuchen fest", die von einer Zahl von Rabbinern für ihre eigenen Zwecke erfunden worden waren, und „das ist die Hauptursache dafür, daß sie bei uns ein abgesondertes Leben führen". Auch wenn es hier und dort ein paar aufgeklärte Juden gab – so die Meinung des Ordens –, waren diese auch nicht umgänglicher als die anderen. Sie verfolgten störrisch ihre eigennützigen Ziele und verachteten die ärmeren und weniger gebildeten Juden, während sie selbst sich doch nur rein äußerlich von ihnen unterschieden. Dabei geben sie sich geistig doch mit den gleichen geschäftlichen Dingen ab – mit Wechseln, Bürgschaften, Hypotheken und mit den Zinsen, die dafür zu erwarten waren. Und schließlich konnte man sie immer an ihrem „Sington" erkennen, „an dem deutschen Dialekt der Israeliten und an ihrem Hang, sich als separate Gruppe abzuzeichnen". Es gibt daher viele Gründe, „warum der deutsche Christ vor gesellschaftlichem Verkehr mit den Israeliten zurückschreckt und sie nicht als Freunde oder Logenbrüder begrüßt".[13]

Dies ist das Porträt eines Juden, gezeichnet von einem, der sich im Prinzip bereit erklärte, die Juden zu akzeptieren. Was kann man also von denen erwarten, die sich einer solchen Akzeptierung ausdrücklich widersetzten? Karl Wilhelm Friedrich Grattenauer war einer von diesen, und er veröffentlichte eine der ersten antijüdischen Schriften als Reaktion auf den sozialen Fortschritt der aufgeklärten Juden. Grattenauer war zunächst einmal empört über das, was er als wirtschaftliche Überlegenheit von Juden den Christen gegenüber ansah, besonders in den Großstädten Berlin, Wien und Prag. Er protestierte daher gegen die geplanten Zugeständnisse politischer Rechte an die Juden. Gleichzeitig bedauerte er ihren unvertretbaren sozialen Fortschritt. Höchst widerwillig gibt er zu, daß sich manche Juden ein gewisses Maß von Kultur und Aufklärung angeeignet hatten. Doch diese – so fuhr er fort – hatten aufgehört Juden zu sein.[14] Im allgemeinen mockierte er sich über die Versuche von Juden, besonders von jüdischen Frauen, die Manieren der besseren Gesellschaft nachzuahmen. „Ihre Kleidung, so prunkvoll sie auch ist, hat doch gewisse jüdische Abzeichen, die selbst ihre Gesichtszüge verraten. Ihre Sprache ist noch ein elender schleppender Jargon, und wenn sie solche auch in Gesprächen mit Christen modernisieren, so bedienen sie sich derselben unter sich: Schmutz und Unreinigkeit herrschen bei ihnen, und sie können solche beim größten Staat selten verleugnen. Daß sie zu W[ien] und B[erlin] geschmeidig gegen Christen sind und sogar galante Künste treiben, geschieht aus Interesse ... und was dem Moses durch Kratzfüße und Schmeicheleien nicht beim gnädigen Herrn gelingt, das gelingt seiner schönen Tochter Rahel."[15] Diese Bemerkungen – so giftig sie auch sein mögen – basieren auf der Beobachtung des jüdischen Aufsteigers jener Zeit, der – unfertig und unsicher – die Kluft zwischen seinem Ehrgeiz und seinem wirklichen sozialen Status mit einem einzigen Satz zu überspringen suchte. Die jüdische Variation des gesellschaftlichen Parvenüs wurde später zu einer festen Bühnenfigur, von Christen viel belacht und von Juden übelgenommen.[16]

Der berühmte Berliner Schauspieler Albert Aloys Ferdinand Wurm war bekannt für seine Darstellung jüdischer Typen, nicht nur auf der Bühne, sondern auch in den Häusern der bürgerlichen Gesellschaft von Berlin. Seine Lieblingsszene war die Darstellung einer jüdischen Frau, die ihre Gäste zu unterhalten sucht, indem sie ihnen eines der klassischen deutschen Gedichte vorträgt. Dabei gibt sich die Jüdin die größte Mühe, sich in Ton und Aussprache des Hochdeutschen zu bedienen. Im Laufe ihrer

Deklamation läßt sie sich jedoch mitreißen und verfällt wieder in das scheußliche „Judendeutsch", das sie um jeden Preis vermeiden wollte. Das Ganze wird zu einer Farce – und zwar einer sehr einträglichen für Wurm, der wegen seines Talents sehr gefragt war. Die bürgerliche Gesellschaft von Berlin, die den aufgeklärten und reichen Juden zwangsläufig einen gewissen Respekt erweisen mußte, konnte sich jetzt an ihnen rächen, indem sie sich privat über sie lustig machte.[17]

Die unmittelbare Abneigung gegen den wirklichen oder scheinbaren jüdischen Typus ist einer der Hauptgründe für das Widerstreben, den Juden in die Gesellschaft aufzunehmen oder ihn als Bürger zu akzeptieren. Aber diese Abneigung allein hätte wohl kaum dem Einfluß von Rationalismus und Aufklärung widerstanden, deren Credo es war, derartige Vorurteile zu überwinden. Darum mußten diejenigen, die sich von ihren Vorurteilen nicht trennen wollten, eine ideologische Rechtfertigung dafür ersinnen. Die Abweisung des Juden sollte nicht als böswillige, von dunklen Trieben entspringende Reaktion aufgefaßt werden, sondern als eine wohlbegründete Haltung, die auf logischen Prinzipien basierte.

Diese Ideologien der Abweisung – wie man sie nennen könnte – folgten zwei verschiedenen Begründungen. Die eine hob den christlichen Charakter der europäischen Gesellschaft hervor und deutete mehr oder weniger ausdrücklich an, daß der Säkularisierungsprozeß diese Tatsache nicht grundsätzlich änderte. Ergo: Wenn der christliche Charakter der Gesellschaft erwiesen ist, können ihr keine Juden angehören. Die andere Begründung – eine den Juden noch feindlichere Version – verwies auf die jüdische Religion, Moralität, Tradition und nicht zuletzt auf jüdische Mentalität, die die Juden abgesondert hatten und ihre Integration in die nichtjüdische Gesellschaft unbedingt verhinderten.

Die erste Begründung, die sich – sogar noch nach dem Durchbruch des Rationalismus – auf den christlichen Charakter der europäischen Gesellschaft stützte, konnte auf einige Tatsachen hinweisen. Die verbalen Angriffe auf christliche Kirchen und die Kritik an christlichen Lehren brachte die christlichen Ideen und Symbole, die in der europäischen Kultur verankert waren, nicht zu Fall. Manche der schärfsten Kritiker des Christentums behielten ihre Bindung an christliche Ideen und Doktrinen bei, obgleich sie sie vom Standpunkt einer mehr oder weniger klaren Weltanschauung aus erklärten und abänderten. In bezug auf den Ausschluß von Juden spielte es keine Rolle, wie sehr man die christlichen Begriffe verwässert hatte. Solange sie noch eine gewisse Ähnlichkeit mit den ursprünglichen Konzepten hatten, konnte man sie als Grund dafür angeben, die Juden von der christlichen Gesellschaft auszuschließen.

Ihre Verbundenheit mit dem Christentum wurde von den Gegnern jüdischer Integration wiederholt betont, zusammen mit der scharfen Abweisung des Judentums. Grattenauer, der gewiß um Argumente gegen den jüdischen Fortschritt nicht verlegen war, begann seine Polemik mit einer persönlichen Erklärung: „Ich bin ein Christ, nicht dem Namen nach, sondern aus wahrer Überzeugung." Das klingt wie ein Glaubensbekenntnis mit all seiner dogmatischen und mysteriösen Bedeutung. Doch die Täuschung offenbart sich dem Leser, sobald der Autor seine Gründe angibt: „Weil ich nach meiner Vernunft finde, daß die christliche Moral mit meiner Bestimmung als Mensch in genauer Harmonie steht und ihre Ausübung mich glücklich und zufrieden macht."[18] Mit dieser Erklärung bekennt sich Grattenauer als Rationalist, bei dem die Vernunft das Kriterium für oder gegen die Anerkennung gewisser Prinzipien darstellt. Sein Christentum erschöpft sich in der Bindung an die christliche Moral, oder an das, was er dafür hält. Aber das genügte, um die Juden abzulehnen, deren Moralität er als den krassen Gegensatz dessen ansah, was er für christliche Ethik hielt.

Ein noch deutlicheres Beispiel dafür, daß die formelle Bindung an das Christentum als Ausgangspunkt für antijüdische Polemik diente, ist der Fall von Johann Heinrich Schulz. Schulz war eine seltsame Gestalt, ein protestantischer Pastor, der sich offen zum Atheismus bekannte und behauptete, Jesus selbst wollte niemals für mehr als einen Lehrer aufgeklärter Sittlichkeit, die auf menschlicher Vernunft beruhte, angesehen werden. Das ging zu weit – sogar in dem toleranten Klima deutscher Aufklärung, wo die rationalistische Auslegung des Christentums in Mode war. Schulz wurde von seinen Vorgesetzten verfolgt und seines Amtes enthoben. Natürlich war dadurch in seinen Augen die Richtigkeit seiner Theorien längst nicht widerlegt.[19] Er hielt an ihnen fest und bediente sich ihrer, um seine maßlos scharfen Anschuldigungen gegen die Juden und das Judentum zu untermauern.

Der Anlaß für seinen Angriff auf die Juden war eine Polemik gegen Mendelssohn, der – obgleich ein Verfechter der Toleranz – nichts für Atheisten übrig hatte. Menschen, die nicht an Gott glaubten, durften nicht geduldet werden, da sie niemandem gegenüber für ihre Taten verantwortlich waren.[20] Schulz war empört über die Ablehnung seines Grundprinzips, besonders, da diese von einem Juden herrührte, denn Schulz hatte ein höchst abwertende Meinung von jüdischer Sittlichkeit. Der Atheismus – davon war er überzeugt – konnte eher ein sittliches Verhalten nähren als ein falscher Glaube. Obgleich der Angriff von Schulz auf das Judentum im Namen eines konsequenten Atheismus unternommen wurde, stellte er ihn formell als eine Fortsetzung des uralten Konflikts zwischen Christentum und Judentum dar. Schulz hielt an der Vorstellung fest, Jesus selbst sei nicht mehr als ein rationalistischer Moralist gewesen. Er wetterte gegen das Judentum sozusagen im Namen eines atheistischen Jesus. Er wies die soziale und politische Integration der Juden zurück, es sei denn, sie wandten sich vom Judentum ab und bekannten sich zum Christentum oder vielmehr zu der atheistischen Moralität, die er mit der Lehre Christi gleichsetzte.[21]

Die Durchdringung europäischer Kultur durch Restbestände des Christentums war nicht die Idiosynkrasie eines Einzelnen. Aus der Geschichte jüdischer Integration in ihren politischen und gesellschaftlichen Aspekten ist klar ersichtlich, daß die Idee allgemein verbreitet war. Die Freimaurer zum Beispiel machten im Prinzip die Eignung unabhängig von der Konfession des Anwärters. In der Praxis jedoch behielten die Freimaurer christliche Symbole bei, die noch aus der Vorzeit der Freimaurerei stammten. Obgleich diese nicht dazu bestimmt waren, den Juden auszuschließen, waren sie dennoch ein Hindernis für ihn, wenn er seiner religiösen Tradition gegenüber nicht völlig gefühllos geworden war.[22]

Die Verbindung von Gesellschaft und Christentum brachte Probleme mit sich, wann immer Juden einer sozialen Einheit angehören wollten, die größere Einheit des Staates nicht ausgeschlossen. Wenn immer sich der Staat als „christlich“ bezeichnet, weil die Bevölkerungsmehrheit dieser Religion angehört oder wegen seiner historischen Verbindung mit dem Christentum oder aus irgendeinem anderen Grund, so schließt diese Definition die Juden automatisch aus. In den frühen Stadien der

Integration, die hier behandelt wird, tauchten solche Einwände nur gelegentlich auf und waren von geringer Wirkung, da ihnen eine systematische Argumentation fehlte.

Der protestantische Prediger Schwager, ein Teilnehmer an der Dohm-Kontroverse, erklärte seinem Gegner, „solange unser Staat noch ein christlicher Staat bleiben wird und soll", muß man die Juden in mancher Hinsicht einschränken. Der gelehrte Orientalist Johann David Michaelis war gegen die Anstellung von Juden als Staatsbeamte mit der Begründung, dies müsse das Vorrecht derer bleiben, die der Religion der Mehrheit angehörten.[23] Einer der Teilnehmer an dem Symposium von Metz, ein katholischer Priester, erlaubte sich sogar zu erklären, daß jede Verbesserung, die der Staat im Status der Juden einführte, die Kirche um einen bewährten christlichen Wahrheitsbeweis bringen würde, nämlich um die ewige Niederlage und Verwerfung ihrer Feinde, der Juden.[24] Das war natürlich nur eine Wiederholung mittelalterlicher Theorien, die zu dieser Zeit schon deutlich im Schwinden waren. Sogar die weniger verletzende Forderung von Schwager und Michaelis, der Staat müsse mit der christlichen Religion rechnen, widersprach der allgemeinen Denkweise. Dohms Kommentar zu Schwagers Bemerkung: „Diese Benennung, christliche, mohammedanische Staaten, so gemein sie auch ist, scheint mir doch den richtigen Begriffen von der Natur der bürgerlichen Gesellschaft widersprechend. Diese kann mehrere religiöse Gruppen umfassen ..., aber keine derselben gehört zum Wesen des Staates."[25]

Zweifellos sprach Dohm hier im Sinne seiner Zeitgenossen. Die Säkularisierung des Staates war eines der höchsten Prinzipien der Aufklärung, das schließlich zur Akzeptierung der Juden als Staatsbürger führte. Später allerdings, im 19. Jahrhundert, entstand die Idee eines christlichen Staates von neuem und diente – gestützt auf philosophische Argumentation – als Abschreckung gegen die volle Emanzipation der Juden.[26] Aber das ist eine spätere Geschichte. In der Zeitspanne, mit der wir uns befassen – in den letzten Jahrzehnten des 18. und dem Anfang des 19. Jahrhunderts – war die Idee eines weltlichen Staates im Wachsen begriffen. Die meisten Gegner der Juden waren gewillt, das Prinzip anzuerkennen. Einer der ersten und radikalsten Gegner jüdischer Aspirationen, Friedrich Traugott Hartmann, beginnt seine These zum Thema Juden mit folgenden Worten:

„Hundert verschiedene Religionen und Sekten, wie man sie nennen will, können also in einem Staate beisammen wohnen und Glieder desselben ausmachen, ohne daß ihre besonderen Meinungen sie hindern, gute Bürger zu sein, oder sie aufhalten, alle die physischen und moralischen Schuldigkeiten zu erfüllen, welche zur Harmonie, zur Erhaltung und zur Erweiterung des Ganzen notwendig sind.“[27]

Aber auch diejenigen, die nicht auf die völlige Gleichgültigkeit des Staates gegenüber religiösen Angelegenheiten pochten, widersetzten sich der Forderung im Namen der Religion, sie sei dazu berufen, die Geschicke des Staates zu lenken. Das Wohl des Staates und die Wahrnehmung seiner Interessen müsse das einzige Kriterium für die Entscheidungen der Regierung sein. Doch war es genau dieser Standpunkt, der die Juden benachteiligte, da behauptet wurde, die Akzeptierung von Juden als Staatsbürger würde den Interessen von Staat und Gesellschaft entgegenwirken. Auf diese Weise wurden die Juden vom Prinzip religiöser Toleranz ausgeschlossen, das die Teilnehmer – wenigstens in abstracto – aufrechterhielten.

Die Kritik an den Juden und dem Judentum, die zur Verweigerung ihrer Bürgerrechte führte, war von verschiedenartiger Strenge und unterschied sich auch in ihrer ideologischen Rechtfertigung. Die erste Zurückweisung kam von dem Gelehrten, den wir bereits vorgestellt haben, Johann David Michaelis aus Göttingen, einem Experten für jüdische Angelegenheiten. Sein Ruf beruhte auf seinem Werk *Mosaisches Recht* und auf seinen Beiträgen in der Zeitschrift *Orientalische und exegetische Bibliothek,* deren Herausgeber er war.[28] In dieser Zeitschrift hatte er wiederholt zu aktuellen Fragen Stellung genommen. Hier hatte er auch seine Rezension von Dohms Buch veröffentlicht, wobei er eine gewisse Sympathie für die Not der Juden ausdrückte, jedoch den eigentlichen Vorschlag zur Linderung ablehnte. Michaelis erklärte, die Juden seien als Staatsbürger ungeeignet, und behauptete, daß ihre religiösen Vorschriften sie daran hinderten, sich jemals mit einer anderen Nation zu vermischen oder ihren Verpflichtungen dem Staat gegenüber nachzukommen. „Solange die Juden Moses' Gesetze halten, solange sie zum Beispiel nicht mit uns zusammen speisen und bei Mahlzeiten oder der Niedrige im Bierkrug vertrauliche Freundschaft machen können, werden sie (von Einzelnen rede ich nicht, sondern von dem größten

Teil), nie mit uns so zusammenschmelzen, wie Katholiken und Lutheraner, Deutsche, Wende und Franzose, die in einem Staat leben." So schließen die Speisevorschriften schon eine Fraternisierung und Vermischung aus. Diese Vorschriften sowie die Einhaltung des Sabbat würde die Juden daran hindern, in Kriegszeiten der Verteidigungspflicht des Bürgers nachzukommen. Denn wie kann ein Jude Militärdienst leisten, wenn er das Essen der Soldaten nicht zu sich nehmen darf und aus religiösen Gründen am Sabbat jede Arbeit niederlegen muß? Michaelis wußte, daß es auch Juden gab, die die Vorschriften ihrer Religion nicht befolgten, „die bloß dem Namen und der Geburt nach Juden sind, von der jüdischen Religion aber nichts glauben, wie man sie nennt, Deisten, aber auch vielleicht das nicht sind" – doch Michaelis wünschte nicht, daß sich dieser Typus vermehrte, und glaubte auch nicht, er würde an die Stelle des gläubigen traditionsgebundenen Juden treten. Es war die strenge Einhaltung der Gesetze, die die Juden über 1700 Jahre in der Diaspora als separates Volk erhielt im Gegensatz zu dem, was man bei anderen Völkern beobachten konnte.[29] Michaelis glaubt, daß diese Situation auch weiterbestehen wird, und schließt daraus, daß die Juden weder fähig noch berechtigt sind, Staatsbürger eines nichtjüdischen Staates zu werden.

Eine andere Überlegung führt Michaelis zu derselben Schlußfolgerung – Juden werden niamals imstande sein, das Land in dem sie leben, für mehr als nur einen zeitweiligen Wohnort anzusehen, den sie, wie sie hoffen, eines Tages verlassen werden, um zu ihrer großen Freude nach Palästina zurückzukehren. „Ein Volk, das solche Hoffnungen hat, wird nie völlig einheimisch, hat wenigstens nicht die patriotische Liebe zum väterlichen Akker."[30] Es sei hier daran erinnert, daß 120 Jahre früher, als die Juden an Cromwell appellierten, ihnen die Rückkehr nach England zu gestatten, ihr Sprecher, Rabbi Menasseh Ben Israel, argumentierte, daß sich das jüdische Volk nach biblischer Verheißung in alle Welt zerstreuen müsse bis zum Zeitalter der Erlösung, das die Wiedergeburt der Menschheit einleiten würde.[31] Der Messianismus stand in keinem Gegensatz zu den jüdischen Ansprüchen, im Gegenteil, er konnte als Argumentation zugunsten der Juden gebraucht werden. Aber die Zeiten änderten sich und mit ihnen auch die Art der jüdischen Ansprüche. Jüdische Aspirationen hatten sich von bloßer Aufenthaltserlaubnis zur

Naturalisierung gesteigert, das heißt zum Wunsch, ständige und vollberechtigte Bürger zu werden. Darauf erfolgte der Einwand, ohne festen und undisputierten Anschluß an den gewählten Heimatort könne es keine Staatsbürgerschaft geben. Man war der Ansicht, daß die messianische Verheißung einer Rückkehr nach Palästina im Widerspruch zu der erforderlichen Loyalität stand. In der Tat wurde dieser mögliche Interessenkonflikt – der Wunsch nach Einbürgerung gegenüber dem messianischen Glauben – gerne aufgegriffen als wichtiges Argument gegen die jüdischen Forderungen.[32] Typischerweise begann man dieses Argument erst anzuwenden, als die Staatsbürgerschaft der Juden ernsthaft erwogen wurde.

Die Unvereinbarkeit von Bürgerpflicht und patriotischen Gefühlen einerseits und den Vorschriften und der messianischen Doktrin in der jüdischen Religion andererseits berührten ein grundsätzliches Prinzip. Dem fügte Michaelis noch ein paar Einwendungen praktischer Natur hinzu. Würde die Naturalisierung der Juden nicht die Anzahl der Arbeitslosen künstlich vergrößern, zum Nachteil der ärmeren Bevölkerungsschichten? Darüber hinaus würde die Anzahl jüdischer Bettler, Vagabunden und Nichtsnutze, die nach der Schätzung von Michaelis die der deutschen im Verhältnis 25:1 übertraf, das Leben der Bürger unerträglich machen. Michaelis gab Dohm gegenüber zu, daß die lockere Moral armer Juden weder einer natürlichen Neigung noch den Gesetzen des Judentums entstammte. In diesem und anderen Punkten wies Michaelis den antijüdischen Standpunkt zurück, der von Eisenmenger in seinem *Entdecktes Judentum* vertreten war. Michaelis schrieb das fehlerhafte Verhalten der Juden ihrer sozialen Not zu. Den Wohlhabenden unter ihnen konnte man kein mangelhaftes sittliches Verhalten nachsagen, und sie standen seiner Erfahrung nach auf gleicher Stufe wie ihre christlichen Nachbarn. Eine Verbesserung der sozialen Bedingungen armer Juden würde auch eine Hebung ihres moralischen Standards nach sich ziehen. Doch sah Michaelis eine solche Verbesserung bestenfalls als einen langsamen Vorgang an, und mittlerweile würde die Freiheit, die eine Naturalisierung mit sich brächte, die unerwünschten Elemente unter den Juden dazu verführen, die Situation für ihre Zwecke auszunutzen. Eine Verbesserung in der Situation der Juden wäre darum nur auf Kosten der Nichtjuden möglich.[33] Da nun die Rechte der einheimischen

Nichtjuden unantastbar, während die der fremden Juden fragwürdig waren, wollte Michaelis die ersteren nicht benachteiligen, nur um den Juden einen Vorteil zu verschaffen.

Michaelis war einer der ersten, wie auch einer der prominentesten Rationalisten in Deutschland. 1717 geboren, gehörte er einer Generation an, für die die Aufklärung ein Mittel zur rationalistischen Erklärung verschiedener Erscheinungen darstellte und nicht ein Instrument zur Änderung sozialer oder politischer Realität. Wie seine Argumentation gegen Dohms Vorschläge beweist, betrachtete er die bestehenden sozialen Zustände, wie auch die Struktur der gesamten Gesellschaft als beständig, bei denen keine Veränderung zu erwarten war. In gleicher Weise sah er den Typus des traditionellen Juden als nicht wandlungsfähig an und als direktes Produkt fester religiöser Lehren und Handlungen. Die vorgeschlagenen Änderungen im Status der Juden in Staat und Gesellschaft erschienen ihm als normwidrige Abweichung, die eine widersinnige Situation herbeiführen würde. Kein Wunder, daß er sich dem widersetzte. Sein Vorurteil gegen Juden spielte dabei nur eine untergeordnete Rolle.

Anders war es bei Friedrich Traugott Hartmann, der die Meinung vertrat, dem Staat müsse die Religion seiner Bürger gleichgültig sein. Die jüdische Religion dagegen bildete seiner Ansicht nach eine eindeutige und gerechtfertigte Ausnahme. Hartmanns Gründe, den Juden die Staatsbürgerschaft vorzuenthalten, waren zum Teil identisch mit denen von Michaelis, dessen Veröffentlichungen er wahrscheinlich kannte. Doch Hartmann, dem alles Jüdische zuwider war, fand zusätzliche Hindernisse – teils wirkliche und teils eingebildete –, die den Juden die Integration in die nichtjüdische Gesellschaft erschweren würden. Juden würden nicht fähig sein, ihre Verpflichtungen der Stadt gegenüber zu erfüllen oder auch nur den Aufgaben eines gewöhnlichen Bürgers nachzukommen. Ihre Religion würde die Juden nicht nur daran hindern, Soldaten zu werden, sondern auch Bauern und Handwerker. Der Zeitverlust an jüdischen Feiertagen – deren Zahl Hartmann bis ins Lächerliche übertrieb – und das strenge Arbeitsverbot am Sabbat würden es den Juden unmöglich machen, diese Berufe auszuüben. Da der Wohlstand eines Bauern oder Handwerkers von gegenseitiger Hilfe zwischen Nachbarn und Verwandten abhing, würden die Juden von vornherein durch religiöse Einschränkungen und die Tatsache, daß sie in der Umgebung keine Verwandtschaft hatten, behindert sein. Dohm nahm die soziale Kluft zwischen Juden und Nichtjuden nicht sehr ernst und verglich sie mit den Unterschieden, die nun mal zwischen verschiedenen Gruppen bestehen. Hartmann jedoch teilte die religionsbedingte Trennung einer speziellen Kategorie zu. „Alle Trennungen, die zwischen dem Bürger, Bauer und Adel, Städter und Landmann, Krieger und unbewaffneten Gelehrten obwalten, sind keine Trennungen, die mit den christlichen und jüdischen Trennungen zu vergleichen wären."[34]

Hartmann wiederholte natürlich die Beschuldigungen moralischer Unzuverlässigkeit, beschränkte sich dabei aber nicht auf mittellose Juden. Er schloß auch die Wohlhabenden in seine Anschuldigungen ein. Sogar Meineid gegen Nichtjuden ist unter Juden gebräuchlich, erklärte Hartmann, und er zweifelte nicht daran, daß die Anschuldigungen des notorischen Eisenmenger wohlbegründet waren.[35] Von einem Juden war keine Treue zu erwarten. Der Messianismus würde ihn stets davon abhalten, eine verbindliche Verpflichtung seinem Land gegenüber einzugehen. „Mehr braucht man nicht, um behaupten zu können, daß der größte Teil der Juden... niemals sich so einbürgern, niemals so treu dem Vaterland werden könne als andere, die keine Glaubensartikel darüber haben, fliehen zu müssen, wenn ein Betrüger die Sturmglocke läutet." Auf diese Weise wurde die Gestalt des falschen Messias heraufbeschworen, um dem Konzept des Juden als ewigem Fremden Substanz zu verleihen.

Hartmann hätte es gern gesehen, wenn alle Staatsbürger den gleichen Geist und die gleiche Mentalität bewiesen hätten. Das, so dachte er, könne dadurch erreicht werden, daß man alle Bürger den gleichen Gesetzen unterwarf. Die Juden unterstanden einem Sondersystem der rabbinischen Gerichte. Für dieses Privileg hatte sich sogar Mendelssohn eingesetzt, und Dohm hatte ihm zugestimmt. Hartmann sah in dieser separaten Rechtsinstitution eine Bestätigung seiner These, daß Juden geistig und moralisch einer anderen Gruppe angehörten.

Wie Michaelis sah auch Hartmann in der jüdischen Religion die wahre Ursache jüdischer Exklusivität und der entsprechenden Reaktion der Nichtjuden. Juden sind bei allen Völkern verhaßt und mit gutem Grund. „Niemals kann eine Gemeinde von allen Nationen gehaßt werden, wenn sie sich nicht des Hasses schuldig gemacht hätte." Da die Religion diesem Haß zugrunde liegt und die Spaltung zwischen Juden und Christen verursacht, kann nur die Beseitigung der Ursache Abhilfe schaffen. Hartmann, der weit davon entfernt war, im dogmatischen oder kirchlichen Sinne des Wortes ein Christ zu sein, befürwortet nichtsdestoweniger die Konversion zum Christentum – nicht so sehr, weil er die Konversion als solche für wichtig hielt, sondern wegen der politischen und gesellschaftlichen Anpassung, die sie mit sich brachte. „Es kommt hier nicht auf die Taufe, sondern darauf an, daß der Jude, indem er sagt, tauft mich, zu gleicher Zeit sagt: ich gehorche den Landesgesetzen, ich unterwerfe mich den Einrichtungen, die ihr zum Besten des Staates gemacht habt."[36] Hier wird zum erstenmal die Bekehrung des Juden zum Christentum gefordert, nicht weil es der wahre Glaube ist, sondern wegen der politischen und sozialen Nebenprodukte, die dabei abfallen würden.

Noch mehr wird die jüdische Religion in der Beschreibung von Johann Heinrich Schulz verworfen, dem Atheisten, der sich berechtigt fühlte, die Juden von den Vorteilen der allgemeinen Toleranz auszuschließen, weil er die jüdische Religion für ein Musterbeispiel von Intoleranz hielt. Schulz erbrachte den – historisch richtigen – Beweis dafür, daß die alten polytheistischen Völker keine religiöse Intoleranz kannten, und beschuldigte die Juden, sie in der Geschichte der Menschheit eingeführt zu haben. Das ist die Folge der jüdischen Wahnvorstellung, die Juden seien das auserwählte Volk Gottes. Dies führte wiederum zu dem biblischen Gebot, sich nicht mit anderen Völkern anzufreunden, sondern sich als Volk abzusondern, andere Völker als minderwertig anzusehen und sie aus diesem Grund zu verachten. Dieser Glaube machte die Juden in den Augen aller Völker verdächtig, und die verschiedenen Maßnahmen, die man gegen sie ergriff, erfüllten den Zweck berechtigter Selbstverteidigung. Es bestehe kein Grund, diese Maßnahmen aufzugeben, solange die Juden der Gegenwart nachdrücklich darauf bestehen, die Scheidewand, die ihre Religion zwischen ihnen und anderen Völkern errichtet hat, unverändert beizubehalten. Es sei unmöglich, unter den anderen Bürgern des Staates Vertrauen zu den Juden zu erwecken und die Bereitschaft, den Söhnen Jakobs gleiche gesellschaftliche Rechte und Vorteile zuzusprechen.[37]

Es war natürlich nicht die ursprüngliche Erfindung dieser

Schriftsteller, den Juden und seinen Glauben auf diese abstoßende und bedrohliche Art vor den Augen der Nichtjuden darzustellen. Man stützte sich dabei auf eine althergebrachte Tradition. Historische Analyse kann gewisse Elemente dieser Schablone bis zur Entstehung des Christentums und sogar bis zu vorchristlichen Zeiten zurückverfolgen. Für unsere Zwecke genügt es, zwei Autoren zu erwähnen, in deren Werken zwei verschiedene Versionen antijüdischer Tradition zum Ausdruck kamen. Einer von diesen war Johann Andreas Eisenmenger, dessen Buch *Entdecktes Judenthum* – gedruckt im Jahre 1700[38] – eine Fülle von Zitaten aus post-biblischen jüdischen Quellen enthielt, die jüdische Meinungen und Ansichten zu allen möglichen Themen widerspiegelten, insbesondere aber die jüdische Haltung gegenüber den Völkern anderen Ursprungs und anderer Religionen. Es war Eisenmengers Absicht, aufzuzeigen, daß die jüdische Religion, wie sie die Rabbiner interpretierten, engstirnig, intolerant und unmoralisch war. Seine Zitate sollten beweisen, daß die Rabbiner dem Juden erlaubten, den Nichtjuden zu belügen, zu übervorteilen und ihn sogar zu töten. Darüber hinaus versuchte er den Beweis anzutreten, daß die Rabbiner den Nichtjuden nicht einmal als Menschen betrachteten. Eisenmenger war ein Mann von ungeheurer Belesenheit. Nur sehr selten mißverstand er seine hebräischen und aramäischen Quellen, doch verzerrte und mißdeutete er sie fast dauernd. Eisenmengers Interpretierungsmethode war weder die des Historikers noch die scholastisch-juristische, die von den Rabbinern angewendet wurde, sondern eine Art Zerrbild der letzteren. Auf diese Weise waren seine Schlußfolgerungen nur selten identisch mit denen, die ein Jude denselben Quellen entnahm. Dennoch waren die Leser von Eisenmengers Gelehrsamkeit derart beeindruckt, daß sie seine Aussagen akzeptierten. Sein Buch trug mehr als jeder andere Faktor dazu bei, das widerwärtige Image des Juden und des Judentums aufrechtzuerhalten – trotz der Proteste und Berichtigungen qualifizierter Experten. Michaelis, der ein nicht weniger kompetenter Orientalist war als Eisenmenger, durchschaute dessen Behauptungen und erklärte, man könne bei Anwendung einer ähnlichen Methode an christlichen Quellen genausogut ein Buch unter dem Titel *Entdecktes Christentum* schreiben.[39] Doch Hartmann, der wohl kaum kompetent war, Stellung zu nehmen, zitierte Eisenmenger mit Bewunderung.[40] Hartmann hatte nichts von dem christlichen Eifer Eisenmengers, der es sich zum Ziel gesetzt hatte, die Juden schließlich von der Abwegigkeit ihrer Religion zu überzeugen und sie zu bewegen, die jüdische Religion zugunsten des Christentums abzulegen.[41] Sowohl die emotionellen wie auch die intellektuellen Elemente von Eisenmengers These beeinflußten die Menschen noch lange, nachdem die theologischen Konzepte, auf denen sie beruhte, ihre Wirkungskraft verloren hatten.

Der zweite Autor, der die antijüdischen Neigungen der Integrationsgegner nährte – obgleich mit Argumenten anderer Art –, war Voltaire. Im Gegensatz zu Eisenmenger schöpfte Voltaire sein Beweismaterial für die unmenschlichen Tendenzen der jüdischen Religion nicht aus den Schriften der Rabbiner, sondern direkt aus dem Alten Testament.[42] Nicht ohne guten Grund hat man behauptet, daß Voltaires Angriffe auf die Bibel nicht so sehr das Judentum zum Ziel hatten wie die Zerstörung des Christentums.[43] Wenn er den Glauben an die Wahrheit der biblischen Überlieferungen erschüttern konnte, würde er damit das Vertrauen in die Berichte, auf denen die Macht der Kirche beruhte, untergraben. Wenn man gleichermaßen die Unmoral biblischer Gestalten – und sogar eines biblischen Gottes – anschaulich machen konnte, wäre damit die ganze Idee einer übernatürlichen Offenbarung diskreditiert. Doch obgleich Voltaires antichristliche Absichten völlig klar sind, so sind seine antijüdischen Ausfälle keineswegs nur ein Nebenprodukt seines Kampfes gegen die Kirche. Die Schmähung des jüdischen Charakters – ganz gleich, ob der Angriffspunkt nun biblische oder zeitgenössische Figuren waren – entwickelte sich zum Selbstzweck. Die Frage, ob Voltaires antijüdische Gefühle von eigenen Erfahrungen oder einer Idiosynkrasie bestimmt wurden, ist von Historikern vielfach diskutiert worden, ist aber nicht von großer Bedeutung. Ganz zweifellos entsprangen seine antijüdischen Neigungen zum großen Teil der philosophischen Schule des rationalistischen Deismus, der er angehörte.[44] Der Deismus wies ganz entschieden jede Religion zurück, die auf Offenbarung, Ritualen und Zeremonien beruhte. All diese wurden als Aberglaube abgetan. Das biblische Judentum konnte leicht als Prototyp dieser Art von Religion angesehen und mit der Verachtung, die man dem Aberglauben zollte, behandelt werden. Als Angriffsziel wählte man nicht so sehr das rabbinische wie das biblische Judentum, so daß das Christentum ebenfalls betroffen war. Doch wurde das rabbinische Judentum, wie es die zeitgenössischen Juden praktizierten, nicht weniger verächtlich gemacht. Der Groll gegen das rabbinische Judentum wurde von zwei Quellen genährt: Als ehemaliger Schüler der Jesuiten rechtfertigte Voltaire seine Verachtung für das Judentum wahrscheinlich mit Hilfe der herkömmlichen christlichen Doktrinen. Diese waren jetzt gestärkt und gerechtfertigt durch den rationalistischen Deismus. Zwar zeigten nicht alle Deisten diese antijüdische Neigung, die auf einer rationalistischen Philosophie basierte; manche von ihnen, wie zum Beispiel John Toland, wurden ganz im Gegenteil nicht nur zu Verteidigern der zeitgenössischen Juden, sondern nahmen auch das historische Judentum in Schutz, während sie das Christentum streng kritisierten.[45]

Die Hauptströmung deistischen Denkens war jedoch die, die von Voltaire vertreten wurde und zugleich mit dem antijüdischen Groll rationalistische Kritik auch am Christentum übte. Die biblische Geschichte eines unterentwickelten Stammes wurde als Sage erklärt, die dessen unvernünftige und primitive Bräuche aufzeigte, die wiederum zu der jüdischen Haltung von Absonderung und Mißachtung der Rechte anderer führte. Denn die Juden, so sagte man, seien von einer fanatischen Stammesgesinnung besessen, die sich in der biblischen Geschichte zeigte und die im Lichte humanistischer Philosophie in immer stärkerem Maße Verachtung herausforderte. Rationalistische Kritiker des Judentums entdeckten in den Schriften der Klassiker eine Quelle antijüdischer Beurteilung. Cicero, Tacitus und andere hatten den Juden Engstirnigkeit, Fanatismus und Unmenschlichkeit allen gegenüber außerhalb ihres eigenen Volkes vorgeworfen.[46] Die Rationalisten des 18. Jahrhunderts faßten all diese Quellen zusammen und wendeten sie rücksichtslos an, solange es ihren ideologischen Zielen dienlich war.

Die polemische Literatur, die aus der öffentlichen Debatte über den künftigen Status der Juden erwuchs, spiegelte die Auffassung rationalistischer, antijüdischer Schriftsteller wider. Schulz, als freimütigster Anhänger des radikalen Rationalismus, machte sich Voltaires Argumente gegen die Religion im allgemeinen und gegen das Judentum im besonderen zu eigen.[47] Hartmann stützte sich vielleicht nicht ausschließlich auf Voltaire, war jedoch zweifellos von dessen deistischen Tendenzen beeinflußt. Spuren rationalistischer Bewertung des Judentums finden sich in den Schriften all derer, die sich zu dieser Zeit gegen das Judentum stellten.

Die Gegner des Judentums begnügten sich zu diesem Zeitpunkt jedoch nicht damit, Voltaires Argumente einfach zu wiederholen. Während Voltaires Überlegungen sich oft wie historische Abhandlungen anhörten, hatten die Argumente der Disputanten, mit denen wir uns hier beschäftigen, ein klar definiertes Ziel, nämlich die Unfähigkeit und Unwürdigkeit der Juden, zu beweisen, Staatsbürger zu werden. Das erkennt man schon an der Art, in der sie ihre Argumente vorbrachten, die ganz offensichtlich ein bestimmtes Ziel verfolgten.

Daß sich eine neue Phase der antijüdischen Argumentation zu entwickeln begann, zeigt sich am besten durch das Entstehen einer neuen Losung: „Der Staat im Staate". Schulz war einer der ersten, der diesen Ausdruck den Juden gegenüber gebrauchte.[48] Der Ausdruck selbst war seinerzeit geprägt worden, um die Hugenotten in Mißkredit zu bringen, die auch nach dem Edikt von Nantes im Jahre 1598 eine festgeschlossene Gemeinschaft bildeten, nicht ohne wirkliche politische Macht. Später, als der zentralisierte Staat sich anschickte, jegliche Reste von Autonomie in verschiedenen Organisationen zu beseitigen – die Autonomie der Hugenotten wurde mit dem Widerruf des Edikts von Nantes im Jahre 1685 zerstört –, wurde dieser Ausdruck auch in bezug auf Jesuiten, Freimaurer und sogar Zünfte und Handwerkerverbände gebraucht. Zu diesem Zeitpunkt wurde er noch nicht gegen die Juden verwendet, wahrscheinlich weil sie nicht als politische Einheit angesehen wurden, obgleich sie in Gemeinden organisiert waren, die den Körperschaften nicht unähnlich waren. Sie waren keinesfalls ein Staat im Staate, sondern – bestenfalls – an der Peripherie. Als die Idee der Staatsbürgerschaft für Juden aufkam, fragte man sich, ob sie sich wohl unter der Bevölkerung verlieren oder weiterhin als ethnische und kulturelle Gesellschaftseinheit weiterbestehen und damit einen Staat im Staate bilden würden. Die Bezeichnung blieb haften. Fichte gebrauchte sie im Jahre 1793 in seiner berühmten Abhandlung über die Rechtfertigung der Französischen Revolution. Er wandte die Bezeichnung auf alle Gesellschaftseinheiten an, welche festgefügte Untergruppierungen im Staate darstellten: Die Aristokraten, die Kirche, die Armee, die Handwerkerzünfte und ganz besonders die Juden. Gegen die letzteren gebrauchte der Philosoph die Bezeichnung auf besonders herabsetzende Weise und beschrieb die Juden als einen mächtigen und feindlich gesinnten Staat, der sich im dauernden Kriegszustand mit allen anderen Staaten in Europa befindet.[49] Die Fehler, Unzulänglichkeiten und moralischen Mängel, die Fichte den Juden zur Last legt, erinnern an die Anschuldigungen von Schulz, von dem er auch den Ausdruck „Staat im Staate" übernommen hatte. Aber während Schulz, der seltsame Kauz, samt seinem Buch bald in Vergessenheit geriet, gewannen Fichtes Ausführungen über die Juden – gewissermaßen von der Autorität der Philosophie bestätigt – beständige Verbreitung. Sie wurden zu einer Art *locus classicus* in der antisemitischen Literatur.

Die erste Phase des Ringens für jüdische Emanzipation dauerte ein Dritteljahrhundert, von 1780 bis 1814 – Zeit genug, daß sich antijüdische Gefühle manifestieren konnten. Die Unvereinbarkeit jüdischer Religion und Mentalität mit staatsbürgerlichen Pflichten ist das Hauptthema der vorgebrachten Argumente. Die Gegner jüdischer Einbürgerung in der Nationalversammlung während der Französischen Revolution gebrauchten alle aktuellen Argumente gegen die Juden. Abbé Maury bezeichnete die Juden als „keine Sekte, sondern ein Volk mit eigenen Gesetzen, die es immer schon befolgt hatte und weiterhin zu befolgen wünschte". „Die Juden haben sich im Laufe von siebzehn Jahrhunderten nicht mit anderen Völkern vermischt." Er zitierte Voltaire und beschuldigte die Könige des Mittelalters, daß sie sich von ihrer Habgier verleiten ließen, die Juden aufzunehmen – zum Schaden der Nachwelt. Juden würden nicht imstande sein, beim Militär zu dienen oder in Landwirtschaft und Industrie nützliche Arbeit zu leisten. Ihre Religion und ihre Trägheit würden sie daran hindern. Die Berufe, in denen die Juden sich auszeichneten, waren Finanz und Handel, und das taten sie auf Kosten derer, die sich ihr Brot im Schweiße ihres Angesichtes verdienten.[50] Ähnliche Anschuldigungen – wenn auch vielleicht weniger demagogisch formuliert – wurden bei den Beratungen von 1806–1808 in Frankreich vorgebracht, als Napoleon den Status der Juden revidierte und die Bürgerrechte, die man ihnen während der Revolution zugesprochen hatte, beschnitt. Der Ausdruck „état dans l'état" taucht wieder in einem Artikel von Louis Gabriel Ambroise de Bonald auf, und zwar im *Mercure de*

France im Februar 1806, der die Gründe für die Unfähigkeit der Juden in einem christlichen Staat, volle Bürgerrechte zu genießen, zusammenfaßt.[51] De Bonald verband die traditionellen christlichen Einwände gegen die Juden mit den Überlegungen von Deisten und Rationalisten.

Ideologische Bedenken in bezug auf den jüdischen Charakter spielten bei den Erwägungen, die der Reform des Status der Juden in Preußen im Jahre 1812 vorangingen, ebenfalls eine Rolle.[52] Schon in den Jahren 1803–1805 begannen antijüdische Autoren, die eine radikale Reform im Status der Juden fürchteten, eine heftige Schmierkampagne gegen sie. Die antijüdischen Ideologien, die zwanzig Jahre früher entstanden waren, hatten sich jetzt verhärtet und sind bösartiger geworden. „Das Judenthum steht mit ihrer Einbürgerung im Widerspruch, oder vielmehr, das Judenthum zerrüttet die bürgerliche Verfassung, und ohne Nachtheil und Untergang der Bürger, können den Juden die Vorrechte derselben nicht ertheilt werden. Die wesentlichen Punkte des Judenthums untergraben die Geselligkeit, sie bewirken einen Staat im Staate, und zwecken dahin ab, den Juden die Herrschaft zu verschaffen und die übrigen Bürger zu ihren Sklaven zu machen."[53]

Im selben Jahr gab Grattenauer sein zweites Buch *Wider die Juden* heraus mit dem Untertitel *Ein Wort der Warnung an alle unsere christlichen Mitbürger*. Das Buch enthält ausgewählte Passagen aus Eisenmengers Werken zum Beweis, daß es den Juden von ihrer Religion her gestattet ist, Christen zu betrügen und zu berauben und falsche Aussage gegen sie zu machen. Die im Untertitel enthaltene Warnung war dazu bestimmt, Christen davon abzuhalten, den Juden die Einbürgerung zu gestatten.

„Aber den Juden gebt volles Bürgerrecht, grenzenlose Privilegien, unbeschränkte Konzessionen, Fabriken-Prämien, Generalpächte, Domainen-Aemter, und freies Eigenthum eures Grund und Bodens. Sie werden euch königlich belohnen, denn,
ihr werdet stehen und die Heerden der Juden weiden;
eure Söhne und Töchter werden der Juden Knechte und Mägde seyn;
ihr werdet im Schweiße eures Angesichts arbeiten,
aber das *erwählte Volk Gottes* wird die Früchte genießen, und herrlich leben!!

So steht geschrieben die Weissagung im Talmud; es geschehe also,
daß bei Ehren bleiben die Orakel der Rabbinen."[54]

In Grattenauers zweitem Buch erreicht die antijüdische Agitation den Gipfel der Vulgarität. Wahrscheinlich waren nur wenige bereit, ihm soweit zu folgen. Aber eine grundlegende antijüdische Haltung war recht allgemein. Sie durchdrang die Reihen hoher preußischer Staatsbeamter, die die geplante Reform verzögerten, die seit Mendelssohns Tod am Ende der Regierung Friedrichs II. im Jahre 1786 im Gespräch war. Baron Schroetter, der 1804 dem preußischen Kabinett angehörte, lehnte sich auf, als gewisse Juden Beschwerden vorbrachten, da er sie für wirtschaftlich schädlich und moralisch hemmungslos hielt, weil das größte Kapital sich in den Händen der Juden befand und den Juden alle Mittel recht zu sein schienen, um ihr Ziel zu erreichen.[55] Abwertende Meinungen wie diese wurden oft während der Beratungen über eine Reform des Status der Juden in hohen Beamtenkreisen laut, und auch die Befürworter der Reform, denen es schließlich gelang, sie durchzuführen, hegten gewisse Bedenken.[56]

Die grundlegenden Meinungsverschiedenheiten zwischen den Befürwortern der Reform und ihren Gegnern lagen nicht in der Bewertung des jüdischen Charakters, über den sie sich mehr oder weniger einig waren. Es handelte sich um die Zukunft. Die niederschmetternden politischen Ereignisse – Preußens Niederlage gegen die französische Armee im Jahre 1806 – erweckten einen Reform- und Revisionsgeist, der auch eine optimistischere Beurteilung der Judenfrage durchaus zuließ. Im Jahre 1808 gab Schroetter nochmals eine unschmeichelhafte Beschreibung der Juden: „Da nun die Tendenz aller ihrer Geistes-Anlagen, der Handel und der Zweck desselben das Geld ist; da beydes vom ersten bis zum letzten, das heißt, vom reichsten bis zum ärmsten National-Sache geworden ..." Doch die Schlußfolgerung, die auf dieser Charakterbeschreibung basierte, war jetzt, daß man dem Juden eine neue Verfassung geben mußte, um ihr Nationalgefühl zu unterminieren, es zu zerstören und sie auf diese Weise dazu zu bewegen, nicht länger einen „Staat im Staate" anzustreben.[57] Dies ist eine gröbere Version der Zukunftsvorstellung, die Wilhelm von Humboldt seinen Vorschlägen für uneingeschränkte Emanzipation beifügte.[58] Im Hintergrund beider Konzeptionen lauert die unheimliche Gestalt des Juden, wie er seit Jahrhunderten in der Vorstellung des Volkes lebte. Die Analyse des Integrationsprozesses zeigt, daß diese widerwärtige Vorstellung den Juden bei seinem Eintritt in die europäische Gesellschaft, auf dem Weg über politische und gesellschaftliche Reform, begleitete.

Siebentes Kapitel

Die flüchtigen Randgestalten

Der Widerstand des konservativen Nichtjuden gegen jüdische Integration drohte den Optimismus zu dämpfen, der in den Vorstellungen der Zukunft bei aufgeklärten Juden und Nichtjuden zum Ausdruck kam. Allerdings war die Befürwortung jüdischer Gleichstellung und Integration mehr im Einklang mit dem Geist der Zeit, als das eigensinnige Festhalten an den Standpunkt, die Juden seien für immer zur Unzulänglichkeit und zum Ausschluß verdammt. Andererseits enthielten die optimistischen Voraussagungen bestenfalls ein Versprechen für die Zukunft, ohne den Mißständen, unter denen die Juden litten, abzuhelfen. Diese belasteten weiterhin das Leben der Juden, da die Zukunftsvorstellungen nirgends in einer Weise zum Ausdruck kamen, die einer Vorwegnahme politischer und sozialer Reformen gleichgekommen wäre. Sogar dort, wo man ihnen politische Ebenbürtigkeit zugestanden hatte, wie zum Beispiel in Frankreich während der Revolution, bedeutete das noch keine volle gesellschaftliche Gleichstellung, und auch politisch erlitten die Juden einen Rückschlag auf dem Höhepunkt der napoleonischen Herrschaft.[1] In anderen Ländern wurde sogar die politische Gleichberechtigung nur sehr langsam eingeführt, war nicht immer vollständig und schloß eine Gleichberechtigung auf anderen Gebieten nicht ein. Die Erwartung einer künftigen Gleichstellung war keine Entschädigung für die Mißstände der Gegenwart. Ganz im Gegenteil, einige der Sondergesetze, die die Juden betrafen – wie beispielsweise der „Leibzoll", den ein Jude entrichten mußte, wenn er von einem Land zum anderen reiste, und die „kollektive Verantwortung", wo die Gemeinde für die Entrichtung der Steuern zu sorgen hatte, sowie von Schulden von Gemeindemitgliedern, die Bankrott gemacht hatten[2] – empörten die Juden nicht nur wegen der finanziellen Bürde, die sie darstellten, sondern wegen des Stigmas, das ihnen anhaftete. Diese Gesetze symbolisierten den außergewöhnlichen und minderwertigen Status der Juden. Solange die traditionellen Begriffe vom Los der Juden vorherrschten, akzeptierte man diese Härten als einen Teil der Last, die die Juden im Exil zu tragen hatten. Mit dem Entstehen von Zukunftsvorstellungen und den Erwartungen und Neubewertungen, die sie mit sich brachten, verschwand die ideologische Grundlage und Rechtfertigung für diese Übel, die jetzt – zusammen mit anderen ärgerlichen Umständen, die einen Teil der jüdischen Existenz ausmachten – unerträglich erschienen.

Der einzelne Jude hatte jedoch die Möglichkeit, sich von der mißlichen jüdischen Lage zu befreien – und zwar indem er einer der drei christlichen Kirchen beitrat. Es ist ein cahrakteristischer Zug dieser Zeit, daß mancher Jude diese Lösung anstrebte.

Wie bereits erwähnt, waren Bekehrungen zum Christentum auch in der Traditionsgesellschaft nicht beispiellos. Doch zu dieser Zeit waren die Konvertiten hauptsächlich Einzelpersonen auf niedriger sozialer und kultureller Ebene.[3] Diese Art von Bekehrung gab es auch während der Übergangsperiode. Das *Institutum Judaicum* in Halle[4] stellt im Jahre 1791 seine Arbeit ein. Doch die missionarische Einstellung sogar von führenden Persönlichkeiten der christlichen – wenn auch aufgeklärten – Gesellschaft änderte sich damit nicht. Mit Sicherheit blieb sie bei den unteren Rängen des Klerus bestehen, die glaubten, sie täten nur ihre Pflicht, wenn sie bei jeder sich bietenden Gelegenheit jüdische Seelen retteten. Aus dem aufgeklärten Berlin – allerdings schon unter der Herrschaft des Nachfolgers Friedrichs des Großen – stammt ein Bericht über die Bekehrung von drei jüdischen Schwestern im Alter von acht, zehn und zwölf Jahren, die unter Mitwirkung hoher Würdenträger der lutheranischen und reformierten Kirchen und unter königlicher Schirmherrschaft getauft worden waren. Nach dem halboffiziellen Bericht hatten die Mädchen die Geschichte Jesu von christlichen Kindern gehört und waren davon so beeindruckt, daß sie darauf bestanden, getauft zu werden. Da die Kinder noch minderjährig waren und die Eltern – anscheinend arme Juden – gegen die Taufe protestierten, ist der Verdacht vielleicht nicht unbegründet, daß die Taufe das Werk eines übereifrigen Missionars war.[5]

Die Behörden im portestantischen Berlin, wie auch im katholischen Wien, mußten sich mit ähnlichen Fällen befassen, da durch die Taufe von Kindern ohne elterliche Zustimmung heikle Probleme rechtlicher und ekklesiastischer Natur entstanden. Zum Beispiel das Problem, in welchem Alter der Beschluß eines

Kindes als verantwortlich und rechtlich gültig angesehen werden konnte. Die glaubenseifrige Kaiserin Maria Theresia entschied sich dafür, den Beschluß eines siebenjährigen Kindes zu akzeptieren, das den christlichen Glauben annehmen wollte, doch ihr fortschrittlicher Sohn, Joseph II., machte zur Bedingung, daß derjenige, der die Absicht hatte zu konvertieren, mindestens achtzehn Jahre alt sein müsse. Es gab Meinungsverschiedenheiten, wie sich die Behörden jenen gegenüber verhalten sollten, deren Wunsch nach Bekehrung offensichtlich auf eigennützigen Motiven beruhte. Schwangere jüdische Dienstmädchen, die ihren Liebhaber heiraten wollten, und Studenten und Händler ohne Lizenz, denen die Ausweisung drohte, waren oftmals Kandidaten für die Taufe und stießen kaum auf Widerstand seitens des Klerus. Die Behörden jedoch hielten Ausschau nach denen, die auf diese Weise das Gesetz zu umgehen versuchten.[6]

Solche Konvertiten waren jedoch nicht typisch für dieses Zeitalter. Um die hervorstechenden Merkmale typischer Konvertiten zu bestimmen, ist es erforderlich, dem Bekehrungsvorgang sowie dessen Motivation und Rechtfertigung nachzugehen. Zu Zeiten der Tradition bedeutete die Bekehrung – ganz gleich ob echt oder aus vorgetäuschten Motiven – einen sofortigen Übertritt von einer Gruppenzugehörigkeit zur anderen. Mag auch der psychologische Prozeß, der zu dem Entschluß führte, langsam und kumulativ gewesen sein, die Ausführung mußte ganz abrupt vor sich gehen. Was die Rechtfertigung betrifft, mußte sie immer in Begriffen von christlicher Theologie dargestellt werden. Wenn echt, bedeutete die Bekehrung, daß der Jude von der Wahrheit des Christentums überzeugt war. Wenn vorgetäuscht, mußte der Konvertit so tun, als sei er überzeugt. Es gibt eine ganze Menge von literarischen Zeugnissen aus dem Jahrhundert vor der Aufklärung, in der jüdische Konvertiten die Geschichte ihrer Bekehrung erzählen.[7] Manche dieser Geschichten scheinen echt zu sein, andere tragen alle Anzeichen der Heuchelei.[8] In diesen Bekenntnissen sprachen die Autoren stets die Überzeugung aus, der Messias, von dem die Propheten der Hebräer gesprochen hatten, sei Jesus von Nazareth gewesen. Christen erwarteten von dem bekehrten Juden, sich zu den Grundlehren des Christentums zu bekennen, was dieser entweder tat oder zu tun vorgab. Dieses Glaubensbekenntnis machte ihn zum Christen und trennte ihn vom Schoß der jüdischen Gemeinschaft.

Es ist ein Merkmal der neuen Ära, daß man von dem jüdischen Konvertiten nicht länger erwartete, die Wahrheit der zentralen christlichen Glaubensgrundsätze einzusehen. Aufgeklärte Christen wie Hartmann und Humboldt sahen den Übertritt eines Juden zum Christentum entweder als Bedingung für seine Integration an oder als Resultat derselben.[9] Diese aufgeklärten Nichtjuden rechneten nicht einmal damit, daß die Juden von den christlichen Dogmen überzeugt waren. Sie selbst betrachteten sich weniger als Christen, weil sie an die christlichen Dogmen glaubten, sondern eher weil sie das Christentum als den historischen und kulturellen Faktor ansahen, der ihr intellektuelles und moralisches Leben gestaltet hatte. Die Juden, so glaubten sie, würden im Laufe der Zeit eine ähnliche Haltung annehmen.

Diese Verschiebung von den theologischen Wahrheiten des Christentums zu seinem allgemeinen kulturellen und moralischen Inhalt ist bezeichnend für die gesamte Geschichte der Aufklärung. Kein Wunder, daß sich das auch in bezug auf den jüdischen Konvertiten zeigte. Ein Beispiel dafür ist Moses Mendelssohn, der – wie man weiß – zweimal öffentlich aufgefordert wurde, sich zu bekehren. Die erste Aufforderung kam von Johann Caspar Lavater im Jahre 1770. Lavater verband seine Begeisterung für das tausendjährige christliche Reich mit dem Geist der Aufklärung. Nach weitverbreiteter Annahme war das Kommen des tausendjährigen Reiches abhängig von der „Rückkehr der Juden", das heißt von ihrer Bekehrung zum Christentum. Historiker haben die Vermutung aufgestellt, Lavater suchte Mendelssohn, den führenden jüdischen Philosophen in Berlin, nicht nur deshalb zu bekehren, um einen wichtigen Proselyten zu gewinnen, sondern um den Prozeß der Konversion sämtlicher Juden in Bewegung zu setzen, was wiederum weltweite Auswirkungen haben würde.[10] Für unsere Zwecke ist es jedoch wichtiger zu prüfen, mit welchen Mitteln er Mendelssohn zu überzeugen hoffte. Wie bereits in einem früheren Kapitel erwähnt, widmete er Mendelssohn die Übersetzung des Buches *La Palingénésie Philosophique* von Charles Bonnet. Dieses Buch war eine moderne Apologetik des Christentums, die den Beweis für die Wahrheit christlicher Lehren auf Befunden der Biologie und anderer Naturwissenschaften aufbaute, und damit den Verächtern der Religion die Waffe aus der Hand riß und sie dazu gebrauchte, Religion als solche und die christliche Religion im besonderen zu rechtfertigen. Bonnet war vertraut mit den intellektuellen Problemen seiner Zeit, doch sein Endziel war es, christliche Grundsätze zu rehabilitieren und alles, was damit zusammenhing, einschließlich der Dogmen und der irrationalen Lehren.[11] Dadurch, daß er ihm Bonnets Buch widmete, hoffte Lavater, Mendelssohns Aufmerksamkeit auf das Beweismaterial für christliche Dogmen und christliches Mysterium zu lenken.

Ganz anders waren die intellektuellen Voraussetzungen des Autors, der sich zum zweitenmal im Jahre 1782 an Mendelssohn wandte mit der Absicht, ihn zu bekehren.[12] Seine Bindung an das Christentum war formeller Art. Er war ein Vertreter des Rationalismus und sah keinen Widerspruch zwischen dieser Anschauung und dem Christentum, vorausgesetzt, das Christentum wurde richtig interpretiert. Als er daher an Mendelssohn appellierte, sein Judentum zugunsten des Christentums aufzugeben, konnte er mehr Gründe für die Aufgabe des Judentums nennen als für den Übertritt zum Christentum. Das Judentum gehörte einer primitiveren Phase religiöser Entwicklung an, wo die Anbetung Gottes noch mit unzähligen Ritualen und Zeremonien verbunden war. Die Einhaltung der äußeren religiösen Formen wurde von einer Theokratie überwacht, die von tyrannischen Priestern erschaffen worden war. Doch mit dem Verfall des jüdischen Staates zerbröckelte auch die Grundlage jüdischer Theokratie. Was jedoch andererseits in der jüdischen Religion von Wert war – „Verehrung des alleinigen Gottes, Befolgung der göttlichen, durch Moses gegebenen Gebote und Sammlung aller Völker in einer Herde unter dem allgemeinen Zepter eines durch den Mund der Propheten verkündigten Messias“[13] –, wurde vom Christentum übernommen. An anderer Stelle beschreibt der Autor das Christentum als „das Freiheitssystem des vernünftigeren Gottesdienstes“[14]. Um es kurz zu fassen, es ist eine sehr verwässerte, nur entfernt an das christliche Dogma erinnernde Version des Christentums, die man dem Juden im Austausch für sein Judentum anbot.

Man hatte die alten Erwartungen für eine endgültige Bekehrung der Juden nicht aufgegeben, sondern lediglich die traditionelle Methode, dieses Ziel zu erreichen. Die Anwerbung von Konvertiten unter den Juden nach traditioneller Manier war in Verruf geraten. Das wurde im Jahre 1790 von Wilhelm Friedrich Hezel, einem bekannten Theologen und Professor für biblische und orientalische Literatur an der Universität Gießen, deutlich ausgesprochen.[15] Hezel war ein guter Christ und glaubte an die christologische Auslegung des Alten Testaments. Doch gab er es auf, Juden von der Richtigkeit der christlichen Lesart der Heiligen Schrift überzeugen zu wollen. Aus der Geschichte christlicher Bemühungen, Juden zu bekehren, hatte er etwas gelernt: Die Ergebnisse rechtfertigten in keiner Weise den Aufwand. Daher beschloß Hezel, die Ursache zu erforschen, warum die Juden der für seine Begriffe offensichtlichen Wahrheit ablehnend gegenüberstanden. Er fand die Ursache in ihrem degenerierten literarischen Geschmack, den er ihrer Unbildung und Kulturlosigkeit zuschrieb. Daher schlug er vor, den Versuch aufzugeben, die Juden durch sinnlose Diskussionen über theologische Grundsätze und christliche Wahrheit zu überzeugen. Statt dessen sollte man den Juden die Möglichkeit geben, Bekanntschaft mit der europäischen Kultur und mit Themen, die ihren literarischen Geschmack entwickeln würden, zu machen. Dieser Bildungsvorgang würde schließlich zu dem langersehnten Ziel einer Massenbekehrung der Juden führen.[16] Umerziehung war, Hezels Meinung nach, auch die einzig vernünftige Antwort auf die Frage der bürgerlichen Verbesserung, die Dohm schon ein Jahrzehnt früher aufgeworfen hatte und über die seitdem ausführlich diskutiert worden war. Hezel gab Dohms Gegnern gegenüber zu, daß es schwere Hindernisse gab für den Eintritt der Juden in die nichtjüdische Gesellschaft. Aber sobald sie sich erst einmal soweit fortgebildet hätten, daß sie imstande seien, das Christentum zu würdigen, würde ihre Aufnahme in die Gesellschaft kein Problem mehr darstellen. Man mußte also das Ziel beibehalten, aber die Methode, es zu erreichen, radikal ändern.

Obgleich Hezels Begriffe etwas seltsam anmuten, weisen sie doch auf die Vorstellungen jener Zeit hin. Man gab die theologische Ausgangsstellung bezüglich der Bekehrung der Juden auf und konzentrierte sich auf das, was man heute kulturelle Anpassung nennen würde. Hezels Optimismus – obgleich naiv – ist symptomatisch für seine Zeit, und seine Skeptik gegenüber der theologischen Bekehrungsmethode wurde gewiß von vielen geteilt.

Die neue Methode entsprach dem Typus des Konvertiten, der jetzt in Erscheinung trat. Der Übergang vom Judentum zum

Christentum, wie auch seine ideologische Rechtfertigung, erscheinen in einem neuen Licht. Das Überwechseln von einer Gemeinschaft in die andere erscheint nun nicht mehr als gewagter Sprung über eine Kluft. Das ist in vieler Hinsicht der halbneutralen Gesellschaft zuzuschreiben, von der in Kapitel 4 die Rede war, die eine Brücke für den allmählichen Übergang von einer Gemeinschaft zur anderen errichtete. Andererseits schien auch die neue Interpretation von Christentum und Judentum im Licht eines aufgeklärten Rationalismus, den Konflikt zwischen den Lehren und Geboten der zwei Religionen abzuschwächen. Die Annahme des Christentums ließ sich viel leichter rechtfertigen, wenn die Entscheidung zum Übertritt einmal gefallen war. Die Entscheidung als solche wurde dem Konvertiten durch das vorherrschende soziale und psychologische Klima erleichtert. Die Annäherung zwischen Juden und Christen einerseits und Judentum und Christentum andererseits riß die Barrikaden nieder, hinter denen sich der Ghetto-Jude als Mitglied einer ausgeschlossenen Minderheit versteckt gehalten hatte, um der Versuchung einer Außenwelt, die der Mehrheit angehörte, zu entgehen.

Diese Welt der Mehrheit konnten natürlich auch diejenigen Juden, die noch immer hinter Ghettomauern lebten, nicht völlig ignorieren. Die Konvertiten, die vom Ghetto in die Außenwelt gezogen waren, hatten – selbst wenn sie ihren Übertritt als die Erkenntnis der Wahrheit des Christentum verstanden – in Wirklichkeit die engen Grenzen des Ghettos gegen die größere und reichere Welt des Christentums eingetauscht. Eine solche soziologische Erklärung für die Bekehrung von Juden schließt natürlich die Vorstellung eines verborgenen und langwierigen Wandlungsprozesses ein, dessen Existenz für immer eine bloße Vermutung bleiben muß.

Zur Zeit der Auflösung der traditionellen Gesellschaft und der traditionellen Werte bestand eine deutliche Verbindung zwischen den sichtbaren Verlockungen der nichtjüdischen Gesellschaft und der sich daraus ergebenden Bekehrung von Juden. Diejenigen, die der aufgeklärten jüdischen Oberschicht angehörten, wurden von dem Glanz, der Freiheit und der größeren geistigen Vielfältigkeit der christlichen Gesellschaft angezogen. Die Kinder von Hofjuden, die eine gewisse weltliche Bildung genossen hatten und die nötigen Geldmittel besaßen, sich die kostspieligen Gewohnheiten höherer Gesellschaftskreise zu eigen zu machen, konnten wahrscheinlich nicht umhin, den Widerspruch zwischen ihrem materiellen Wohlstand und ihrem niedrigen gesellschaftlichen Status zu bemerken. Die größere Kontaktfreiheit zu Nichtjuden bewirkte, daß Mischehen und Bekehrungen in diesen Kreisen immer häufiger wurden. Wenn die Begegnung mit der nichtjüdischen Gesellschaft dazu führte, daß man ihr beitrat, konnte der Konvertit diesen Schritt ohne weiteres rechtfertigen.

Es gibt einen Brief, geschrieben von einem der Söhne von Adam Arnstein in Wien, der zum Christentum übergetreten war, aber dennoch hoffte, den elterlichen Widerstand gegen diesen Schritt überwinden zu können – was an und für sich schon eine Abweichung von den traditionellen Bräuchen darstellt, nach welchen die Taufe jede Bindung zwischen dem frischgebackenen Christen und seiner jüdischen Familie für immer löst. In dem Brief, den er einige Jahre nach seiner Taufe schrieb, drückt der Schreiber die Hoffnung aus, seine Eltern würden nun endlich bereit sein, sich mit der schicksalhaften Entscheidung ihres Sohnes abzufinden. Der Schreiber versichert seinen Eltern, er hätte diesen Schritt nicht aus eigennützigen Motiven oder aus Vorliebe für eine üppige Lebensweise und auch nicht aus Neigung zum Liberatinismus getan, sondern weil er überzeugt war, „daß auf einem anderen Wege Heil und Seelenruhe" zu finden war. Der bekehrte Sohn appelliert nicht einfach an die Gefühle seiner Eltern, von denen er, nebenbei bemerkt, eine beträchtliche Erbschaft zu erwarten hatte. Er versucht vielmehr, den Geist der Toleranz heraufzubeschwören, der sich überall verbreitete, und vergißt auch nicht zu erwähnen, daß die Eltern unter dem fortschrittlichen Regime von Kaiser Joseph II. ebenfalls davon profitierten. Der Briefschreiber weist im besonderen auf das Verhalten eines seiner Brüder und seiner Schwägerin Fanny hin, deren Wiener Salon berühmt war und die sich – ungetauft – in derselben nichtjüdischen Gesellschaft bewegten und allgemein anerkannt und beliebt waren. Der Unterschied zwischen den beiden Religionen sei nicht unüberwindlich. Der Briefschreiber und seine Eltern mochten „andere Glaubensgrundsätze" haben, doch sei das kein Grund zur Entfremdung. Der Sohn zitiert sogar einen jüdischen Grundsatz: „Ihre Religion selbst, theuerste Eltern verdammt niemand auf ewig."[17]

Derartige Fetzen aufgeklärten Denkens genügten, das Gewissen des Konvertiten zu beruhigen und erlaubten ihm sogar, eine Meinung über die wünschenswerten Beziehungen zwischen den verschiedenen Konfessionen zu bilden. Andere Konvertiten entwickelten eine sogar noch weniger umständliche Ideologie, um ihren Schritt zu rechtfertigen. Sie – und besonders die Konvertitinnen – ließen sich einfach vom gesellschaftlichen Strom treiben. Karl Wilhelm Friedrich Grattenauer machte die treffende Bemerkung, daß Frauen, die Zugang zu aufgeklärter Bildung und Kultur hatten und eine gewisse Sensibilität für ihren minderwertigen Status in der Gesellschaft entwickelten, die ersten waren, die sich durch Mischehen und Taufe davon zu lösen suchten. Es ist anzunehmen, daß jüdische Männer ihre gesellschaftliche Minderwertigkeit durch die wirtschaftliche Macht, die sie ausübten wettmachten.[18] Doch Männer wie Frauen benötigten – wenn sie sich erst einmal zur Taufe entschlossen hatten – keine große ideologische Rechtfertigung für einen Religionswechsel,der lediglich ein Bestandteil des neuen gesellschaftlichen Aufstiegs war, der als Resultat neuer Familienanschlüsse folgte.

Der Einfluß, den die Familie auf ihre Kinder und deren Beschlüsse ausübte, wurde immer schwächer, und die verzweifelten Versuche mancher Eltern, ihre Autorität geltend zu machen, schlugen fehl. Es sind Fälle bekannt, wo Eltern den Übertritt ihrer Kinder dadurch zu verhindern suchten, daß sie damit drohten, ihren Besitz nur denen zu vererben, die ihrem Glauben treu blieben. Ein solcher Fall beschäftigte die Berliner Gerichte und Behörden zu Mendelssohns Lebzeiten, als die beiden Töchter eines Erblassers dessen Testament, das eine solche Klausel enthielt, anfochten.[19] Seltsamerweise vertrat ein von den Behörden hinzugezogener Experte, der Gelehrte Olof Gerhard Tychsen, die Ansicht, daß die Klausel, die bestimmte, daß die Erbschaft nur dann angetreten werden durfte, wenn die Erben Juden geblieben waren, durch die Taufe der Töchter nicht verletzt worden war. Sich formell auf traditionelle jüdische Quellen stützend, aber gleichzeitig im Geiste christlicher Tradition, erklärte er, auch ein getaufter Jude bliebe weiterhin ein Jude.[20] Mehr im Einklang mit dem Geist der Zeit war die Ansicht eines anderen Experten, der die Forderungen der getauften Kinder aus dem Grunde anerkannte, daß – wie er sagte – kein nennenswerter Unterschied zwischen der jüdischen und der christlichen Religion bestand, da beide die moralische Erhebung des Menschen anstrebten. Es wäre absurd, einen Menschen zu benachteiligen und ihm seine Erbschaft vorzuenthalten, nur weil er seine religiöse Überzeugung geändert hätte.[21]

In dem Verhalten des alten Arnstein und des Vaters der beiden Mädchen in Berlin offenbart sich die traditionelle Reaktion im Fall einer Taufe – der sofortige Abbruch jeder Beziehung. Doch wurde dieser Grundsatz nicht länger in jedem Fall angewendet. Aus dem Brief des jungen Arnstein an seinen Vater geht hervor, daß sein Bruder und eine Schwägerin mit ihm in Verbindung geblieben waren. Diese gehörten natürlich dem neuen Typus der sozial Emanzipierten an, die zwar jüdisch geblieben waren, jedoch unbeschränkte religiöse Toleranz übten. Frau Arnstein die Jüngere war, wie wir dargelegt haben, eine Zierde ihres Salons, wo man es als geschmacklos ansah, die frühere oder jetzige Religion eines der Anwesenden zu erwähnen. Von Herrn Arnstein, Fannys Ehemann, ist bekannt, daß er früher dem Orden der Asiatischen Brüder angehörte, der die Widersprüche zwischen Judentum und Christentum durch eine Art Synkretismus – die Verschmelzung verschiedener philosophischer Lehren – zu überwinden suchte. Getaufte Juden waren hier natürlich willkommen. Einer von ihnen – Thomas von Schönfeld, einer der Gründer des Ordens – war ein Konvertit besonderer Art, ein Anhänger der Frankschen Sekte, eines Zweiges der sabbatianischen Bewegung.[22] Die Mitglieder dieser Geheimsekte waren dem Judentum völlig entfremdet, und die radikaleren unter ihnen neigten zu absolutem Antinomismus und Nihilismus, während sie sich äußerlich zum Judentum bekannten. Als sie mit der Welt der Aufklärung in Berührung kamen, wandten sie sich leichthin von einem Judentum ab, das durch das religiöse Doppelleben, das sie innerhalb ihrer Sekten praktizierten, bereits untergraben war. Anscheinend haben wir hier ein Beispiel für das wohlbekannte Phänomen, daß das an und für sich antirationalistische Sektierertum trotz allem Kandidaten für die neue Aufklärungsbewegung hervorbrachte. Für diese jüdischen Sektierer bedeutete die Anerkennung der Aufklärung die Aufgabe des Judentums zugunsten der größeren Welt der Christen.

Der freie Verkehr zwischen getauften und ungetauften Juden wurde zu einer anerkannten und häufigen gesellschaftlichen Erscheinung. Die *Gesellschaft der Freunde* in Berlin, gegründet im

Jahre 1792, war einer der ersten Vereine aufgeklärter Juden. Von den Aufgeklärten ursprünglich dazu erschaffen, die Traditionalisten zu bekämpfen, besonders in der Streitfrage der „frühen Beerdigung“ (wovon noch später die Rede sein wird), diente die Gesellschaft als Treffpunkt für Juden des neuen Typus. Die Frage erhob sich, ob getaufte Juden von der Mitgliedschaft ausgeschlossen waren. Die Mitglieder entschieden jedoch, daß die Konfession nicht von Bedeutung war.[23]

Das Prinzip der Toleranz verlangte, daß man in der gesellschaftlichen Sphäre die Religion ignorierte. Daher fühlte sich der Jude verpflichtet, dieses Prinzip auch auf seine Mitjuden anzuwenden, die sich zum Christentum bekehrt hatten. Was sich in der gesellschaftlichen Sphäre durchgesetzt hatte, wurde nun auch innerhalb der Familie zur Regel. Simon Veit versuchte mit aller Macht, seine Söhne daran zu hindern, es ihrer romantisch angehauchten Mutter Dorothea Mendelssohn gleichzutun und zum Christentum überzutreten. Doch nachdem auch die Söhne sich zum Katholizismus bekehrt hatten, spielte er die Widersprüche zwischen den beiden Religionen herunter. „Ich werde nicht aufhören, euch beide zu lieben und mein bestes für euch zu tun, auch wenn wir bezüglich der Religion verschiedener Meinung sind... Mein lieber Sohn, solange wir uns nur in der Religion unterscheiden und nicht in unseren moralischen Grundsätzen, wird es keine Uneinigkeit zwischen uns geben.“[24]

Die Tatsache, daß sich der aufgeklärte Jude mit der Taufe seiner Freunde und Verwandten abfinden konnte, deutet auf einen Abbau der alten Werte hin. Der Auflösungsvorgang in der Traditionsgesellschaft offenbart sich in der Handlungsweise derer, die sich bekehren ließen, aber auch jener, die sich die Sache überlegten, ohne sich zum letzten entscheidenden Schritt zu entschließen. Viele konnten sich jetzt einen formalen Übertritt zum Christentum ohne echten Glauben vorstellen. Der Preis schien nicht so maßlos hoch wie in früheren Zeiten. Besagte doch die Lehre des Rationalismus eigentlich, alle positiven Religionen seien nur äußerliche Manifestationen eines einzigen Prinzips – der Religion der Natur und der Vernunft. Sogar die christlichen Theologen wiesen auf die moralischen Lehren des Christentums hin und erklärten seine Dogmen und Symbole im Licht einer rationalen Philosophie. Es schien fast, als ob der Übertritt vom Judentum zum Christentum sich lediglich auf ein paar Äußerlichkeiten beschränkte. Schon zu Mendelssohns Lebzeiten soll ein jüdischer Arzt in Berlin im Gespräch mit dem aufgeklärten Theologen Johann Joachim Spalding gesagt haben, wenn sich das Christentum mit der Lehre des Sozinianismus begnügen und auf das Dogma der Dreieinigkeit verzichten würde, hätte er sich gerne taufen lassen. Nach Ansicht des Arztes traf das gleiche bei den meisten aufgeklärten Berliner Juden zu.[25] Zehn Jahre später gaben zwei Christen eine ähnliche Beurteilung über die Einstellung aufgeklärter jüdischer Berliner ab. Die beiden ansonsten unbekannten Männer, Catter und von Hirschfeld, bemühten sich, Juden und Christen zusammenzubringen, indem sie eine Freimaurerloge gründeten, die, im Gegensatz zur üblichen Praxis ebenso Juden wie Christen aufnahm. Natürlich qualifizierten sich nicht alle Juden zur Aufnahme als Mitglieder, sondern nur diejenigen, die eine geistige Verwandschaft zum Christentum verspürten, die aber aus Rücksicht auf ihre Familien davon absehen mußten, ihrer Neigung zu folgen und sich taufen zu lassen. Catter und von Hirschfeld gaben als Beispiele die Gebrüder Itzig, Dr. Marcus Herz und den Bankier Levy an.[26]

Es besteht kein Zweifel, daß die Idee der Bekehrung zum Christentum viele aufgeklärte Juden faszinierte. Aber die Bemerkung des unbekannten Artzes und auch die der beiden christlichen Freimaurer zeigt, daß Hemmungen und Zweifel aller Art die Juden davon abhielten, den endgültigen Schritt zu tun. Als Beispiel dient die Geschichte von Salomon Maimon, der ebenfalls mit dem Gedanken spielte, sich bekehren zu lassen. Maimon war aus Litauen nach Deutschland gekommen mit dem Wunsch, sein umfassendes jüdisches Wissen durch Kenntnisse moderner Philosophie – zu der er später bemerkenswerte Beiträge leistete – zu ergänzen.[27] Seine unleugbaren Talente sicherte ihm die Unterstützung aufgeklärter Juden, darunter Männer wie Mendelssohn, doch er brachte es fertig, sogar seine Wohltäter durch seine radikale Skepsis, seine Auflehnung gegen religiöse Gleichgerichtetheit und sein undiszipliniertes Verhalten gegen sich aufzubringen. Als echter wandernder Jude gab er schließlich die Hoffnung auf, es würde sich ihm jemals die Gelegenheit zur Fortsetzung seiner Studien bieten. Im Grunde waren ihm alle Religionen gleichgültig, und er war bereit, sich zum Christentum zu bekehren, vorausgesetzt, man verlangte nicht von ihm, ein Dogma anzuerkennen, an das er nicht glaubte. In Hamburg wandte er sich an einen lutherischen Pastor mit der Bitte, ihn zu taufen. Er erklärte, daß er im Endeffekt lediglich das löbliche Ziel verfolgte, durch das Studium der Philosophie seine Bildung zu vervollkommnen. Da dies nur innerhalb der christlichen Gesellschaft möglich war, sei er bereit, diese Religion anzunehmen, jedoch gleichzeitig seine Zweifel bezüglich der Wahrheit und Bedeutung der christlichen Religion beizubehalten. Das war eine Argumentation, welcher sich der lutherische Pastor aus vielleicht verständlichen Gründen nicht anschließen konnte, und aus der Taufe wurde nichts. Mit einer Bekehrung ohne Glauben konnte der Pastor sich nicht begnügen.[28]

Man hätte den Versuch von Salomon Maimon, die Kirche dazu zu bringen, sich mit einer mit halbem Herzen erfolgten Bekehrung abzufinden, als Marotte eines Sonderlings abtun können, wenn die Sache nicht eine Parallele gehabt hätte, und zwar in dem notorischen Vorschlag von David Friedländer, einer der führenden Persönlichkeiten der aufgeklärten jüdischen Gesellschaft von Berlin, Mitglied des Verwaltungsrates der jüdischen Gemeinde und von den staatlichen Behörden als Repräsentant des preußischen Judentums anerkannt.[29] Der Vorschlag war in einer Broschüre enthalten, die im Jahre 1799 in Berlin veröffentlicht wurde im Namen von „einigen Hausvätern jüdischer Religion“ und an den Propst Wilhelm Abraham Teller gerichtet. Es war ein Versuch, den Weg für die Aufnahme eines Teiles der jüdischen Gemeinde in die christliche Kirche zu ebnen. Diese Juden würden der protestantischen Kirche beitreten, deren aufgeklärter Repräsentant Teller war. Sie würden zwar getauft werden, doch da sie Zweifel am christlichen Dogma hegten, sollte man ihnen gestatten, lediglich der Naturreligion anzugehören.[30] Die Broschüre wurde anonym in Berlin veröffentlicht, die Identität des Autors blieb jedoch nicht lange geheim. David Friedländer, der ein Anhänger Mendelssohns war, zog aus Mendelssohns Lehren Schlußfolgerungen, die weit über die Vorstellungen des Meisters hinausgingen. Obgleich Mendelssohn die jüdischen Lehren mit denen der Vernunftsreligion gleichgesetzt haben mochte, ließ er doch die Richtigkeit traditioneller jüdischer Praktiken gelten. David Friedländer behauptete, die Religion der Vernunft als solche sei ausreichend und benötige nicht die Unterstützung religiöser Bräuche.[31] Jüdische religiöse Praktiken seien nicht nur überflüssig, sondern schädlich, da sie die Juden daran hinderten, von der nichtjüdischen Gemeinschaft aufgenommen zu werden und ihre vollen Bürgerrechte zu erhalten. Es erschien ihm daher nicht unvernünftig, den Versuch zu machen, diese sozialen und politischen Ziele zu erreichen, indem man ein religiöses Brauchtum aufgab, das ohnehin überholt war.

Friedländer scheint diese Schlußfolgerungen schon zu Anfang seiner Laufbahn gezogen zu haben, vielleicht sogar noch zu Lebzeiten Mendelssohns.[32] Er wurde von diesen Ideen geleitet, als er kurz nach dem Tod Mendelssohns Verhandlungen mit den preußischen Behörden aufnahm in der Absicht, den Status der Juden in Preußen zu verbessern. Seine erklärten Ziele waren nicht immer dieselben. Zuweilen verhandelte er über eine Grundreform, mit dem Ziel, die Lage der Juden in Preußen zu erleichtern. Dann wieder bemühte er sich um eine Sondereinbürgerung für sich und seine Familie, und manchmal setzte er sich für seine Gesellschaftsklasse, die reichen und aufgeklärten Kaufleute von Berlin, ein. Letzten Endes hegte er die Absicht, das ganze Gewebe jüdischer Gemeindeorganisation zu zerstören, das den einzelnen Juden an seine Gemeinde fesselte und die verschiedenen Gemeinden miteinander verband. Diese Organisation garantierte die Entrichtung von Steuern und übernahm die kollektive Verantwortung für die Verpflichtungen einzelner Personen. Gleichzeitig sicherte die Organisation den Rabbinern und Leitern der Gemeinde die effektive Kontrolle über Leben und Verhalten der Gemeindemitglieder. Dieser Zustand erschien Friedländer überholt und im Gegensatz zum Trend der Zeit und darum unerträglich.[33]

Es ist hier angebracht zu betonen, daß man den Wunsch zur Auflösung der Gemeindeorganisation und zur Aufhebung ihrer Macht Zwangsmaßnahmen zu gebrauchen, von Mendelssohns Theorie über die verschiedenen Einflußsphären von Staat und Religion ableiten konnte. In diesem Punkt wenigstens hätte Friedländer vorschützen können, daß er lediglich der Führung des Meisters folge. Doch während Mendelssohn sich eine Gesellschaft vorgestellt hatte, wo einzelne Juden sich auf freiwilliger Basis zusammenschließen würden, um ihren religiösen Verpflichtungen nachzukommen – auch wo es keine Organisation gab, die sie dazu zwang –, erwartete sein Jünger, daß die Abschaffung der Kontrolle seitens der Gemeinde zum Verschwinden aller typischen Merkmale jüdischer Tradition in Religion und Brauchtum führen würde.[34]

Friedländer versuchte seine Ziele dadurch zu erreichen, daß er die Behörden davon überzeugte, sie würden ihnen nicht weniger Nutzen bringen als den Juden.[35] Doch der preußische Amtsschimmel bewegte sich nur langsam vorwärts und trotz einiger unbedeutender Änderungen erschien das Endziel so fern wie eh und je, ungeachtet der ständigen Bemühungen der Vertreter des aufgeklärten Judentums im Laufe von zchn Jahren. Friedländer und die ihm Gleichgesinnten verloren die Geduld und versuchten der Zwangsgemeinschaft des Judentums, wie sie es empfanden, dadurch zu entkommen, daß sie sich mit den Vertretern des Christentums über einen Kompromiß verständigten.

Die Reaktion von Propst Teller auf Friedländers Vorschlag sowie von vielen anderen, die glaubten, einen Standpunkt einnehmen zu müssen, offenbart die Haltung der christlichen Gesellschaft gegenüber den Konversionslustigen. Selbstverständlich war kein Christ, der den Ritualen und Dogmen der Kirche irgendwelche Bedeutung zumaß, dazu bereit, sie durch die abstrakten Lehren der natürlichen Religion zu ersetzen. Die orthdoxen Theologen wiesen daher Friedländers Vorschlag als Anmaßung zurück und verlangten von dem künftigen Konvertiten, das Christentum in seiner Gesamtheit anzunehmen.[36] Teller selbst, als Vertreter der rationalistischen Schule der Theologie, war auf eine kritische Haltung gegenüber den kirchlichen Dogmen festgelegt und versicherte folgerichtig den neuen Konvertiten, es stünde ihnen frei, ihre eigenen Interpretationen der christlichen Lehre anzuwenden, ohne dadurch ihren rechtmäßigen Platz in der Kirche zu gefährden. Aber Christen mußten sie sein, sie mußten sich taufen lassen und die Sakramente für die Symbole der von Christus gegründeten Religion empfangen.[37] Diese Religion war dem jüdischen Glauben überlegen und verlangte mehr als nur die Befolgung moralischer Vorschriften. Ihr besonderer Inhalt ist nicht klar definiert, aber der Weg zu ihrer Erlangung führt zweifellos über den Glauben.

Die Kommentare anderer Theologen lauteten nicht unähnlich.[38] Friedländers Plan hatte nicht die geringste Aussicht, realisiert zu werden. Auch wenn Teller und die anderen Theologen ihm zugestimmt hätten, wäre es außerhalb ihrer Kompetenzen gewesen, die Rituale der Kirche diesem neuen Typus von Konvertiten anzupassen. Dies wurde von dem prominentesten Teilnehmer an der Kontroverse, Friedrich Schleiermacher[39], eingesehen und deutlich ausgedrückt: „Herr Teller und unser ganzes Oberconsistorium kann aus eigener Gewalt keine neue Secte stiften, noch auch die uralten Gebräuche der bisher anerkannten Kirchengesellschaften abändern."[40] Doch in der Tat waren sie weit davon entfernt, diesen Plänen zuzustimmen. Schleiermacher, ein ständiger Besucher jüdischer Salons in Berlin und ein persönlicher Freund von Henriette Herz, verfolgte interessiert die Wandlung des jüdischen Lebens und die Versuche einer Integration in Staat und Gesellschaft. Gerne hätte er die Juden als vollberechtigte Bürger gesehen, und er ärgerte sich über die wiederholten Kränkungen, die die Vorsteher der jüdischen Gemeinden in Preußen durch die Behörden erleiden mußten. Doch nicht weniger strikt lehnte er Friedländers versuchten Kunstsprung durch einen Kompromiß, der beide Parteien – die Juden wie die Kirche – in Verruf bringen würde, ab. Statt dessen schlug Schleiermacher vor, eine jüdische Reformsekte zu gründen, die diejenigen traditionellen Praktiken und Lehren – insbesondere die Erwartung des zukünftigen Messias – aufgeben würde, die seines Erachtens mit den Pflichten eines Bürgers in einem christlichen Staat nicht in Einklang zu bringen waren. Diejenigen, die sich – so wie Friedländer – damit einverstanden erklären konnten, wären akzeptable Untertanen des Staates und sollten eingebürgert werden. Den anderen Juden sollte man die Wahl lassen, es ihnen gleichzutun, oder ihren alten Status beizubehalten.[41]

Teller allerdings wollte den politischen Aspekten des Problems ausweichen. Trotzdem war sein Rat ähnlicher Art. Solange die Juden nicht von der Wahrheit des Christentums überzeugt waren, war es für die jüdische Gesellschaft am empfehlenswertesten, sich der Lebensweise und den moralischen Begriffen der christlichen Gesellschaft anzupassen. Die Erwünschtheit einer späteren Bekehrung wurde nicht in Frage gestellt. Das hätte den christlichen Grundsätzen widersprochen. Für die Gegenwart empfahl Teller Juden wie Christen sich zu gedulden.[42] Dies war in gewissem Sinne Tellers Antwort an Friedländer und sie stimmte mit einer Bemerkung überein, die er viele Jahre zuvor einmal über Mendelssohn gemacht hatte: Es sei das beste für Mendelssohn, Jude zu bleiben und seine Gemeinde durch sein Beispiel zu beeinflussen.[43]

Die unüberzeugten Konvertiten, die den Schritt aus Gründen der Zweckmäßigkeit unternahmen, konnten öffentliche Billigung kaum erwarten. Doch im großen ganzen hatten sie keine Schwierigkeiten, wenn sie darum baten, getauft zu werden, ungeachtet ihres inneren Vorbehalts. Es gab allerdings Leute, die davor warnten, halbüberzeugte Konvertiten zu akzeptieren. Schleiermacher war einer derjenigen, die zur Zeit von Friedländers Gesuch eine Warnung aussprachen.[44] Solche Warnungen hatten jedoch wenig Erfolg, und die Kirchenpforten blieben offen.

Trotzdem wäre es ein Fehler anzunehmen, daß all jene, die zum Christentum übertraten, es nur taten, um sich gesellschaftliche Vorteile zu verschaffen. Obgleich objektiv gesehen der Verfall der jüdischen Gemeinde die Konvertiten jener Zeit beeinflußt haben mochte, mögen manche von ihnen aus echter Überzeugung übergetreten sein. Die jüdische Jugend begann nichtjüdische Erziehungsanstalten zu besuchen und sich Elemente christlicher Kultur anzueignen, während ihre jüdische Bildung vernachlässigt oder auf eine Art betrieben wurde, die sich mit dem christlichen Einfluß nicht messen konnte. Manche Studenten waren vor Ende ihrer Studienzeit getauft und sahen das fast als selbstverständlich an. Ein Beispiel dafür ist die Bekehrung von David Mendel, dem späteren berühmten Kirchenhistoriker August Neander. David schloß sein Studium auf dem Gymnasium in Hamburg im Jahre 1805 ab, zu einer Zeit, als jüdische Aspirationen von den Ideen der französischen Revolution genährt wurden. Der Direktor des Gymnasiums, Johann Gottfried Gurlitt, ein liberaler Schriftsteller und Erzieher, bat ihn, bei der Abschlußzeremonie eine Rede über jüdische Emanzipation zu halten. Ein Jahr nach Schulabschluß trat er zum Christentum über – zweifellos aus Überzeugung, doch nicht im Sinne einer religiösen Erfahrung, sondern eher als Resultat kultureller Anpassung. Erst in einer späteren Phase seiner Entwicklung wurde Neander auch im emotionellen und pietistischen Sinne ein Christ.[45]

Doch schon damals gab es Juden, deren Bekehrung hauptsächlich emotionale Gründe hatte. Religiöse Bekehrung war für manche eine Art Nebenprodukt der Enttäuschung über einen Rationalismus, der einer neuen Welle von Empfindsamkeit und Romantik Platz machte. Diese neue Bewegung wandte sich wieder der Religion mit ihrer Emotionalität und ihrer mystischen Tiefe zu. Friedrich Schleiermachers Werk *Reden über Religion*, veröffentlicht kurz nach seiner Stellungnahme zum jüdischen Problem, trug viel dazu bei, die Religion von ihrer Unterordnung unter den Rationalismus zu befreien.[46] Religion bedeutete für den Romantiker die christliche Religion, weil das Judentum ausdrücklich oder stillschweigend von dieser Definition ausgeschlossen war. Der Grund dafür war zum Teil die alte einseitige Bezeichnung des Judentums als eine Religion des Gesetzes, das heißt von Geboten und Verboten. Anzeichen von Innigkeit oder Vergeistigung in der jüdischen Religion wurden entweder übersehen oder bagatellisiert. Diese Bewertung wurde durch eine Behauptung Moses Mendelssohns – dem anerkannten Experten für alles Jüdische – noch bestärkt, daß der einzigartige Inhalt des Judentums in seinem Gesetz lag.[47] Für diejenigen, die jetzt in der Religion eine Zuflucht vor dem Rationalismus suchten, erschien das Judentum kein sehr vielversprechendes Asyl.

Eine solche Gefühlswelle schlug über die Gastgeberinnen der berühmten jüdischen Salons hinweg, und sie alle bekehrten sich zum Christentum.[48] Henriette Herz erzählt in ihren Memoiren, daß ihr Bedürfnis nach emotionaler Befriedigung der Grund war, warum sie sich der Religion zuwandte. Wenn sie von ihrem Vater erzählt, gebraucht sie Ausdrücke wie Andacht und Inbrunst, um seine Gebete zu Zeiten des Notstands zu beschreiben. Über die Tugenden ihres Vaters sagt sie: „Mein Vater lebte streng im Gesetz seines Glaubens, hatte aber die Milde und Liebe des Christentums im Herzen." Ideologisch bewertete sie die jüdische Religion als mechanische Befolgung langweiliger religiöser Pflichten.[49] Die Gleichsetzung von Romantik und Christentum verlieh der Bekehrung einen ideologischen Anstrich, der dem Problem des Dogmatismus aus dem Weg ging. Auf diese Weise fand auch Dorothea Mendelssohn, die Tochter von Moses Mendelssohn und cause célèbre romantischer Liebe, den Weg zum Christentum. Dorothea hatte ihren jüdischen Ehemann verlassen, um mit Friedrich Schlegel zu leben, da sie die Erhöhung der Persönlichkeit dem trägen Tritt der Pflichterfüllung vorzog. Ein paar Jahre später heiratete sie Schlegel, nachdem sie zum protestantischen Glauben übergetreten war. Am Ende fand sie ein sicheres Asyl im Katholizismus, der Religion, die dem romantischen Geist am besten entgegenkam.[50]

Was immer die persönliche Motivierung der einzelnen Konvertiten gewesen sein mochte, sie alle bezeugten die prekäre Situation der jüdischen Gemeinschaft, die sie verlassen hatten. Das Wissen darum mag den Entschluß so mancher Juden beeinflußt haben. Wenn die jüdische Gemeinschaft ohnehin im Verschwinden war, konnte man es dem Einzelnen nicht verdenken, wenn er den unabwendbaren Vorgang von sich aus beschleunigte.

Das Ausmaß der Abtrünnigkeit in der hier behandelten Periode, das heißt von den 80er Jahren bis zur napoleonischen Zeit, ist schwer einzuschätzen. Es gibt darüber keine Statistik, so daß wir keine genauen Angaben machen können. Doch weist alles darauf hin, daß die jüdische Gemeinschaft – sogar quantitativ – große Verluste erlitt.

Schon im Jahre 1790 beklagten sich die Vorsteher der Berliner Gemeinde darüber, daß all diejenigen, die von ihren Eltern ein größeres Vermögen geerbt hatten und die Gemeinde materiell hätten mittragen sollen, zum Christentum übergetreten waren, wodurch die Gemeinde potentielle Stützen verloren hatte.[51] Friedländer beschreibt in seinem offenen Brief an Teller die Erbitterung der Berliner Juden denen gegenüber, die die Verbindung zu ihrer Gemeinde abgebrochen und sich damit ihrer kollektiven Verpflichtung entzogen hatten.[52] Die Befürchtungen von Christen wie Schleiermacher, daß „unechte“ Konvertiten die Kirche mißbrauchen und entstellen könnten, weist darauf hin, daß ihre Zahl nicht unbeträchtlich gewesen sein konnte.[53] Bezüglich der Anzahl von Konvertiten gibt es wenigstens eine zuverlässige Schätzung. In seinem Brief an Kanzler Hardenberg im Jahre 1811, kurz vor dem Edikt von 1812, dem sogenannten Emanzipationserlaß, zählt David Friedländer die kirchlichen Taufen auf, die in Berlin in den letzten acht Jahren stattgefunden hatten – wiederum einmal um zu zeigen, welch großen moralischen und finanziellen Verlust diese Bekehrungen für die jüdische Gemeinde darstellten. Er führte fünfzig solcher Fälle an, alle mit Namen, einige davon ledig, andere als Ehepaare mit Kindern – und das in einer Gemeinde von 405 etablierten Familien. Nach Friedländers Schätzung war das Verhältnis in den Provinzstädten, besonders in Breslau und Königsberg, etwa gleich.[54] Mit Bestimmtheit beschränkte sich diese Erscheinung nicht nur auf Berlin oder Preußen. Heinrich Schnee registrierte die Taufen der Hofjuden, von deren Nachkommen zwei Drittel während der hier behandelten Periode übertraten.[55] Vielleicht verdiente der Ausdruck „Massenbekehrung", den der Historiker Heinrich Grätz gebrauchte, nicht die scharfe Kritik, die an ihm geübt wurde.[56]

Aber wichtiger als die Anzahl der Konvertiten ist der Typus Mensch, der sich zu dieser Zeit taufen ließ, im Vergleich zu denen, die in einer früheren Periode übertraten. Die Konvertiten entstammten nicht mehr dem Rande der jüdischen Gesellschaft, sondern ihrem Kern. Schleiermacher wies in einer Veröffentlichung aus dem Jahre 1799 auf den Unterschied hin, der zwischen den Konvertiten seiner Zeit und denen von zwanzig oder dreißig Jahren zuvor bestand. Zwar habe es von Zeit zu Zeit einige Proselyten gegeben, doch seien diese – mit Ausnahme von Liebhabern, die er nicht mitzählen wolle – „lauter schlechte Subjecte, deren sich die jüdischen Gemeinden gar zu gern entledigten ... Ganz andere Menschen sind es, die jetzt mit dem Übergange zum Christenthum umgehen, wohlhabende, in allen weltlichen Dingen wohl angetane Leute, die Rechte erwerben und sich einbürgern wollen."[57]

Die Konvertiten entstammten zwei führenden Gruppen, den Reichen und den Intellektuellen. Kein Wunder, daß es manchmal so aussah, als sei die gesamte Gemeinde im Begriff, sich aufzulösen und von der christlichen Kirche übernommen zu werden. Der protestantische Pastor Ernst Gottfried Adolf Böckel erzählt, daß dies während seiner Studentenjahre der Eindruck der Christen in Königsberg gewesen sei.[58] Königsberg war natürlich in jenen Tagen eine der Hochburgen jüdischer Aufklärung und der Ort, an dem die Familie Friedländer ursprünglich ihren Wohnsitz hatte.

Pastor Böckels Erinnerungen wurden um 1840 niedergeschrieben, als sich die kühnen Hoffnungen auf Massenbekehrung längst verflüchtigt hatten. Die Lossagungen von der jüdischen Gemeinde hörten nicht auf; sie wurden aber auch nicht zu einer immer mehr anwachsenden Lawine. Es war ein sozialer Vorgang mit periodischen Schwankungen. Die erste Welle wurde anscheinend gebrochen, als die Juden gegen Ende der napoleonischen Ära in den meisten deutschen Staaten eingebürgert wurden. Das preußische Edikt von 1812 war ein wichtiger Schritt in dieser Richtung. Eines der stärksten Motive für den

Übertritt – die Zugehörigkeit zu einer rechtlich minderwertigen und sozial zurückgesetzten Gruppe – hatte, wenn es nicht völlig verschwunden war, viel von seinem Gewicht verloren.

Es ist nicht Sache des Historikers, Vermutungen anzustellen, wie die christliche Gesellschaft auf ein Anwachsen der Bekehrungswelle reagiert hätte. Was er jedoch berichten muß, ist die Tatsache, daß die Taufe von Juden nicht allgemein begrüßt wurde. Schon in den 90er Jahren drückte Grattenauer eine abweichende Meinung aus und tadelte diejenigen Christen, die über die Taufe von Juden frohlockten, da er den jüdischen Charakter für so verdorben hielt, daß keine zeremonielle Benetzung mit Weihwasser ihn reinwaschen könne.[59] Ein anderer Schriftsteller, den Juden weniger feindlich gesinnt, aber doch skeptisch bezüglich der wohltuenden Wirkung der Taufe, warnte im Jahre 1799 die Kirchen, nicht jeden jüdischen Konvertiten zu akzeptieren. Er schlug eine Bewährungsfrist von sechs Jahren vor, in der jeder Kandidat seine Eignung beweisen sollte.[60] Zur gleichen Zeit ertönte auch Schleiermachers Warnung, der befürchtete, der starke Zufluß von Juden würde zu einer Verjudung der Kirche führen – in seinen Augen eine fürchterliche Aussicht.[61] Die Eingliederung von Konvertiten in die christliche Gesellschaft war nicht immer ein leichter Vorgang. Daß der Neuling in der christlichen Gesellschaft mit Zurückhaltung aufgenommen wurde, ist selbstverständlich. Ein christlicher Schriftsteller in Berlin zitiert im Jahre 1804 die Bemerkung eines Juden, der zwar wie ein Christ lebte, sich aber der Taufe enthielt: „Was würde mir dieser Wechsel nützen? Man würde mich nicht mehr Jude nennen, sondern X, der getaufte Jude."[62] Hätte die Bekehrungswelle alle Juden mit sich gerissen, wäre der Widerstand wahrscheinlich proportional gewachsen. Jedenfalls ist es eine historische Tatsache, daß – obgleich der Zufluß der Juden zur Kirche von Zeit zu Zeit die Existenz der jüdischen Gemeinschaft zu gefährden schien – der Organismus des Judentums trotz allen Blutverlusts keinen tödlichen Schaden erlitt.

Achtes Kapitel

Ein Handstreich für Reform

Der Auflösungsprozeß, der die Juden von den Fesseln der Traditionsgesellschaft befreite, hatte nur die Aufnahme einer kleinen Gruppe von Juden in ihre nichtjüdische Umgebung zur Folge. Der Grund dafür ist nicht nur in der Art und der Stellungnahme dieser Umgebung zu suchen. Die Aufspaltung war ein dialektischer Vorgang, der allein durch seine Beschaffenheit die Kräfte erzeugte, die die Welle des Verfalls aufhielten und zurückdrängten. Diese Erscheinung haben wir bereits beobachtet, als die Juden, die sich von der traditionellen jüdischen Gemeinschaft abgesondert hatten, sich nicht den nichtjüdischen Kreisen anschlossen, sondern neue jüdische Gruppen schufen mit der erklärten Absicht, die modernen erzieherischen und religiösen Ziele zu fördern.

Bildung und Erziehung im weiteren Sinne des Wortes, sowie religiöse Reform vager und ungeklärter Natur waren die Instrumente, mit denen die Anhänger der Aufklärung das jüdische Leben umzugestalten hofften. Der Glaube an die fast unbegrenzte Macht der Erziehung war die Basis für die Philosophie des Rationalismus, die die menschliche Natur als grundlegend gut ansah und den menschlichen Charakter – sowohl des Einzelnen als auch der Gruppe – als nicht durch angeborene Eigenschaften vorausbestimmt.[1] Aufgeklärte Juden neigten im besonderen zu dieser optimistischen Ansicht, da sie die Aussicht auf Verbesserung und Fortschritt in ihrer gesellschaftlichen Position und ihrem politischen Status garantierte. Sie zeigten sich besonders angetan von den erzieherischen Idealen des Rationalismus und den sozialen Verbesserungen, die diese versprachen. Mit dem Erziehungsprogramm von Naphtali Herz Wessely trat die geistige Bewegung der Aufklärung zum erstenmal öffentlich in Erscheinung und erzeugte damit eine Spaltung in der jüdischen Gesellschaft, die die Befürworter von den Gegnern trennte. Obgleich Wesselys Bildungsprogramm anscheinend nur darauf abzielte, das Schulpensum neu zu gestalten, faßte es jedoch ebenfalls die Umgestaltung jüdischer Anschauungen und Mentalität ins Auge.[2] Die neue Erziehung zielte darauf hin, dem Juden ein realistischeres Weltbild und besseres Verständnis seiner nichtjüdischen Umgebung zu vermitteln, das ihm helfen würde, sich mit ihr zu verständigen. In ähnlicher Weise würde die neue Erziehung zur Aneignung einer universalen Ethik führen und – vielleicht nicht weniger wichtig – die Juden dazu bringen, sich den ästhetischen Normen der europäischen Welt anzupassen.[3]

Die Anhänger der Aufklärung glaubten, all dies könne durch die Verbreitung ihrer Ideen zu diesem Thema erreicht werden. Das geschah indem sie Bücher herausgaben und besonders durch die Veröffentlichung einer hebräischen Zeitschrift, des berühmten *Hameasef*. Sie wurde in Königsberg im Jahre 1783 von einer Gruppe von jungen Intellektuellen herausgegeben, die im selben Jahr die Gesellschaft *Dorshe Sfat Ever* (Freunde der hebräischen Sprache) gegründet hatten. Zwei Jahre später nahmen sie den eher entsprechenden deutschen Namen *Die Gesellschaft zur Beförderung des Guten und Edlen* an. Im Jahre 1786 zog der *Hameasef* nach Berlin und erschien dort mit Unterbrechungen bis 1811 (gelegentlich wurde die Zeitschrift auch in Altona und Dessau gedruckt). Im Laufe dieser Zeitspanne erschien sie auf hebräisch mit gelegentlichen Zusätzen in deutscher Sprache.[4] Im Jahre 1806 begann man mit der Veröffentlichung einer deutschsprachigen Zeitschrift, *Sulamith*, deren Ziel im Untertitel erklärt ist: „Zeitschrift zur Förderung von Kultur und Humanismus im jüdischen Volk". Diese Zeitschrift erschien während der gesamten Zeitspanne, die hier behandelt wird.[5]

Die Wahl der hebräischen Sprache für *Hameasef* wurde mit Rücksicht auf die Leser getroffen, die aufgrund ihrer traditionellen Erziehung die hebräische, doch nicht unbedingt die deutsche Sprache beherrschten. Die neue Zeitschrift ging auch bezüglich des Hebräischen ihre eigenen Wege. Einerseits modernisierte sie die hebräische Sprache, um sie den zu behandelnden Themen anzupassen, andererseits gebrauchte sie das biblische Hebräisch und legte Wert auf grammatikalische Genauigkeit, wie sie diejenigen, die sich des rabbinischen Dialekts bedienten, nicht kannten.[6] Die Tatsache, daß die Zeitschrift *Sulamith* in deutscher Sprache erschien, weist auf die Fortschritte hin, die in der kurzen Zeitspanne von weniger als einer Generation im Gebrauch der deutschen Sprache erreicht wurden.

Der Hauptzweck dieser Zeitschriften – ob sie nun auf hebräisch oder deutsch erschienen – war Information und Wissen zu vermitteln, moralisches und ästhetisches Gefühl zu fördern und den Leser ganz allgemein für die Ideale der Aufklärung, welche die Herausgeber dieser Zeitschriften vertraten, zu gewinnen. *Hameasef* nahm in der Zeitspanne von 1786 bis 1790 eine höchst militante Haltung an. *Sulamith* war – obgleich höflich im Ton – nicht weniger radikal in ihrer Kritik an der jüdischen Traditionsgesellschaft und setzte sich für alles ein, was auf die Geburt einer neuen Epoche hinwies. Die Auflage dieser Zeitschriften – und wahrscheinlich auch die Wirkung auf ihre Leser – hatte ihre Höhen und Tiefen. Den größten Einfluß schien *Hameasef* während der ersten sieben oder acht Jahre seines Bestehens zu haben.[7] Doch die ganze Zeit dienten diese Zeitschriften den Anhängern der Aufklärung als Bindeglied. Einerseits waren die Verleger, Redakteure und Mitarbeiter, die sich als intellektuelle und moralische Elite betrachteten, sich ihrer Mission bewußt, für eine würdige Sache zu arbeiten und wenn nötig, zu kämpfen. Dann gab es die Abonnenten, eine lose geflochtene soziale Gruppe, die sich aber trotzdem von der breiten Masse der Gemeinde, die in Gedanken, wie im täglichen Leben, dem ausgetretenen Pfad der Tradition folgte, abhob.

Die umfassendsten und auffälligsten Bemühungen der Anhänger der Aufklärung unternahmen diese auf dem Gebiet der Erziehung im engeren Sinne des Wortes. Die etablierten schulischen und erzieherischen Institutionen des Ghettos betrachtete man mit Recht als die Kanäle, durch die sich die traditionelle Mentalität des Juden erhielt und fortsetzte. Es war klar, daß jeder Versuch von Umbildung der jüdischen Mentalität durch eine Reform der alten Institutionen eingeleitet werden mußte. Praktische Schritte in dieser Richtung wurden bereits unternommen, bevor Wessely auf der Bildfläche erschien. Die Sephardim von Bordeaux scheinen schon im Jahre 1778 unter dem Einfluß rationalistischer Philosophie gestanden zu haben, denn in diesem Jahr entdeckte Rabbi Hayyim Joseph David Azulai, der berühmte Palästinareisende, daß man in ihren Schulen den gesamten traditionellen Text, der das mündlich überlieferte Gesetz enthielt, ausgelassen und lediglich den Text des Pentateuch beibehalten hatte.[8] Pläne für die Gründung einer modernen Schule für die Kinder der Armen in Berlin wurden schon in den 1760er

Jahren besprochen. Im Jahre 1781, ein Jahr vor dem Erscheinen von Wesselys Broschüre, gründete David Friedländer die berühmte *Freischule.*[9] Der Name *Freischule* bedeutete, daß die Kinder der Armen kein Schulgeld entrichten mußten. Die Reichen besaßen natürlich die Mittel, durch Privatlehrer ihren Kindern eine angemessene Schulbildung zukommen zu lassen. Diese Methode war schon zu Zeiten traditioneller Erziehung angewendet worden, als die Kinder der Armen Gemeindeschulen besuchten. Als die Aufklärung ihren Einfluß auf die hergebrachten Bildungsziele geltend machte, war es für die Reichen leicht, ihren Lehrplan zu ändern und weltliche Fächer den religiösen Themen vorzuziehen. Die Armen besuchten weiterhin Gemeindeinstitutionen, die den mehr konservativen Elementen unterstanden. Die reichen und intellektuellen Anhänger der Aufklärung fühlten jedoch eine Verantwortung auch für die Kinder der Armen. Zum einen lag das in der Natur der Aufklärung, und zum anderen, weil die neue Schulbildung und Erziehung sie zu produktiven und ehrbaren Menschen machen würden, fähig, sich in die nichtjüdische Gesellschaft und den Staat einzugliedern. Denn denjenigen, die sich keinen persönlichen Ausweg mittels der Taufe suchten, war es klar, daß man sie als Juden immer als Kollektiv beurteilen würde, und es war zu ihrem Vorteil dafür zu sorgen, daß der niederste Typus des Juden, den man als Modell für alle ansah, vollkommen verschwand.[10]

Die neuen Schulen wurden mit den Geldern wohlhabender Juden gegründet, von aufgeklärten Intellektuellen geführt und größtenteils von den Kindern der Armen besucht. Man folgte dem Berliner Beispiel in Breslau, wo im Jahre 1791 eine Schule gegründet wurde, 1799 in Dessau und 1801 in Seesen. Ein Sonderfall ist Wolfenbüttel, wo das neue Programm erst im Jahre 1807 eingeführt wurde, weil diese Schule ursprünglich eine traditionelle Institution gewesen war, die ein frommer Wohltäter im Jahre 1786 gegründet hatte. Ein Jahr zuvor hatte Siegmund Geisenheimer, der aufgeklärte Bürovorsteher der Rothschilds, mit Unterstützung dieses reichen Hauses das Philantropin in Frankfurt am Main gegründet. An den meisten Orten wurden diese Schulen von den Anhängern der Aufklärung eingeführt, jedoch vom Staat unterstützt. In Breslau kam die Initiative von den staatlichen Behörden.[11] In Österreich enthielt das vom Kaiser geplante Programm für die Schulbildung ein Maß an bürgerrechtlicher Erziehung zur Ergänzung traditioneller Bildung. Die jüdischen Gemeinden gehorchten zwangsläufig dieser Forderung, doch wo immer ein Kern der Aufklärungsbewegung vorhanden war, wie in Wien, Prag und später in Preßburg, folgte man den deutschen Vorbildern und errichtete Schulen nach diesem Muster.[12]

Diese Erziehungsinstitutionen unterschieden sich voneinander in Zielsetzung, Aufbau, Methoden und Schulplan. Einige, wie die staatlichen Schulen in Österreich, erteilten Unterricht lediglich auf Volksschulebene. Die Berliner Schule legte die Betonung auf kommerzielle Fächer, wie Arithmetik und Französisch. In Seesen lernten die Schüler handwerkliche Fertigkeiten, während sie in Wolfsbüttel Gelegenheit zum Studium klassischer Fächer hatten.[13] Was die Lehrmethoden betraf, verfuhr man in Österreich nach der veralteten Methode ständiger Wiederholung. Die meisten Schulen standen jedoch unter dem Einfluß der Philantropinisten, der erzieherischen Verfechter des Rationalismus, die ihre Hoffnungen auf die rationalistische Psychologie setzten und unbeschränkt an die Macht des Intellekts über das Verhalten des Einzelnen glaubten. Einige wenige waren bereits mit den Methoden von Johann Heinrich Pestalozzi bekannt, dessen tieferes Verständnis des menschlichen Wachstumsprozesses die Pädagogik der Rationalisten bald überholte.[14] Gelegentlich machte eine der jüdischen Schulen einen besonderen Beitrag zum allgemeinen Schulwesen – wie zum Beispiel die Herausgabe eines deutschen Lesebuchs, das nichtjüdischen Schulen als Muster diente.[15]

So verschieden die neuen jüdischen Schulen auch waren, erfüllten sie alle die gleiche historische Aufgabe: Sie trugen dazu bei, den traditionellen Lehrplan, der sich lediglich auf jüdische Themen beschränkte und nichts als das Studium des Pentateuch und Talmud enthielt, umzuwerfen. Während der Herrschaft des traditionellen Schulsystems konnten weltliche Fächer bestenfalls privat gelehrt werden, doch jetzt hatten auch diese Fächer ihren Platz in öffentlichen Lehrinstitutionen eingenommen, wo sie die traditionellen Fächer ergänzten und in manchen Fällen sogar ersetzten. In Bordeaux waren Talmud und verwandte Fächer vom Lehrplan ausgeschlossen. Dasselbe war in Seesen der Fall. In Berlin, Breslau und Dessau schloß man einen Kompromiß, indem man den Schülern gestattete, in ihrer Freizeit eine Talmudschule des alten Typs zu besuchen. Zuweilen schlossen die Schulen selbst das Talmud-Studium in ihren Lehrplan ein, um den Wünschen konservativer Eltern nachzukommen.

Der Übergang von traditionell-jüdischen zu weltlichen Fächern deutet auf die Wichtigkeit hin, die man den letzteren im Vergleich zu jüdischen Themen beimaß. Die Schulen übernahmen eine gewisse Verantwortung für jüdische Erziehung und erfüllten sie durch die Auswahl aus der Masse des jüdischen Erbguts, die sie zu übermitteln für wert hielten. Der Pentateuch diente, noch immer, zur Einführung des Kindes in die Welt der Tradition, doch in der Art, wie es dem Kind beigebracht wurde, vollzog sich eine radikale Wandlung. Anstelle der gewohnten Übersetzung in die jiddische Mundart übernahmen die Schulen Mendelssohns soeben fertiggestellte Übertragung ins Hochdeutsche. Gleichzeitig ersetzte man die Kommentare von Raschi (Solomon Yishaki) aus dem 11. Jahrhundert durch den „Biur", einen Kommentar, den Mendelssohns Mitarbeiter herausgegeben hatten.

Mendelssohn hatte mit der Übersetzung des Pentateuch begonnen, damit seinen Kindern die jüdische Tradition in einer Sprache und auf eine Art vermittelt wurde, die im Einklang mit der Atmosphäre, in der sie erzogen wurden, stand. Später gab er der wiederholten Bitte von Freunden nach – darunter Solomon Dubno, der Privatlehrer seiner Kinder – die Übersetzung zu veröffentlichen. Dubno wurde sein erster Mitarbeiter und übernahm die Aufgabe, die hebräischen Kommentare zum Pentateuch zu schreiben, wovon er schließlich die ersten zwei Bücher Mose Genesis und Exodus, fertigstellte. Für die restlichen drei Bücher mußte Mendelssohn die Hilfe anderer Freunde in Anspruch nehmen, darunter Naphtali Herz Wessely, der den Kommentar für das dritte Buch Mose schrieb.[16] Es war ganz natürlich, daß Wessely die Übersetzung begeistert empfahl, als er seinen neuen Lehrplan der Öffentlichkeit vorstellte.[17] Mendelssohns Übersetzung wurde in der Tat von all jenen begrüßt, die es sich zur Aufgabe gemacht hatten, die Juden aus ihrer kulturellen Rückständigkeit herauszuführen. Die neuen Schulen waren nur zu gerne bereit, die neue Übersetzung in ihren Lehrplan zu übernehmen.

Sowohl Mendelssohns Übersetzung als auch der Biur-Kommentar waren konservativ abgefaßt und hielten sich an den Originaltext, ohne der traditionellen jüdischen Auslegung zu widersprechen. Trotzdem war ihre Anwendung als das grundlegende Lehrmaterial ein revolutionärer Schritt mit weitreichenden Konsequenzen. Die neue Übersetzung lehrte die Schüler die Sprache ihrer aufgeklärten Umgebung und verdrängte das bisher gebräuchliche Jiddisch. Die Einführung von „Biur" als Ersatz für Raschi hatte eine nicht weniger bedeutsame Wirkung. Der mittelalterliche Kommentar erklärte nicht nur den biblischen Text, sondern enthielt auch wichtige Teile rabbinischer Tradition. Der neue Kommentar konzentrierte sich auf den biblischen Text, und – ohne der Tradition zu widersprechen – wies er auf die moralischen und ästhetischen Aspekte der Bibel hin. Auf diese Weise wurde der Schüler durch das Studium der Bibel nicht automatisch dem Komplex der mündlich überlieferten Gesetze zugeführt, wie es unter dem alten Schulsystem der Fall gewesen war. Aufgeklärte Erzieher nahmen der talmudischen Tradition gegenüber – um es milde auszudrücken – eine ziemlich selektive Haltung ein. Dadurch, daß sie den neuen Kommentar verwendeten, konnten sie viele Einzelheiten, die sie nicht beachten wollten, gänzlich ignorieren.[18]

Auch wenn die Lehrer keinen Teil der traditionellen Überlieferungen direkt verwarfen, bevorzugten sie doch ihre theoretischen Aspekte – den Glauben an Gott, die Unsterblichkeit der Seele und die göttliche Vorsehung – sowie moralische Lehren. Dadurch ermahnten sie ihre Schüler zur Ehrlichkeit und deuteten im besonderen auf den universalen Charakter der Ethik, die keinen Unterschied zwischen den Mitgliedern der eigenen Gruppe und denen anderer Gruppen machte. Die besondere Neigung jüdischer Quellen, die Solidarität unter Juden und die speziellen Verpflichtungen, die sie gegeneinander hatten, hervorzuheben, wurden heruntergespielt, wobei man jüdischen Lehren einen humanitären und universalen Anstrich gab. Die aufgeklärte Erziehung stellte die Reinheit des Herzens und der religiösen Gefühle als das höchste Gut dar. Sehr oft wurden diese doktrinalen und moralischen Grundsätze in Handbücher aller Art aufgenommen, wo sie nicht selten die klassischen Jüdischen Texte ersetzten.[19]

Die nachdrückliche Betonung der universalen Aspekte jüdischer Moralgrundsätze war ein Teil der Vorbereitung für die erwartete Aufnahme der Juden in Staat und Gesellschaft, worauf die Erziehung abzielte. Die offensichtliche Überbewertung von

Ethik und religiöser Gesinnung war dazu bestimmt, die Aufmerksamkeit von den rituellen und zeremoniellen Aspekten der jüdischen Religion abzulenken, die tatsächlich vernachlässigt wurden. In den Schulen von Seesen und Frankfurt, die von den radikaleren Anhängern der Aufklärung geleitet wurden, führte man verschiedene Änderungen auf religiösem Gebiet ein: Statt hebräischer Gebete sang man deutsche Lieder, und auch Orgelmusik wurde eingeführt.[20] Doch im allgemeinen traten aufgeklärte Erzieher nicht offen für religiöse Reformen ein. Noch hatten die meisten von ihnen klare Begriffe darüber, welche traditionellen jüdischen Bräuche man beibehalten und welche man ablegen sollte. Anstelle einer planmäßigen Reform verließen sie sich auf den natürlichen Selektionsvorgang, der all das ausscheiden würde, was die Integration der Juden im wirtschaftlichen, sozialen und politischen Leben der Nichtjuden behindern konnte. Hier und dort wird das auch offen ausgesprochen, doch manchmal auch nur angedeutet. Im Jahre 1792 beschreibt ein anonymer Schriftsteller die gewaltigen Schwierigkeiten eines jüdischen Jungen, der bei einem nichtjüdischen Handwerker in die Lehre ging. Er konnte an den Mahlzeiten in dem nichtjüdischen Haushalt nicht teilnehmen, sein wöchentlicher Ruhetag war ein anderer, und seine täglichen Gebete behinderten ihn bei der Arbeit. Solange also der einfache Mann unter den Juden nicht bereit ist, die Gründe anzuhören und zu akzeptieren, die ihm klarmachen, daß dieses oder jenes Gesetz, diese oder jene Zeremonie überhaupt nicht zum Kern der Religion gehören, solange er nicht verstehen kann, daß der Kern der Religion in keiner Weise unter der Abschaffung so manchen Gesetzes und so manchen Brauches leidet; solange er nicht verstehen kann, daß so viele religiöse Institutionen so wenig in unsere Zeit passen, wie die Kleidung eines anderen Klimas und einer anderen Zeit; so lange kann es keine Hoffnung auf eine allgemeine Verbesserung geben. Der Autor weiß, daß er nicht weniger als die gründliche „Reformation" im Sinn hat und fühlt sich zu der Frage veranlaßt: „Wo ist denn die Reformation, die man im Interesse der Juden unternommen hat? Wo sind ihre Reformer und ihre Pädagogen? Diese Letzteren müßten allem anderen vorangehen; das meiste hängt von ihnen ab."[21] Dem Erzieher ist die Aufgabe übertragen, seine Schüler auf religiösem Gebiet aufzuklären und ihnen die relative Bedeutung jüdischer Bräuche zu vermitteln, damit sie imstande sind, sie im Falle eines Konflikts mit anderen Verpflichtungen aufzugeben.

Wie andere Anhänger der Aufklärung legten auch die Lehrer in den neuen Schulen bei der Einhaltung religiöser Pflichten eine gewisse Nachlässigkeit an den Tag, wenn sie sie auch nicht völlig mißachteten. Dies stand im krassen Gegensatz zu dem, was die ersten Förderer der Aufklärung, Mendelssohn und Wessely, beabsichtigt, was aber andere, wie zum Beispiel Dohm, klar vorausgesehen hatten.[22] Im Laufe der Zeit wurde die „Schibboleth" – das Erkennungszeichen, an dem man die Aufgeklärten von der großen Masse der jüdischen Gemeinschaft unterscheiden konnte – das Maß der Vernachlässigung religiöser Gebräuche. Die Gegnerschaft zwischen Traditionalisten und Aufgeklärten war im Wachsen begriffen. Die Letzteren konnten weder – wie früher – unterdrückt noch unbeachtet gelassen werden. Allein ihre Anzahl hätte das verhindert, ganz abgesehen von anderen Gründen, auf die wir später noch zurückkommen werden.

Nachdem die Anhänger der Aufklärung eine so positive Funktion in der jüdischen Gesellschaft erfüllten, besonders durch die Gründung und Unterstützung neuer Schulen, präsentierten sie sich als Vertreter einer legitimen Variation des Judentums, welche – wie sie glaubten – der Zukunft angehörte. Lazarus Bendavid und Aaron Wolfsohn, zwei hervorragende Vertreter erzieherischer Theorie und Praxis[23], teilten die Juden in verschiedene Kategorien ein, je nach dem Maß ihres Festhaltens an religiösen Bräuchen und Zeremonien.[24] Zur letzten – und ihrer Ansicht nach einzig wünschenswerten – Kategorie gehörte der Jude, der religiöse Bräuche rundweg ablehnte. Unter diesen gab es solche, die entweder Anhänger der echten natürlichen Religion oder ‚Moseiten' waren, das heißt Anhänger des mosaischen Judentums, das von allen Zeremonien und Bräuchen gereinigt war, wie es die Propheten gelehrt hatten.[25]

Viele der aufgeklärten Erzieher teilten die Hoffnung, religiöses Brauchtum würde gänzlich abgeschafft werden. Angesichts der Standhaftigkeit ritualistischer Tradition überhaupt und das Klammern der Konservativen an das, was man heute die Symbole jüdischer Identität nennen würde, hatte eine solche Hoffnung kaum die Chance, sich zu realisieren. Die meisten Eltern wollten ihre Kinder nicht abgetrennt von allen religiösen Praktiken sehen. Erzieher mußten sich nolens volens einer selektiven Einstellung gegenüber jüdischer Tradition beugen, indem sie wenigstens einige der populäreren Rituale in den Syllabus aufnahmen. Die Schwierigkeit bestand darin, für dergleichen Kompromisse und Halb-Maßnahmen eine ideologische Rechtfertigung zu finden. Die Aufgeklärten brüsteten sich, Nachfolger von Mendelssohn zu sein – was auch stimmte, soweit es die Gleichsetzung des jüdischen Glaubens mit den Lehren des Deismus oder der Naturreligion betraf. Mendelssohn behauptete, das Judentum enthalte keine offenbarten Doktrinen, die der menschliche Verstand allein nicht hätte fassen können. Doch verwarf Mendelssohn die Idee der Offenbarung nicht. Seiner Auffassung nach hatte diese die Aufgabe, dem jüdischen Volk ein System von Gesetzen und religiösen Pflichten nahezubringen, das durch den ihm eigenen Symbolismus jenen, die es befolgten, die ewige Wahrheit der religiösen Gebote vor Augen führen würde. Auf jeden Fall hatten die Juden die Gesetze zu befolgen, solange diese nicht durch göttliche Offenbarung außer Kraft gesetzt waren. Mendelssohn behauptete gleichfalls, die Welt sei noch nicht frei von polytheistischen Ideen und anderen religiösen Fehlbegriffen und Handlungen – trotz aller Aufklärung. Darum hatten die Juden immer noch die spezielle Aufgabe, die pure monotheistische Religion – wie sie durch jüdische Gebote symbolisiert wurde – zu hüten.[26] Das jüdische Gesetz mußte daher in seiner Gesamtheit konsequent befolgt werden.

Dieser Standpunkt konnte natürlich angefochten werden, wie es viele taten, die behaupteten, daß angesichts des Fortschritts, den die Religion der Vernunft unter zivilisierten Völkern gemacht hatte, die religiösen Vorschriften des Judentums hinfällig geworden waren. Manche der Aufgeklärten betrachteten diese Schlußfolgerung als zwingend und konnten sich nicht vorstellen, daß Mendelssohn anderer Meinung gewesen war. Einige seiner Schüler behaupteten, der Meister selbst hätte die Vorschriften nicht ernst genommen und sich nur angepaßt, um seinen Einfluß in der jüdischen Gemeinde nicht zu verlieren.[27] Durch diese Art von Argumentation konnte man die Nichteinhaltung der religiösen Vorschriften rechtfertigen, was manche Pädagogen wie Lazarus Bendavid und Aaron Wolfsohn auch taten. Die meisten jedoch hielten an ihrem früheren Standpunkt fest, wählten sich aus, was sie befolgen wollten und verwarfen die übrigen Vorschriften ohne logische Grundlage für eine solche Selektion.

Diese Grundlage konnte nur dadurch geschaffen werden, daß man Mendelssohns Theorie umdrehte. Anstatt jüdische Lehren und Doktrinen mit der Religion der Vernunft zu identifizieren und in den Vorschriften der jüdischen Religion die eigentümlichen Merkmale des Judentums zu sehen, waren diese Aufklärer der Meinung, die jüdischen Lehren und Doktrinen sollten die erste Stellung einnehmen, da sie etwas Einmaliges darstellten, während Rituale und Bräuche zum zweiten Rang herabgesetzt wurden. Dieser Meinungsumschwung wurde zur theoretischen Wende von der Aufklärung zu der eigentlichen Reformbewegung. Er kam zum erstenmal in Saul Aschers Werk *Leviathan* zum Ausdruck, das er sechs Jahre nach Mendelssohns Tod geschrieben hatte.[28] Über Aschers Leben, Ursprung und Vergangenheit ist nur wenig bekannt. Er gehörte nicht zu der mehr oder weniger organisierten Gruppe jüdischer Anhänger der Aufklärung, sondern bestritt seinen Lebensunterhalt, wie es scheint, mit seiner Tätigkeit als freier Journalist für nichtjüdische Zeitschriften.[29] Jedenfalls behielt er nicht nur seine Unabhängigkeit, sondern auch eine starke Individualität und scheute nicht vor abweichenden, originellen und befremdenden Ideen zurück. Da er ein Außenseiter war, sind seine Ideen nicht typisch für jüdisches Denken und die jüdische Gesellschaft dieser Zeit, doch weisen sie auf theoretische Möglichkeiten hin.[30]

Ascher hatte sich die Idee der Offenbarung bewahrt und seine Definition des Judentums daraus entwickelt. Aber augenscheinlich brauchte er diese Bezeichnung – so wie andere Bezeichnungen von theologischem Begriffsinhalt – um das Judentum einer bestimmten Religionskategorie zuzuweisen, die sich von der Naturreligion und dem Vernunftglauben unterschied. Ascher kümmerte sich nicht um die Geschichtlichkeit der Sinai-Offenbarung, die Mendelssohn immer noch als Kriterium für die Wahrheit des Judentums diente. Seiner etwas undeutlichen Vorstellung nach beruhte das Judentum, wie auch andere Religionen, auf einem glücklichen Zusammentreffen historischer Tradition mit den psychologischen Bedürfnissen des Menschen. Ascher betrachtete das Sehnen nach Religion als echt psychologische oder vielleicht sogar metaphysische Eigenschaft, im Gegensatz zu dem rationalistischen Standpunkt. Das sicherte der Religion eine ständige Präsenz im Leben des Menschen. Doch indem er die historische Wahrheit als Kriterium für die Gültigkeit der Religion aufgab, konnte er die Möglichkeit eines Wandels, wie es ihn in der Religion verschiedentlich gab, akzeptieren. Für den Sonderfall des Judaismus bedeutete das, daß die jüdische Religion ein Grundelement der jüdischen Gemeinschaft darstellte, ihre äußere Form jedoch Änderungen unterlag. Die Rechtmäßigkeit solcher Änderungen hing davon ab, ob sie die Wesenszüge der Religion oder nur ihre Randerscheinungen betrafen.[31] Diese Theorie war die Rechtfertigung für religiöse Reform oder Reformation, um den christlichen Ausdruck, den Ascher gebrauchte, anzuwenden.

Die beabsichtigte Art der Reform wurde durch die historische Situation bestimmt – die Einhaltung der religiösen Vorschriften, die auch noch von Mendelssohn als Maßstab für die Religionstreue des Juden angesehen wurde, ließ immer mehr nach. „Täglich sehen wir die Religion unter unsern Glaubensgenossen in größerem Verfalle. Mit jedem Tage sehen wir die Anzahl der Apostaten anwachsen." Das Gesetz wird „vernachlässigt, wie es vernachlässigt zu werden verdient". Für diese Vernachlässigung gab es zwei Gründe, einen praktischen und einen seelischen. Der Jude – teilweise in der nichtjüdischen Gesellschaft integriert – wird durch seine religiösen Verpflichtungen in seinem Gesellschaftsleben und seiner Berufskarriere behindert. Die „Autonomie der Persönlichkeit" – ein Ausdruck von Kant, den Ascher übernommen hatte – verlangt die Handlungsfreiheit des Individuums ohne Behinderung durch Rituale, auferlegt von äußerer Autorität.[32] Obgleich Ascher für das Bedürfnis des Einzelnen, die Vorschriften zu vernachlässigen, Verständnis zeigt, sieht er eine solche Verirrung als unerwünscht an, da sie der Bekehrung Vorschub leistet. Das einzige Rettungsmittel, das ihm vorschwebt, ist eine neue Definition des Judentums in einer Weise, die den Einzelnen von seiner Verpflichtung, die Vorschriften einzuhalten, befreien würde unter Beibehaltung seiner Zugehörigkeit zur jüdischen Religion und zur jüdischen Gemeinschaft.

Dies ist die Grundlage von Aschers Reformvorschlägen. Sie ist – kurz ausgedrückt – eine Verdrängung der Gesetze an den äußeren Rand und Anerkennung der Dogmen als Kern der jüdischen Religion. Ascher sagt: „Nach unserer Theorie machen die Dogmen das Wesentliche des Judentums aus." Ascher schreckt nicht davor zurück, den vielgeschmähten Ausdruck „Dogma" anzuwenden, weil er fest davon überzeugt ist, daß die Vernunft dem Glauben gewisse Zugeständnisse machen muß. Was die Definition der obligatorischen Lehren des Judentums betrifft, macht Ascher nur vorläufige Vorschläge und überläßt die endgültige Auslegung eines Systems für jüdische Glaubensgrundsätze den Theologen.[33] Trotzdem weisen seine Anregungen deutlich auf das hin, was er sich vorstellt. Der Glaube an Gott und seine Offenbarung, die den Bund mit Israel besiegelt, ist fundamental. Doch die Gesetze, die zur gleichen Zeit gegeben wurden, waren lediglich von vorübergehender Bedeutung und dienten nur erzieherischen Zwecken. Von ewiger Gültigkeit war nur der Glaube an Gott und seine Attribute – ein Gott der Liebe, allwissend und allmächtig. Der Bund mit Israel garantierte auch die Erlösung durch den Messias in diesem Leben oder im Grabe jener, die der Auferstehung für würdig erachtet werden.[34] Das ist durchaus zweideutig und umgeht das Problem einer nationalen Erneuerung des jüdischen Volkes.[35]

Im großen ganzen jedoch ist Ascher ziemlich großzügig, indem er soweit wie möglich das traditionelle System des Glaubens aufrechterhält, und dafür eine Linderung des Gesetzes oder gar dessen Abschaffung erwartet. Er war bereit, einige hervorstechende Teile jüdischer Gesetze beizubehalten, wie die Beschneidung, die Heiligung des Sabbat und der Feiertage als Mahnzeichen an den Bund Gottes und als passenden Ausdruck religiöser Lehren, ohne dabei auf peinlicher Beachtung aller Vorschriften zu bestehen, wie sie die Halacha – das rabbinische Gesetz – vorschreibt. Obgleich er es nicht deutlich erwähnt, ließ Ascher das rabbinische Gesetz völlig unbeachtet und überwies die Rolle des „Halachisten“ den Theologen, jenen Theoretikern, deren Aufgabe es war, jüdische Lehren und ihre Quellen zu erforschen und zu erläutern.[36]

Aschers Stellungnahme hatte gegenüber einfachen Forderungen nach Reformen den Vorteil, daß seine Vorschläge auf einer sorgfältig durchdachten Theorie basierten. In gewisser Weise nahm er vorweg, was später eine typische Erscheinung der Reformbewegung wurde, nämlich daß der Respekt vor den jüdischen Lehren der Mißachtung für die Strenge des Gesetzes die Waage hielt. Doch Mißachtung allein, auch wenn sie ideologisch gerechtfertigt war, genügte nicht. Eine Neugestaltung religiöser Praktiken muß, um für die Gemeinschaft akzeptabel zu sein, nicht nur eine rationale Rechtfertigung besitzen, sondern gleichzeitig von einer religiösen Behörde sanktioniert sein. Das Problem jüdischer Religionsreformer war, eine respektable jüdische Institution zu finden, die das Vertrauen der jüdischen Gemeinschaft besaß. Gewiß forderten viele Juden Neuerungen oder zumindest die Anpassung der Gesetze an die offensichtlichen Bedürfnisse der Zeit. Der wesentliche Inhalt ihrer Forderungen war, daß die Rabbiner ihre Macht dazu gebrauchen sollten, die notwendigen Änderungen zu autorisieren. Im Jahre 1796 erschien in einer Hamburger Zeitung ein Bericht, daß eine Rabbinersynode in Florenz beschlossen hatte, den wöchentlichen Ruhetag der Juden von Samstag auf Sonntag zu verlegen, die Vorschriften für die Sabbatruhe zu erleichtern, den Frauen zu gestatten, ihre Haare nicht verdecken zu müssen, Männern die Benutzung eines Rasiermessers zu gestatten und den Genuß von Schweinefleisch zu erlauben. Die verblüffende Nachricht wurde dann „in allen Zeitungen" Europas abgedruckt.[37] Auch wenn die Einzelheiten das Wunschdenken einiger jüdischer Reformer widerspiegelten, die den Bericht wahrscheinlich in die Zeitung lanciert hatten, ist es trotzdem bezeichnend, daß sie diese Beschlüsse den wichtigen Rabbinern der großen Gemeinden in Rom, Mantua, Modena und anderswo zuschrieben. Wie auch immer, wurde die Falschmeldung von zeitgenössischen Rabbinern als Herausforderung aufgefaßt. Baruch Jeitteles aus Prag stellte in Mantua Nachforschungen an und veröffentlichte die erhaltene Antwort im Berliner *Hameasef*.[38] Raphael Cohen, der Rabbiner von Hamburg-Altona, forderte seine Florentiner Kollegen auf, zu protestieren, was sie auch taten. Sie gaben sogar eine Broschüre heraus, in der sie bestritten, daß eine derartige Synode zusammengetreten sei und daß derartige Beschlüsse ins Auge gefaßt worden seien. Ihr Protest war von den Vorstehern anderer italienischer Gemeinden gegengezeichnet, und die Broschüre wurde in Hamburg nochmals veröffentlicht.[39] Nach Behauptungen eines damals in Livorno lebenden palästinensischen Rabbiners, des berühmten Hayyim Joseph David Azulai, eines der Unterzeichner der Protestnote, war der Bericht in Altona gefertigt worden in der Absicht, die staatlichen deutschen Behörden zu veranlassen, die Juden zur Einführung ähnlicher Reformen in Deutschland zu zwingen.[40] Ob das tatsächlich der Fall war, ist schwer zu sagen, doch die Idee, der Staat solle seine Macht zur Umerziehung widerspenstiger Elemente gebrauchen

– auch auf religiösem Gebiet – erschien jüdischen wie nichtjüdischen Rationalisten gar nicht so abwegig.[41] Anzeichen von Rastlosigkeit und Unzufriedenheit mit dem Zustand religiöser jüdischer Angelegenheiten waren überall zu bemerken, und die Rabbiner hatten allen Grund zur Besorgnis.

Im nächsten Kapitel werden wir darauf eingehen, warum die konservativen Elemente in der jüdischen Gesellschaft – unter ihnen die Mehrzahl der Rabbiner – nicht gewillt waren, mit den Befürwortern der Reform zu kooperieren. Es sind tatsächlich nur zwei Fälle bekannt, wo Rabbiner den Reformern aktive Hilfe leisteten. Der eine ist der Fall von Saul Berlin[42], der sich kurz nach Mendelssohns Tod (1786) ereignete, als seelische Verwirrung und soziale Unruhe ihren Höhepunkt erreichten. Saul Berlin, der Sohn des Rabbiners von Berlin, war von 1786 an für einige Jahre der geistige Führer der Gemeinde von Frankfurt an der Oder. Dann gab er seinen Posten als Rabbiner auf und lebte in Berlin. Hier schloß er sich mehr oder weniger offen einer Gruppe von Neuerern an, die inzwischen schon zu einer Art Partei angewachsen war, doch verlor er nicht seinen Ruf als führender Talmudist. Im Jahre 1793 veröffentlichte er ein Manuskript, das er angeblich auf seinen Reisen in Italien gefunden hatte und das die Responsa des berühmten Rabbiners von Toledo aus dem 14. Jahrhundert, Ascher ben Yehiel, enthielt. Der Herausgeber fügte dem Originaltext seine eigenen Kommentare bei. Diese, wie auch der Grundtext, enthielten rabbinische Beschlüsse, die eine deutliche Neigung zu Erleichterungen aufwiesen. Sie befürworteten die Lockerung verschiedener Vorschriften, wie zum Beispiel den Genuß von nichtjüdischem Wein, die Verkürzung der täglichen Gebete und die Verschiebung der sofortigen Beerdigung[43] – alles Themen, über die Neuerer und Konservative im Streit lagen. Sehr bald regte sich der Verdacht, daß der angebliche mittelalterliche Text nichts als eine Fälschung des Herausgebers sei, der sich auf die Autorität ehrwürdiger Experten für seine geplanten Neuerungen stützen wollte. Daß sich Saul Berlin zu solchen Tricks herabließ, um Unterstützung für seine Reformen zu erhalten, ist nur teilweise durch die rätselhafte und oft sprunghafte Persönlichkeit dieses Mannes zu erklären. Man kann es auch der Verwirrung und der Bestürzung zuschreiben, die das Ergebnis der Auflösung anerkannter Werte waren.

Der andere Fall von Zusammenarbeit zwischen Rabbinern und Neuerern hängt mit der politischen Tätigkeit von Israel Jacobson in Westfalen zusammen. Als dieser Staat kurz nach der Eroberung durch die Franzosen im Jahre 1807 gegründet wurde, ernannte man Jacobson zum Leiter des Konsistoriums, das die Angelegenheiten der jüdischen Gemeinde zu regeln hatte. Jacobson benutzte die Gelegenheit, den unwilligen Gemeinden seine Ansichten aufzuzwingen. Seine Neuerungen waren nicht besonders weitreichend. Sie betrafen die Anstandsformen in der Synagoge, die Verkürzung der täglichen Gebete und die Weglassung einiger nebensächlicher Rituale an Feiertagen.[44] Jacobson hatte auch die Absicht, eines der Speisegesetze zum Passahfest, die gerade in den aschkenasischen Gemeinden besonders streng waren, wegzulassen. Der biblischen Vorschrift für ungesäuertes Brot hatte man im Mittelalter ein Verbot von Reis und Hülsenfrüchten, wie Bohnen und Erbsen, hinzugefügt. Wie auch andere, wollte Jacobson zweifellos sämtliche Speisegesetze aufgehoben sehen, bestand aber im besonderen auf der Aufhebung dieses speziellen Gesetzes, da es so schien, als könne man seine Abschaffung bei den Rabbinern erwirken. Es gelang Jacobson, die Zustimmung der rabbinischen Kommission zu erhalten, die dem neuen Konsistorium vorstand.[45] Ein Mitglied der Kommission, Menahem Mendel Steinhardt, veröffentlichte eine Abhandlung, in der er die vorgeschlagene Änderung mit talmudischer Dialektik verteidigte.[46] Die Halacha gestattete ein gewisses Maß von Flexibilität, um veränderten Situationen, die sich im Laufe der Zeit ergaben, gerecht zu werden. Die westfälischen Rabbiner bedienten sich dieser Methode ohne sich sonderlich um die Motivierung, die dem Verlangen nach Reform zugrunde lag, zu kümmern. Sehr bald erregte diese Aktion den Unwillen anderer zeitgenössischer Rabbiner, welche die Gefahr einer Abweichung vom Hergebrachten zu erkennen glaubten, auch wenn sie von der Halacha gedeckt werden konnte.

Eines war klar: Welche Reformen auch immer unter den schützenden Fittichen des Halacha-Verfahrens durchzusetzen waren, erreichten sie keineswegs die Erwartungen der radikaler gesinnten Reformer. Ascher erkannte das deutlich und lehnte eine „negative Reform“ energisch ab, worunter er die allmähliche Zurechtstutzung der religiösen Tradition verstand. Er verlangte eine „positive Reform“, die dem Judentum eine neue

Grundlage verleihen würde.[47] Im Namen welcher Autorität das geschehen sollte, war ihm selbst nicht klar. Keinesfalls konnte man dies im Rahmen der Halacha erreichen. Im Gegenteil, diese Art von Reform bedeutete die Loslösung von der Halacha, der Kodifizierung des Gesetzes und seiner fortlaufenden Neuauslegung.

Die Reformer griffen zeitweise auf historisch-rationalistische Auslegungen der Quellen jüdischer Religion zurück, um zu beweisen, daß diese ursprünglich eine andere Bedeutung hatten, als die, die ihnen spätere Autoritäten zuschrieben. Abraham Asch scheute keine Mühe zu beweisen, daß Moses das Gesetz der Beschneidung nicht wörtlich gemeint hatte und daß er den Sabbat nicht unabänderlich auf einen bestimmten Tag festgelegt hatte. Daher konnten die Juden guten Gewissens die Beschneidung abschaffen und den Ruhetag auf Sonntag verlegen.[48] Obgleich Asch eine Fülle von talmudischen Quellen zitierte, um seine These zu stützen, konnte er schwerlich behaupten, daß sie im Einklang mit überlieferter Tradition war. Seine Methode, eine grobe Form von Mutmaßung, diente ihm offenbar als Mittel, willkürlich zu der gewünschten Schlußfolgerung zu gelangen. Diese Methode war keineswegs überzeugend.[49] Auf diese Weise konnte er niemals die erforderliche Autorität für die gewünschten Änderungen erlangen. Und ohne eine solche Autorität war die Reform von vornherein zum scheitern verurteilt.

Andere Reformer hatten den Einfall, eine rabbinische Versammlung einzuberufen, die die Machtbefugnisse einer gesetzgebenden Körperschaft annehmen sollte. Die unwahre Geschichte von einer Synode, die in Florenz zusammengetreten sein sollte, um Reformen der grundlegenden Bräuche einzuführen, wirft ein Licht auf die vorherrschende Stimmung jener Zeit, die eine rabbinische Versammlung mit fast unbeschränkten Vollmachten befürwortete. Das dachte sich jedenfalls Israel Jacobson, der, als er von Napoleons Absicht erfuhr, die jüdische Angelegenheit im Jahre 1805 im Elsaß nochmals zur Sprache zu bringen, ihm brieflich vorschlug, einen jüdischen Oberrat zu gründen, der bevollmächtigt wäre, alle möglichen Konfliktpunkte in den Verpflichtungen des Juden seiner Religion und seinem Staat gegenüber zu entscheiden.[50] Es ist anzunehmen (nach Ansicht von Jacob R. Marcus), daß Jacobsons Brief einer der Faktoren war, die Napoleon dazu bewegten, den berühmten Pariser Sanhedrin einzuberufen. Das würde zum Teil die eigenartige Tatsache erklären, daß eine nichtjüdische Instanz die erste bevollmächtigte Körperschaft für die Einführung von Reformen schuf.[51]

Wie auch immer, es ist eine Tatsache, daß der Plan für die Einberufung einer rabbinischen Synode als Mittel zur Realisierung der erwünschten Änderungen vom Kaiser genehmigt wurde.[52] Nach Anhörung der Beschwerden der Elsässer, daß die Juden trotz ihres neuen Status als Staatsbürger immer noch an ihrer früheren Einstellung festhielten, beschloß Napoleon, das Problem an der Wurzel anzupacken. Er erwartete von der jüdischen Bevölkerung, sich ihrer neuen Lage anzupassen, ihre einzigartigen Institutionen, wie rabbinische Rechtsprechung, aufzugeben und sich mit ihrer Umgebung völlig zu verschmelzen, bis hin zur Mischehe. Das veranlaßte ihn, eine Versammlung jüdischer Würdenträger aus Frankreich, Italien und dem französisch-besetzten Westdeutschland einzuberufen. Hier erörterten Laien und Rabbiner die Probleme, die man ihnen im Namen des Kaisers in Form von zwölf Fragen vorgelegt hatte. Diese Fragen betrafen die Einstellung der Juden zu ihren nichtjüdischen Nachbarn, ihre Loyalität gegenüber ihrem angenommenen Heimatland, ihr Geschäftsgebaren – insbesondere die Berechnung von Zinsen und Wucherzinsen – und die Vollmachten der rabbinischen Gerichte. Im Laufe der Beratungen wurde es Napoleon klar, daß die Beschlüsse der Versammlung, wie immer sie auch ausfielen, für die Juden nur dann eine Verpflichtung darstellen würden, wenn sie von einer rein geistlichen Behörde anerkannt und genehmigt waren. Daraus erwuchs die Idee, den Sanhedrin einzuberufen, der sich aus religiösen Führern und Rabbinern zusammensetzte. Die Versammlung jedoch erwies sich als eine ziemlich konservative Körperschaft, was ihre rabbinischen Mitglieder betraf, und diese allein zählten im Sinne religiöser Autorität.[53] Trotz radikaler Forderungen von Laienmitgliedern, die sogar so weit gingen, eine Erlaubnis für Mischehen zu fordern, weigerten sich die rabbinischen Behörden, nachzugeben. Sie ließen keinerlei Modifizierungen der Gesetze zu, mit Ausnahme dessen, was ihnen nach der Halacha – zu deren Umgestaltung man sie überhaupt einberufen hatte – gerechtfertigt schien. Sie bestätigten die Anhänglichkeit der Juden ihrem Land gegenüber und die Pflicht, die Gesetze des Landes zu befolgen, doch dafür konnten sie mühelos Belege aus talmudischen Quellen erbringen. Dagegen weigerten sie sich, Mischehen zu sanktionieren – die einzig wirkliche Herausforderung unter Napoleons Wünschen. Das einzige Zugeständnis, das sie machten, war das Versprechen, einen Juden, der eine Nichtjüdin nach dem Zivilgesetz geheiratet hatte, nicht auszustoßen.

Die ganze Idee der Synode als autonome Institution wurde bei dieser Gelegenheit durch die stumme Opposition der Rabbiner zunichte gemacht. Nach außen hin mochte der Sanhedrin den Eindruck vermittelt haben, als sei er imstande, Gesetze zu verabschieden. Doch als die Ausschüsse zusammentraten, um Antworten auf die Fragen des Kaisers zu formulieren, bevor diese von dem Sanhedrin bestätigt wurden, stießen sie auf unerbittlichen Widerstand seitens der Rabbiner. Die Rabbiner fühlten sich an die Halacha gebunden und waren lediglich bereit, der Versammlung Vorschläge zu unterbreiten, die man der Halacha gerade noch entringen konnte. Das Ergebnis war, daß auch die konservativsten unter den zeitgenössischen Rabbinern mit ihren Kollegen zufrieden sein konnten, denen es auch unter Druck gelungen war, das alte System zu verteidigen und nicht mehr zuzugestehen, als was auch unter diesen besonderen Umständen mit den Regeln der Halacha vereinbar war.[54] Was nach außen hin als autonome Synode erschien, war in Wirklichkeit das Sprachrohr der Rabbiner, die nur das zuließen, was man nach den alten Methoden der Neuauslegung herauslesen konnte. Eine Institution für „positive Reformen", so wie Ascher sie sich vorstellte und Napoleon sie geplant hatte, war nicht zustande gekommen.

Obgleich keine konkreten Resultate erzielt wurden, schöpften nichtsdestoweniger die Verfechter der Reform Mut aus den Beratungen des Sanhedrin. Auch wenn diese Versammlung den Erwartungen nicht gerecht wurde, würde vielleicht eine andere dieser Art, unter anderen Bedingungen und in anderer Zusammensetzung schließlich Erfolg haben. Denn die Idee der Reform blieb bestehen und bestärkte viele Juden in der Hoffnung auf ein erneuertes und wiederbelebtes Judentum.

Neuntes Kapitel

Konservative in Verlegenheit

Die jüdische Gesellschaft der vorrationalistischen Ära war ihrem Grundcharakter nach traditionalistisch. In ihrer Handlungs- und Denkweise, wie auch gefühlsmäßig, folgte sie herkömmlichen Mustern. Ihre Traditionstreue war der eigentliche Kern ihrer Weltanschauung. Nach dieser Weltanschauung konnte die jüdische Tradition erst in unbestimmter, ferner Zukunft überholt oder abgeschafft werden, nämlich bei der Ankunft des Messias, wenn sich die Grundlagen jüdischer Existenz – und vielleicht der gesamten Menschheit – plötzlich und auf wundersame Weise auflösen und umgestalten würden.[1] Bis dahin war traditionelle Lebensart die höchste Tugend oder vielmehr die Vorbedingung für sämtliche Tugenden.

Der tatsächliche Wandel, der sich im Laufe von ein oder zwei Generationen – zwischen 1770 und 1815 – vollzogen hatte, schien dieses ganze Konzept in Frage zu stellen. Denen, die den Traditionen treu geblieben waren, müssen die wechselnden Ereignisse wie eine Art metaphysische Katastrophe erschienen sein. Die messianische Erwartung, das Exil der Juden würde in einer wundersamen Rückkehr in ihre alte Heimat enden, erhielt dadurch einen Schlag, daß sich die Juden in ihren Wohnländern um Einbürgerung bemühten. Die Lossagung einer Minderheit der jüdischen Gesellschaft vom traditionellen Leben und – mehr noch – der Versuch, ihre Ansichten der gesamten jüdischen Gesellschaft aufzuzwingen, muß für diese verwirrend und empörend gewesen sein. Reichliches geschichtliches Beweismaterial verbürgt es, daß die Traditionalisten den Wandel in der jüdischen wie nichtjüdischen Gesellschaft in der Tat als katastrophal empfanden. Kein Wunder, daß sie zu Anfang vor Schreck zur Passivität erstarrten. Es dauerte eine Zeitlang, bis sie sich genügend gesammelt hatten, um eine zweckmäßige Antwort zu finden, die die neue Realität in allen Einzelheiten voll in Betracht zog, aber trotzdem an der Tradition festhielt. Die Neuorientierung kam schließlich zustande, wodurch der Historiker wieder einmal eine Lektion erhält: Kein ideologisches System ist so starr, daß es sich unter dem Druck harter historischer Realität nicht anpassen könnte. Wir beschäftigen uns hier lediglich mit den Anfangsstadien dieser Reaktion, als für die Traditionalisten ihre Welt sich im Chaos aufzulösen schien.

In einem früheren Kapitel wurde die Frage aufgeworfen, ob die Krise, die in den letzten Jahrzehnten des 18. Jahrhunderts in der jüdischen Gesellschaft ausbrach, nicht schon seit mehreren Generationen in latenter Form bestanden hatte.[2] Eines ist sicher: Diejenigen, die später diese Krise als den Zusammenbruch ihrer Welt ansahen, hatten keine Ahnung, was sich abspielte, und keine Befürchtungen für die Zukunft des Traditionalismus störten ihren regelmäßigen Lebensablauf. Das Maß dieser Ahnungslosigkeit wird dadurch demonstriert, daß Männer wie Mendelssohn und Wessely, die die Verfechter der neuen Bewegung werden sollten, zu Anfang ihrer Laufbahn von der jüdischen Gemeinschaft als solcher, einschließlich jener, die als die eifrigen Hüter der alten Traditionen galten, hoch geehrt wurden. Die beiden mochten in mancher Hinsicht ungewöhnlich gewesen sein, waren aber immer noch angesehene Mitglieder der Gemeinschaft.

Als Mendelssohn im Jahre 1761 nach Hamburg kam, um seine zukünftige Frau zu besuchen, wurde er mit dem berühmten Hamburger Rabbiner Jonathan Eibeschütz bekannt, der ihm eine Art Diplom verlieh, das sein Wissen auf dem Gebiet talmudischer Literatur bezeugte; nur der unverheiratete Status seines Besuchers hinderte ihn daran, ihm die Autorisation als Rabbiner zu geben. Rabbi Eibeschütz war auch des Lobes voll über Mendelssohns Kenntnisse auf allen Gebieten der Philosophie und fügte hinzu, es sei ihm gelungen, ein harmonisches Verhältnis zwischen Philosophie und jüdischer Tradition zu schaffen.[3] Mendelssohn korrespondierte auch mit Rabbi Jacob Emden, dem anderen großen Gelehrten in Hamburg-Altona, und während der Lavater-Kontroverse im Jahre 1770 erwies sich dieser Rabbiner als gefragter Berater um einen bestimmten Punkt der jüdischen Lehren zu klären, über den Mendelssohn eine maßgebliche Aussage machen wollte.[4] Höchstwahrscheinlich kannte Emden weder den Grund für diese Anfrage, noch begriff er die Bedeutung dieses Themas, das die Position des „Gerechten Nichtjuden" in der jüdischen Tradition betraf.[5] Das zeigt wieder einmal, daß die keimenden Gegensätze noch immer versteckt waren, sogar vor den Teilnehmern selbst.

Sogar im Jahre 1772 war es Emden immer noch möglich, sich an Mendelssohn mit der Bitte zu wenden, sich für die Gemeinde von Mecklenburg-Schwerin einzusetzen, die wegen der Frage der frühen Beerdigung im Streit mit der Regierung lag. Dieses Problem, das mit großer Regelmäßigkeit immer wieder auftauchen sollte, erschien hier zum erstenmal.[6] Wissenschaftler oder vielmehr rationalistische Mediziner des 18. Jahrhunderts behaupteten, unwiderlegbare Beweise für Fälle von Scheintod gefunden zu haben, wo ein Patient trotz aller physischen Anzeichen, wie Aufhören des Pulsschlags und der Atmung, noch am Leben sein konnte. Um Fehler zu vermeiden und nicht versehentlich Scheintote zu begraben, schlugen sie vor, die Beerdigung ein paar Tage aufzuschieben, bis der Tod zweifelsfrei festgestellt war. Das war jedenfalls die gewohnte Prozedur bei den Christen. Bei den Juden jedoch war es Brauch und religiöse Pflicht, den Toten noch am Tage seines Hinscheidens zu begraben. Als dieser Brauch zur Kenntnis der Regierung von Mecklenburg-Schwerin gebracht wurde – und zwar durch den gelehrten Orientalisten Olof Gerhard Tychsen, dessen Haltung in allen Dingen des Judentums zwiespältig war – fühlte sich die Regierung verpflichtet, diesem – wie sie es nannte – barbarischen Ritual ein Ende zu setzen. Traditionell denkende Juden teilten indessen nicht diese Befürchtungen und betrachteten das Eingreifen der Behörden als störende Einmischung in ihren religiösen Angelegenheiten, gegen die einflußreiche Gemeindeführer und Persönlichkeiten vorzugehen hatten. Auf diese Weise trug man das Problem an Rabbi Emden heran, der es an Mendelssohn weiterleitete, da er der Ansicht war, er eigne sich am besten, um den jüdischen Standpunkt in entsprechender Weise zu vertreten. Zur Verwunderung des Rabbiners und der betroffenen Gemeinde erklärte sich Mendelssohn zwar bereit, seine Bitte zu erfüllen, machte jedoch seinen Standpunkt klar, daß er diese jüdische Sitte als höchst fragwürdig ansah. Er behauptete, das frühe Begräbnis sei kein jüdischer Brauch aus talmudischer Zeit und die zeitgenössischen Juden hätten allen Grund, die staatlichen Vorschriften anzuerkennen.[7]

Mendelssohn – soviel ist sicher – war nicht in erster Linie durch die angeführten Beweise aus talmudischen Quellen motiviert. Was ihn hauptsächlich bestimmte, war das Vertrauen auf die wissenschaftliche Grundlage der Bestimmung, da er als Rationalist die Ergebnisse rationalistischen Denkens und Beobachtens anerkannte. Wenn diese Ergebnisse der Tradition widersprachen, mußte diese Tradition aufgegeben werden. Die Heranziehung talmudischer Quellen war jedoch zweckdienlich, indem sie einen legitimen Grund für eine Abweichung vom Gebräuchlichen darstellte. Dies ist typisch für den rationalistischen, wenn auch nicht radikalen, Reformer. Ein echter Traditionalist konnte diesen Standpunkt natürlich nicht akzeptieren. Der Vorschlag sowie die gelehrte Rechtfertigung dafür wurde auch in der Tat von Rabbi Emden und von späteren Traditionalisten zurückgewiesen. In dieser Korrespondenz erwähnt Emden zum erstenmal die Gerüchte, Mendelssohn weiche von der Tradition ab. Trotzdem hielt sich der Konflikt zwischen Mendelssohn und den Traditionalisten in Grenzen und führte zu keinem öffentlichen Skandal. Sogar seine Beziehung zu Emden blieb freundlich, und ihre Korrespondenz wurde weitergeführt.[8]

Wessely, wie auch Mendelssohn, war in traditionellen Kreisen angesehen. Seine Werke wurden von führenden Rabbinern empfohlen und in weiten Kreisen der traditionellen Öffentlichkeit gelesen. Obgleich seine Werke unschmeichelhafte Bemerkungen über den Gelehrten des alten Typs enthielten, der seine Zeit in intellektueller Absonderung beim Studium des Talmud verbrachte, wurden diese von seinen Lesern offenbar nicht wahrgenommen, bis der Streit von 1782 sie als das aufzeigte, was sie waren – nämlich eine scharfe Kritik an dem gesamten System traditioneller Erziehung.[9] Bis dahin waren seine Bemerkungen entweder übersehen oder als Übertreibungen abgetan worden, das Privileg der Prediger und Verfasser von Homiletik. In der Tat waren Wesselys Bücher keine gewöhnliche Homiletik. Er schrieb Kommentare über biblische und talmudische Texte, doch gebrauchte er sie nicht, wie andere Prediger jener Zeit, lediglich als Ausgangspunkte für eine freie Gedankenverbindung. Im Gegenteil, er versuchte durch die methodische Differenzierung zwischen Synonymen den genauen Sinn des Textes zu bestimmen. Diese neue Methode hatte etwas Erfrischendes an sich und wurde auch von den Traditionalisten begrüßt, da sie trotz der Neuheit der Methode keine Nachteile für traditionelle Lehren und Prinzipien befürchten ließ. Rabbi Yehezkel Landau aus Prag, der die Veröffentlichung eines der Werke von Wessely im Jahre 1775 mit einem Vorwort versah, drückte das auch deutlich aus.[10] Bis zu dem offenen Streit in den 80er Jahren des 18. Jahrhunderts gestattete die Traditionsgesellschaft Abweichungen bis zu diesem Ausmaß.

Was war es also, das den Traditionalisten endlich die erschreckenden Anzeichen einer Revolution vor Augen führte? Es scheint zwei Faktoren gegeben zu haben: die Häufung der Abweichungen und die Behauptung der Missetäter, daß sie aus Überzeugung handelten und daher das Recht hatten, ihre eigenen Wege zu gehen. Diese beiden Faktoren beeindruckten offenbar Rabbi Israel Baer in Amsterdam, der im Jahre 1772 ein Gedicht (unveröffentlicht) verfaßte unter dem vielsagenden Titel „Eine neue Welt." Darin zählte der Rabbiner die Unzulänglichkeiten seiner Generation auf. Der Amsterdamer Jude, ob Sephardi oder Aschkenasi, war nach der letzten Mode gekleidet und gelockt. Die Männer gebrauchten Rasiermesser, um sich zu rasieren. Man ging ins Theater und in die Oper. Das tägliche Gebet wurde oft ausgelassen, und Kartenspiel war die Mode. Der Sabbat wurde nicht streng eingehalten, und manche fasteten nicht einmal am Neunten Av, dem Fasttag zum Gedenken an die Zerstörung des Tempels. Die Söhne der Reichen besuchten Universitäten und führten ein ausschweifendes Leben.[11]

Zu all den Einzelheiten, die in diesem Klagelied erwähnt werden, gab es eine Parallele in den Predigten der Moralisten früherer Zeiten.[12] Es war die Anhäufung dieser Vorkommnisse, die dem Rabbi eine neue Welt, die daraus entstand, vor Augen führte. Zusätzlich weist er auch auf den ideologischen Standpunkt hin, der diesen Ereignissen zugrunde lag. Er zitiert die Übeltäter, die sagten, was sie taten sei nicht gegen das Judentum als solches gerichtet. Sie mißachteten lediglich die mündlich überlieferten Gesetze, die von Menschen geschaffen waren und sie daher zu nichts verpflichteten.

Hier finden wir den Ausdruck einer neuen Haltung, die zuerst unter den Sephardim in Frankreich und Holland spürbar wurde und später, mit der Ausbreitung des Rationalismus, auch die Aschkenasim erreichte. In den achtziger Jahren war diese Einstellung überall in Zentraleuropa schon allgemein verbreitet. Prag kann als Beispiel dienen, denn es gibt Aufzeichnungen von den Predigten berühmter Rabbiner aus den Jahren direkt vor und nach 1780. Nach Ton und Inhalt dieser öffentlichen Ermahnungen läßt sich ermessen, wie weit die Traditionalisten das Ausmaß des Geschehens erkannt hatten.

Frühere Predigten beschäftigen sich mit der üblichen Nachlässigkeit in der Befolgung religiöser Pflichten, wobei man manchmal auch auf ernsthafte Abweichungen hinwies. Zum Beispiel wurden im Jahre 1769 innerhalb der jüdischen Gemeinde von Prag zehn uneheliche Kinder männlichen Geschlechts geboren. Man kennt die genaue Anzahl, da sie alle pflichtgemäß in der Gemeindesynagoge beschnitten wurden.[13] Die Prediger beklagten den Verfall der Moral, jedoch nur auf traditionelle Art, indem sie sich auf frühere und bessere Zeiten beriefen. Keine bestimmte Gruppe wurde im besonderen gerügt, außer den Sabbatianern, die auch nach dem Auftauchen der neuen Gruppe aufgeklärter Juden immer noch der Feind Nummer eins blieben.[14] Im Jahre 1770 wetterte Rabbi Yehezkel Landau gegen die neumodischen Philosophen – wahrscheinlich Nichtjuden – die die Entwicklung der Welt in Begriffen von rein mechanischer Fortwirkung erklärten.[15] Vielleicht war er beeinflußt von den Befürchtungen nichtjüdischer Behörden, die um diese Zeit eine Zensur einführten, um aus dem Ausland importierte atheistische Schriften zu unterdrücken.[16] Jedenfalls machte man solche neumodischen Lehren nicht für irgendwelche Abweichungen im Verhalten der jüdischen Gemeinde verantwortlich.

Erst nach dem Toleranzpatent und nach Wesselys Aufruf, den neuen Lehrplan voll einzuführen, begann man Neuerer und Abtrünnige scharf zu rügen. Gerade zu diesem Zeitpunkt kehrte Rabbi Eleazar Fleckeles nach Prag zurück, von einem Posten in Kojetein, einer mährischen Kleinstadt, wo er kurze Zeit als Rabbiner amtiert hatte.[17] In Prag wurde er Prediger und später eine führende rabbinische Kapazität. Als er noch in Kojetein war, predigte er über das Thema vorherrschender Übertretungen und Sünden gegen jüdische Vorschriften – den gleichen Text, den Rabbiner seit Urzeiten predigten. In Prag begann Fleckeles einen Teil seiner Reden gegen die Neuerer und ihre Anmaßungen zu richten und die neuen Ideen zu kritisieren, die er für die Quelle dieser unziemlichen Freiheiten hielt. Natürlich bestand der unvermeidliche Unterschied zwischen Großstadt und Kleinstadt, aber es war auch ein Zeichen des Wandels der Zeiten. Der Prediger selbst bestätigt diesen Wandel und spricht oft von seiner

Sehnsucht nach der Vergangenheit, als es seine einzige Aufgabe war, den Leuten für „alte Sünden", wie schwatzen in der Synagoge oder üble Nachrede, eine Rüge zu erteilen. Er bezeichnet die Gegenwart als das Zeitalter der „neuen Sünden", wie die öffentliche Mißachtung der Speisegesetze und die Vernachlässigung des Thora-Studiums zugunsten weltlicher Themen. Nicht nur die Art der Übertretung hatte sich geändert, sondern der Übertreter selbst. Der Sünder vom alten Typus akzeptierte den Tadel, den man ihm erteilte, und tat Buße. Der neumodische Sünder verweigerte auch die Reue.[18]

Zwei Tatsachen bereiteten den Rabbinern jener Zeit große Besorgnis. Zunächst bemerkten sie eine anwachsende Nachlässigkeit oder gar gänzliche Mißachtung religiöser Pflichten. Nach jüdischer Tradition war die Gemeinde in den Augen Gottes für das Verhalten ihrer Mitglieder verantwortlich. Daher konnte ihnen das Verhalten der Gemeindemitglieder, die von den Vorschriften abwichen, nicht gleichgültig sein. Diese religiöse Tradition war zweifellos durch die feste Gemeindeorganisation im Ghetto-Judentum gestärkt worden sowie durch die Verantwortung der Gemeinde für jedes ihrer Mitglieder gegenüber der nichtjüdischen Welt in moralischen und sogar rechtlichen Angelegenheiten. Auf diese Weise folgten die Vorsteher der Gemeinde – ob Laien oder Rabbiner – lediglich den Geboten der Tradition, wenn sie versuchten, das Verhalten von Einzelpersonen zu überwachen. Ihr Recht dazu war unbestritten, und die Mittel, dieses Recht durchzusetzen, waren in der Organisation der Gemeinde verankert. Doch wurden die Mittel allmählich immer schwächer, je mehr der Staat dazu neigte, jüdische Gemeindeautonomie zu beschränken. Das Bannrecht der jüdischen Gemeinde wurde von den staatlichen Behörden aufgehoben oder begrenzt. Aber auch als das Bannrecht offiziell noch in Kraft war, geriet es bei der aufgeklärten Öffentlichkeit in Verruf, so daß man es kaum noch anwenden konnte. Als Raphael Cohen, der vielverehrte Rabbiner von Hamburg, im Jahre 1780 den Bann über ein Mitglied seiner Gemeinde verhängte, weil dieser den Sabbat öffentlich entheiligt hatte, wurde der Rabbiner von Juden wie Christen heftig angegriffen.[19]

Gerade dieser offene Widerstand eines Teils der Aufgeklärten gegen die Autorität der Rabbiner muß die letzteren verwirrt haben. Zwar mußte es ein Rabbiner auch in der Traditionsgemeinschaft oftmals mit widerspenstigen Gemeindemitgliedern oder konkurrierenden Gemeindeführern aufnehmen. Doch Ärgernisse dieser Art konnten niemals die anerkannte geistige und religiöse Autorität der rabbinischen Führung untergraben. An sie wandte sich die Gemeinde in Sachen Dogma und talmudische Gesetze. Wenn Meinungsverschiedenheiten entstanden, verblieb die Möglichkeit, sich an höhere rabbinische Behörden zu wenden, deren Beschluß auf größerer Sachkenntnis und Einsicht beruhte. Kein Buch, das für die jüdische Öffentlichkeit bestimmt war, durfte ohne die Genehmigung von gewöhnlich mehr als einem berühmten Rabbiner veröffentlicht werden. Oftmals war diese Genehmigung eine bloße Formalität, die mehr zum Schutz des Urheberrechts gedacht war, eher eine Art Empfehlung und keine wirkliche Zensur.[20] Trotzdem verkörperte sie die unangefochtene Kontrolle, die die Rabbiner über die intellektuelle Tätigkeit der jüdischen Gesellschaft ausübten.

Den Unmut der Rabbiner über die aufgeklärten Laien, die sich erlaubten, zu Fragen Stellung zu nehmen, die bisher zu dem alleinigen Wirkungsgebiet der etablierten Führung gehört hatten, muß in diesem Zusammenhang gesehen werden. In dem Streit mit Wessely wurde Einspruch gegen seinen neuen Lehrplan erhoben. Doch seine aufgebrachten rabbinischen Gegner empörten sich über die bloße Tatsache, daß er überhaupt zu einem öffentlichen Thema Stellung nahm und beschlossen, ihn auf seinen Platz zu verweisen. Sie bestanden darauf, daß Wessely, der kein talmudischer Gelehrter, sondern lediglich ein Dichter und Exeget war, kein Recht hatte, das Edikt des Kaisers zu interpretieren und das gesamte Haus Israel darüber zu belehren, wie es seine geistigen Angelegenheiten zu regeln hatte.[21] Nur allmählich ging den alten geistigen Führern ein Licht auf, daß sie es hier mit einem Gegner zu tun hatten, der sich auf ein neues Wertsystem stützte und keine Beschlüsse, die allein auf herkömmlicher Autorität basierten, anerkennen würde. Mendelssohn weigerte sich, den wohlgemeinten Rat anzunehmen, er solle um die rabbinische Genehmigung seiner Übersetzung des Pentateuch bitten, obgleich das Werk für Juden bestimmt, in hebräischen Buchstaben gedruckt und mit hebräischen Kommentaren versehen war. Die Weglassung der üblichen Approbation war eine bewußte – wenn auch leichte – Mißachtung rabbinischer Autorität und wurde an entsprechender Stelle zweifellos als solche vermerkt.[22] Mendelssohns Übersetzung erschien zwei Jahre vor dem Skandal, den Wesselys Broschüre auslöste. Die Genesis erschien im Jahre 1780. Die Veröffentlichung dieses Werkes war schon 1778 angekündigt worden, als Auszüge aus der Übersetzung, wie auch der Kommentar und eine Einleitung von Mendelssohns erstem Mitarbeiter Solomon Dubno verbreitet wurden. Dubno war ein unangefochtener Experte auf seinem Gebiet und auch in rabbinischen Kreisen geschätzt. Trotzdem betrachtete man das Werk mit einigem Mißtrauen wegen seiner Neuheit und aufgrund der Gefühle, die der Autor zu dieser Zeit schon in rabbinischen Herzen erweckt hatte.[23] Immerhin dauerte es noch einige Jahre, bis das Werk in Prag öffentlich angeprangert und verurteilt wurde und zwar im Herbst 1783 von Rabbi Fleckeles, der den Oberrabbiner Landau als zuständige Quelle für seine Einwendungen angab.[24] Rabbi Landau erklärte später seine Einwände zu der Übersetzung.[25] Diese waren nicht dogmatischer Natur. Er war deshalb dagegen, weil man die Übersetzung auch unabhängig vom Originaltext lesen konnte, nicht wie bei der herkömmlichen jiddischen Übersetzung, die in den Schulen verwendet wurde, nur um den hebräischen Text verständlicher zu machen. Ebenso beanstandete er, daß der Stil der deutschen Übersetzung zu hochgestochen war, um für den jüdischen Durchschnittsschüler verständlich zu sein. Mendelssohns Kritiker sahen voraus, was später tatsächlich geschah: Die deutsche Übersetzung würde mehr als Lehrbuch für die deutsche Sprache verwendet werden als zum Studium der Bibel. Fleckeles beschuldigte den Übersetzer – zu Unrecht, wie sich später erwies – er habe die traditionelle Auslegung, die auf der mündlichen Überlieferung basierte, ignoriert und den Text wortwörtlich übersetzt.[26] Trotz allem hätte das Werk wahrscheinlich die rabbinische Überprüfung bestanden, wären die Rabbiner nicht durch andere Abweichungen von der Tradition gereizt gewesen.

Der Wendepunkt in dem Verhältnis zwischen Alt und Neu war die Kontroverse, die Wesselys Werk „Worte des Friedens und der Wahrheit“ entfachte. Hier wird der Streit zum erstenmal in die Öffentlichkeit getragen. Die Reaktionen zu dieser Broschüre kamen von so weit her wie Lissa, Prag, Frankfurt, Triest und anderen italienischen Städten.[27] Sämtliche Führer der Gemeinden, außer den Italienern, widersprachen Wesselys Vorschlägen, manche sogar äußerst heftig. Man sah eine Verbindung zwischen dem neuen Lehrplan und Mendelssohns Übersetzung, und da beginnt die Entfremdung zwischen den Rabbinern und dem Berliner Kreis.[28] Doch sowohl Mendelssohn als auch Wessely befleißigten sich weiterhin eines höflichen und weltmännischen Tons im Umgang mit den rabbinischen Behörden. Wessely unterlief ein Ausrutscher, als er die zeitgenössischen rabbinischen Gelehrten mit einem starken talmudischen Ausdruck belegte: „Männer von Wissen aber ohne Verstand".[29] Doch nahm er später diese Worte zurück und entschuldigte sich. Die jüngere Generation aufgeklärter Juden war weniger rücksichtsvoll. Ein Angehöriger von Mendelssohns engerem Kreis, Dr. Marcus Herz, veröffentlichte einen heftigen Angriff auf die Rabbiner in der heiklen Frage der frühen Beerdigung schon ein Jahr nach dem Tod des Meisters, abgezielt auf Rabbi Landau, der immer noch in Prag lebte.[30] Sein Ton kam in der Schärfe nur dem der Rabbiner gleich, die wiederum die Neuerer angriffen.

Die Kluft zwischen Alt und Neu wurde immer größer.

Die Grenzen zwischen den beiden Lagern waren jedoch nicht deutlich gezogen. Viele der Aufgeklärten, die bereit waren, manche Neuerungen – wie zum Beispiel die Schulreform – zu akzeptieren, verhielten sich in bezug auf andere Fragen durchaus konservativ. Salomon Pappenheim in Breslau, der Beiträge zur zeitgenössischen Philosophie sowohl in deutscher als auch in hebräischer Sprache lieferte, ließ sich in seinen mehr populären hebräischen Schriften über die symbolische Bedeutung der jüdischen Bräuche aus und verlieh ihnen auf diese Weise eine Art philosophischen Schutz.[31] In der Frage der frühen Beerdigung stand er fest auf seiten der Tradition und machte sich in mehreren deutschsprachigen Abhandlungen über den lebensrettenden Eifer der Rationalisten lustig.[32] Eine ähnliche Einstellung hatte Baruch Jeitteles aus Prag, ein Talmud-Gelehrter ersten Ranges und Unterstützter aufgeklärter Erziehung, ansonsten jedoch ein Konservativer[33], und auch Wolf Heidenheim in Frankfurt, der kritische Herausgeber des Gebetbuchs und anderer klassischer und zeitgenössischer Schriften – darunter die Apologie der westfälischen Rabbiner.[34] Diese Werke weisen deutlich auf seinen Stand zwischen den Fronten hin. Auch Wessely gehörte dieser Kategorie an. Er war völlig unbeabsichtigt mit den Rabbinern in Konflikt geraten und bewies später seine vollkommene Bindung an die jüdische Tradition.

Trotz dieser Art von Versöhnlichkeit ist die Generation nach Mendelssohn von immer stärker werdendem Mißtrauen zwischen den Neuerern und den Traditionalisten gekennzeichnet. Was uns hier beschäftigt, ist die Reaktion der Traditionalisten auf bereits vorgenommene und ins Auge gefaßte Wandlungen. Das nahm manchmal die Form passiven Widerstands gegen die Forderungen der Neuerer an und äußerte sich auch oft durch aktiven Protest. Die Berliner Bestattungsgesellschaft, eine Organisation von Freiwilligen, wie sie in allen jüdischen Gemeinden zu finden war, weigerte sich, den Wünschen der Rationalisten nachzukommen und Bestattungen aufzuschieben. Schließlich wandten sich die jüdischen Aufgeklärten an die Behörden und erzielten einen Kompromiß, wonach das Bestattungsinstitut es den Aufgeklärten überließ, zu welchem Zeitpunkt sie ihre Toten begraben wollten. Doch konnte man die Mitglieder der Bestattungsgesellschaft nicht dazu bewegen, ihre üblichen ehrenamtlichen Dienstleistungen auszuführen. Es blieb den Aufgeklärten überlassen, die Bestattung mit eigenen Mitteln durchzuführen, was diese auch taten, indem sie die ärmeren Mitglieder der Bestattungsgesellschaft gegen Lohn anstellten.[35]

Die Schulreform forderte den Widerstand traditionell denkender Eltern heraus. Das zeigte sich in Breslau, wo man auf Betreiben der staatlichen Behörden eine moderne Reformschule gegründet hatte, deren Besuch der gesamten Gemeinde zur Pflicht gemacht wurde, auch für die Kinder derer, die nicht bereit waren zuzugeben, daß der Talmud auch auf andere als auf herkömmliche Weise gelehrt werden konnte und von Lehrern, die nicht von dem zuständigen Rabbiner zugelassen waren. Wieder einmal endete der Streit in einem Kompromiß. Die Schule wurde im Jahre 1791 eröffnet, aber die Lehrer standen weiterhin unter rabbinischer Aufsicht.[36] Ähnliche Streitereien waren in vielen Gemeinden an der Tagesordnung, und nicht nur auf dem Gebiet der Erziehung. Als Irsael Jacobson, Leiter des Konsistoriums von Westfalen, die Gebete in den Synagogen verkürzen wollte und diejenigen mit einer Geldstrafe belegte, die auf die „Piutim" bestanden, die die mittelalterlichen Dichter den Gebeten beigefügt hatten, richtete der Großteil der Gemeinde in Halberstadt einen privaten Gottesdienst ein, bei dem die reicheren Juden miteinander beim Zahlen der Geldbuße wetteiferten, um den traditionellen Gottesdienst beizubehalten.[37]

Obgleich die passive Widerstandskraft der Konservativen bemerkenswert war, stellte sie doch nicht mehr als eine Waffe dar, mit der sie den Fortschritt ihrer Gegner zeitweilig aufhalten konnten. Sie befanden sich wesentlich im Nachteil. Da sie nicht länger imstande waren, die alten Gepflogenheiten mit Hilfe der üblichen Zwangsmaßnahmen durchzusetzen, mußten sie sich neuer Methoden wie Überredung und Kompromiß bedienen. Dabei fuhren sie fort zu predigen und zu wettern. In der Lächerlichmachung ihrer Gegner ist vielleicht eine unbewußte Anpassung zu sehen, ein Hinweis, daß sie die Situation trotz aller Vorbehalte akzeptierten. Lächerlichmachung war nicht eine Waffe, die die Konservativen erfunden hatten. Im Gegenteil, sie wurde zuerst von aufgeklärten Schriftstellern angewendet, die mit der Zeit eine neue Art von Parodie und Satire in hebräischer und jiddischer Sprache schufen.[38] Die Konservativen versuchten in ihren Predigten dem Beispiel dieser Schriftsteller zu folgen. Dabei waren sie offensichtlich im Nachteil, da sie sich der einzigen Ausdrucksform, die sie kannten, bedienen mußten, nämlich ihrer Predigten, die sie der neuen Methode anpassen mußten. Sie gaben die Neuerer der Verachtung preis und erklärten, daß deren Verhalten die Grundbegriffe der Tradition verzerrte. Nach den Aussagen des Talmud gab es nichts Schlimmers als einen Mann, der die Thora studiert und sie dann vernachlässigt hatte. Rabbi Zvi Hirsch Horowitz sagte in einer Predigt im Jahre 1807 vor seiner Gemeinde in Frankfurt, die Neuerer wollten ihre Kinder offenbar vor dieser Sünde bewahren und ließen sie aus diesem Grunde gar nicht erst mit dem Talmudstudium beginnen. Er zitierte einen anderen talmudischen Ausspruch, daß auch ein unwissender Jude am Sabbat keine Unwahrheit aussprechen könne. Wie die Zeiten sich doch geändert hatten! Gelehrte Juden sprachen am Sabbat ihr Morgengebet: „Und die Kinder Israels halten in allen Generationen den Sabbat ein." Und dann gingen sie seelenruhig ihren Geschäften nach, und am Nachmittag verließen sie das Judenviertel, um sich auf eine Art zu vergnügen, die dem Geist des Sabbat widersprach. Das war nicht allein eine Entweihung des Sabbat, sondern widersprach dem Inhalt des Morgengebets und machte aus dem talmudischen Glauben an die Integrität des Juden eine Farce.[39]

Solche Spötteleien – und die Predigten von Rabbi Horowitz sind voll davon – sind der Ausdruck des vorherrschenden Gefühls, daß religiöse Lehren und Wirklichkeit sich immer mehr voneinander entfernten. Subjektiv gesehen verurteilte der Rabbi die Wirklichkeit und geißelte seine Gemeinde auf diese Weise. Doch ist es zweifelhaft, ob diese Methode eine Wirkung auf diejenigen hatte, gegen die sie gerichtet war. Allein die Tatsache, daß die Rabbiner diese Methode gebrauchten, war ein Eingeständnis, daß sie den Kontakt mit der Wirklichkeit verloren hatten und nur noch Geister einer verschwundenen Vergangenheit waren.

Rabbi Horowitz aus Frankfurt erreichte als Erbe eines berühmten Vaters den hohen Posten eines Oberrabbiners im Jahre 1806, als die französische Besetzung den Weg für die Erfüllung der Träume zu ebnen begann, auf die das aufgeklärte Judentum seit mehr als einer Generation geharrt hatte. Rabbi Horowitz hielt seine Predigten zu einer Zeit, als die jüdische Gemeinschaft für volle Bürgerrechte kämpfte und viele Juden sich anschickten, das Ghetto zu verlassen.[40] Im Jahre 1806 wurde die Philantropin-Schule, die die neue Erziehungsrichtung vertrat, von aufgeklärten Juden gegründet, und ein Jahr später gründeten die jüdischen Freimaurer ihre separate Loge l'Aurore Naissante.[41] Gemeindedisziplin und die religiöse Einigkeit, die sich daraus ergab, bestanden nicht mehr. Jeder tat was er wollte. Manche hielten die Speisegesetze ein, andere nicht. Manche gingen täglich in die Synagoge, andere nur am Sabbat, und einige von diesen murmelten flüchtig ein Gebet und gingen dann wieder ihrer normalen Beschäftigung nach.[42] An der Spitze einer solchen Gemeinde zu stehen, war ein neues und verwirrendes Erlebnis für den Rabbi, der traditionsgemäß für das religiöse Verhalten der Gemeinde verantwortlich war. Die Art, in der sich Rabbi Horowitz an seine Gemeinde wandte, kam dem Eingeständnis einer Niederlage gleich, angesichts der Abweichungen, die ein tagtägliches Ereignis geworden waren. Seine Art, die Aufrührer lächerlich zu machen, war für ihn ein Mittel, sich selbst ein Alibi zu verschaffen und nicht, sie auf den rechten Weg zurückzuführen. Auf diese Weise distanzierten sich die Rabbiner und diejenigen, die sich den neumodischen Ideen widersetzten, von den Übeltätern. Und das war alles, was sie tun konnten.

In der Tat kann man die Reaktion der alten Garde nur noch als Flucht und nicht als offenen Kampf bezeichnen. In manchen Fällen war es buchstäblich eine Flucht. Rabbi Moses Sofer, ein ehemaliger Frankfurter und Schüler des allgemein hochverehrten Rabbi Nathan Adler, beschreibt in einem Brief aus dem Jahre 1803 die Ankunft eines anderen Schülers von Rabbi Nathan in völlig verstörtem Zustand. Dieser Mann verließ Frankfurt und zog nach Mattersdorf in West-Ungarn, wo Rabbi Sofer damals amtierte, weil er seine Nachkommen nicht der verderblichen Atmosphäre, die damals in den deutschen Gemeinden herrschte, aussetzen wollte.[43] Eine ähnliche Geschichte erzählt Nahman Berlin von einigen deutschen Konservativen, die – aufgestört durch den Verfall der alten Lebensweise – Berlin verließen und nach Polen zogen. Berlin selbst zog nach Lissa.[44] Ein anderer Bericht betrifft die aus Polen gebürtige Schwiegertochter von Rabbi Yehezkel Landau in Prag. Nachdem sie sich erfolglos bemüht hatte, ihren Mann dazu zu bewegen, nach Polen zu ziehen, wo ihre Kinder eine gottesfürchtigere Erziehung genießen würden, als in Prag möglich war, verlangte sie die Scheidung, bekam sie und zog mit ihren zwei Kindern nach Polen.[45]

Es dauerte seine Zeit, bis die Traditionalisten es lernten, mit der neuen Situation fertigzuwerden. Doch gab es triftigere Gründe für ihre anfängliche Unbeholfenheit als Zeitmangel für den Anpassungsprozeß. Ihre Haltung war das Ergebnis ungelöster Probleme, denn obgleich sie die Verfallsymptome mißbilligten, konnten sie nicht umhin zuzugeben, daß manche Aspekte des Wandels der jüdischen Gemeinschaft nützen würden. So konnten sie nicht umhin, einen Wandel zu begrüßen, der die Juden von der schmerzhaften Bürde rechtlicher Beschränkungen zu befreien versprach. Die Abschaffung des Leibzolls, unbeschränkte Aufenthaltserlaubnis, mehr Möglichkeiten in der Berufswahl und besonders die volle Einbürgerung stellten nicht nur einen gesellschaftlichen Aufstieg dar, sondern förderten die Chancen für einen besseren Lebensunterhalt, ein Vorteil, den nicht einmal ein Konservativer ignorieren konnte. Die Rabbiner bedauerten die plötzliche Ausbreitung ihrer Gemeinden über die Grenzen des Judenviertels hinaus, weil das den Synagogenbesuch erschwerte. Es beeinträchtigte auch die Kontrolle, die die eng zusammengepferchte jüdische Gemeinde über ihre Mitglieder ausübte. Die Abschaffung physischer wie auch rechtlicher Beschränkungen förderte gesellschaftliche Kontakte mit Nichtjuden und vergößerte die Gefahr der Nichteinhaltung religiöser Vorschriften. Doch konnten dergleichen unglückliche Entwicklungen die Vorteile der neuen gesellschaftlichen Zugänglichkeit nicht aufheben. Auch die Konservativen waren – obgleich sie einige der Randerscheinungen bekämpften – nicht geneigt, den Wandel, der so viele Vorteile mit sich brachte, gänzlich zurückzuweisen. Die Förderer sozialer und politischer Aspirationen entstammten allerdings den Reihen der aufgeklärten Juden, hauptsächlich weil diese es waren, die die Vorteile voraussahen und eine gemeinsame Sprache mit den nichtjüdischen Behörden hatten. Aber wenigstens post factum mußten sich die Konservativen mit dem, was man erreicht hatte, einverstanden erklären. Das Toleranzpatent von Joseph II. wurde von Rabbi Yehezkel Landau in Prag als großzügige Handlung eines Kaisers begrüßt, „der uns das Stigma der Sklaverei genommen hat",[46] obgleich der Rabbi sich der Folgen bewußt war, die die neugewonnene Freiheit der Juden für die traditionelle Lebensweise haben würde.

Der einzig bekannte Fall von konservativem Widerstand gegen die Durchführung der politischen Wende ist der der Gemeindevorsteher von Amsterdam, die von der Revolution, die das Haus von Oranien entmachtete, nicht gerade begeistert waren, unter dessen Herrschaft sie ein verhältnismäßig angenehmes Leben geführt hatten. Die Revolution würde voraussichtlich die Struktur der Gemeinde verändern und die Position der führenden Persönlichkeiten bedrohen, argwöhnten sie. Die Einwände gegen den Wandel wurden von ihnen in Form von religiösen Bedenken ausgedrückt, wie zum Beispiel, als sie eine Forderung ablehnten, eine Erklärung der Menschenrechte in der Synagoge zu verlesen.[47] In der Tat war es eher ein Machtkampf, der sich hinter einer ideologischen Verbrämung verbarg. Das Verhalten der Traditionalisten mag auch eine Reaktion auf den Übereifer der Neuerer gewesen sein, die von den Konservativen als Opportunisten angesehen wurden, insofern sie die Revolution für ihre eigenen Zwecke auszunutzen trachteten. Jedenfalls stellen die Ereignisse in Amsterdam eine Ausnahme dar, die die Regel bestätigte, daß die Konservativen bereit waren, den sich abzeichnenden Wandel hinzunehmen, ohne sich zu sehr dagegen zu wehren.

Nachdem die Traditionalisten teils ausdrücklich, teils stillschweigend zugegeben hatten, daß ein politischer, sozialer und wirtschaftlicher Wandel unvermeidlich war, standen sie vor der

Aufgabe, ihre religiösen Vorschriften zu revidieren und aus dem Konflikt zwischen Tradition und den neuen Funktionen, die ihnen zugefallen waren, zu retten, was zu retten war. Zwar wurde diese Frage nur selten offen aufgeworfen, doch äußerte sie sich in zahlreichen Klagen über die gute alte Zeit, die vor ihren Augen verschwand. Der Standpunkt der Traditionalisten zeigte sich auch in den Beschwerden, die hauptsächlich gegen diejenigen Juden gerichtet waren, die in ihrem religiösen und moralischen Verhalten nicht dem Beispiel ihrer Vorväter folgten. Die staatlichen Behörden, die letzten Endes den Zusammenbruch der alten gesellschaftlichen Struktur herbeigeführt hatten, wurden jedoch kaum jemals gerügt. Die Abschaffung rabbinischer Gerichte als rechtsprechende Institution in jüdischen Angelegenheiten – ein Vorgang, der zu dieser Zeit in den meisten westeuropäischen Ländern stattfand – vollzog sich ohne öffentlichen Protest seitens der Rabbiner. Zwar versuchten sie, Verstöße gegen ihre Bräuche abzuwenden (ein Beispiel dafür ist die frühe Beerdigung), doch wenn die Behörden erst einmal gesetzliche Schritte unternommen hatten, fügten sie sich in das Unvermeidliche, es sei denn, sie fanden einen Weg, das Gesetz zu umgehen.[48] Als Napoleon von den Rabbinern des Sanhedrin verlangte, die Halacha abzuändern, um den Weg zur Verschmelzung der jüdischen Gemeinschaft mit dem französischen Volk zu ebnen, auch wenn das die Anerkennung von Mischehen bedeutete, fanden die Rabbiner – wie bereits erwähnt – einen Weg, den Kaiser zu beschwichtigen, ohne wirkliche Zugeständnisse zu machen.[49] Laut Protokoll des Sanhedrin erhob einer der Rabbiner Einspruch und verlangte, man müsse „die Wahrheit sagen ohne Berücksichtigung der Konsequenzen"[50], und die Versammlung müsse in aller Offenheit Mischehen als verboten erklären. Ein derartig heroisches Auftreten war jedoch die Ausnahme. Unter Leitung des konservativen Rabbiners David Sinzheim gelang es der Versammlung, Beschlüsse, die in der Hauptsache auf der Halacha beruhten, in einer Form zu präsentieren, die den Behörden wenigstens auf halbem Wege entgegenkam. Diese Methode wurde von Rabbi Moses Sofer aus Preßburg, der später der führende Verfechter des Konservatismus wurde, lobend anerkannt.[51]

Einer der Gründe, warum die Traditionalisten mit der Situation nicht fertig wurden, war das Fehlen einer gemeinsamen

Sprache – im wörtlichen, wie auch im übertragenen Sinne – mit ihrer europäischen Umgebung, von der sie freilich durch Ghettomauern getrennt gewesen waren. Intellektuell und gefühlsmäßig lebten sie in einer Welt jüdischer Tradition mit ihrer reichen, aber komplizierten Denk- und Ausdrucksweise, die man Außenstehenden nur schwer vermitteln konnte. Eine der Aufgaben, die sich die aufgeklärten Juden gestellt hatten – und es gab unter ihnen solche, die ebenso religiös waren wie jeder Rabbiner – war, die jüdische Gesellschaft aus ihrer kulturellen Isolation zu befreien, indem man jüdische Lehren nach der Ausdrucksweise der europäischen Aufklärung umformulierte. Das hatte auch Mendelssohn im Sinn, als er begann, die fünf Bücher Mose ins Deutsche zu übertragen, damit seine Kinder und seine Schüler die jüdische Tradition in europäischer Verkleidung aufnehmen konnten. Doch die Traditionalisten schreckten gerade vor diesem Ablegen der traditionellen Formen zurück. Bei den meisten Rabbinern war das eine instinktive Reaktion. Bei anderen, wie Rabbi Moses Sofer, war es bewußt.

Es war Moses Sofer klar, daß die Umformulierung jüdischer Traditionen für den europäischen Sprachgebrauch gleichzeitig ihre rationalistische Untersuchung bedeutete. Auf diese Weise würde man die Tradition vor ein Tribunal der Vernunft stellen und von ihr verlangen, den Wahrheitsbeweis anzutreten. Ebenso müßte sie bereit sein, das Urteil der Ermittler anzunehmen, deren Methoden selektiv zur Annahme oder Zurückweisung führen mußten. Daß das Ergebnis keinesfalls eine volle Akzeptierung der gesamten Tradition sein würde, war denen, die das Verhalten und die Propaganda der Erneuerer kannten, nur zu klar. Sofer wollte der Gefahr einer Zergliederung aus dem Wege gehen. So entschloß er sich, seine Zeitgenossen vor die Wahl zu stellen, die jüdische Tradition entweder in ihrer Gesamtheit zu akzeptieren oder gar nicht. Er wies Mendelssohns Übersetzung zurück, da er die Darstellung jüdischer Tradition im Sprachgebrauch einer anderen Denkweise zu vermeiden wünschte.[52] Die Notwendigkeit dafür konnte sich zwar ergeben, wie es bei dem Sanhedrin der Fall gewesen war, doch dann mußte es durch hervorragende Repräsentanten jüdischer Tradition geschehen, die in der Lage waren, auf zwei verschiedenen Ebenen gleichzeitig zu argumentieren – auf der eigentlichen Ebene der Tradition und deren Übertragung in die fremde Gedankenwelt. Zunächst mußte man sich mit Hilfe der Tradition und ihrer herkömmlichen Interpretation vergewissern, worin die eigentliche Substanz der jüdischen Lehren lag. Erst dann konnte man den Versuch machen, anderen die Feststellungen zu erläutern, in einer Form, die sie verstehen konnten. Sinzheim hatte, nach Sofers Ansicht, seine Aufgabe auf vorbildliche Weise erfüllt und verdiente das höchste Lob. Doch war Sinzheims Aufgabe den besonderen Anforderungen des Sanhedrin bei einem außergewöhnlichen Anlaß angepaßt. Für das tägliche Leben der jüdischen Gemeinde und die Erziehung ihrer Kinder war die Übersetzung traditioneller Lehren und ihre rationalistische Überprüfung verdammt. Nach Sofers Meinung mußte die jüdische Tradition in ihrer Gesamtheit bewahrt werden, nicht nur was ihren Inhalt betraf, sondern auch ihre äußere Form, ihre Denkweise und ihren sprachlichen Ausdruck. Daß dies nur um den Preis einer fortgesetzten sozialen und kulturellen Isolierung zu erreichen war, war Rabbi Sofer völlig klar, und er war bereit, diesen Preis zu zahlen.[53]

Vielleicht konnte Sofer nur deshalb zu dieser Schlußfolgerung kommen und sie in die Tat umsetzen, weil er vom eigentlichen Schauplatz des sozialen Kampfes entfernt war, nachdem er seit 1806 in Preßburg lebte, einer Stadt am äußeren Rande der wichtigsten jüdischen Gemeinden im Westen. Es gelang Rabbi Sofer, die traditionelle Struktur seiner Gemeinden nicht nur zu erhalten, sondern ihr sogar neues Leben einzuflößen. Er gründete eine neue Art von Jeschiwa – noch strenger als die alte – die eine völlige Hingabe zum Thora-Studium verlangte und alle anderen Fächer ausschloß, insbesondere alles, was zu rationalistischer Aufklärung führen konnte. Die Schüler schlossen sich emotionell immer mehr ihrem Meister an, der nicht nur ihr Lehrer, sondern auch ihr geistiger Führer war. Auch in der Gemeinde wurde eine starke Bindung an das Ideal absoluter Tradition verlangt, wenigstens von denen, die Gefolgsmänner des Rabbiners werden wollten. Innerhalb dieses Kreises übernahm Sofer die Rolle des Leiters und hielt die Gemeinde in einem Bann, der weit über das hinausging, was von einem Rabbiner erwartet wurde. Er wurde zu einem Orakel und besaß unangefochtene Autorität – auch in Dingen, die normalerweise nicht in den Geschäftsbereich eines Rabbiners fielen. Obgleich sein Einfluß formell auf der Autorität der Halacha basierte, war er doch seiner persönlichen Ausstrahlung, dem Charisma, zuzuschreiben.[54]

Der Grund dafür mag in seiner tief religiösen Persönlichkeit gelegen haben, doch auch in seiner ausschließlichen Hingabe an ein religiöses Ideal, nämlich sein ganzes Leben dem Studium der heiligen Gesetze zu widmen und sich ihren Forderungen voll zu unterwerfen. So konnte sein Charisma auch auf andere übertragen werden, wodurch er sich bald einer großen Anhängerschaft erfreuen konnte. Das Anwachsen dieser Anhängerschaft und die volle Entwicklung des von Rabbi Sofer geschaffenen Systems gehört einer späteren Periode seines Lebens an (Sofer starb im Jahre 1839), aber die Hauptbestandteile des Systems und die Anfänge seiner Schule waren schon vor 1815 erkennbar. Rabbi Sofer bestand auf der Unantastbarkeit traditioneller Lehren, was sich schon in seinem Urteil über das Verfahren beim Sanhedrin zeigte. Daß die Praktiken der Religion in ihren kleinsten Einzelheiten sakrosankt waren, hatte er schon zu einem früheren Zeitpunkt ausgedrückt, als ihn die Nachricht von der Erneuerung des westfälischen Konsistoriums erreichte. Bei diesem Anlaß wurde er von einer Gruppe traditionstreuer Rabbiner aus Deutschland angesprochen, er möge sich ihnen anschließen und den Trend der Reform verdammen, insbesondere, was die Speisegesetze für das Osterfest (Passah) betraf.[55] Sofer lehnte aus taktischen Gründen ab, doch in seiner eigenen Gemeinde widersetzte er sich aufs schärfste jeder Übertretung der Bräuche, obgleich er sich voll bewußt war, daß die Erlaubnis der westfälischen Rabbiner nach der Halacha gerechtfertigt werden konnte. Sofer entwickelte eine Theorie, warum man zwischen verschiedenartigen religiösen Pflichten keinen Unterschied machen dürfe. Seiner Ansicht nach waren alle Teile religiöser Tradition von gleicher Wichtigkeit und sollten nicht von Reformern unter dem Vorwand der praktischen Notwendigkeit oder theoretischer Differenzierung zurechtgestutzt werden. Seine Theorie verlangte die bedingungslose und ungeschmälerte Befürwortung der Tradition in ihrer Gesamtheit.[56]

Verständlicherweise konnte man nicht von der ganzen Gemeinde erwarten, diese weitreichenden Forderungen zu erfüllen, und Sofer wußte genau, daß er durch seine hochgesteckten Ziele wenigstens eine Minderheit in seiner Gemeinde gegen sich aufbringen und auch viele Juden anderer Gemeinden entfremden würde. Er war bereit, die Konsequenzen seines Systems auf sich zu nehmen. Den praktischen Beweis dafür lieferte er, als eine

Gruppe von Aufgeklärten in seiner Gemeinde beschloß, eine Schule der neuen Art, die wir bereits beschrieben haben, zu errichten. Die Idee einer solchen Schule stand in direktem Widerspruch zu seinen Begriffen von jüdischer Erziehung und Schulbildung, daß heißt nicht nur die Erhaltung des traditionellen Pensums, sondern auch die Beibehaltung uralter Lehrmethoden, wobei man weltliche Fächer gerade noch duldete, ohne ihnen jedoch irgendeinen erzieherischen Wert zuzusprechen. Ganz im Gegenteil – die neue Schule wollte lediglich den alten Kompromiß ersetzen. Er mißbilligte die neue Lehrinstitution in aller Öffentlichkeit und griff die Gründer in höchst beleidigender Ausdrucksweise an. Sofer erklärte, die Neuerer hätten sich von der jüdischen Gemeinschaft losgesagt – und sich in der Tat jeglicher Religion entledigt.[57] Diese Predigt, die er im Jahre 1811 hielt, ist das erste Anzeichen eines Konflikts zwischen den Orthodoxen und der Reform, zu dem Moses Sofer mehr als jeder andere Traditionalist beigetragen hatte.

Zehntes Kapitel

Auf dem Weg zur Gleichberechtigung

Im Rückblick auf die drei oder vier Jahrzehnte vor Ende der napoleonischen Ära erkennt man eine Reihe kultureller, erzieherischer und religiöser Veränderungen und Verschiebungen in gesellschaftlicher Hinsicht. Zwischen all diesen verschiedenartigen Wandlungen besteht eine Verbindung. Als sich die Juden das kulturelle Vorbild ihrer nichtjüdischen Umgebung zu eigen machten, ermöglichte das gesellschaftliche Beziehungen zwischen Einzelpersonen der beiden Lager, und die Aussicht auf gesellschaftliche Anerkennung in nichtjüdischen Kreisen diente als Motivation für kulturelle Anpassung. Gesellschaftliche Anerkennung und die damit verbundene Aufnahme neuer Ideen gab den Juden einen neuen Maßstab für ihre eigene jüdische Welt und veranlaßte sie manchmal, diese zu kritisieren. Diese Kritik führte wiederum zur Loslösung von der Tradition und schuf einen Antrieb für die Suche nach neuen Wegen auf dem Gebiet der Erziehung und Schulbildung und drängte viele zur religiösen Reform. Doch die Ursächlichkeit der Ereignisse zeigte sich nicht immer in dieser Reihenfolge. Ursache und Wirkung machten sich zeitweise in umgekehrter Reihenfolge bemerkbar. Kritik an der Religion war möglicherweise der Keil, der einen Riß in der Struktur des Traditionalismus verursachte und eine Motivation für spätere kulturelle Anpassung und gesellschaftliche Aspirationen schuf.

Wie immer Motivationen und Geschehnisse auch verfochten sein mochten, konnte man eine Dauerwirkung des Wandels nur dann erwarten, wenn der neue Trend durch entsprechende Gesetzgebung unterstützt wurde. In der Tat blieb die Gesetzgebung nicht weit hinter den sozialen und kulturellen Veränderungen zurück. In Berlin freute sich Christian Wilhelm von Dohm, der im Juni 1781 gerade seine Broschüre über „Die bürgerliche Verbesserung der Juden“, die weitreichende Vorschläge enthielt, in Druck gegeben hatte, über die Nachricht von der bevorstehenden Verabschiedung des Toleranzpatents durch Kaiser Joseph II.

von Österreich. Nach kursierenden Gerüchten würden „die Juden in den kaiserlich-königlichen Staaten in die Rechte der übrigen Bürger eingesetzt werden.“[1] Dadurch fand sich Dohm in der Überzeugung bestätigt, daß seine Überlegungen keine Hirngespinste gewesen waren. Allerdings war der wirkliche Text des Edikts nicht so weitreichend, wie die Gerüchte es dargestellt hatten. Doch auch so zeugte es von der Absicht, die Juden aus ihrer einzigartigen Lage zu befreien. Es kann also als Beweis dafür dienen, daß die Tendenz zum Wandel in der praktischen Politik wie auch in theoretischen Betrachtungen gleichzeitig ihren Einfluß geltend machte.

Kein Wunder, daß zeitgenössische Juden, wie auch Nichtjuden, die ihnen wohlgesinnt waren, das Edikt als einen Akt der Befreiung begrüßten. In Wien feierte man das Ereignis mit poetischer Überschwenglichkeit unter der Beteiligung von Dichtern, die durch ihre Begeisterung wettmachten, was ihnen an Talent fehlte. In Prag lobte Oberrabbiner Landau die großzügige Tat des Kaisers und fühlte sich verpflichtet, seine Gemeinde zu warnen, es vor lauter Begeisterung nicht an dem nötigen Respekt denen gegenüber fehlen zu lassen, die er immer noch als die einheimischen Herren des Landes betrachtete. Im fernen Berlin sahen Mendelssohn und Wessely das Edikt als Realisierung vieler ihrer Hoffnungen an[2], und ihre christlichen Freunde teilten ihre Gefühle. Friedrich Gottlieb Klopstock, der später ein Sympathisant der Französischen Revolution wurde, feierte ebenfalls das Ereignis mit einer Ode an Kaiser Joseph II.[3]

Das Toleranzpatent betraf die Juden Niederösterreichs, einschließlich Wien, Böhmen, Mähren, Schlesien und Ungarn. Der Kaiser beriet sich mit den zuständigen Behörden dieser Länder und veröffentlichte dann ein separates Patent für jedes von ihnen in der Zeit zwischen Oktober 1781 und März 1782.[4] Obgleich die verschiedenen Veröffentlichungen geringfügige Unterschiede aufwiesen, war der Text dem Sinne nach der gleiche. Alle Versionen enthielten die Vorschrift, daß die jüdischen Gemeinden Schulen für die bürgerliche Erziehung ihrer Kinder errichten mußten, und wo das nicht möglich war, waren die christlichen Schulen verpflichtet, jüdische Schüler aufzunehmen. Mittelschulen und Hochschulen mußten den Juden offenstehen, doch waren Juden vom Religionsunterricht dispensiert. Das Abzeichen der Juden und ihre spezifische Kleidung konnten jetzt abgelegt werden. Der Leibzoll, den Juden, die von einem Ort zum anderen reisten, zu entrichten hatten, wurde abgeschafft. Dem Juden wurde jetzt gestattet, ein Handwerk zu erlernen, und er wurde dazu ermuntert, Fabriken zu eröffnen. Juden konnten bei Christen in die Lehre gehen, wenn diese sie aufnahmen, doch die Zünfte behielten das Recht, Juden auszuschließen, so daß jüdische Handwerker selbständig arbeiten mußten. In Böhmen hatten Juden die Erlaubnis, auf zwanzig Jahre ein Stück Land zu pachten, aber wenn sie es kaufen wollten, mußten sie Christen werden.

Zweifellos verschafften diese Maßnahmen den Juden eine gewisse Erleichterung. Doch ist die Begeisterung, mit der das Edikt begrüßt wurde, kein Maßstab für seine rechtliche Bedeutung. Die Frage, die man stellen muß, lautet, ob das Toleranzpatent den rechtlichen Status der Juden veränderte. Der Wortlaut des Edikts ist in diesem Punkt unklar und sogar widersprüchlich. In der Einleitung ist die Rede vom Wunsch des Kaisers, daß „alle unsere Untertanen ohne Unterschied der Nazion und Religion, sobald sie in unsren Staaten aufgenommen und geduldet sind, an dem Wohlstande nehmen ... eine gesetzmäßige Freiheit genießen.“[5] Demnach scheinen auch die Juden unter den Untertanen seiner Majestät zu zählen. Doch in vielerlei Hinsicht blieb die Lage der Juden unverändert. Sie durften sich noch immer nicht ansiedeln, wo sie wollten, noch erlaubte man ihnen, ihre Zahl zu vergrößern, was deutlich aus dem Edikt hervorgeht. In Böhmen und Mähren wurde das so durchgeführt, daß man die Zahl der Eheschließungen beschränkte. Trotz des Gesetzes zahlten die Juden weiterhin Sondersteuern. In Böhmen und Mähren wurden diese von den Gemeinden eingezogen. In Wien, wo keine Gemeindeorganisationen erlaubt waren, zahlte jeder „geduldete“ Jude seine eigenen Steuern.

Diese Widersprüche bedürfen einer Erklärung. Das Toleranzpatent betraf nicht allein Juden, sondern unternahm den Versuch einer allgemeinen Reform. Der Kaiser beabsichtigte, den Staat, der bisher auf Kleinstaaterei und Klassenprivilegien aufgebaut war, zu einem zentralisierten und vereinigten Gebilde umzuwandeln. Nichtkatholische Konfessionen würden – in Grenzen – eine gewisse religiöse Freiheit genießen, während der Staat in bürgerrechtlichen Angelegenheiten strikte Neutralität bewahren würde.[6] Auch Juden zählten großzügigerweise zu den

Nutznießern der neuen Duldung. Doch der Kaiser und seine Ratgeber, die von abstrakten Prinzipien geleitet wurden, waren außerstande, diese in der Praxis konsequent durchzuführen. Die katholische Kirche und die traditionell etablierten Stände waren zu tief in das Gewebe von Staat und Gesellschaft verstrickt, als daß sie sich durch das Zauberwort eines Edikts hätten loslösen können. Als man im Staatsrat über das Edikt beriet, schreckte der Kaiser vor einigen Reformvorschlägen zurück, die die Juden betrafen.[7] Das erklärt den ungleichmäßigen Charakter des Edikts. Die kaiserlichen Beamten scheinen – was den Status der Juden betraf – die Ziele des Edikts auf unterschiedliche und widersprüchliche Weise ausgelegt zu haben. In Böhmen hielten die örtlichen Behörden es für notwendig, die alten Privilegien der Juden, auf denen ihr Aufenthalt im Lande beruhte, von neuem zu bestätigen – ein Zeichen dafür, daß das Edikt den jüdischen Status nicht beeinflußte. In Mähren erklärten die Behörden eine solche Bestätigung für unnötig.[8] Ihrer Meinung nach waren die alten Privilegien durch das Edikt überholt.

In bezug auf legislative Feinheiten konnte man sich über die Bedeutung des Edikts streiten. Doch aus allgemeiner Perspektive gesehen bezeugte es eine bestimmte Absicht, nämlich die Juden aus ihrer beruflichen, gesellschaftlichen und kulturellen Isolierung herauszulösen und ihnen den Weg in eine neue Zukunft zu weisen.

Die liberale Politik Josephs II. setzte sich auch während der kurzen Herrschaft seines Bruders Leopold (1790–1792) fort. Doch unter dessen Nachfolger Franz II. änderte sich das. In Wien gestattete man Juden nur ungern, sich anzusiedeln oder aus geschäftlichen Gründen in der Stadt zu bleiben, obgleich ihre Rolle auf wirtschaftlichem Gebiet immer mehr an Bedeutung gewann. Die Maßnahmen, die man ergriff, um die Juden unter Kontrolle zu halten, erinnerten an die Epoche vor Joseph II. Auch in der Provinz ließ man jetzt den Juden weniger Freiheit, anstatt mehr.[9] Das Eheschließungsverbot, wodurch man die Anzahl der Juden in jeder Provinz und jeder Gemeinde unverändert halten wollte, wurde von den Behörden mit äußerster Strenge angewendet.

Das Toleranzpatent wurde jedoch nicht rückgängig gemacht. Die Klauseln, die sich auf Erziehung und Schulbildung bezogen, wurden erfüllt. Und was von unserem Standpunkt aus noch wichtiger ist: Der Jude erscheint von nun an – sogar im Kontext einer Gesetzgebung, die ihn praktisch benachteiligte – nicht nur als Ortsansässiger, sondern auch als rechtlich anerkannter Bürger oder Untertan, obgleich von besonderer Art. 1797, im fünften Jahr seiner Herrschaft, gab Franz ein neues „Judenpatent" für die böhmischen Juden heraus mit Richtlinien für ihre Lebensweise. Dieses Patent enthielt eine unfreundliche Vorschrift zur Kontrolle von Eheschließungen, wie auch Beschränkungen der freien Berufswahl für Juden. Nichtsdestoweniger begann das Dekret mit einer großartigen Einleitung, die seinen Zweck erläuterte: „Um die Judenschaft in Böhmen nach den angenommenen Grundsätzen der Duldung zum Besten des Staates und ihrem selbsteigenen, der bürgerlichen Bestimmung, immer näher zu bringen, damit die Gesetzgebung den Unterschied, den sie bisher zwischen den christlichen und jüdischen Untertanen zu beobachten genötigt war, endlich ganz aufzuheben, in Stand gesetzt werde, ist erforderlich ... bestimmte Vorschriften folgen zu lassen."[10] In der Tat war die Militärpflicht das einzige äußere Anzeichen dafür, daß die Juden und ihre christlichen Nachbarn den gleichen Status genossen. Schon unter Joseph II. wurden Juden ins Transportwesen der Armee eingezogen, und 1793, im ersten Jahr der Herrschaft von Kaiser Franz, mußten Juden Militärdienst leisten, wenn sie sich nicht, wie manche Christen, ihre Befreiung erkaufen konnten. Militärdienst für Juden war obligatorisch, denn „jeder Staatsbürger, ohne Unterschied der Religion, des Standes, der Geburt, war dem Staat wehrpflichtig".[11]

Das Privileg, in der österreichischen Armee zu dienen, das von den neuen Untertanen Seiner Majestät nicht immer sehr gewürdigt wurde[12], war das einzige äußere Anzeichen jener Gleichheit, von der in der Einleitung des Edikts so großartig die Rede war. Ansonsten waren die Widersprüche zwischen der erklärten Absicht des Edikts und seiner praktischen Durchführung nur zu deutlich erkennbar. Trotzdem kann man die Einleitung des Edikts nicht einfach als bloße Heuchelei abtun. Der Urheber hatte wohl angenommen, daß der katholische Staat den Juden ein großes Zugeständnis machte, indem er ihnen diese Rechte einräumte. Die Tatsache, daß man Juden zu den Untertanen des Kaisers zählte und ihnen Hoffnungen auf eine künftige Gleichberechtigung machte, zeigt, daß Begriffe dieser Art in die öffentliche Meinung eingedrungen waren und daher nicht völlig ignoriert werden konnten. In der Tat wurde die Idee der Eingliederung von Juden in den Staat schon fast allgemein akzeptiert. Es stellte eine Ausnahme dar, daß der Stadtrat von Prag die Forderungen der Juden nach einigen Änderungen in dem Patent von 1797 mit der Begründung ablehnte, „die Juden seyen eine blos unter gewissen Beschränkungen geduldete Nazion".[13] Dies war nicht die übliche Ausdrucksweise der kaiserlichen Behörden. Diese bezeichnen Juden als Staatsbürger, die trotz eingeschränkter Rechte nicht sui generis sind. Sie werden als Untertanen einer besonderen Kategorie angesehen, die aus religiösen oder anderen Gründen weniger Rechte als andere genießen.

Da es bekannt war, daß der Staat aus Gründen der Religion oder des Standes auch in bezug auf nichtjüdische Untertanen Unterschiede machte, schloß der Sonderstatus, des Juden ihn nicht davon aus, Staatsbürger zu sein. Für die Juden selbst war die Bezeichnung „Mitbürger"[14] der Ausgangspunkt für die Forderung und die Hoffnung, die Unterschiede schließlich abzuschaffen.

Man kann das Toleranzpatent in Österreich und die nachfolgende Gesetzgebung durchaus als Reform bezeichnen, das heißt als die Durchführung sozialer und politischer Änderungen im Rahmen der rechtlichen Befugnisse bestehender Institutionen. Später werden wir uns mit Veränderungen revolutionärer Natur beschäftigen. Die Ziele und Absichten der Reform waren klar umrissen und bestimmten die Mittel für ihre Realisierung. Totale Änderungen waren nicht vorgesehen. Reform war eine angemessene Art unter der aufgeklärten und absoluten Herrschaft Josephs II., Probleme zu behandeln, so wie es seit langer Zeit in allen Staaten, wo der aufgeklärte Absolutismus einige Zeit vorherrschte, die Regel war. Als nächste folgen sukzessive Württemberg[15], Baden[16] und Bayern[17] in den Jahren 1808, 1809 und 1813. Die Reform wurde entweder durch die Verabschiedung einer Reihe von Gesetzen durchgeführt oder durch die Veröffentlichung bestimmter Beschlüsse bezüglich der Juden. In beiden Fällen war das Ergebnis ein radikaler Wandel im Status der Juden. Die Juden wurden als Staatsuntertanen anerkannt, entweder stillschweigend wie in Österreich oder ausdrücklich wie in Baden.[18]

Der Wille zur Umerziehung trat in Ländern außerhalb Österreichs noch mehr zum Vorschein. In Baden zum Beispiel wurde jüdischen Staatsbürgern nur dann eine Wohnerlaubnis erteilt, wenn sie anderen Berufen als den traditionell jüdischen – Kleinhandel und Hausiererei – nachgingen. Der Jude mußte entweder Bauer oder Handwerker werden. Wenn er immer noch Kaufmann werden wollte, mußte er seine Fähigkeit unter Beweis stellen, Angaben über sein Spezialgebiet machen und sich verpflichten, ansässig zu bleiben.[19] Es wurde eines der Hauptziele der Legislative, Juden aus ihren traditionellen Berufen zu entfernen. Das Ziel des Staates war, Juden zu gleichgestellten Staatsbürgern zu machen, doch vorläufig wurden sie noch immer als eine Sondergruppe mit Sonderverpflichtungen behandelt, obgleich der Leibzoll überall abgeschafft war[20] und sie jetzt Militärdienst leisten mußten.[21]

In allen Ländern folgte die Reform dem österreichischen Beispiel, indem man die Juden dazu anhielt, sich kulturell ihrer Umgebung anzupassen. Zu diesem Zweck wurden staatlich beaufsichtigte Schulen gegründet. Die Freiheit der Religion war überall gewährleistet, doch erwartete man, daß man sich bei einem Gewissenskonflikt zwischen religiöser Pflicht und Bürgerpflicht zugunsten der letzteren entscheiden würde. In einem der Staaten, in Mecklenburg-Schwerin, wurde das ausdrücklich betont. Es war den Juden weiterhin erlaubt, ihren Sabbat einzuhalten, doch die Vorschriften von 1812 besagten deutlich, daß „jüdische Soldaten, Lehrlinge oder Gesellen bei christlichen Meistern in öffentlichen christlichen Ämtern stehende Juden und überhaupt, alle Juden, die mit Christen in Verbindung treten, ihre damit nicht verträglichen Gebräuche niemals zum Vorwande sollen nehmen dürfen, sich ihren übernommenen Verbindlichkeiten zu entziehen".[22] Wo die standesamtliche Trauung eingeführt war, wie in Frankreich, mußten Juden natürlich das Gesetz befolgen.[23] Die Scheidung unterlag überall der Rechtsprechung von Zivilgerichten. Jüdische Ehepaare, die eine Scheidung nach religiösem Recht wollten, konnten sich erst dann an das rabbinische Gericht wenden, wenn ein Zivilgericht die Scheidung ausgesprochen hatte. Nach den bereits erwähnten Bestimmungen von Mecklenburg-Schwerin war sogar das verboten: „die jüdische Scheidung... muß von kompetenten Richtern erteilt werden... doch bestand keine Notwendigkeit für einen Scheidebrief, der darum auch nicht gegeben werden muß."[24] Die Bestimmungen in Baden enthielten den Hinweis, der Staat würde die jüdische Religion respektieren, soweit die mosaischen Gesetze betroffen waren, jedoch nicht die talmudischen Zusätze.[25]

Bekanntlich versuchte Frankreich in der Zeit vor der Revolution seine Probleme in rechtmäßiger, konstitutioneller Form zu lösen. Unter den Problemen, die man auf diese Weise anging, war auch die Frage der jüdischen Gemeinden im Elsaß, deren rechtlicher und kultureller Status dem der deutschen Juden ähnelte. Ermittlungen bezüglich der Klage von Elsässer Juden und der Beschwerden, die die örtliche deutsche Bevölkerung gegen sie erhoben hatte, führten im Jahre 1784 zu einer Reihe von neuen Verordnungen, die den zunächst in Österreich und später in einigen deutschen Staaten eingeführten Reformen ähnelten. Der Leibzoll wurde abgeschafft, jüdische Initiative in der Industrie ermutigt, jedoch wurde die jüdische Bevölkerungsziffer durch strenge Eheschließungskontrolle begrenzt.[26] Die Wirkung dieser Gesetzgebung auf den Status der Juden wurde nicht erprobt, da alle Reformversuche durch die Revolution überholt wurden, die das Judenproblem in neue Bahnen leitete. Die Erklärung der Menschenrechte verlieh den Juden nicht automatisch die Staatsbürgerschaft, da sie nur diejenigen betraf, deren Recht, sich Franzosen zu nennen – aus welchem Stande auch immer – unangefochten war. Das traf nicht auf Juden zu.[27] Aber zumindest geriet die Judenfrage jetzt ins Rampenlicht, und es wurde deutlich, daß man sie unter den neuen Umständen nicht in ihrer bisherigen Lage belassen konnte. Solange die Gesellschaft sich aus verschiedenen Ständen und privilegierten Gruppen aufbaute, gehörten die Juden – obgleich ihre Position einmalig war – immer noch einer Kategorie an, die ihren Platz in der Gesamtstruktur einnahm. Mit dem Verschwinden der gesamten Struktur privilegierter Gruppen wurden die Juden zu einer noch größeren Anomalie, als sie je gewesen waren. Nur zwei radikale Lösungen erschienen möglich: Entweder mußte man die Juden durch Sondergesetzgebung einbürgern, oder sie ausweisen. Schließlich tat man das erstere nach langer Debatte in der Nationalversammlung, wo alle nur denkbaren Argumente für und gegen eine Naturalisierung und mögliche Assimilierung zur Sprache kamen. Die Sephardim erhielten ihre Staatsbürgerschaft im Januar 1790, und im September 1791 verlieh man den Aschkenasim ähnliche Rechte.[28]

Zum erstenmal in der europäischen Geschichte wurde einer Gruppe von Juden die uneingeschränkte Staatsbürgerschaft zugesprochen. Als sich nach der Revolution und während der napoleonischen Kriege die französische Herrschaft nach Belgien, den deutschen Ländern westlich des Rheins und später nach Holland, Norddeutschland und einigen Gebieten östlich des Rheins ausdehnte, wurde das Prinzip gleicher Staatsbürgerschaft in all diesen Ländern eingeführt. Die französische Herrschaft und die revolutionären Prinzipien des Tages hatten das ihre getan, oder aber die örtlichen Behörden fügten sich dem Druck der revolutionären Stimmung und sprachen neben anderen radikalen Veränderungen auch den Juden die staatsbürgerliche Gleichberechtigung zu. In dem neu erschaffenen Staat Westfalen zum Beispiel stützte der neue Regent – Napoleons Bruder Jérôme – seine Herrschaft auf eine Verfassung nach französischem Muster, und die Juden wurden automatisch eingebürgert.[29] In Holland und später in der batavischen Republik verlieh die Nationalversammlung den Juden die Staatsbürgerschaft, nachdem man über das Thema noch ausführlicher debattiert hatte als in Frankreich während der Revolution.[30] Welche Vielfalt von Argumenten aufgrund besonderer örtlicher Umstände auch vorgebracht wurde, war das Resultat von der französischen Hegemonie vorherbestimmt. Das Gesetz verlieh den holländischen Juden im Jahre 1796 die Staatsbürgerschaft. In Frankfurt – seit 1806 von den Franzosen besetzt – erhielten die Juden das volle Bürgerrecht vom Großherzog Dalberg, von Napoleon ernannt, der sich immer noch einen Hauch von Unabhängigkeit bewahrte. Die Frankfurter Juden zahlten eine Entschädigung von 240 000 Gulden, ein Betrag, welcher der Sondersteuer gleichkam, die sie in den nächsten zwanzig Jahren der Stadtverwaltung hätten entrichten müssen, wären sie nicht in den Genuß der bürgerlichen Rechte gekommen.[31]

Um das Bild zu vervollständigen, muß man beachten, daß mit der Verfügung von 1790–91 in Frankreich noch nicht das letzte Wort in der Judenfrage gesprochen war. Auf Beschwerden aus dem Elsaß reagierte Napoleon im Jahre 1808 mit Bestimmungen, die an jene Länder erinnern, in denen die Reform und nicht die Revolution den Wandel herbeigeführt hatte. Er beschränkte die Rechte der jüdischen Einwohner und versuchte sie auch in ihrer Berufswahl einzuschränken. Was noch schlimmer war, die

Juden büßten ihren rechtlichen Status dahingehend ein, daß sie bei Erstellung eines Schuldscheins erst einmal dessen Gültigkeit nachweisen mußten und auch den Beweis zu liefern hatten, daß die Transaktion tatsächlich stattgefunden hatte. Diese diskriminierenden Maßnahmen zielten darauf hin, die Juden vom Geldverleih und Kleinhandel abzubringen und sie zu zwingen, in der Landwirtschaft zu arbeiten oder Handwerker zu werden – was die Reform überall beabsichtigte, hier aber durch den starken Arm eines Polizeistaates erzwingen wollte. Diese Gesetzgebung sollte nach zehn Jahren nochmals überprüft werden, und wenn das Resultat der Überprüfung eine Aufhebung rechtfertigte, würde man die Juden wieder voll einbürgern. Doch als dieser Zeitpunkt erreicht war, war Napoleon nicht mehr auf dem Thron, und das wiedereingesetzte Regime der Bourbonen ließ – trotz aller Bemühungen der judenfeindlichen Elsässer – die restriktiven Bestimmungen verfallen.[32] Übrigens galten diese Bestimmungen auch für die deutschen Territorien unter französischer Verwaltung und blieben dort in Kraft, auch nachdem sie in Frankreich erloschen waren.[33]

Außer den beiden erwähnten Modellen – Reform und Revolution – gab es ein drittes, das sich in Preußen entwickelte. Man könnte es als eine Kombination der beiden bezeichnen, da es in seiner Form legalistisch und dem Inhalt nach revolutionär war. Preußen war 1806 von Napoleon besiegt worden. Es hatte große Territorien eingebüßt, behielt aber seine Unabhängigkeit, wenigstens in internen Angelegenheiten. Aus der großen Demütigung heraus erwuchs der Wille zur Rehabilitierung. Das führte zu weitreichenden Reformen als Ergebnis einer Gesetzgebung, die die Preußen eingeführt hatten, um denselben Grad von bürgerlichen Freiheiten und sozialer Ordnung zu erreichen, den in Frankreich die Revolution herbeigeführt hatte. Die Abschaffung von Leibeigenschaft, die Auflösung der Handwerkerzünfte und die Anerkennung von Juden als Staatsbürger waren einige der wichtigsten Reformen. Die Angelegenheit der Juden war – wie schon mehrfach erwähnt – seit dem Tod Friedrichs II. (1786) immer wieder erwogen worden. Umfassende Reformen waren ins Auge gefaßt, jedoch niemals vollendet worden, da bei den Behörden widersprüchliche Meinungen über die Erwünschtheit und Vervollkommnungsfähigkeit der Juden herrschten. Man hatte lediglich Teillösungen gefunden, wie die Abschaffung des

Leibzolls (1788) und der Sippenhaftung bei Diebstahl und ähnlichem (1801). Zur Zeit der großen Reformen hatte man das Judenproblem auf radikalere Weise angepackt, was zu dem Edikt von 1812 führte, das den Juden einen höheren Status verlieh. Juden wurden Staatsbürger, ihre Sonderprivilegien, wie eigene Rechtsprechung und Befreiung vom Militärdienst, wurden abgeschafft und ihre Sonderbeiträge, wie Steuern und ähnliches, aufgehoben. Man gewährte ihnen freie Wahl von Wohnort und Beruf. Regierungsposten waren ihnen noch immer verwehrt, und ein endgültiger Beschluß in dieser Frage war aufgeschoben worden.[34]

Die politische Integration des preußischen Judentums, der kulturell fortschrittlichsten jüdischen Gemeinschaft in Westeuropa, wurde als große Errungenschaft und als Wendepunkt in der Geschichte des deutschen Judentums angesehen. Man maß dieser Tatsache hier viel größere Bedeutung zu, als anderswo in jüdischen Gemeinden. Seit dem Toleranzpatent hatte keine Gesetzgebung, die die Juden betraf, derartige Begeisterung ausgelöst.[35] Der gemeinsame Nenner aller Gesetzgebung, konstitutionell oder revolutionär, war, daß sie die Juden als Teil der Bevölkerung anerkannte – vielleicht fehlerbehaftet und besserungsbedürftig –, aber nicht als Fremde, die man mutwillig vertreiben durfte. Alle übernahmen ein Maß von Verantwortung für die Juden, die in den einzelnen Staaten seßhaft waren. Und wenn das nicht eine volle Einbürgerung einschloß, wurde eine solche nach einer unbestimmten Zeitspanne in Aussicht gestellt, oder zumindest wurden die im Lande geborenen Juden als Staatsbürger betrachtet. Worauf die verschieden lautenden Bestimmungen hinausliefen, war, daß jeder Staat sich bereit erklärte, die Juden, die sich zur Zeit der Reform oder der Revolution innerhalb seiner Grenzen befanden, einzuverleiben.

Alle Staaten rechneten mit der Möglichkeit, daß Juden aus anderen Ländern einzuwandern wünschten, und einige gaben Bestimmungen heraus, wie zum Beispiel im preußischen Edikt, in denen geschäftliche Transaktionen oder Eheschließungen zwischen Juden aus verschiedenen Ländern berücksichtigt wurden. Geschäftsreisen ausländischer Juden waren natürlich gestattet, doch betrachtete man das Einsickern fremder Juden mit Mißtrauen. In manchen Staaten gab es strenge Bestimmungen, um dieser Möglichkeit zu wehren.[36] Man nahm stillschweigend an, daß jeder Staat seine jüdische Gemeinde mit der Bevölkerungsmehrheit verschmelzen und auf diese Weise die geschwächten Verbindungen, die die verschiedenen jüdischen Gemeinden miteinander noch unterhielten, sich lösen würden.

Mit der Einbürgerung der Juden hatte der Staat noch keineswegs alle mit den Juden zusammenhängenden Probleme beseitigt. Man wäre der Lösung nähergekommen, wenn die Zugeständnisse, die man den Juden machte, auf dem Prinzip der Trennung zwischen Kirche und Staat beruht hätten. Nach diesem Prinzip hätte der Staat die Religion seiner Bürger ganz einfach ignorieren können, und es wäre den Juden überlassen geblieben, ihre religiösen Institutionen nach Belieben beizubehalten oder aufzugeben. In Frankreich war nach der Revolution eine solche Situation entstanden, und der Staat, der ihnen volle Bürgerrechte verlieh, zeigte, wenigstens theoretisch, keinerlei Interesse an religiösen Dingen, da er seinen Bürgern absolute Glaubensfreiheit garantierte. Während der Schreckensherrschaft waren die Religionen verboten und die Kirchgänger, einschließlich der Juden, wurden belästigt und sogar verfolgt.[37] Dieser Zustand wandelte sich ins Gegenteil um, als die Schreckensherrschaft zu Ende ging und die Zusammenarbeit von Kirche und Staat wieder an der Tagesordnung war. Es hing allein von den jüdischen Gemeinden ab, ob sie ihre Synagogen und ihr Rabbinat unterhielten, und Einzelpersonen konnten sich nach Belieben den Gemeinden anschließen und sich ihrer Institutionen bedienen. Der einzelne Jude konnte sich mit der staatlich vorgeschriebenen standesamtlichen Eheschließung begnügen. Wenn er darüber hinaus auch eine religiöse Trauung begehrte, konnte er diese durch einen Rabbiner vollziehen lassen. Doch kein Rabbiner durfte eine religiöse Trauung vollziehen, ohne sich vorher zu vergewissern, daß eine standesamtliche Eheschließung stattgefunden hatte.[38] Allenfalls erkannte der Staat die Existenz religiöser Institutionen an, trug jedoch, was die jüdischen Institutionen betraf, nichts zu ihrer Unterstützung bei. Die Gemeinden konnten unter den neuen Umständen Zuwendung nur auf freiwilliger Basis erhalten – ein Vorgang, der bis dahin ohne Beispiel war, weil europäische Juden es gewöhnt waren, der Gemeinde zwangsläufig Gelder beisteuern zu müssen. Es ist daher kein Wunder, daß sie in Schwierigkeiten gerieten.[39]

Diese Situation hielt jedoch nicht an. Napoleon, dem es klar wurde, welche Rolle die Religion im Leben der Franzosen spielte, suchte nach einem modus vivendi mit der Kirche. Im Jahre 1801 kam ein Konkordat zustande, das die Beziehungen zwischen der katholischen Kirche und Napoleons Regierung regelte. Auf diese Weise gewann der Staat einen wichtigen Halt in der Kirche, da er das Recht hatte, die Bischöfe zu wählen, während die Kirche die Wahl lediglich genehmigen durfte. Napoleon beabsichtigte, ähnliche Verträge auch mit anderen christlichen Kirchen einzugehen.[40] Natürlich waren die Juden in Frankreich nur eine kleine Minderheit, doch befaßten sich die Behörden, einschließlich des Kaisers, mit jüdischen Angelegenheiten, wie im Zusammenhang mit der Einberufung des Sanhedrin erwähnt. Das Hauptergebnis der Beratungen über den Status der Juden in Frankreich war die Gründung des *Consistoire,* einer Organisation, der alle Juden angehören mußten.

Formell war die Gründung des *Consistoire* der Beschluß der Versammlung jüdischer Standespersonen, die im Jahre 1806 zusammentrat und dem Sanhedrin vorausging. Man könnte es daher als eine von den Juden freiwillig geschaffene Organisation betrachten.[41] In Wirklichkeit jedoch waren es die kaiserlichen Behörden, die die Einzelheiten zur Gründung der Organisation ausarbeiteten. Später, im Jahre 1808, wurde die Verfassung durch kaiserliches Dekret genehmigt. In der Tat konnte das *Consistoire* seine Macht nur mit Hilfe der rechtlichen Befugnisse, die der Staat ihm erteilt hatte, ausüben.

Nach dem Gesetz mußten sich die Juden eines bestimmten Bezirks – oder mehrerer Bezirke, wo die Anzahl jüdischer Bürger es bedingte – sich zu einem *Consistoire* zusammenschließen, einer Organisation, die sich um eine Synagoge herum etablierte. Dem *Consistoire* gehörten Laienmitglieder und gewählte Rabbiner an, die gemeinsam für die Verwaltung und Wohlfahrt der Gemeinde verantwortlich waren. Alle *Consistoires* waren einem zentralen *Consistoire* in Paris angegliedert, das sich wiederum aus jüdischen Standespersonen und dem Großrabbiner zusammensetzte. Aufgabe des zentralen *Consistoire* war es, die Arbeit der Zweigstellen zu beaufsichtigen und zu kontrollieren.[42]

Es besteht eine gewisse Ähnlichkeit zwischen den *Consistoires* und den landesweiten Organisationen, die in der Zeit vor der Revolution jüdische Gemeinden in manchen Ländern[43], wenn auch nicht in Frankreich, zusammenschlossen. Doch zu jener

Zeit behandelte die Organisation alle Aspekte des jüdischen Lebens, ob religiöser, rechtlicher oder wirtschaftlicher Natur. Jetzt, wo die französischen Juden wie alle anderen Bürger dem Staatsgesetz unterworfen waren, verband sie ihre spezielle Organisation nur als Anhänger der jüdischen Religion und nicht in ihrer Eigenschaft als Staatsbürger, die sie jetzt waren. Durch Gründung dieser Organisation erkannte der Staat die jüdische Religion an, gleich anderen Religionen, mit deren Vertretungen er formale Beziehungen unterhielt. Dennoch gab es diskriminierende Erscheinungen. Während die Würdenträger der christlichen Kirchen ihre Gehälter von der Regierung erhielten, wurden die Rabbiner aus den Kassen der jüdischen Gemeinden entlohnt. Darüber hinaus mußte sich das *Consistoire,* obgleich es anderen religiösen Organisationen gleichgestellt war, mit dem staatsbürgerlichen Verhalten seiner Mitglieder befassen. Eine seiner Hauptaufgaben war es, die Juden an ihren Wohnorten zu beaufsichtigen und sich zu vergewissern, daß sie keiner Beschäftigung nachgingen, die nicht behördlich genehmigt war, und daß sie ihrer Militärpflicht nachkamen.[44] Dies spiegelt die vorherrschende Einstellung wider, daß die Juden immer noch Bürger auf Probe waren, die man, gegebenenfalls durch Zwangsmaßnahmen, lehren mußte, was es bedeutete, Staatsbürger und Mitglieder der Gesellschaft zu sein.

In einem ähnlichen Geist wurde die Verfassung des *Consistoire* von Westfalen im Jahre 1808 unter der Herrschaft von Jérôme Napoleon gestaltet. Man gab zu, einen doppelten Zweck zu verfolgen: Den Juden freie Ausübung ihrer Religion zu gestatten und gleichzeitig ihr moralisches und bürgerliches Verhalten zu überwachen.[45] Noch weitreichender war die Verantwortung des *Oberrats,* der Exekutive der jüdischen Gemeinden von Baden. Er mußte nicht nur das moralische Verhalten der Juden überwachen, sondern auch die berufsmäßige Verteilung jüdischer Jugend organisieren[46], da er als Instrument für die Umerziehung der Juden konzipiert war. Dies war die Richtung der Gesetzgebung in allen Ländern, die die Idee jüdischer Integration akzeptiert hatten, vorausgesetzt, die Juden würden sich den Anforderungen von Staat und Gesellschaft fügen. Auch wenn manche Staaten den Juden immer noch gewisse Rechte vorenthielten, geschah das in der Hoffnung, daß im Lauf der Zeit ihr Fortschritt bei der Anpassung an die Gesellschaft restriktive Maßnahmen unnötig machen würde. Darin lag auch ein Hinweis auf die stillschweigende Akzeptierung der jüdischen Religion als eine der anerkannten Konfessionen. Das war allerdings nicht dasselbe, als hätte man die jüdischen religiösen Organisationen den etablierten Kirchen des Landes gleichgestellt. Deren Status hing von dem Ausmaß staatlicher Beteiligung an der christlichen Kirche ab. In Wien zum Beispiel gestattete die Regierung den Juden nicht, eine Gemeinde zu gründen,[47] obgleich man bereits über eine mögliche Integration der Juden beriet – offensichtlich, weil man das als Verminderung der vorrangigen Position angesehen hätte, die die katholische Kirche innehatte. In Böhmen gestatteten die Bestimmungen von 1797 freie Ausübung der jüdischen Religion, doch war die Gründung regelrechter Gemeinden nicht vorgesehen, so daß die Ernennung eines Rabbiners nur durch freiwillige Spenden der Juden möglich gemacht wurde.[48] In Mähren war die Situation anders. Dort hatten die Juden seit Jahrhunderten ihre eigene landesweite Organisation, an deren Spitze ein Oberrabbiner stand und die sie auch nach der Emanzipation weiter aufrechterhielten.[49]

Der genaue Status, den die jüdische Religion nach Einbürgerung der Juden einnehmen würde, war nirgends ausdrücklich erklärt. In Preußen ließ das Edikt von 1812, das ansonsten sehr weitreichend und deutlich in bezug auf die Verleihung von Bürgerrechten war, die Frage des rechtlichen Status der jüdischen Religion und ihrer Organisationen offen. Im letzten Absatz des Edikts versprach man, die Angelegenheit später zu behandeln.[50] Vorläufig blieb eine alte Definition aus dem Jahr 1788 in Kraft. Danach war die jüdische Religion in der Kategorie von „öffentlich geduldeten", aber nicht anerkannten Religionen eingereiht. Wie sich das in der Praxis auswirken sollte, war unklar. In späteren Jahren erhoben sich rechtliche Zweifel, ob alle Juden Mitglieder der Organisationen jüdischer Gemeinden zu werden hatten und ob jüdische Gemeinden in bezug auf Änderungen im traditionellen Gottesdienst selbst entscheiden durften.[51]

Die Naturalisierung verschaffte den Juden nicht automatisch die gleichen Rechte, wie sie die vom Glück mehr begünstigten Bürger genossen. Mancherorts waren sie sogar in ihren Bürgerrechten eingeschränkt. Woanders verlieh man ihrer Religion nicht den gleichen rechtlichen Status wie anderen Religionen. Trotzdem gab es in der Geschichte der Juden und des Judentums eine entscheidende Wende in der Zeitspanne zwischen 1780 und 1814, weil damals die alte Rechtsstruktur ins Schwanken geriet, als warte sie darauf, von der vollen Ebenbürtigkeit, wie sie die Aufklärung anstrebte, ersetzt zu werden. Der Schauplatz für den Kampf um Gleichberechtigung war eingerichtet.

Elftes Kapitel

Die vergebliche Flucht vor jüdischen Berufen

Die Befürworter jüdischer Integration behaupteten hartnäckig, die Integration würde sich auf die Berufe, denen die Juden nachgingen, auswirken. Die Juden würden von der Möglichkeit einer freien Berufswahl reichlich Gebrauch machen, und ihre herkömmliche Bindung an den Handel und andere Beschäftigungen, die mit der Anlage von Geld zusammenhingen – insbesondere der Wucher –, würde verschwinden.[1] Auch die Gesetzgeber, die die Juden zu Staatsbürgern machten, sahen einen Berufswechsel voraus. Allerdings konnte der erwartete Wechsel nicht immer im Gesetz verankert werden. Die revolutionäre Gesetzgebung, wie zum Beispiel der Nationalversammlung in Frankreich, gewährte den Juden die Staatsbürgerschaft bedingungslos. Ihr Wortlaut konnte nicht einmal einen Hinweis auf den erwarteten Wechsel geben. Allerdings hatte man während der Beratungen, die dem Beschluß vorangingen, diese Frage gründlich erörtert und war zu dem stillschweigenden Einverständnis gelangt, daß dieser politische Schritt nur dann gerechtfertigt wäre, wenn er die erwartete wirtschaftliche Neuverteilung herbeiführte.[2] Dort, wo die Staatsbürgerschaft als Ergebnis von Reformmaßnahmen gewährt wurde, war diese Bedingung in der Gesetzgebung verankert. Angefangen von dem österreichischen Toleranzpatent von 1781 bis zum bayrischen Edikt von 1813 enthielten sämtliche Bestimmungen Klauseln, die dazu bestimmt waren, die Juden von ihren herkömmlichen Berufen abzuzweigen und sie der Landwirtschaft und dem Handwerk zuzuführen.[3] Weniger deutlich war die Erwartung, daß sich die Juden unter den neuen Lebensumständen nicht länger in ihren Ghettos und Judenvierteln drängen und durch ihre Absonderung als Gruppe auffallen würden.[4] Früher waren die Juden gezwungen gewesen, sich innerhalb ihrer Sonderquartiere aufzuhalten, doch unter den neuen Bedingungen hielt man es für selbstverständlich, daß sie sich unter ihre Nachbarn mischten.

In welchem Ausmaß sich diese Erwartungen in der nachfolgenden Zeitspanne bewahrheiteten, ist ein Punkt, der genauere Betrachtung erfordert. Da die Zeitspanne, die wir hier behandeln, im Jahre 1814 endet, und viele der gesetzlichen Bestimmungen – besonders in Preußen und Bayern – erst kurz davor in Kraft traten, läßt uns das keinen großen Spielraum. Doch kann man die Strömungen, die später dominieren sollten, bereits jetzt in der Geschichte jener Länder erkennen, wo die freie Berufswahl – in stärkerem oder geringerem Maße – bereits Anhaltspunkte für künftige Entwicklungen schuf.

Wir wollen zunächst untersuchen, was sich in den Gebieten oder Ländern ereignete, in denen das Gesetz über eine längere Zeitspanne völlige Bewegungsfreiheit wie auch eine freie Berufswahl gestattete. Es handelt sich um Frankreich zwischen 1791 und 1806, Holland zwischen 1796 und 1813, um die Städte des Rheinlands ungefähr zur gleichen Zeit wie in Holland, um Hamburg und Umgebung zwischen 1810 und 1813 und um Frankfurt für die kurze Zeit von 1808 bis 1813. Relevante Angaben für diese Gebiete sind nicht immer vorhanden. Der am besten bekannte und am sorgfältigsten erforschte Fall ist Frankreich, insbesondere das Elsaß.

Nirgends hatte man die Juden wegen der Art und Weise, in der sie ihren Lebensunterhalt verdienten, heftiger kritisiert und angegriffen, als im Elsaß. Berufsmäßig kann man die jüdische Bevölkerung in drei Kategorien aufteilen. Es gab eine dünne Oberschicht von Kapitalisten, die als Lieferanten für die Armee tätig waren und sich auch mit anderen Transaktionen, wie der Einfuhr von Lebensmitteln und anderem in großem Maßstab befaßten. Danach kam die wohlhabende Mittelklasse, die ihr Kapital dazu gebrauchte, mit der Landbevölkerung Geschäfte zu machen, den Bauern Anleihen zu geben, die Ernte aufzukaufen sowie Waren und Besitz jeder Art, die sie mit Gewinn weitergaben. Die dritte Gruppe bestand aus Hausierern und Kleinhändlern, die mit ihren Waren durchs Land zogen und nach Gelegenheiten suchten, landwirtschaftliche Nebenprodukte, wie Federn, Tierhäute und anderes billig aufzukaufen. Die Kritik richtete sich hauptsächlich gegen die beiden niedereren Gruppen. Die geschäftlichen Transaktionen der Mittelklasse bezeichnete man als „Wucher“ und machte sie für die Not der Bauern verantwortlich.[5] Auch das Hausieren betrachtete man als widerwärtig, weil man damit die Bauern angeblich dazu verführte, mehr Geld, als sie sich leisten konnten, für Minderwertiges zu verschwenden.[6]

Auch im historischen Rückblick ist es schwierig, die wirtschaftliche Bedeutung der Juden im Elsaß vor der Revolution zu ermessen. Auf jeden Fall belebten sie die Wirtschaft dieser Provinz, was einigen Einwohnern zum Nutzen gereichte und anderen Schaden zufügte.[7] Es besteht jedoch kein Zweifel, daß die jüdischen Berufe – genau wie die jüdischen Wohnquartiere in den Ghettos – mit zu vielen Menschen vollgepfercht waren, die alle versuchten, ihren Lebensunterhalt aus derselben Quelle zu schöpfen. Die Konkurrenz unter denen, die diese Geschäfte betrieben – und es waren nicht nur Juden –, wurde immer größer. Die jüdische Antwort auf die Beschwerden über die Einseitigkeit ihrer beruflichen Tätigkeit war, daß ihnen alle anderen Erwerbszweige versperrt waren.[8] Es war logisch anzunehmen, daß die Abschaffung der Beschränkungen zu einer Berichtigung dieser ökologischen und wirtschaftlichen Anomalie führen würde.

Die uneingeschränkte Freiheit, die etwa fünfzehn Jahre, von 1791 bis 1806, anhielt, führte in der Tat zu einigen Veränderungen in der gewünschten Richtung. Einige Juden verließen ihren Wohnort und siedelten sich dort an, wo es ihnen früher nicht gestattet war. Die Juden von Metz, die mit den Einwohnern der umliegenden Dörfer, wo sie früher selbst nicht wohnen durften, Geschäfte machten, ließen sich jetzt unter ihren Kunden nieder.[9] Das war ein Schritt in der erwarteten und erwünschten Richtung. Doch alle anderen Veränderungen verliefen anders als erwartet. Mehr Juden zogen vom Land in die Stadt, als umgekehrt. Straßburg hatte auf seinem Recht bestanden, Juden auszuschließen, und bis zur Revolution gelang es lediglich der reichen Familie Cerf Berr, die Wohnerlaubnis zu erhalten. In weniger als einer Generation erlebte die Stadt die Gründung einer ganzen Gemeinde. Im Jahre 1807 zählte die jüdische Gemeinde 1476 Köpfe unter der Leitung von Rabbi David Sinzheim, der später Präsident des Sanhedrin in Paris wurde.[10] Auch andere Städte, die bis zur Revolution keine Juden beherbergt hatten, erlebten die Gründung großer jüdischer Gemeinden.[11] Paris, wo es bisher nur ein paar illegale jüdische Bewohner gab, wurde mit fast 3 000 Seelen ein Zentrum für Juden, sowohl Sephardim wie auch Aschkenasim.[12] Man nutzte in der Tat die Wohn- und Bewegungsfreiheit voll aus, doch war das Ergebnis keine bessere Verteilung der Juden, sondern eher eine größere Konzentration. Die Freizügigkeit wurde zu einer kollektiven Bewegung, denn wo ein Jude hinzog, folgten andere nach.

Der Wohnortwechsel zog – wenigstens in einigen Fällen – einen Berufswechsel nach sich. In manchen Orten wandten sich einige Juden der Landwirtschaft zu, andere wurden Handwerker.[13] Isaac Cerf Berr konnte schon im Jahre 1806 nicht ohne Stolz sagen, trotz großer Hindernisse „gibt es unter uns bereits Schneider, Tischler, Kesselflicker, Goldschmiede und andere Handwerker, wie auch Künstler". Cerf Berr bezeugte auch die Vergrößerung der beruflichen Skala in anderer Richtung: „Es gibt bereits solche unter uns, die die Hochschule beendet haben und als würdig befunden wurden, Lehrstühle in Mathematik oder Physik zu besetzen." Die Juden hatten einen Durchbruch erzielt, der, wenn auch nicht spektakulär, wenigstens einen Anfang auf drei neuen Gebieten darstellte – in der Landwirtschaft, dem Handwerk und den akademischen Berufen. Die Schwierigkeiten, die Cerf Berr erwähnte, waren sozialer Natur. „Wenn einer unserer Söhne sich bei einem Meister, einem Fabrikanten, einem Künstler, Arbeiter usw. um eine Lehre bewirbt, wird er zurückgewiesen, weil er Jude ist."[14]

Die Juden fühlten sich immer noch benachteiligt, doch die Umstände änderten sich zu ihren Gunsten. Die Revolution beschränkte sich nicht nur auf die Politik. Sie hatte auch großen Einfluß auf die Wirtschaft. Eine der wichtigsten Auswirkungen war die Enteignung des kirchlichen Eigentums und der Ländereien, die den Emigranten gehörten. Dieses sogenannte Nationaleigentum wurde auf den Markt geworfen, ein Umstand, der es wahrscheinlich einigen Juden ermöglichte, sich in einem Land wie Elsaß, wo es bekanntlich schwer war, Boden zu erwerben, in der Landwirtschaft zu betätigen. Trotzdem waren die eigentlichen wirtschaftlichen Veränderungen in der Struktur der jüdischen Gemeinschaft nur gering. Die Juden nutzten die sich bietenden Gelegenheiten, aber mehr als Variation und Erweiterung ihrer traditionellen Tätigkeit, als zur Aufnahme einer neuen Berufsart. Juden kauften auch staatlichen Besitz auf – in welchem Ausmaß ist umstritten und wohl kaum feststellbar –, aber in der Regel nicht, um das Land zu bewirtschaften und auch kaum als Kapitalanlage. Im allgemeinen erzielten sie einen Gewinn, indem sie das erworbene Land entweder als Ganzes oder parzellenweise weiterverkauften.[15] Die Anzahl der Handwerker war natürlich sehr klein, außer vielleicht in Paris, wo im Jahre 1804 von 840 Juden 230 Handwerker waren. Auch gab es nur wenige Akademiker und Staatsangestellte.[16] Nicht die Veränderung der beruflichen Struktur war bedeutungsvoll, sondern was man daraus ersehen konnte, um die jüdische Haltung zu bewerten. Sogar die kleine Zahl jüdischer Bauern und Handwerker widerlegte die antijüdischen Anschuldigungen, daß die Juden körperliche Arbeit scheuten, da sie eine angeborene Vorliebe für leichten Gewinn hatten. Die unbedeutende Anzahl derer, die einen neuen Beruf ergriffen hatten, war leicht zu erklären, indem man auf die kurze Zeitspanne hinwies, die verflossen war, seit sich neue Berufsmöglichkeiten boten, sowie auf die Schwierigkeiten, mit denen die Juden immer noch zu kämpfen hatten. Das war der wesentliche Inhalt von Berr-Isaac Berrs Argumenten, als er 1806 die Resultate von anderthalb Jahrzehnten rechtlich garantierter Bewegungsfreiheit der Juden im Elsaß zusammenfaßte.[17]

Die Erfahrungen anderer jüdischer Gemeinden, denen man die Möglichkeit gegeben hatte, sich frei zu bewegen und ihren Beruf nach Belieben zu wechseln, wiesen ein ähnliches Muster auf. Wo immer die Juden auf bestimmte Bezirke beschränkt gewesen waren, wie in Frankfurt und Prag, zogen viele, die es sich leisten konnten, in andere Stadtteile um, woraus sich die gesellschaftlichen Konsequenzen ergaben, die wir bereits erwähnten.[18] Viele verließen gänzlich ihren Wohnort. Die meisten von ihnen zogen in Geschäftszentren und Orte, wo sich Juden früher nicht aufhalten durften. Im 15. Jahrhundert (1424) waren die Juden aus Köln ausgewiesen worden. Sie kehrten erst nach der französischen Besetzung im Jahre 1794 zurück. Im Jahre 1807 gab es dort schon wieder 38 jüdische Familien mit 138 Seelen.[19] Auch Stuttgart war bis zu Beginn des 18. Jahrhunderts, als man einige Hofjuden aufnahm, den Juden verschlossen, aber erst im Jahre 1806 wurde der Bann endgültig aufgehoben. Im Laufe von zwei Jahren hatten sich 14 Familien, die aus 109 Personen bestanden, dort angesiedelt.[20]

Zwei wichtige Handelsstädte, Lübeck und Bremen, von denen Juden früher ausgeschlossen waren – obgleich sie hin und wieder aus der Umgebung in die Stadt kamen, um dort Handel zu treiben –, standen ihnen jetzt offen. Während der kurzen Zeit der französischen Besatzung (1810–1814) entstand in Lübeck eine jüdische Gemeinde von einiger Bedeutung, und etwa zwanzig Familien siedelten sich in Bremen an zum Entsetzen der dortigen Bürger, die bis zum Abzug der Franzosen ihre Gefühle für sich behalten mußten.[21]

Die unbegrenzte Bewegungsfreiheit führte hier zu ähnlichen Entwicklungen wie in Frankreich. Das gleiche trifft für die freie Berufswahl zu. Es gibt Belege dafür, daß Juden in Deutschland Grundbesitz erwarben, dort, wo es ihnen erlaubt war. Es ist bekannt, daß viele der Ländereien religiöser Orden in der Umgebung von Halberstadt, Magdeburg und Braunschweig, die während der französischen Besatzung aufgelöst worden waren, von Israel Jacobson aufgekauft wurden. Er verkaufte die meisten mit gutem Gewinn, verpachtete andere, behielt aber auch einige für seinen persönlichen Bedarf. Er war auch im Besitz von Ländereien in Mecklenburg, wo er beträchtliche geschäftliche Interessen hatte.[22] Ein Mann wie Jacobson war zweifellos von gesellschaftlichen Aspirationen zum Ankauf von Grundbesitz veranlaßt. In ganz Europa war es für wohlhabende Geschäftsleute bürgerlichen Ursprungs üblich, sich durch Landerwerb der Aristokratie anzuschließen. Jetzt, wo die gesetzlichen Hindernisse beseitigt waren, schlugen auch manche Juden diesen Kurs ein. Das taten sie allerdings nur zögernd, aus Gründen, die wir gleich erwähnen werden.

Rein theoretisch konnten Juden nach ihrer Einbürgerung Bauern werden. Doch gibt es nur wenige Berichte über Juden, die sich diese wirtschaftliche Möglichkeit zunutze machten.[23] Hier und dort finden sich ein paar jüdische Handwerker als Folge der Verwirklichung bürgerlicher Freiheiten. Siegmund Geisenheimer, Gründer des Philantropin, der neuen jüdischen Schule in Frankfurt (und auch Gründer der jüdischen Freimaurerloge) versuchte im Jahre 1808 seinen Vater in Bingen am Rhein dazu zu überreden, seinen jüngeren Sohn als Handwerker ausbilden zu lassen. Ihm selbst, so erklärte er in einem Brief, sei es bereits gelungen, eine bedeutende Summe für die Ausbildung jüdischer Jungen bei christlichen Handwerksmeistern aufzutreiben, und sechs solcher Jungen seien schon entsprechend untergebracht. Um seinen Argumenten mehr Nachdruck zu verleihen, schrieb er auch, daß sogar wohlhabende jüdische Kinder zur handwerklichen Ausbildung nach Frankfurt geschickt würden. Es sei eine

Schande, daß im Rheinland, wo die Juden seit zwölf Jahren diese Möglichkeit hatten, nicht ein einziger die Gelegenheit ausgenutzt habe.[24] In der Tat blieben jüdische Handwerker oder Handwerker-Anwärter eine Seltenheit. Der Wechsel war, wenn überhaupt, eine Randerscheinung, die den Kern unberührt ließ.

Der wirkliche Grund für diese Trägheit – trotz aller Möglichkeiten – ist nicht schwer zu erklären. Gesetzliche Erlaubnis mag noch so viele wirtschaftliche Möglichkeiten schaffen, doch müssen diese sowohl wirtschaftlich als auch gesellschaftlich attraktiv sein, um eine Motivation darzustellen. Doch eine solche gab es nicht für den einzelnen Juden. Im Gegenteil, auch wenn er diese Möglichkeit ausnutzen wollte, hielten ihn wahrscheinlich die gesellschaftlichen Schwierigkeiten, die ihm entgegentraten, davon ab. Die Unwilligkeit christlicher Handwerksmeister im Elsaß, jüdische Lehrlinge aufzunehmen, ist nur ein Beispiel. Ein solches Verhalten war überall unter Handwerkern an der Tagesordnung. Jüdische Gesellschaften, die nur für den einen Zweck gegründet wurden, Juden zum Handwerk zu verhelfen, mußten christlichen Handwerksmeistern übertriebene Lehrgelder zahlen, damit sie jüdische Lehrlinge aufnahmen.[25] Der zukünftige Landwirt mußte die nötigen Geldmittel zur Verfügung haben, um Land zu erwerben. Und warum sollte er Geld in einem Beruf anlegen, der hauptsächlich von Menschen ausgeübt wurde, die von Geburt auf dafür bestimmt waren? Und mit dem Erwerb von Land allein war es nicht getan. Der Landwirt mußte Mitglied einer eng zusammengeschlossenen Gemeinschaft sein, der die Bauern traditionsmäßig angehörten und in die Neulinge nicht so leicht aufgenommen wurden. Einem Juden müssen diese Hindernisse unüberwindbar erschienen sein. Gesellschaftliche Isolierung hatte zudem noch wirtschaftliche Nachteile, weil sich der Bauer auf die Hilfe seiner Nachbarn verlassen mußte.[26]

Nicht unähnlich war die Lage des reichen Juden, der den erworbenen Grundbesitz selbst bewirtschaften wollte. Die öffentliche Meinung widersetzte sich dem Juden, der Grundbesitz erwarb, der seit Generationen denselben alten Familien gehört hatte, auch wenn diese Familien genötigt waren, ihn aus Geldnot zu verkaufen. Der Landadel bildete eine noch exklusivere Gruppe als die meisten anderen, und der Jude, der sich dort niedergelassen hatte, fühlte sich von seinen Nachbarn, den einzigen gesellschaftlichen Kontakten, die er hatte, gänzlich isoliert. Die

Geschichte von Israel Jacobson und seinem Sohn, die auf den Gütern, die sie gekauft hatten, leben wollten, jedoch von ihren Nachbarn geschnitten wurden, veranschaulicht das.[27] Man kann dem Beobachter Glauben schenken, der später, um 1830, erklärte, solche Grundbesitzer wären durch ihre gesellschaftliche Isolierung dazu getrieben worden, sich taufen zu lassen.[28] Solange ein Jude sein Judentum behalten wollte – sogar wenn es auf ein Minimum reduziert war –, war er in seiner Berufswahl behindert. Er konnte sich keinen nichtjüdischen Kreisen anschließen, ohne seine Zugehörigkeit zu seiner eigenen religiösen und ethnischen Gemeinschaft zu gefährden.

Zeitgenössische Beobachter können nicht die gleiche Einsicht in die Umstände einer gesellschaftlichen Situation haben, wie sie der Historiker im Rückblick gewinnt. Trotzdem gab es einige, die fühlten, daß die berufliche Umgruppierung der Juden sich nicht automatisch im natürlichen Ablauf der Dinge vollziehen würde. Sie könnte nur erreicht werden, wenn man Maßnahmen ergriff, die jüdische Jugend in Berufsbahnen zu leiten, die außerhalb ihrer traditionellen Arbeitsgebiete lagen. Berr-Isaac Berr war einer der Einsichtigen. Sofort nach dem Einbürgerungserlaß von 1791 machte er den Vorschlag mittels einer Organisation, Werkstätten zu errichten, wo man jüdische Kinder zu Handwerkern ausbilden würde. Er stellte sich vor, daß die wohlhabenden Juden, die durch das neue Einbürgerungsgesetz von ihren Sondersteuern befreit waren, als Sponsoren einer solchen Organisation in Frage kämen, und schlug vor, sie sollten freiwillig die gleiche Summe beisteuern, die sie im Laufe von zehn Jahren zu zahlen hätten, wenn ihnen dieser Betrag durch die bürgerliche Befreiung nicht erlassen worden wäre.[29] Offenbar verspürte Berr-Isaac Berr als Vertreter der jüdischen Oberschicht eine Verantwortung gegenüber den mittellosen Juden. Jüdische Solidarität war mit der Abschaffung von Zwangsmaßnahmen seitens der Gemeinden keineswegs verschwunden, und obgleich Berrs Plan nicht zur Ausführung kam, wurde er später wieder aufgenommen. Freiwillige Gruppen aufgeklärter und reicher Juden spielten eine nicht unbedeutende Rolle bei der Einführung junger Juden in eine Berufsgruppe, die man damals für produktiv hielt.[30]

Wo immer es in der Absicht der Behörden lag, die Juden durch Reform zu integrieren, unternahmen sie die nötigen

Schritte diese Juden den entsprechenden Wirtschaftszweigen zuzuleiten. Dabei waren die Regierungen weit davon entfernt, den Juden die freie Wahl ihres Wohnorts zu überlassen. Wie bereits erwähnt, waren in Österreich ganze Bezirke für Juden gesperrt, wenn sie nicht einer erwünschten Tätigkeit – wie der Errichtung von Fabriken – nachgingen, oder – wie es in Böhmen der Fall war – bereit waren, den Boden mit eigener Hand zu bestellen. In solchen Fällen wurde auch die Beschränkung von Eheschließungen aufgehoben, wie auch für Handwerker, die ihren Beruf nach den Regeln der Zunft ausübten.[31] Auf diese Weise hätte die vielbegehrte Bewegungsfreiheit die Juden eigentlich dazu veranlassen sollen, sich neuen Betätigungsgebieten zuzuwenden. Ähnliche Methoden gebrauchte später auch Napoleon. Das Edikt von 1808 beschränkte die Juden auf ihre Wohnbezirke, es sei denn, sie erklärten sich bereit, Bauern zu werden.[32] Ob diese Bestimmungen eine Wirkung hatten, ist zweifelhaft. Juden entwickelten in der Tat mehrere Industriezweige in Österreich[33], wie auch in anderen Ländern, sobald diese Wirtschaftsgebiete sich als gute Investition zeigten. Ob dabei die Erlaubnis, sich an einem beliebigen Wohnort niederzulassen, eine zusätzliche Motivation darstellte, ist schwer zu sagen. Die Landwirtschaft, die nur geringen Erlös versprach, übte keine große Anziehungskraft auf die Juden aus, sogar wenn man ihnen die freie Wahl ihres Wohnorts in Aussicht stellte. Manche Juden wurden Landwirte oder Handwerker, nur um die Erlaubnis zur Gründung einer Familie zu erhalten, und kehrten später zu herkömmlicheren jüdischen Beschäftigungen zurück. Da sich solche Fälle mehrten, unternahmen die Behörden Schritte, die Umgehung der Bestimmungen zu verhindern.[34] Doch was immer sie auch taten, um die Juden durch gesetzliche Mittel zu einem Berufswechsel zu bewegen, es hatte wenig Erfolg. Andererseits, wo immer die geschäftlichen Aussichten dem Juden zusagten, verfehlten die Beschränkungen ihren Zweck. Obwohl die Polizei in Wien nach Juden fahndete, die keine Wohnerlaubnis hatten, wohnten dort Hunderte von Juden, viele von ihnen ständig.[35] Als Wien zum Zentrum der anwachsenden Wirtschaft des Kaiserreiches wurde, das jüdischem Geld und jüdischem Unternehmungsgeist viel zu verdanken hatte, war es nur natürlich, daß die Juden ihm zuströmten.

Rechtliche Beschränkungen, die im Widerspruch zu wirtschaftlichen Interessen standen, hatten keinen Bestand, wie das folgende Beispiel zeigt: Das Toleranzpatent in Österreich verbot den Juden Grundbesitz zu erwerben, erlaubte ihnen jedoch, den Grundbesitz als Sicherheit für Anleihen entgegenzunehmen. Das war eine der typischen Halbmaßnahmen, denn wenn der Schuldner seinen Verpflichtungen nicht nachkam, fiel der Besitz automatisch dem jüdischen Gläubiger in die Hände. Kein Wunder, daß dieses Gesetz umgangen wurde. Eine fiktive dritte Partei war schnell bei der Hand oder ein ähnlicher Trick ausgeheckt.[36] Am Ende der hier behandelten Zeitspanne war es kein Geheimnis mehr, daß Juden trotz des offiziellen Verbots Eigentümer von Häusern und Grundbesitz waren.[37]

Außer Österreich unternahmen auch andere Länder ähnliche Versuche, die Juden in die gewünschte Richtung zu leiten. Das war überall dort der Fall, wo man die Integration durch Reformen realisieren wollte. Das komplizierteste System bestand in Baden. Das Edikt von 1809, das den Status der Juden im Lande bestimmte, machte die Verleihung von Kommunal- und Bürgerrechten an Juden abhängig von dem Beweis, daß sie einem „zugelassenen Beruf“ nachgingen Zum Beispiel erhielten seßhafte Kaufleute, die landwirtschaftliche Erzeugnisse aufkauften, eine Wohnerlaubnis. Doch dem Hausierer, dem Viehhändler, dem Geldverleiher oder Pfandhausbesitzer verweigerte man dieses Privileg. Das gleiche Edikt von 1809 schuf den *Oberrat,* eine Organisation, die die Geschäfte der jüdischen Gemeinde in Baden führte. Diese Körperschaft trug auch die Verantwortung dafür, junge Juden in neue Berufszweige einzuführen. Auf einer Versammlung von Vertretern der jüdischen Gemeinden faßte man den Beschluß, daß jedes jüdische Kind, das mit vierzehn Jahren die Schule verließ, eine Berufsausbildung erhalten sollte. Der Betrag von 10 000 Gulden für die Ausbildung von Handwerkern und zukünftigen Bauern wurde von der Gemeinde zur Verfügung gestellt. Einem Kind, das für die Landwirtschaft ausgebildet wurde, stellte man auch die Mittel, Land zu erwerben, wobei es sich verpflichten mußte, das Land selbst zu bewirtschaften und es nicht zu verpachten.[38] Auf diese Weise konnte der *Oberrat* sämtliche Kinder der Gemeinde im Auge behalten und ihnen helfen, einen nützlichen Beruf zu ergreifen.

Das Ergebnis dieser Unternehmen offenbarte sich erst später. Innerhalb einer Generation – genaugenommen bis 1833 – gab es in Baden 93 Bauern und 403 Handwerker. Nach einer anderen Schätzung waren es etwas mehr.[39] Da die jüdische Bevölkerung von Baden etwa 19 000 Seelen zählte, machten Handwerker und Bauern also nicht mehr als 3 % davon aus. Nicht einmal die vereinten Bemühungen der Gemeinde und die tatkräftige Unterstützung der Regierung konnten die natürliche Abneigung der Juden überwinden, mit ihrer Berufstradition zu brechen, noch die Schwierigkeiten zu bewältigen, mit denen sie als jüdische Handwerker und Bauern zu kämpfen hatten. Das Resultat bewies die Bereitschaft und Fähigkeit einzelner Juden, sich unorthodoxen Berufen zuzuwenden, jedoch nicht die soziologische Möglichkeit, ganze Gemeinden umzuformen.

Trotz des mehr oder weniger radikalen Wechsels im politischen Status der Juden in verschiedenen Ländern zwischen 1780 und 1814 änderte sich die berufliche Struktur der jüdischen Gemeinschaft nur wenig. Am Rande der jüdischen Gesellschaft tauchte jetzt der Handwerker auf, gelegentlich auch ein Bauer oder ein Akademiker, der von seiner höheren Bildung, die er auf der Universität oder sonstwo erworben hatte, Gebrauch machte und zuweilen sogar im Staatsdienst tätig wurde. Doch das waren Ausnahmen. In Prag mußte ein Jude, der zum Studium der Rechtswissenschaften zugelassen war, im Jahre 1790 um die Erlaubnis kämpfen, sich als Anwalt niederlassen zu dürfen, ein Privileg, das ihm schließlich von dem liberalen Nachfolger Josephs II. gewährt wurde mit der Auflage, keine ekklesiastischen Fälle zu behandeln.[40] In Frankreich gab es nach der Revolution einige jüdische Staatsbeamte.[41] In Frankfurt wurde Ludwig Börne, damals noch Juda Löb Baruch mit Namen, als Schreiber bei der Polizei (Polizeiaktuar) eingestellt.[42] Der Vater von Karl Marx – obgleich noch nicht getauft – war beim Obersten Berufungsgericht in Trier als Anwalt tätig.[43] Man könnte viele Beispiele anführen, doch wären sie zahlenmäßig noch immer unbedeutend. Die große Masse der jüdischen Bevölkerung blieb bei den alten wirtschaftlichen Funktionen, die sie schon vor der politischen Emanzipation ausgefüllt hatte, nämlich Geldanlage im Handel und ähnliche Unternehmen. Im großen ganzen hielten die Juden an den herkömmlich jüdischen Berufszweigen fest, wo sie einen relativen Vorsprung hatten, oder wandten sich einer neuen erfolgversprechenden wirtschaftlichen Tätigkeit zu. Das ist der Grund dafür, daß die Juden in Böhmen, Preußen und anderswo eine so auffällige Rolle in der Entwicklung neu geschaffener Industrien spielten.[44] Doch das bezog sich auf die Oberschicht der jüdischen Kapitalisten und hatte keinen Einfluß auf die niedrigeren Ränge. Hausieren und Straßenhandel wurden von den Badenschen und Bayerischen Behörden herabsetzend als „Nothandel" oder „Schacherhandel" bezeichnet, und diejenigen, die solchen Handel betrieben, bekamen nirgends eine Wohnerlaubnis. In Österreich und Böhmen war solcher Kleinhandel streng eingeschränkt und in Ungarn zeitweise gänzlich verboten.[45] Doch trotz der Mißbilligung seitens der Moralisten und Wirtschaftsexperten gleichermaßen, blieb das Hausieren in der Mode, und kein noch so heftiger Druck seitens der Behörden war stärker als der offensichtliche Bedarf nach dieser Art von Handel.[46]

Der erziehungsbedachte Gesetzgeber erwartete von dem jüdischen Händler, sich dem Muster nichtjüdischer Unternehmen anzupassen. Manche Juden eiferten den nichtjüdischen Geschäftsleuten nach, und während sie früher mit Waren jeder Art gehandelt hatten, tauchten jetzt jüdische Firmen auf, die sich auf bestimmte Produkte spezialisierten. Juden begannen sich für Geschäftszweige zu interessieren, an die sie vor ihrer Einbürgerung nicht herankommen konnten, wodurch sie die Proteste christlicher Kaufleute, welche die Konkurrenz fürchteten, heraufbeschworen.[47]

Auf höherer wirtschaftlicher Ebene gab es weitere Veränderungen, nicht aus ideologischen Gründen, sondern der Umstände wegen. Der Hofjude, der seinem Herrn in vielerlei Kapazitäten gedient hatte – als Agent, Bankier, Lieferant usw. – verschwand langsam, oder erfüllte vielmehr eine Reihe neuer Funktionen. Die Verbindung zischen den staatlichen Behörden und jüdischen Kapitalisten war keineswegs abgerissen, nahm jedoch einen mehr spezifischen Charakter an. Der jüdische Kapitalist stellte das Kapital zur Verfügung und organisierte Staatsanleihen. Der Kapitalist – jetzt ein Staatsbürger und durch das Gesetz vor willkürlicher Kündigung und Ausbeutung geschützt – verhandelte mit dem Staat als unabhängiger Unternehmer und nutzte seine Verhandlungschance zu seinem wirtschaftlichen Vorteil.[48] Das war der grundlegende Unterschied zwischen den Hofjuden des 18. Jahrhunderts und den Großbankiers des 19. Hervorstechende Beispiele der letzteren waren die Rothschilds, die ihren meteorischen Aufstieg in der Zeitspanne, die wir hier behandeln, begannen.[49] Die unerhörten Reichtümer, die die Rothschilds erwarben, können den besseren Chancen zugeschrieben werden, die die expandierende Wirtschaft eröffnete. Aber das war ebensogut die Folge des besseren rechtlichen Status der Juden. Wenn ein königlicher Arbeitgeber in feudalen Zeiten die Regierungsgeschäfte eines Staates übernahm oder wenn der vorige seine Verpflichtungen gegenüber dem Hofjuden loswerden wollte, entließ er ihn kurzerhand oder stellte ihn vor Gericht, wo nur zu willige Richter seinen sicheren Ruin herbeiführten.[50] Die Rothschilds und auch ihre weniger wohlhabenden Kollegen waren nicht einfach die Schützlinge der Mächtigen. Sie waren Staatsbürger in ihren verschiedenen Ländern, und wenn diese Staatsbürgerschaft ihnen auch keine volle politische Ebenbürtigkeit gewährte, waren sie doch nicht länger auf Gedeih und Verderb den Launen des Herrschers ausgeliefert. Unter diesen neuen Umständen konnten sich jetzt jüdische Firmen ohne staatliche Störmanöver frei entwickeln. Im Gegenteil, sie erlangten weitgehende Unabhängigkeit und durften ihren eigenen Interessen nachgehen.

Welche Gesellschaftsschicht man auch betrachtet, es besteht kein Zweifel daran, daß sie beträchtlichen Veränderungen unterlag in bezug auf ihre wirtschaftliche Rolle und berufliche Verteilung, und dieser Wechsel begann sich in der ersten Generation zu vollziehen, die in den Genuß rechtlicher Anerkennung, wenn nicht voller Emanzipation kam. Doch die Wirklichkeit erfüllte keineswegs alle Erwartungen. Jüdische wie nichtjüdische Anhänger der Aufklärung hatten sich eine vollkommene Umformung der jüdischen Berufsstruktur vorgestellt. Als eine solche nicht stattfand, beeilten sich die Gegner jüdischer Integration, daraus den Beweis anzustellen, daß die ganze Idee von Grund auf falsch war. Hatte die Revolution nicht den Elsässer Juden Gelegenheit gegeben, einen Beruf ihrer Wahl zu ergreifen – fragten ihre Gegner Napoleon im Jahre 1806 – und wie hatten sie diese Gelegenheit genutzt?[51] Und darüber hinaus – so argumentierten die Bürger von Straßburg – hätten die Juden schon vorher, während der Revolution, durch das *Lettre Patente* von 1784 Gelegenheit erhalten, sich nützlich zu machen. Sie behaupteten sogar – allerdings mit zweifelhafter Berechtigung – daß es seit 1753 im benachbarten Lothringen keine beruflichen Einschränkungen für Juden mehr gegeben hätte.[52] Und dennoch – hielten die Juden von Elsaß und Lothringen nicht an ihrer alten Vorliebe für Handel, Hausieren und Wucher fest? Die jüdische Antwort auf diese wiederholten Fragen war, daß sich diese neuen Möglichkeiten in der kurzen Zeitspanne noch nicht bewähren konnten. „Wenn es wahr ist, daß das Übel sich prompt ausbreitet und sich nur sehr langsam wieder verbessert, wie kann man dann verlangen, daß fünfzehn Jahre genügen sollten, um die verheerenden und tiefschürfenden Folgen zu beseitigen, die nach Jahrhunderten von Unterdrückung und Demütigung noch auf den Juden lasteten", sagte Berr-Isaac Berr.[53] Was sich jedoch zeigte, war die Tatsache, daß Juden imstande waren, Berufen nachzugehen, die man bisher als jenseits ihrer Fähigkeiten und Ambitionen angesehen hatte. Die Langsamkeit des wirtschaftlichen Wandlungsprozesses zerstörte jedoch nicht die Utopie, daß sich die Juden eines Tages gleichmäßig über alle gesellschaftsfördernde beruflichen Gebiete verteilen würden.

Erst später dämmerte es – und auch dann nur den aufmerksamsten Beobachtern –, daß die Konzentration der Juden auf bestimmten beruflichen Gebieten keine flüchtige Erscheinung war, sondern aus ihrem Status als Minderheit mit eigener Geschichte und einer besonderen religiösen und gesellschaftlichen Position hervorging.[54] Als Spätkommer konnten sie nicht massenweise in Berufe wie Landwirtschaft, Handwerk, Beamtentum oder die Armee eindringen, da diese Gebiete schon von anderen besetzt waren. Andererseits hatten die Juden ihre herkömmlichen Berufe, die ihnen einen Vorteil über andere verschafften, und es bestand kein Grund, ohne einen besonderen Anreiz den Beruf zu wechseln. Darüber hinaus hing ihre Existenz als eine religiös-ethnische Minderheit von ihrem sozialen Zusammenhalt ab, was sie wiederum auf ein gemeinsames Gebiet wirtschaftlicher Tätigkeit verwies. Allerdings stellte die Religion nicht länger ein so großes Hindernis in der Ausübung eines Berufs dar, weil die Befolgung religiöser Vorschriften sichtlich abnahm, was die Sanktionierung der Aufklärung und später der Reformbewegung erhielt. Doch wenn man jüdisch war, ging man eben bestimmten Berufen nach und vermied manche andere. Familiäre Beziehungen banden den Juden enger an seine Gemeinde und trennten ihn von der Masse der Bevölkerung. Es war nur natürlich, daß der gesellschaftliche Zusammenhang den Juden in seiner Berufswahl beeinflußte. Es wäre riskant gewesen, sich auf eigene Faust unter Fremden behaupten zu wollen. Wenn das doch geschah und ein Jude Handwerker, Grundbesitzer oder Offizier wurde, stand er wahrscheinlich isoliert da und fühlte – zu Recht oder zu Unrecht –, daß dies seiner Laufbahn hinderlich war. Ein jüdischer Vater hatte zweifellos Schwierigkeiten, seinen Sohn in solchen Berufen in die Lehre zu geben, die das Vorrecht von Nichtjuden waren. Es war viel leichter, die Bahn des geringsten Widerstandes zu suchen und ihn bei einem Juden unterzubringen. All das war dazu angetan, den Juden im Rahmen seiner traditionellen Berufe zu halten.

Wo immer sich neue wirtschaftliche Möglichkeiten zeigten, als Ergebnis einer neuen sozialen und wirtschaftlichen Entwicklung, waren nicht nur einzelne, sondern viele Juden davon angezogen, die stets nach neuen Gelegenheiten Ausschau hielten, und auf diese Weise konzentrierten sie sich wieder auf ein und denselben Beruf. So sehr sich auch die Skala jüdischer Berufe erweiterte, hockten die Juden immer zusammen, sei es im alten oder im neuen Berufszweig. Sogar als die volle Emanzipation erreicht war, waren die meisten Juden immer noch in Berufen tätig, die mit Kapitalanlagen zu tun hatten, und um sie herum saßen die neu ausgebildeten Künstler und Akademiker. In den Augen anderer erschienen die Juden als eine gesellschaftliche Einheit, zusammengeschweißt durch familiäre, religiöse, soziale und wirtschaftliche Bande, eine Zusammensetzung, die oft dazu führte, daß man sie – wenig schmeichelhaft – als „Kaste" bezeichnete.[55] Andere nannten sie – oder wenigstens die Oberschicht der Reichen – eine neue Aristokratie, die den wichtigsten Faktor der Wirtschaft besaß, das Kapital.[56] Solche Bezeichnungen waren nicht lediglich soziologische Definitionen, sondern besaßen einen kritischen und feindseligen Unterton. Trotzdem waren das keine zufälligen oder launenhaften Erfindungen, denn die Juden waren in der Tat eine Gruppe, sui generis, unter anderen Gruppen, aus denen sich die europäische Gesellschaft in der nachrevolutionären Periode zusammensetzte. Im Lichte von zwei- oder dreitausend Jahren jüdischer Geschichte betrachtet, ist diese Besonderheit der jüdischen Gemeinschaft verständlich. Ihre Zeitgenossen, jedoch, kümmerten sich wenig um die Geschichte und beurteilten die Juden ihrer Zeit nach den Erwartungen, die die revolutionäre Ära hervorgebracht hatte. Demnach erwartete man, daß die Juden nach ihrer Aufnahme in die europäische Gesellschaft ihre jüdischen Eigenheiten ablegen und sich möglicherweise ihrer Umgebung völlig anpassen würden. Doch das war keineswegs der Fall. Die Spannung, die durch den Konflikt zwischen den hartnäckigen jüdischen Besonderheiten und der Utopie völliger Assimilierung entstand, war das hervorstechendste Merkmal in der Geschichte der jüdischen Gemeinschaft während der nachrevolutionären Ära.[57]

Zwölftes Kapitel

Das Profil des emanzipierten Judentums

Im Rückblick kann man die Periode des Wandels und der Unruhe, die die jüdischen Gemeinden in West- und Zentraleuropa im Laufe der vier oder fünf Jahrzehnte, mit denen sich dieses Buch befaßt, erlebten, als eine Ära der Revolution betrachten. Umwandlungen fanden auf allen Gebieten des täglichen Lebens statt, und auch die konservativsten Kreise konnten ihnen nicht ausweichen. Seitdem hat man diese Zeitspanne in der jüdischen Geschichte als einen Wendepunkt erkannt, als eine Übergangsperiode, die die Auflösung herkömmlicher Strukturen mit sich brachte und neue Tendenzen und Begriffe schuf. Demnach hat man diese Periode mit einer Vielfalt verschiedener Bezeichnungen belegt, jeweils vom Standpunkt des Betrachters aus. Sie wurde als „Ära der Aufklärung" oder „Haskalah" bezeichnet, wenn man sich das intellektuelle Klima dieser Zeit veranschaulichte, „Frühe Reform", wenn religiöse Probleme im Vordergrund standen, und „Emanzipation", wenn man sie von politischen Gesichtspunkten betrachtete. Es besteht kein Zweifel über die Angemessenheit der ersten zwei Bezeichnungen – Aufklärung oder der Auftakt zur Reform. Auch ist es klar, daß diese Zeitspanne eine zusätzliche Bezeichnung verdient, die den Wandel im politischen Status der Juden widerspiegelt. Doch ist der Ausdruck „Emanzipation" in diesem Zusammenhang ein sprachlicher Anachronismus, denn obgleich er gelegentlich in Beratungen über jüdische Fragen auftaucht, wurde er erst von 1828 an die magische Formel für jüdische Aspirationen. Bis dahin waren andere Bezeichnungen in Mode, wie „Naturalisierung", der französische Ausdruck „Régénération" oder die deutsche Bezeichnung „Bürgerliche Verbesserung."[1]

Man sollte diese Betrachtungen nicht als semantische Pedanterie abtun. Durch die Nichtbeachtung der genauen Terminologie der damaligen Zeitgenossen können wichtige historische Erscheinungen verdunkelt werden.

Naturalisierung, womit die Verleihung der Staatsbürgerschaft an einen Ausländer gemeint ist, ist der passende Ausdruck, mit dem – zu der Zeit, als die Idee zuerst aufkam – auf den Wechsel im Status der Juden in ihren verschiedenen Heimatländern hingewiesen wurde. Wo immer der Naturalisierungsvorgang von Staaten vorgenommen wurde, die grundsätzlich keine Standesunterschiede oder religiöse Diskriminierung anerkannten, wie es in Frankreich und Holland nach der Revolution der Fall war und fast auch in Preußen im Jahre 1812, bedeutete er auch im Falle der Juden volle rechtliche und politische Gleichstellung. Doch in den meisten Ländern, mit denen wir uns hier beschäftigen, war das nicht der Fall. Österreich und die meisten deutschen Staaten reformierten bis zu einem gewissen Grad das System des alten Regimes, das auf den verschiedenen Ständen und der Verknüpfung des Staates mit der katholischen oder anderen christlichen Kirchen basierte. Als die Stände an Boden verloren und der Einfluß der Religion auf das öffentliche Leben sich verringerte, wurde es möglich, die Juden quasi als Mitglieder in den Staatskörper miteinzuschließen. Das verschaffte ihnen allerdings noch keine gleichen Rechte und Aufstiegsmöglichkeiten, da die Staatshierarchie ja nicht über Nacht verschwand. Sie wurden Staatsuntertanen und nahmen in dem buntkarierten Muster der Staatsstruktur einen besonderen Platz ein. Das war natürlich nicht als endgültige Lösung vorgesehen. Der ganze Staat war auf dem Weg zur Umformung. Die Juden waren Bürger auf Probe. Aussicht auf Verbesserung ihrer Lage war der Köder, den man ihnen vor die Nase hielt, für den Fall, daß sie die Erwartungen erfüllen würden. Den Anpassungsprozeß bezeichnete man passend als bürgerliche Verbesserung, ein Ausdruck, den Christian Wilhelm Dohm in seinem Buch *Über die bürgerliche Verbesserung der Juden* (1781) geprägt hatte, in dem er eine Reform jüdischer Gewohnheiten, Sitten und vielleicht auch der Religion sowie eine gleichzeitige Verbesserung ihres politischen Status befürwortete. In der Zeitspanne, die wir in den vorigen Kapiteln beschrieben und analysiert haben, sah man mindestens den Anfang einer solchen Reform. Die Neuerungen auf allen Gebieten des täglichen Lebens waren offenbar und konnten kaum übersehen oder abgestritten werden. Doch konnte ihre Bedeutung vom Standpunkt des politischen Status der Juden auf verschiedene Weise bewertet werden. Gemessen an den hohen Erwartungen, die aufkamen, als die Idee zuerst erörtert wurde – wie im Kapitel *Zukunftsvorstellungen* zusammengefaßt – war der Wandel ziemlich gering. Die Reform blieb unvollständig und hatte keine tiefen Auswirkungen auf die verschiedenen Gesellschaftsschichten. Die Veränderungen berührten nur die Oberfläche. Ganz gewiß erreichten sie nicht die Erwartungen einer Umformung der jüdischen Gesellschaft. Wenn also die Zeitspanne nach dem Fall Napoleons einen Stillstand und sogar einen Rückgang mit sich brachte, was die Rechte der Juden betraf, konnte man das damit rechtfertigen, daß die Juden in den Jahren zuvor, als erste Veränderungen in ihrem politischen Status eingeführt wurden, in ungenügender Weise darauf reagierten.

Die Jahre 1814 bis 1819 brachten eine neue Welle antijüdischer Propaganda und Feindseligkeit, ideologisch genährt durch das Erwachen von Nationalismus und historischer Romantik. Die Gegner der Juden suchten nicht nur jeden Fortschritt zu verhindern, sondern wollten sogar das Erreichte rückgängig machen. Die Restaurationsperiode nach dem Wiener Kongreß zeichnet sich durch gewaltige Bemühungen aus, ein politisches System ins Leben zu rufen, welches sich an die alte Ordnung anlehnte und der Schaffung eines reaktionären Klimas äußerst förderlich war, auch in bezug auf den Status der jüdischen Gemeinschaft.

Doch das dauerte nicht lange. Die Ideen von 1789 schlummerten unter der Oberfläche, und die politischen Kräfte und sozialen Strömungen, die zur Revolution geführt hatten, waren noch lebendig. Erhöhte Industrialisierung und gleichzeitige gesellschaftliche Bewegungsfreiheit schufen eine verhältnismäßig unabhängige Mittelklasse, die sich durch die Restauration in Frankreich vor den Kopf gestoßen fühlte und von der reaktionären Strömung in Deutschland bitter enttäuscht war. Die gebildeten Angehörigen dieser Klasse und insbesondere ihre intellektuelle Elite, wurden zu Förderern der liberalen Bewegung, die von einer Umgestaltung der bestehenden Ordnung, gestützt auf eine fortschrittliche soziale Auffassung, träumte und später auch dafür kämpfte. Eine anwachsende Zahl von Juden gehörte dieser strebsamen und ehrgeizigen Mittelklasse an – vom Standpunkt ihrer wirtschaftlichen Funktion, ihrer gesellschaftlichen Position und ihrer intellektuellen Grundlage aus gesehen. Als dann die liberale Bewegung von sozialem Denken zu sozialer Tat überging – was mit der Revolution von 1830 begann –, waren die

Juden nicht nur in den unteren Rängen, sondern auch in der Führung der Bewegung zahlreich vertreten.[2]

Man konnte die jüdische Gemeinschaft im Frankreich jener Zeit bereits als integralen Teil von Staat und Gesellschaft ansehen, obgleich sie auch hier mit einer gewissen Diskriminierung zu kämpfen hatte, die sich beispielsweise in der Leistung eines speziellen jüdischen Eides ausdrückte sowie in der Weigerung der Behörden, für die Gehälter der Rabbiner aufzukommen, was sie bei den christlichen Geistlichen taten.[3] Gesellschaftliche Anerkennung und religiöse Toleranz waren keineswegs vollendete Tatsachen. So hatten die Juden guten Grund, sich den Liberalen anzuschließen, die sich für ein größeres Maß von sozialer und persönlicher Freiheit einsetzten. In Deutschland hatten die Juden noch greifbarere Beschwerden vorzubringen. In den meisten deutschen Staaten waren sie immer noch Bürger zweiter Klasse, wobei ihre Minderwertigkeit dadurch aufgezeigt wurde, daß sie vom Staatsdienst und von Lehrberufen an den Universitäten ausgeschlossen waren, wie in Preußen, oder sich Beschränkungen hinsichtlich des Wohnrechts und der Eheschließungserlaubnis unterwerfen mußten, wie in Bayern.[4] Doch für die Juden in Deutschland wäre es nicht damit getan gewesen, sich einfach der liberalen Bewegung anzuschließen und die Beseitigung ihrer Beschwerden vom Erfolg der Bewegung zu erwarten. Innerhalb der liberalen Bewegung war es keineswegs beschlossene Sache, den Juden eindeutig volle Bürgerrechte zuzusprechen. Viele von denen, die sonst liberal eingesetllt waren, hatten noch die herkömmlichen Vorbehalte gegen jüdische Integration in Staat und Gesellschaft. Wenn die Juden sich Gehör verschaffen wollten, mußten sie gesondert ihre Stimme erheben, was sie auch taten, indem sie eine Kampagne eröffneten mit dem Ziel, die öffentliche Meinung sowie die staatlichen Organe und Institutionen – Kabinette und Parlamente, wo praktische Beschlüsse gefaßt wurden – zu beeinflussen.

Die zentrale Figur dieser Kampagne war Gabriel Riesser, ein Rechtsanwalt aus Hamburg und Enkel von Rabbi Raphael Cohen, der uns noch als einer der Gegner von Mendelssohns Reformversuchen in Erinnerung ist.[5] Der Enkel war weit entfernt von dieser Art Konservatismus. Seine Religion – soweit er eine hatte – war die eines Deisten, der Gott als die Quelle aller Güte und Moralität ansah, ein Glaube, der sich nach seiner Auffassung im Einklang mit den ursprünglichen Lehren des Judentums befand. (Riessers Vater, der Schwiegersohn von Raphael Cohen, war ein gläubiger Jude mit einem Hang zur gemäßigten Reform). Riesser, dem religiöse Verrichtungen, Lehren und Zeremonien gleichgültig waren, übte vornehme Zurückhaltung und bewahrte eine überlegene Distanz zu den internen Machtkämpfen zwischen orthodoxen Juden und Anhängern der Reform. In seiner Jugend hatte er der Versuchung widerstanden, zum Christentum überzutreten, was ihm Tür und Tor zu einer begehrten akademischen Laufbahn geöffnet hätte. Nachdem er aber eine solche private Lösung abgelehnt hatte, die, wie er glaubte, seine intellektuelle Integrität verletzt hätte, konnte er mit Stolz auf seine Loyalität hinweisen – wenn auch nicht zu einer bestimmten jüdischen Doktrin, so doch zu dem politischen Kampf der Juden. Erfüllt von der Idee bürgerlicher und persönlicher Freiheit nahm er den Kampf für seine jüdischen Glaubensgenossen auf.[6]

Zu diesem Zeitpunkt machten sich die Kämpfer für jüdische Rechte das Schlagwort „Emanzipation“ zu eigen. Das ursprüngliche Wort entstammt dem lateinischen *emancipacio* und bedeutet die Freilassung eines Sklaven. Der Ausdruck wurde in die Politik übernommen, als die irischen Katholiken am Ende des 18. Jahrhunderts für ihre politische und religiöse Freiheit kämpften, und die Bezeichnung „katholische Emanzipation“ war auf britischem Gebiet das Schlagwort für die Aspirationen der Katholiken. Im Jahre 1828 erreichten die Katholiken ihr Ziel. Der Treueeid durfte jetzt nach dem christlichen Glauben und nicht mehr allein nach dem anglikanischen Bekenntnis geleistet werden. Nach dieser Änderung wurde im Parlament wieder die Judenfrage zur Sprache gebracht, die seit der Rücknahme des Judengesetzes im Jahre 1753 nicht mehr angerührt worden war. Solange nichtanglikanische Christen vom Staatsdienst ausgeschlossen waren, hatten die Juden keinen Grund, sich über Diskriminierung zu beschweren. Jetzt aber, da alle Einschränkungen beseitigt waren, verblieben die Juden allein in der wenig beneidenswerten Lage, kein öffentliches Amt antreten zu können, nur weil sie den Treueeid nicht leisten konnten. Man wird sich daran erinnern, daß die in England geborenen Juden automatisch britische Staatsbürger wurden, doch die hier beschriebenen Umstände machten sie zu Bürgern von politisch minderwertigem Sonderstatus. Es folgte ein Kampf gegen diesen Status, der nach dem katholischen Beispiel „jüdische Emanzipation" genannt wurde. Von England kam der Ausdruck nach Deutschland. Trotz der Unterschiede zwischen beiden Ländern, hatten sie eines gemeinsam – daß Juden zu dieser Zeit als Staatsbürger anerkannt waren, jedoch nicht die gleichen Rechte genossen wie andere. Deshalb war der Ausdruck Emanzipation hier ebenso zutreffend wie in England.[7] Er erwies sich als höchst wirksame Waffe: „Ein kurzes aber starkes und eindrucksvolles Wort"[8], wie der zeitgenössische Historiker Isaac Marcus Jost bemerkte. Der Kampf in England, wie auch in Deutschland und anderen Ländern, wandte sich gegen die unbegründete Diskriminierung, die auf religiösen Unterschieden beruhte. Man erinnerte sich deutlich an die Besonderheiten der jüdischen Gruppe, die früher eine nationale und ethnische Einheit fremden Ursprungs war. Die Gegner der Emanzipation sorgten dafür, daß man das nicht vergaß.[9] Daß die Juden trotzdem am Ende ihre volle Emanzipation erreichten, kann man zwei Faktoren zuschreiben. Erstens dem Geist des Liberalismus, der sich in der Mitte des 19. Jahrhunderts in ganz Europa verbreitete und die Idee vom formalen Charakter des Staates gebar, der als Gegenleistung für gewisse Verpflichtungen die Sicherheit und staatsbürgerlichen Rechte seiner Bürger garantierte. Sobald diese Verpflichtungen erfüllt waren, konnte sich der Staat über die Eigenheiten der einzelnen Bürger hinwegsetzen und sich Untertanen verschiedener Religionen, Denkweisen und Gewohnheiten zueignen. Allerdings wurde angenommen, daß der Bürger Gefühle von Loyalität für den Staat entwickeln würde, die seiner Verbundenheit mit den nationalen und kulturellen Zielen des Staates entstammten. Zunehmend traute man den Juden derartige Gefühle zu. Als der Vorgang kultureller Assimilation sich weiterentwickelte, rissen sie uralte Schranken der Entfremdung nieder, so daß man sich eine Verschmelzung für die absehbare Zukunft vorstellen konnte. Dies war der zweite Faktor, der den Emanzipationsprozeß unterstützte. Gabriel Riesser sah in seinen Ausführungen die kulturelle Anpassung der gesamten jüdischen Gemeinschaft klar voraus und rechtfertigte damit die Rechte der Juden auf volle Emanzipation.[10]

Der eigentliche Emanzipationsvorgang war in den einzelnen Ländern verschieden und hing davon ab, welchem Widerstand er innerhalb der politischen Struktur und des gesellschaftlichen Systems begegnete. In England, wie bereits erwähnt, nahmen die Juden auf den Spuren der katholischen Emanzipation den Kampf auf. Auf diese Weise wurde die öffentliche Debatte über eine mögliche jüdische Integration in ein christliches Gemeinwesen, die man fünfundsiebzig Jahre früher begonnen hatte, wieder aufgenommen. Doch mit zunehmendem Liberalismus wurde die Streitfrage jetzt in einem wohlwollenderen Geist ausgetragen als damals im England des 18. Jahrhunderts oder auf dem Kontinent, wo die jüdisch-christlichen Beziehungen historisch schwerer belastet und tatsächlich bedeutend komplizierter waren. Die Anzahl der Juden, die 1830 in England lebten, überstieg nicht 30 000, bei einer Bevölkerungsdichte von 15 Millionen, und man betrachtete sie in der Regel zwar als fremdartig und seltsam, aber nicht als besonders schädlich oder widerwärtig. Doch gab es einigen Widerstand, Juden in den Dienst des Staates aufzunehmen, den man erst langsam überwinden konnte. Die Stadt London wählte schon im Jahre 1847 den Baron Lionel de Rothschild ins Parlament, und er erschien zur Vereidigung in dem Glauben, er würde seinen Eid in einer Form leisten dürfen, die der jüdischen Religion nicht widersprach. Da man jedoch auf der christlichen Formel bestand, mußte Rothschild das Parlament verlassen. Eine ähnliche Szene wiederholte sich, als in den folgenden Jahren ein anderer Jude, Sir David Salomon, ins Parlament gewählt wurde. Das Parlament stimmte schließlich einer Änderung des Wortlauts zu, machte jedoch die Änderung von der Genehmigung des Oberhauses abhängig. Da aber das Oberhaus die Hochburg der Konservativen war, stimmte es dem Beschluß des Parlaments nicht zu, bis im Jahre 1858 ein Kompromiß erzielt wurde, wonach man dem Unterhaus eine Änderung der Formel gestattete, für das Oberhaus jedoch die alte Formel beibehielt. Das war das Jahr, als der erste Jude, Lionel de Rothschild, dem Parlament beitrat. Im Jahre 1866 wurde das Hindernis auch im Oberhaus beseitigt.[11]

In Deutschland konzentrierte sich der Kampf um die Emanzipation zunächst auf die gesetzgebenden Körperschaften – die Landtage und Senate der unabhängigen Städte. Wichtige Verbesserungen in ihrem rechtlichen Status erreichten die Juden der Stadt Frankfurt und des Landes Württemberg in den Jahren 1824 und 1828. Man gewährte ihnen die freie Wahl von Beruf und Wohnort.[12] Doch waren dies geringfügige Verbesserungen, die den sehnsüchtigen Erwartungen von rechtlicher Gleichstellung keineswegs entsprachen. Das Prinzip der Gleichheit wurde von der alldeutschen Versammlung von Frankfurt 1848–49 akzeptiert, bei der Gabriel Riesser das Amt des Vizepräsidenten bekleidete und andere Juden als Mitglieder teilnahmen. Doch war die Frankfurter Versammlung eine revolutionäre Körperschaft, unfähig, auch nur eines ihrer Ziele zu erreichen. Jüdische Forderungen gewannen einen gewaltigen Auftrieb in den Jahren der Revolution 1848–89, ohne jedoch zur vollen praktischen Durchführung zu gelangen.[13] Die Juden, obgleich ohne Zweifel Staatsbürger, waren diskriminierenden Bedingungen ausgesetzt. Der Kampf gegen diese Bedingungen setzte sich während der gesamten Periode mit unterschiedlichem Erfolg fort, abhängig von Umständen und örtlichen Bedingungen. Eine radikale Universallösung wurde erst in den Jahren 1866 und 1871 gefunden, als bei der Vereinigung der norddeutschen Staaten und später des gesamten Reiches durch Bismarck eine neue Verfassung des norddeutschen Staatenbundes im Jahre 1869 das Prinzip der Staatsbürgerschaft ohne Ansehen der Konfession anerkannte. Noch im Jahre 1847 äußerte Bismarck als Mitglied des preußischen Landtags die Meinung, daß die Zulassung von Juden zu allen öffentlichen Ämtern, einschließlich dem des Richters, unvereinbar mit dem christlichen Charakter des Staates sei. Jedoch die Umstände bekehrten ihn zu dem weltlicheren Konzept eines großen, einheitlichen Staates unter seiner Herrschaft, so daß er daraus – auch bezüglich der Juden – die entsprechenden Konsequenzen zog.[14] Man kann sagen, daß die Emanzipation in Deutschland, wie auch anderswo, eher durch die Wendung in der öffentlichen Gesinnung erreicht wurde als durch die Erfolge ihrer Befürworter oder das Gewicht ihrer Argumente zugunsten der Juden.

In Österreich-Ungarn nahmen die Ereignisse einen ähnlichen Verlauf. Die Revolution von 1848–49 zwang die Regierung, ihrem Volk eine liberale Verfassung zu geben, die Glaubensfreiheit und gleiche Rechte für alle, ohne Ansehen der Religion, einschloß. In Ungarn befand die revolutionäre Regierung von Kossuth zugunsten der jüdischen Emanzipation. Als die ungarische Revolte unterdrückt worden war und die Revolution in anderen Teilen Österreichs sich legte, wurde die Emanzipation nicht voll realisiert. Dennoch war die alte Methode der Beschränkungen – was Wohnort, Berufswechsel und Eheschließungserlaubnis betraf, besonders in Böhmen und Mähren – abgeschafft. Die Umgruppierung des österreichischen Kaiserreichs nach dem Konflikt mit Preußen im Jahre 1866 führte zu politischer Gleichheit in allen Teilen des Reiches, einschließlich Ungarn, wo die halbunabhängige Regierung im Jahre 1867 eine volle Emanzipation einführte.[15]

Mit der möglichen Ausnahme von Frankreich und Holland, wo die Emanzipation auf einen Schlag erreicht wurde (obgleich sie in Frankreich zur Zeit Napoleons einen Rückschlag erlitt), war die Emanzipation der Juden das Ergebnis eines Kampfes, der sich mit einem Prozeß sozialer und politischer Veränderungen verband, der in den verschiedenen Ländern zu einem größeren Maß von Modernisierung und Verfassungsmäßigkeit führte. Es war nur deshalb möglich, die Judenfrage mit dem allgemeinen Trend zur Modernisierung zu verbinden, weil der Jude schon in der vorhergehenden Periode von Reform und bürgerlicher Verbesserung stillschweigend oder auch ausdrücklich als Staatsbürger anerkannt worden war. Wenn das einmal gesichert war, machte man sich sofort daran, die volle Gleichberechtigung anzusteuern, und konnte die entsprechenden Forderungen auch ideologisch begründen. Die Erfüllung dieser Hoffnung war von der allgemeinen Entwicklung im Lande abhängig. Wo immer, wie in den westlichen Ländern, der Übergang von der halbfeudalen zur verfassungsmäßigen Staatsform erreicht war, wurde auch die jüdische Emanzipation zu einer rechtlich gefestigten Tatsache.

Die Realisierung der bürgerlichen Gleichstellung der Juden darf jedoch nicht so aufgefaßt werden, als wären damit alle Bedenken bezüglich ihrer Eingliederung in Staat und Gesellschaft verschwunden oder auch nur wesentlich gemindert worden. Argumente gegen die Integrierung wurden auch weiterhin vorgebracht. Sie unterschieden sich voneinander je nach der vorherrschenden Situation und den neuen Tendenzen sozialen Denkens, die sich entwickelten. Die späte napoleonische Ära erlebte den Aufstieg eines Nationalismus, der auf historischer Romantik und christlichem Symbolismus basierte. Die Entwertung der Vergangenheit und ihrer Traditionen durch die Rationalisten machte jetzt einer Verherrlichung der Werte und Konzepte früherer Zeiten durch die Romantiker Platz. Deutscher Nationalismus und deutsches Christentum – im Sinne einer Weltanschauung und Inspirationsquelle, und weniger als Glaubenssystem – wurden als identisch oder eng miteinander verbunden angesehen. Juden als solche waren von jeder gesellschaftlichen Einheit – ob staatliche oder außerstaatliche Verbindung –, die auf solchen Kriterien beruhte, ausgeschlossen. In der Tat brachte diese Philosophie der historischen Romantik eine starke Ablehnung jüdischer Integration und sogar jüdischer Existenz hervor, was durch den Berliner Historiker Friedrich Rühs und den Philosophen Jacob Friedrich Fries aus Heidelberg veranschaulicht wurde. Diese zwei traten nach dem Wiener Kongreß in Erscheinung, als jüdisches Streben nach Bürgerrechten einen Rückschlag erlitten hatte, unter dem Einfluß antijüdischer Theorien und Ideologien, die überall heranwuchsen.[16] Als die liberale Bewegung in den 30er Jahren des 19. Jahrhunderts Unterstützung gewann, erschienen die Aussichten für die jüdische Sache besser. Doch auch unter den Liberalen gab es Gegner der jüdischen Sache, was durch das Beispiel von Heinrich E. G. Paulus verdeutlicht wird, der die Meinung vertrat, die Juden seien auf krankhafte Weise an ihre besonderen Gesetze und Gebräuche gebunden, was sie davon ausschloß, einer Gesellschaft anzugehören, die auf Gesetzen von universaler Gültigkeit beruhte. Gestützt auf diese Argumentation wies Paulus die Forderungen von Gabriel Riesser nach jüdischer Emanzipation zurück und wurde sein bitterster Gegner.[17] Zehn Jahre später verflocht sich die Judenfrage mit dem neu entstandenen Radikalismus Hegelschen Ursprungs. Diese revolutionäre Gruppe, die die Religion wie auch gesellschaftliche Traditionen zurückwies, strebte danach, die Gesellschaft nach vorgefaßten Prinzipien umzugestalten. Im Lichte einer solchen Denkweise hätte man annehmen sollen, daß die Unterschiede zwischen Juden und Nichtjuden nun verschwinden würden. Doch einer der größten Vertreter dieser Schule, Bruno Bauer, fand, daß die Juden die Verkörperung erstarrter Traditionen darstellten und darum keinen Platz in der neuen Gesellschaft, die den radikalen Philosophen vorschwebte, hatten.[18]

Diese neuartigen Doktrinen von jüdischer Unzulänglichkeit entwickelten sich in den deutschen Ländern, wo sie als ideologische Krücken für den Widerstand gegen die volle Emanzipation der Juden dienten. Doch antijüdische Theorien existierten auch in Frankreich, wo die rechtliche Ebenbürtigkeit der Juden seit langem eine feststehende Tatsache war. Im Elsaß wurden die alten Anschuldigungen gegen den jüdischen Wucherer, der den hilflosen Bauern ins Verderben trieb, wieder ans Licht gezerrt, um die Behauptung zu untermauern, die Lösung läge in der Rückgängigmachung der vollen Emanzipation.[19] Doch hatten die antijüdischen Theorien nicht immer ein unmittelbares politisches Ziel. Manchmal waren sie mit allgemeiner sozialer Kritik verbunden, wie beispielsweise im Fall von Pierre J. Proudhon, der das auf Kapitalismus beruhende Regime durch ein Gesellschaftssystem zu ersetzen suchte, das auf freien Genossenschaften kooperativer Art beruhte. Die Gesellschaft seiner Zeit wurde von ihm aufs schärfste kritisiert, niemand mehr als die Juden, die nach Proudhons Auffassung die charakteristischen Merkmale des Kapitalismus, wie Gier und Habsucht, aufwiesen.[20] Diese Kombination von Antikapitalismus und Antijudentum fand seinen Ausdruck in dem Titel des Buches *Les Juifs, rois de l'époque. Histoire de la féodalité financière* von Alphonse Toussenel, einem Anhänger von Proudhon.[21] Juden wurden als Kapitalisten dargestellt, und die alten Vorurteile gegen die Juden verschmolzen mit der sozialistischen Ablehnung des entstehenden Kapitalismus.[22]

Antijüdische Theorien und Ideologien konnten jedoch die Ergebnisse der Emanzipation nicht zunichte machen, wo sie bereits Fuß gefaßt hatte, noch konnten sie ihr Entstehen verhindern, wo sie noch nicht voll durchgeführt war. Erstens hielten nicht alle an diesen Theorien fest, und für jede antijüdische Broschüre gab es andere Veröffentlichungen, die die Juden begünstigten. Auch hing, wie bereits erwähnt, das politische Schicksal der Juden nicht von der Befürwortung ihrer Sache ab. Es war vielmehr das Resultat der allgemeinen Richtung in der sich der moderne Staat entwickelte. Doch war es anders, wenn es um gesellschaftliche Anerkennung und kulturelle Integration ging.

Die gesellschaftliche Verschmelzung der Juden mit ihren Nachbarn war einer der Hauptpunkte, die von den Förderern jüdischer Emanzipation angestrebt wurden. Doch sogar auf dem Höhepunkt ideologischer Annäherung waren sie nicht imstande, mehr als eine halbneutrale Gesellschaft zu schaffen, wo man den zweitrangigen Status der Juden bewußt übersah, statt daß er durch wirkliche Ebenbürtigkeit eliminiert wurde. Die Anzahl der Juden, die zu ständigen Mitgliedern nichtjüdischer gesellschaftlicher Gruppen wurden, blieb klein – und zwar nicht, weil es an Anwärtern gefehlt hätte. Je mehr die traditionelle jüdische Gesellschaft sich auflöste, um so größer wurde die Zahl aufgeklärter Juden, die sich nach gesellschaftlichen Bindungen und Verpflichtungen umsah. In den meisten Fällen mußten sie sich jedoch auf ihre eigenen Kreise beschränken, um ihre gesellschaftlichen Bedürfnisse befriedigen zu können, und nur in Ausnahmefällen gelang ihnen der Eintritt in nichtjüdische Kreise. Auch dort, wo man auf der Ebene ideologischer Argumentation die antijüdische Haltung als unzeitgemäßes Vorurteil ablehnte, blieben die Bedenken gegen den Verkehr mit Juden bestehen. Dies wird durch die Geschichte der Freimaurerei verdeutlicht, die ihr Entstehen der Idee von religiöser Toleranz verdankte. Obgleich die Zulässigkeit von Juden im Wortlaut der Statuten zumindest angedeutet war, machte sich beträchtlicher Widerstand bemerkbar – manchmal durch eine neue Auslegung der ursprünglichen Satzung –, wenn immer jüdische Kandidaten für die Freimaurerei in größerer Anzahl auftauchten. In solchen Fällen mußten die Juden ihre eigenen Logen gründen, die im Prinzip mit den anderen identisch waren, sich jedoch ausschließlich aus Juden zusammensetzten. Trotz bemerkenswerter gesellschaftlicher Annäherung zwischen Juden und Nichtjuden, wie zum Beispiel in den Berliner Salons, die in der Öffentlichkeit große Aufmerksamkeit erregten, hielt sich die Mehrheit der jüdischen Bevölkerung – sogar der aufgeklärte Teil – abseits.[23]

Als Ideologien und Politik sich der christlichen Romantik und dem Nationalismus zuwandten, war es unvermeidlich, daß sich die Kluft zwischen Juden und Christen erweiterte. Sogar während der Prozeß rechtlicher Gleichstellung sich in der Spätphase der napoleonischen Herrschaft in Europa im Gange befand, setzte bereits eine Reaktion gegen den gesellschaftlichen Verkehr mit Juden ein. Als sich die Berliner und Frankfurter Bürger der Gewährung von Bürgerrechten für die Juden ihrer Staaten fügen mußten (1811 in Frankfurt, 1812 in Preußen), setzten die Freimaurerlogen ihren Statuten neue Klauseln hinzu, welche Juden von der Mitgliedschaft ausschlossen.[24] Danach, in der Ära der Restauration und der Reaktion, bestanden alle christlichen Kreise auf ihrer christlichen Exklusivität. Es war eine Zeit großer Enttäuschung für den gebildeten Juden, der sich für berechtigt hielt, von seiner Umgebung anerkannt und aufgenommen zu werden, und dennoch von ihr zurückgewiesen wurde. Als der Liberalismus dann in den dreißiger Jahren die Oberhand gewann, glich sich das wieder einigermaßen aus. Verschiedene Gesellschaftsgruppen, darunter zahlreiche Freimaurerlogen – sogar in Deutschland –, standen den Juden jetzt offen, und in den Kreisen von Künstlern, Intellektuellen, wie auch in anderen, weniger konventionellen Gruppen vermischten sich Juden und Nichtjuden.[25]

Doch diese Errungenschaften in der gesellschaftlichen Sphäre blieben weit hinter den Vorstellungen zurück, die sich die Juden gemacht hatten, als sie zuerst die Schranken ihrer traditionellen Gesellschaft hinter sich ließen. Diese Vorstellungen schlossen die Idee freier Kontakte zwischen Juden und Nichtjuden ein, die schließlich zur Zusammenarbeit und Freundschaft führen würden, unbehindert durch die Vorurteile, welche dem Image des Juden anhafteten. Diese utopischen Zukunftsvorstellungen wurden niemals Wirklichkeit. Auch in den Ländern, in denen die Juden politische Freiheit errungen hatten, wirtschaftlich fortgeschritten und kulturell assimiliert waren, blieben sie abgesondert, und das in auffälliger Weise.

Das Phänomen gesellschaftlicher Absonderung, auch dort, wo die Juden politische Gleichberechtigung genossen, wird auf verschiedene und widersprüchliche Weise erklärt. Die apologetische Erklärung schreibt es der hartnäckigen christlichen Exklusivität zu und besteht darauf, die Juden hätten niemals eine wirkliche Chance gehabt, sich gesellschaftlich zu integrieren. Die feindselige Erklärung oder Interpretation läuft darauf hinaus, daß die jüdische Neigung zum Partikularismus sie daran hinderte, die Grenzen ihrer eigenen Gesellschaft zu überschreiten, wobei eine antisemitische Lesart ihnen bösartige Absichten unterstellt. So folgte der Polemik über jüdische Emanzipation eine Kontroverse bezüglich der gesellschaftlichen Umgänglichkeit der Juden. Sie stand nicht nur bei den Freimaurern im Vordergrund, für die die soziale Anpassungsfähigkeit der Juden ein zentrales Thema war,[26] sondern spielte auch bei denjenigen eine Rolle, deren hauptsächliche Sorge dem politischen Status der Juden galt. Gegner der vollständigen Emanzipation, wie Heinrich A. G. Paulus (1830)[27] und, einige Jahre später, Karl Streckfuss[28], brachten das Argument vor, die Juden seien unfähig, sich anderen zuzugesellen, und darum der vollen Bürgerrechte unwürdig, weil diese eine kulturelle Anpassung und gesellschaftliche Verschmelzung voraussetzten. Die Befürworter jüdischer Rechte entgegneten, die Juden würden nur zu gern mit Nichtjuden verkehren, wären aber durch die Exklusivität der Christen daran gehindert.

Historisch oder soziologisch betrachtet, kann man die Schuld von Juden oder Christen an dem Entstehen der gesellschaftlichen Kluft zwischen ihnen nicht genau verteilen. Beide Seiten gaben ganz einfach ihre gegenseitigen Bedenken nicht auf, die sie in der nicht zu fernen Vergangenheit praktisch in zwei getrennte Lager aufgeteilt hatten. Zu dieser Zeit gab es keine Heiraten zwischen Juden und Christen. Sie vermischten sich noch nicht einmal gesellschaftlich, und ihre Kontakte beschränkten sich auf das wirtschaftliche und geschäftliche Gebiet. Die gegenseitige Meidung stützte sich auf religiöse Ideen und Vorschriften und wurde durch die rechtliche Diskriminierung noch vertieft. Mit dem Verschwinden dieser Diskriminierung wurde die Beseitigung religiöser und sozialer Schranken oftmals zu einer theoretischen Möglichkeit, und an manchen Orten verschwanden die Schranken tatsächlich. Viele Juden, und vielleicht auch die meisten Christen, ignorierten die Speiseverbote, die ihnen die Religion auferlegte, wenn sie gemeinsam aßen. Das ermöglichte gesellige Zusammenkünfte. Doch obgleich die Mißachtung ritueller Beschränkungen den gesellschaftlichen Kontakt zwischen Juden und Nichtjuden möglich machte, wurde dieser Kontakt dadurch nicht unbedingt angeregt oder gefördert. Zusammenkünfte zwischen Juden und Nichtjuden wurden weiterhin als Begegnung zwischen Angehörigen von zwei getrennten Gesellschaftsgruppen angesehen, die sich in ihrem Status und ihren Eigenschaften unterschieden. Solche Zusammenkünfte bedurften einer besonderen Motivation und wenn sie stattfanden, machte sich eine gewisse Befangenheit bemerkbar. Im allgemeinen war es der Jude, für den es einen Vorteil bedeutete, wenn sich ein Nichtjude, der auf einer ähnlichen kulturellen und wirtschaftlichen Stufe stand, dazu herabließ, mit ihm aus rein gesellschaftlichen Gründen zusammenzukommen. Der Nichtjude wurde sofort verdächtigt, einen selbstsüchtigen Zweck zu verfolgen, wodurch die Zusammenkunft ihren unschuldigen Charakter verlor. Aus diesem Grunde blieben dergleichen Zusammenkünfte auch nicht unbeachtet. Wenn die Diplomaten des Wiener Kongresses im Hause der reichen Arnsteins[29] opulente Feste feierten, oder die Gesandten der deutschen Staaten, die sich in Frankfurt versammelt hatten, an der üppig gedeckten Tafel der Rothschilds speisten,[30] wurde das von ihren Zeitgenossen sorgfältig vermerkt, so wie auch fünfzig Jahre später, wenn die Pariser Rothschilds durch den Besuch der besten Gesellschaft geehrt wurden[31], oder die Bleichröders einen großen Ball veranstalteten, von dem ihre eigenen Verwandten ausgeschlossen waren.[32] Juden waren für ihre übertriebene Gastfreundschaft bei Anlässen dieser Art bekannt, und Nichtjuden setzten sich offener Kritik aus, weil sie die üppige Gastfreundschaft ausnutzten und sich dafür lediglich durch ihre gnädige Anwesenheit revanchierten. Zusammenkünfte auf niederer gesellschaftlicher Ebene gaben wahrscheinlich Anlaß zu ähnlichen Kommentaren.

Der niedere Status der Juden war keineswegs die Hauptursache für ihren relativen Separatismus auf gesellschaftlichem Gebiet. Auch als man ihnen freie Berufswahl zugestand, beschränkten sich die Juden auf bestimmte Wirtschaftszweige. Dies allein förderte schon die Kontakte unter Juden, und ähnlich wirkte die Gemeinsamkeit der religiösen Institutionen. Synagogen, orthodoxer oder reformierter Art wie auch Gesellschaften, die für wohltätige oder andere Zwecke gegründet worden waren – und die wir gleich beschreiben werden –, trugen zu lebhaftem gesellschaftlichem Zusammentreffen bei. Die Aussichten für einen Juden, einem anderen Juden privat näherzukommen, waren statistisch größer, als die, mit einem Nichtjuden in näheren Kontakt zu kommen. So war seine Trennung von der nichtjüdischen Gesellschaft beeinflußt durch seine Berufswahl und seine religiöse Zugehörigkeit. Umgekehrt wäre es natürlich auch richtig zu sagen, daß die gesellschaftliche Abgeschiedenheit, in der er lebte, seine Neigung zu bestimmten Berufen und seine Bindung an die religiöse Gemeinschaft, in die er hineingeboren war, verstärkte.

Doch gibt es noch einen dritten Faktor, der die jüdische Neigung, eine Gesellschaft für sich zu bilden, noch beträchtlich verstärkte, nämlich die Tendenz zur Endogamie, den Wunsch der Juden, nur unter sich zu heiraten, der einer ähnlichen Neigung unter den Christen gleichkam. In der Zeit vor der Emanzipation verhinderten ekklasiastische und halachische Gesetze, die für Christen und Juden galten und vom Staat unterstützt wurden, die Mischehe zwischen Juden und Nichtjuden. Als die standesamtliche Eheschließung eingeführt wurde, wie zum Beispiel in Frankreich nach der Revolution und in den meisten modernen Ländern im Laufe der Zeit, wurde die Mischehe legalisiert. Trotzdem blieb die Anzahl der Mischehen klein.[33] Juden widersetzten sich ihr aus sozialen wie ideologischen Gründen ebenso heftig wie dem Übertritt zum Christentum. Wenn es doch geschah, kam es einem Austritt aus der jüdischen Gemeinschaft gleich, denn eine Heirat außerhalb des Glaubens führte in den meisten Fällen zu einer Bekehrung zum Christentum. Fast jede Mischehe bedeutete für die jüdische Gemeinschaft einen Verlust. Der Charakter der Gemeinschaft als solcher blieb durch die Mischehen einzelner unberührt, da diese keine familiären oder gesellschaftlichen Bindungen schufen. Sie produzierten, ganz im Gegenteil, durch Ablehnung und Gegenwirkung ein größeres Maß an Zurückhaltung.

Kritiker der jüdischen Gesellschaft – freundliche wie unfreundliche – rügten oft die trotzige Ablehnung der Mischehe. Sie deuteten es als ein Zeichen von Arroganz und einen Beweis für die Verachtung der Juden für ihre Nachbarn oder sogar für alle ihre Mitmenschen. Solange die Teilung zwischen Juden und Christen gesellschaftlich vollständig war und sowohl rechtlich als auch von den religiösen Stellen abgesegnet wurde, gab es kaum Anlaß für Beanstandung. Gegenseitige Exklusivität betrachtete man als selbstverständlich. Mit der Auflösung der gesellschaftlichen Struktur, die die Teilung begünstigte, verlor die ideologische Verfemung der Mischehe eine ihrer Hauptstützen. Natürlich konnte man im Sinne derer, die sich immer noch der Autorität und Kontrolle religiöser Amtsträger fügten, das Verbot der Mischehe als Teil eines umfassenden Systems erklären. Doch tatsächlich hielt der Widerstand gegen die Mischehe auch dort an, wo die Juden ihren Glauben längst nicht mehr so ernst nahmen und religiösen Pflichten gegenüber gleichgültig geworden waren. Man könnte diese Art von Widerstand gegen die Mischehe als atavistisch bezeichnen, da er an einem bestimmten Verhaltensmuster festhielt, nachdem der Grund dafür längst nicht mehr existierte.

Historisch gesehen ist die Abneigung der Juden, Familienverbindungen mit Außenstehenden einzugehen, natürlich einer der Hauptfaktoren, die ihnen das Überleben in der Diaspora ermöglichten. Als eine Minderheit inmitten anderer Völker bestand für sie die Gefahr der Auflösung in der Mehrheit, wenn sich nicht eine Widerstandskraft manifestierte, was die Soziologen als Abwehrmechanismus bezeichnen würden. Man kann das ganze System jüdischer religiöser Praktiken, Speisegesetze, sowie die Einhaltung besonderer Fest- und Fasttage, gestützt durch den Glauben an die göttliche Bedeutung jüdischer Absonderung als Abwehrmechanismus betrachten. Diese Bezeichnung kann man getrost akzeptieren, ohne die Anerkennung einer vitalistischen Theorie von einem angeborenen Selbsterhaltungstrieb, aufgrund dessen die Juden überlebten. Wie immer man den Ursprung jüdischer Ausdauer erklären möchte, ob historisch, philosophisch oder theologisch, es ist eine Tatsache, daß sie am Ende der traditionellen Ära eine Kraft für sich wurde, unabhängig von den Faktoren, die sie hervorgebracht hatten. Trotz des Zerbröckelns der Tradition und der Abschwächung religiöser Bindungen blieb der jüdische Zusammenhalt bestehen.

Viele von denen, die für die rechtliche Gleichstellung der Juden eintraten, hatten die Hoffnung, daß sich die jüdische Gemeinschaft als Folge ihres neuen Status auflösen und mit ihrer Umgebung verschmelzen würde. Diese Erwartung erfüllte sich jedoch nicht, auch als die Emanzipation zur Tatsache wurde. Das Judentum bestand weiter, obgleich es zahlenmäßig einen gewissen Schwund zu verzeichnen hatte. Es überlebte die Auflösung des organisatorischen Rahmens, der die Juden von ihren Nachbarn abgesondert gehalten hatte, und das Verschwinden jener Ideen und Ideologien, welche diese Trennung unterstützt hatten. Die gegenseitige Verbundenheit der meisten Mitglieder der jüdischen Gemeinschaft, obgleich schwer zu erklären, blieb auch weiterhin eine Energiequelle und die treibende Kraft für das Überleben der Gemeinschaft.

Man wird sich daran erinnern, daß die Kritiker jüdischer Integration die Juden, auch nach ihrer Emanzipation, als Kaste bezeichneten.[34] Das Grundargument für diese Behauptung war die jüdische Inzucht und gesellschaftliche Absonderung. Politische Gleichstellung, wirtschaftlicher Fortschritt und kulturelle Anpassung konnten diese Beschuldigung nicht aus dem Weg räumen. Die Veränderungen, die sich in dem Status, der Position und dem Verhalten der Juden vollzogen hatten, erschienen ihren Gegnern unbedeutend, angesichts der Tatsache, daß sie sich gesellschaftlich – besonders was familiäre Bindungen betraf – von der Gesellschaft ihrer Umgebung zurückzogen. Die Anpassung der Juden an die neuen Umstände erschien ihnen unecht oder oberflächlich.

Die Verfechter jüdischer Emanzipation und Integration taten diese Anschuldigung als bösartig ab und erklärten, eine derartig feindselige Bewertung des jüdischen Verhaltens sei an und für sich schon Grund genug für die Absonderung der Juden, die unter günstigeren Umständen aufhören würde. Radikale Anhänger der Assimilation akzeptierten die These, daß sich die Juden im Laufe der Zeit mit der Gesellschaft, die sie umgab, vermischen würden. Sie forderten, daß die jüdische Religion ihre ausdrücklichen Bedenken gegen Mischehen aufgeben sollte, und einige befürworteten es sogar, rechtlichen oder gesellschaftlichen Druck auszuüben, um familiäre Bindungen zwischen Juden und Nichtjuden herbeizuführen.[35] Die meisten Förderer der Integration zogen es jedoch vor, das Problem herunterzuspielen, anstatt nach praktischen Lösungen zu suchen. Die Wahl eines Ehepartners ist eine höchst persönliche Angelegenheit und ganz offensichtlich nicht die Aufgabe politischer Institutionen. Der Staat hat die Wahl des Einzelnen lediglich zu legalisieren. In der Tat befürworteten liberal denkende Juden oftmals zivile Eheschließungen in denjenigen Staaten, wo sie noch nicht eingeführt waren, auch wenn sie vom jüdischen Standpunkt aus Mischehen mit Christen verurteilten. Sie wünschten, eine rechtliche Möglichkeit für Mischehen zu schaffen, hofften aber dennoch, daß Juden keinen Gebrauch davon machen würden.[36] Diese Hoffnung konnte sich auf religiöse Gründe stützen. Die Empfehlung, Juden sollten nur untereinander heiraten, stützte sich auf die offensichtliche Tatsache, daß die jüdische Religion in einer Mischehe nur schwer erhalten werden konnte – ganz zu schweigen von einer jüdischen Erziehung der Kinder.[37] Die jüdische Absonderung konnte dann als Ergebnis religiöser Verpflichtungen der Juden dargestellt werden.

Theoretisch konnte man die jüdische Religion als eine auf Glauben und Überzeugung ruhende Konfession definieren. Schon im Jahre 1816 nannte Michael Hess, ein Lehrer am Philantropin in Frankfurt (in seiner Streitschrift mit Friedrich Rühs), sie eine bloße Glaubensgemeinschaft, auf gleicher Ebene mit anderen Kirchen und Sekten.[38] In den nachfolgenden Jahrzehnten setzte sich dieses Konzept durch, das sich Politiker wie Gabriel Riesser zu eigen machten[39] und Theologen wie Abraham Geiger eingehend erläuterten.[40]

Vom Standpunkt der Politiker aus war die Definition der jüdischen Religion als Glaubensbekenntnis des Einzelnen zweckdienlich und bequem. Diese Theorie rechtfertigte die Behauptung, man könne die Juden als eine der Religionsgruppen unter vielen anderen betrachten. Der jüdische Theologe, der diese Definition im Lichte jüdischer Tradition rechtfertigen mußte, hatte es schwer, da die literarischen Quellen der Bibel und des Talmud sowie die Fakten jüdischer Geschichte mit diesem Konzept nicht übereinstimmten. Sie stellten vielmehr die Juden vor als Volk, oder wenigstens als Gemeinschaft, die sich durch gemeinsame Herkunft und kulturelles Erbgut konstituierte. Jüdische Gesetze und Lehren spiegelten die jüdische Gemeinschaft nicht lediglich als religiöse Gemeinde, sondern als ein Volk unverkennbarer Abstammung mit einer urkundlich belegten Geschichte und klar umrissener Sendung. Die Auflösung dieser Gemeinschaft in getrennte und voneinander unabhängige Gruppen, die in verschiedenen Ländern lebten, war eine revolutionäre Entwicklung, und die Erwartung, sie würden sich mit den Völkern ihrer Umgebung verschmelzen, stand im Widerspruch zu ihrer dreitausendjährigen Geschichte und Tradition. Viele derer, die diesen Wandel herbeiführen wollten, insbesondere die Nichtjuden, sahen darin die Liquidation jüdischer Geschichte und das Ende der jüdischen Gemeinschaft. Doch die meisten jüdischen Theologen und Gemeindevorsteher waren an dem Weiterbestehen der jüdischen Gemeinschaft und sogar an ihrer ideologischen Verankerung in der Tradition interessiert. Sie mußten sich also bemühen, ihre Vorstellungen von jüdischer Religion mit denen der traditionsgebundenen Elemente in Einklang zu bringen. Das war keine leichte Aufgabe. Alle geistige Energie der ersten zwei oder drei Generationen der Emanzipation wurde dafür aufgeboten.[41] Die ersten derartigen Versuche haben wir bereits analysiert. Die Reformbewegung verfolgte einen doppelten Zweck. Sie suchte nach einer legitimen Methode, dem modernen Juden die Last religiöser Gesetze zu erleichtern, so daß er seinem Beruf nachgehen, seine wirtschaftlichen Ziele verfolgen und gleichzeitig den Zugang zur nichtjüdischen Gesellschaft finden konnte. Das war sozusagen die praktische Seite der Reform. Nicht weniger wichtig war ihr theoretisches Ziel: Eine umfassende Philosophie des Judentums zu entwickeln, im Einklang mit dem Status des modernen Juden als Bürger eines nichtjüdischen Staates und Mitglied einer nichtjüdischen Gesellschaft. Dies konnte nur durch eine sorgfältige Auslese traditioneller Grundsätze geschehen, wobei man diejenigen Teile ausließ, die mit der neuen Stellung der Juden unvereinbar erschienen, und Lehren, die der neuen Situation angemessen waren, betonte oder neu einführte.

Das biblische und sogar das talmudische Judentum, obgleich zum größten Teil auf das jüdische Volk eingestellt und als solches beschränkt-national genannt werden kann, enthielt jedoch auch universale Elemente, wie Gesetze, die für alle Menschen bindend waren und die Zeit voraussahen, wo die gesamte Menschheit in der Huldigung eines einzigen wahren Gottes vereint sein würde. Das Reformjudentum bemühte sich, diese Elemente hervorzuheben und entgegengesetzte Ideen, die nicht weniger ein Bestandteil derselben Tradition waren, zu beseitigen oder zu vernachlässigen. Auf den Wendepunkt, wo man den Begriff des Judentums im Sinne offenbarter Gesetze – an dem auch Mendelssohn festhielt – verwarf und zwar zugunsten seiner Begriffsbestimmung als ein Gebilde von Dogma und sittlichen Lehren, haben wir bereits hingewiesen. Diese Auffassung wurde zuerst von Saul Ascher formuliert und später von den meisten Theologen und Philosophen vertreten, die das Judentum während der liberalen Ära erläuterten. In diesem Lichte gesehen, erschien das Judentum – wie auch andere Konfessionen – als eine Glaubenslehre und die jüdische Gemeinde als eine Glaubensgemeinschaft, vereint durch ihr Festhalten an einem Gebilde abstrakter Lehren.

Das war die Theorie. Im Bereich der Tatsachen und des praktischen Verhaltens war das Festhalten am Judentum kaum von der Überzeugungskraft einer Reihe von Doktrinen abhängig. Im Grunde befand sich der Jude in einem Dilemma: Sollte er der Versuchung seiner Umgebung nachgeben, auch wenn das den Übertritt zum Christentum bedeutete, oder Bestandteil einer minderbewerteten Minorität bleiben? Der entscheidende Faktor war nicht so sehr seine Überzeugtheit von der wahren Lehre des Judentums, wie das Widerstreben, seine intellektuelle Integrität einzubüßen, da er von der Wahrheit der christlichen Dogmen keineswegs überzeugt war. Die Ungetauften waren nach wie vor

Juden und wurden als solche angesehen, was immer auch ihre Einstellung zum Judentum sein mochte. Im 19. Jahrhundert lief das darauf hinaus, daß sie in den meisten europäischen Ländern einer jüdischen Gemeinde angehören mußten, die unter dem Schutz des Staates stand. Obgleich die Zugehörigkeit zu einer jüdischen Gemeinde Pflicht war, konnte das natürlich eine reine Formalität bleiben und sich auf die Entrichtung von Steuern und Abgaben beschränken. Ob das Gemeindemitglied nun an der organisatorischen und geistigen Tätigkeit der Gemeinde teilnahm, war seine Sache. Es ist anzunehmen, daß Reformgemeinden Mitglieder erwarben, indem sie sich dem zeitgenössischen Geschmack anpaßten und alles verbannten, was den gängigen Ansichten zu widersprechen schien. Ein Jude wurde als solcher angesehen – nicht so sehr wegen seiner religiösen Einstellung, sondern weil er als Kind jüdischer Eltern geboren war. Jude zu sein hatte gesellschaftliche Konsequenzen, denen man sich nicht entziehen konnte, ganz abgesehen von seiner Einstellung zu jüdischen Lehren oder religiösen Pflichten. Wie Heinrich Heine einmal etwas zynisch bemerkte: „Jude sein ist eine unheilbare Krankheit." Es ist ein Paradox, daß man dem eigenen Judentum, das auf einer biologischen Tatsache beruhte, nur durch die Taufe, also einem rein religiös-geistigen Vorgang entgehen konnte. In Wirklichkeit brachte die Taufe einen sozialen Übergang mit sich, nämlich die Versetzung des Getauften von seiner ursprünglichen Minderheitsgruppe zu einer Mehrheit, in der die Spuren seines Ursprungs im Laufe der Zeit verschwanden. Jude zu bleiben bedeutete im Gegensatz dazu die Zugehörigkeit zu einer Gesellschaftsgruppe, deren Charakter in erster Linie historisch bedingt war und weniger von den persönlichen und geistigen Eigenschaften ihrer Mitglieder abhing.

Die Tendenz, ein Judentum zu bilden, das nicht mehr als ein Glaubensbekenntnis war, wurde nicht von allen geteilt. Die Orthodoxen konnten nicht umhin, bei ihrem traditionellen Konzept zu bleiben, nach dem ein Jude ein Mensch ist, der von einer jüdischen Mutter geboren wurde – ungeachtet seiner Handlungen und Überzeugungen. Allerdings verurteilten die Orthodoxen jede Abweichung von jüdischer Tradition in bezug auf Dogma oder religiöse Pflichten, und in einigen Ländern (Ungarn 1869 und Preußen 1876) führte dies zu einem offenen Konflikt mit den Reformgemeinden. Die Orthodoxen gingen sogar so weit, sich zu einer separaten Religion abseits der Reformbewegung zu erklären.[42] Doch hatte das in erster Linie taktische Gründe. Sie gewannen dadurch das Recht, unter der Schutzherrschaft der Regierung separate Gemeindeorganisationen zu gründen, doch versuchten sie keineswegs zu verneinen, daß jeder, den eine jüdische Mutter geboren hatte, ob orthodox oder Reformist, gläubig oder Atheist, dem jüdischen Volk angehörte. Da die Orthodoxen Anhänger der jüdischen Tradition und besonders der Halachah (jüdisches Gesetz) waren, konnten sie kaum eines der Grundprinzipien des Gesetzes mißachten: Daß Judesein eine Frage der Abstammung und nicht der Gesinnung war.

Konzepte, die sich von der jüdischen Tradition ableiteten, waren jedoch nicht länger das einzige Mittel, um das Phänomen des Judentums zu definieren und zu verstehen. Die Aufklärung hatte ein Instrument rationalistischer Kritik geschaffen. Im grellen Licht der Vernunft gesehen, begann sich die Geschlossenheit jüdischer Tradition aufzulösen, und dem rationalistischen Beobachter offenbarten sich Unterschiede zwischen wesentlichen und unwesentlichen Bestandteilen des Judentums. Die Reformbewegung machte, besonders in ihren Anfängen, häufig Gebrauch von solcher Unterscheidung und entledigte sich vieler traditionell-religiöser Praktiken durch die Behauptung, nur auf unwesentliche Elemente verzichten zu wollen.

Im Laufe der Zeit entwickelte man jedoch noch eine dritte Methode der Bewertung des Judentums, nämlich der historischen Kritik. Diese wurde nun dem Vorbild zeitgenössischer Forschungsmethode in Europa von den Gründern der sogenannten Wissenschaft des Judentums entwickelt oder adoptiert.[43] Diese Gruppe unter Leitung von Yomtov Lipman Zunz (1794–1886) bemühte sich, durch Anwendung der allgemein gültigen Grundsätze historischer Auffassung das Judentum zu verstehen. In historischer Perspektive erschien das Judentum als einzigartiges Phänomen, doch nicht außerhalb der Grenzen historischer Kategorisierung. Die Mitglieder dieser historischen Forschungsgruppe nahmen gegenüber den zeitgenössischen Problemen des Judentums eine unterschiedliche Haltung an, und einige von ihnen, wie auch Zunz selbst, der zuerst ein radikaler Reformer gewesen war und später eine mehr konservative Haltung annahm, waren unschlüssig in ihrer Stellungnahme zur jüdischen Tradition. Die ersten Befürworter von Studien über das

Judentum glaubten, daß die historische Forschung und das sich daraus ergebende Verständnis als Richtlinie für die Neugestaltung des Judentums dienen oder, um es genauer auszudrücken, es zu seinen Ursprüngen, die sich im Laufe der Jahrhunderte verwischt hatten, zurückführen würde. In der Praxis jedoch – anstatt klare Richtlinien für die Zukunft zu schaffen – sahen sich alle Schattierungen der Reform durch die historische Forschungsarbeit ermutigt, ihre Ansprüche aufgrund unterschiedlicher Interpretationen der Geschichte geltend zu machen. Alle waren sich darüber einig, daß die wesentlichen Bestandteile der Tradition künftigen Generationen erhalten bleiben mußten und die unwesentlichen abgeschafft werden sollten. Doch gab es extreme Meinungsverschiedenheiten, wo die Grenze zu ziehen war. Zechariah Frankel (1801–1875) kam zu der Schlußfolgerung, man müsse den Großteil der Rituale und der Halachah beibehalten, während Abraham Geiger im Prinzip fast die gesamte Struktur ritualer Vorschriften und Zeremonien abschaffen wollte in der Hoffnung, daß der Geist des Judentums – was immer in abstracto darunter zu verstehen war – sein Fortbestehen in Inhalt und Ausdruck sichern würde. Ganz gewiß konnte die Streitfrage nicht durch historischen Zugang beigelegt werden, doch ergab sich aus ihm eine neue Begriffswelt. Durch den Hinweis auf die Geschichte unterband man die Tendenz abstrakten Denkens, die die Mittel dazu hergab, das Judentum zu einem Glaubensbekenntnis zu machen.[44]

In den Anfängen der Reformbewegung hegte Saul Ascher die Hoffnung, daß die Halachah-Experten, die das Fortbestehen des Judentums durch ständige Neuinterpretation der Gesetze gewährleistet hatten, durch Theologen ersetzt werden würden, die die obligatorischen Lehren des jüdischen Glaubens erläuterten.[45] Der Halachist verschwand im Laufe der Zeit oder verlor seinen Einfluß in der Gemeinschaft, doch die Theologen übernahmen nur zögernd die Rolle, die ihnen zugedacht war. Sie traten kaum in Erscheinung. Das Judentum fiel in die Hände von Historikern, die die Vorgänge der Vergangenheit beschrieben und historisch erklärten. Dann erschienen die Philosophen mit ihrer Interpretation des Judentums als Glaubenssystem und Weltanschauung. Doch waren weder Historiker noch Philosophen imstande, zu bestimmen, worin die obligatorischen Bräuche und die wesentlichen Glaubenssätze bestanden. Allerdings hatten beide eine neue Begriffswelt anzubieten. Die Kenntnis der Vergangenheit verlieh dem Judentum der Gegenwart einen gewissen Inhalt und erweckte eine gewisse Hoffnung für die Zukunft. Sowohl philosophische als auch historische Werke über das Judentum betonten die heilsame Rolle, die es in der Vergangenheit gespielt hatte, und deuteten auf eine mögliche Bestimmung, die seinen Anhängern noch Gelegenheit geben würde, einer guten und lohnenden Sache zu dienen. In der Tat ist es die oft erörterte und vielfach geschmähte Idee einer jüdischen Mission, die sich in den Ansichten vieler jüdischer Denker des 19. Jahrhunderts widerspiegelt. Manchmal war genau erklärt, welche Rolle jüdische Lehren und jüdisches Vorbild zu spielen hatten. In nicht so deutlicher Form vermittelte die historische und philosophische Analyse jüdischer Lehren einen Begriff dessen, was das Judentum noch bedeuten mochte – womit dem zeitgenössischen Juden die Versicherung gegeben wurde, es sei nicht lediglich ein bedauernswerter Umstand, Jude zu sein.[46]

Theorien, die das Judentum rechtfertigten, waren von Wichtigkeit, da sie wenigstens dazu beitrugen, den Juden im Schoß der jüdischen Gemeinschaft festzuhalten. Das Fortbestehen jüdischer Organisationen und öffentlicher Institutionen bedurfte nicht weniger einer Rechtfertigung. Ihre Existenz widersprach den Erwartungen der Assimilationisten, die glaubten, die Juden würden ihre gesellschaftlichen und geistigen Bedürfnisse – mit Ausnahme der im strengen Sinne religiösen – im Rahmen der Institutionen ihrer christlichen Nachbarn befriedigen können. Jede Organisation, die sich mit rein jüdischen Angelegenheiten befaßte, fiel unnötigerweise auf. Diese Meinung vertraten sogar wohlmeinende Beobachter, wie der Historiker Theodor Mommsen, der über die Fülle von jüdischen Gesellschaften und Organisationen verstimmt war, die alle Zwecke verfolgten, die die bestehenden nichtjüdischen Institutionen theoretisch genausogut hätten erfüllen können.[47] Diese Verbände schlossen die traditionellen Wohlfahrtsinstitutionen ein: die Verteilung von Almosen, Schulunterricht für die Armen, Krankenpflege und so weiter. Manche dieser Institutionen waren gegründet worden, um jüdische Forschung und jüdisches Studium zu unterstützen, andere zur Förderung der Interessen jüdischer Gemeinden im Ausland, die noch nicht emanzipiert waren. Und wieder andere waren nur zu gesellschaftlichen Zwecken geschaffen worden. All diese Gesellschaften und ihre öffentlichen Veranstaltungen erschienen in der jüdischen Presse, die – weit entfernt davon, sich nur religiösen Themen zu widmen – sich mit Vorliebe mit Politik und Gemeindeangelegenheiten befaßte.

Ein Blick auf die Juden und ihre Tätigkeit in den Jahrzehnten fortschreitender Emanzipation – zwischen 1848 und 1880 – zeigt, daß es sich nicht einfach um einen Assimilationsvorgang handelte. Die Assimilation machte allerdings Fortschritte insofern, als Juden immer engere Kontakte zu Nichtjuden aufnahmen und sich alle Juden mehr und mehr dem kulturellen Muster ihrer Umgebung anpaßten. Doch gleichzeitig schufen die Juden ein Instrument, das sie auch weiterhin zusammenhielt und ihnen half, eine separate soziale Einheit zu bleiben. Die Vorstellung, daß die Juden als Gemeinde nur von einem gemeinsamen Glaubensbekenntnis zusammengehalten wurden, war reine Theorie. In Wirklichkeit besaßen sie die Eigenschaften einer Untergruppe in der Gesellschaft, erkennbar an ihrem ethnischen Ursprung, an ihrer wirtschaftlichen Zusammenballung, ihrer verhältnismäßigen Isolierung auf gesellschaftlichem Gebiet und ihrer abweichenden Minderheitsreligion. Das soziale Bild dieser Gruppe unterscheidet sich natürlich erheblich von dem der jüdischen Gemeinschaft hundert Jahre früher, als die Juden eine geduldete Gruppe darstellten, ökologisch zusammengeballt, wirtschaftlich streng begrenzt sowie gesellschaftlich und kulturell weitgehend isoliert. Damals war diese Gruppe straff organisiert und diszipliniert, und die Religion diente als mächtige verbindende Kraft. Jetzt, in der zweiten Hälfte des 19. Jahrhunderts, waren die Juden unter sich in religiösen Fragen zerstritten. Man könnte fast sagen, daß der einzige gemeinsame Nenner in der Ablehnung des Christentums bestand. Die kulturelle Absonderung hatte fast völlig aufgehört, und die wirtschaftliche Einseitigkeit hatte wenigstens nachgelassen. Was jedoch unverändert geblieben war, war die Inzucht der Juden, das Festhalten an rein jüdischen Familienbindungen. Dies und die Überreste religiöser Abweichung, wie auch eine verhältnismäßige wirtschaftliche Zusammenballung und gesellschaftliche Absonderung, und auch gewisse kulturelle Besonderheiten, verliehen der jüdischen Gruppe eine besondere Physiognomie. Wenn diese Gruppe auch anders aussah als vor einem Jahrhundert, so hatte sie doch nicht jene Züge angenommen, die die Befürworter einer Verschmelzung mit der christlichen Gesellschaft erwartet hatten.

Noch eine andere Erwartung derer, die um Emanzipation rangen, verwirklichte sich nicht, auch nachdem ihre Bemühungen von Erfolg gekrönt waren. Die Förderer der jüdischen Sache glaubten, wie auch viele Juden, daß, da die Emanzipation der Juden eines bestimmten Landes ihre Absorption durch die restliche Bevölkerung bedeuten würde, gleichzeitig die Beziehungen zwischen ihnen und den Gemeinden anderer Länder geschwächt werden oder vielleicht sogar gänzlich abbrechen würden. Die Regierungen, die die Juden ihres Staates eingebürgert hatten, wandten gleichzeitig legislative Maßnahmen an, um das Einströmen ausländischer Juden zu verhindern.[48] Der Sinn dieser Maßnahmen, der manchmal deutlich ausgesprochen wurde, bestand darin, daß jeder Staat seinen Anteil an Juden absorbieren sollte und das Phänomen einer interstaatlichen Gemeinschaft dadurch verschwinden würde.

Im ersten Jahrzehnt jüdischer Integration gab es tatsächlich einige Anzeichen der Lockerung von Beziehungen, die jüdische Gemeinden in der ganzen Welt miteinander verbunden hatten. Die Einbürgerung der Juden in ihren Wohnländern führte zu Verbundenheit mit den politischen Institutionen. Diese schuf einen echten Patriotismus, der allerdings nicht immer frei vom Übereifer des Neubekehrten war. Die neue Generation, in modernen Erziehungsinstitutionen aufgewachsen, war dem bestehenden Kulturmuster angepaßt. Juden erlernten die Sprache ihrer Umgebung und verlernten zur gleichen Zeit die gemeinsame Sprache der Juden, Hebräisch sowie die Lingua Franca der Aschkenasim, Jiddisch und das Ladino der Sephardim. Diese sprachliche Mannigfaltigkeit zeugte auch von Veränderungen in Kultur, Mentalität und Lebensanschauung. Bis zur Emanzipationsära konnten sich die Juden von Frankfurt, Amsterdam, Prag und Lemberg untereinander verständlich machen, doch später war das nicht mehr der Fall. Manchmal erschien es fast so, als wäre das jüdische Volk im Begriff, sich aufzulösen und seine Teile mit seiner Umgebung zu verschmelzen.

Diese Tendenz zur Auflösung setzte sich jedoch nicht bis zum Ende fort. Juden paßten sich den Bräuchen ihrer Heimatländer an, brachen jedoch die Verbindungen mit Glaubensgenossen jenseits der unmittelbaren Grenzen nicht gänzlich ab. Wirtschaftliche wie auch kulturelle und familiäre Beziehungen mit Juden in anderen Ländern blieben bestehen. Geschäftsleute unterhielten weiter ihre Verbindungen. Rabbiner, Lehrer und Wissenschaftler nahmen Lehrposten im Ausland an.[49] Und reiche Familien suchten jenseits der Grenzen passende Ehepartner für ihre Kinder. Jüdisches Interesse an Politik und öffentlichen Angelegenheiten beschränkte sich nicht auf das eigene Land. Im Gegenteil, auch beim Kampf um Emanzipation behielt man die Vorgänge in anderen westeuropäischen Ländern im Auge, wobei die Erfolge der einen den anderen als Ansporn dienten.

In ähnlicher Weise wuchsen die Versuche einer erzieherischen und kulturellen Reform bald zu einer kontinentalen Bewegung an, und ihre Förderer in einem Lande betrachteten die eines anderen Landes als Waffenbrüder. Die Gegner der Reform rückten ebenfalls zusammen, wie es bei der Hamburger Kontroverse von 1819 der Fall war, wo sich Rabbiner aus Deutschland, Italien, Holland und Österreich in gemeinsamer Sache zusammentaten.[50] Jüdische Zeitschriften mehrten sich von 1840 an und waren nicht nur für die eigene Bevölkerung bestimmt, sondern verbreiteten in der ganzen Welt Nachrichten über Juden und das Judentum.[51]

So waren es nicht nur die alten Bräuche und Gewohnheiten, sondern – was wie ein Paradox erscheint – gerade die Versuche einer Integration, die das Gefühl der Zugehörigkeit zu einer internationalen Gemeinschaft verstärkten. Die alte Solidarität unter Juden blieb bestehen. Obgleich eine Aufteilung in bestimmte Gemeinden in den verschiedenen Ländern ins Auge gefaßt war, verschwand das gegenseitige Mitgefühl nicht und im Notfall stand weiterhin ein Jude dem anderen mit Rat und Tat bei. Trotz gesetzlicher Beschränkung der Einwanderung war diese doch nicht gänzlich zu unterbinden. Polnische Juden wanderten weiterhin nach Deutschland und Ungarn aus. Böhmische und mährische Juden zogen nach Ungarn. Deutsche Juden fanden ihren Weg nach Paris, Amsterdam und London. Ärmere Immigranten waren der Hilfe örtlicher Juden sicher, auch wenn diese örtlichen Juden die Einwanderung nicht gerne sahen. Während die Aufteilung der Juden in regionale Gemeinden ideologisch Unterstützung gefunden haben mag, blieb das Gefühl der Zusammengehörigkeit eine lebendige Kraft.

Das Ausmaß dieser Kraft zeigte sich bei der Damaskusaffäre im Jahre 1840. Juden waren von den örtlichen Behörden angeklagt, den Tod eines Mönches und seines Dieners verursacht zu haben. Jüdische Gemeinden und Persönlichkeiten überall in Europa machten die größten Anstrengungen, ihre Glaubensgenossen durch politischen Druck und öffentliche Proteste zu befreien. Ihre Rettung wurde schließlich mit Hilfe von Sir Moses Montefiore aus England und Adolphe Cremieux aus Frankreich durchgeführt, die nach Alexandrien reisten und bei Mehemet Ali intervenierten.[52] Dieses Ereignis bildete einen Wendepunkt für die Zusammenarbeit zwischen bereits integrierten jüdischen Gemeinden. Bezeichnenderweise kam dieser Trend zuerst in Frankreich auf, in der politisch fortgeschrittensten jüdischen Gemeinschaft. Das französische Judentum fühlte sich politisch gesichert und konnte es sich erlauben, anderen jüdischen Gemeinschaften zu helfen, ohne sich der Gefahr auszusetzen, einer Doppelloyalität beschuldigt zu werden. Das Ergebnis war das Konzept einer Organisation emanzipierter Juden, die über nationale Grenzen hinausging und den Zweck verfolgte, die Emanzipation anderer Juden zu fördern und ihren kulturellen Fortschritt zu unterstützen. Darin bestand dann auch das Programm der *Alliance Israélite Universelle,* die endlich im Jahre 1860 gegründet wurde[53], womit auf der Ebene einer formalen Organisation demonstriert wurde, daß die Integration der Juden in ihren verschiedenen Ländern nicht gleichbedeutend mit der Auflösung internationaler Bindungen war. Sowohl die Richtung als auch die Tätigkeit der *Alliance* – darunter die Gründung der ersten Landwirtschaftsschule in Palästina (1870) und damit der Beginn der jüdischen Kolonisierung im Lande – läutete die jüdische Nationalrenaissance ein, die schließlich der Aufspaltung erfolgreich entgegenwirkte.

Juden verschafften sich Zugang zur europäischen Gesellschaft, verschmolzen jedoch nicht mit ihr. Vielmehr wurde ihre Gemeinschaft zu einer neu- und einzigartigen sozialen Einheit und zur gleichen Zeit eine völlig veränderte, aber deutlich erkennbare Variation der alten jüdischen Gemeinschaft. Diese Variation unterschied sich grundlegend von dem, was sich die Förderer jüdischer Integration vorgestellt hatten, sowohl in ihrer internen Struktur als auch in ihrer äußeren Erscheinung. Statt einer neuen Religionsgemeinschaft, die völlig der sie umgebenden Gesellschaft zugehörig war, entstand eine Art Untergruppe, die sich von der Bevölkerung durch berufliche Verteilung, Familienbindungen und durch ihre Verpflichtungen gegenüber einer Gemeinschaft außerhalb der örtlichen Peripherie unterschied. Es konnte natürlich angeführt werden – was jüdische Apologeten auch mit Nachdruck taten –, daß auch in anderen Untergruppen der Gesellschaft ähnliche Erscheinungen auftraten. Die Protestanten in Frankreich stellten eine sozial erkennbare Gruppe dar und Katholiken überall waren der ultramontanen, streng päpstlichen Kirche und ihrem Oberhaupt unterworfen. Trotzdem fielen die Juden mehr als andere Gruppen durch ihre örtliche Zusammenballung und ihre interstaatliche Solidarität auf. Außerdem hatten die Juden kaum eine Chance, mit dem gleichen Maß wie andere gemessen zu werden.

Die Verschiedenartigkeit, sogar Einzigartigkeit ihrer Vergangenheit wie ihrer gegenwärtigen gesellschaftlichen Situation, und nicht zuletzt ein Netz von Vorurteilen die die jüdische Gesellschaft seit Jahrhunderten begleitete, machte sie zu einer sozialen Anomalie. Eine Anomalie dieser Art war nicht zwangsläufig ein Grund für Ablehnung. In England, Holland und den skandinavischen Ländern akzeptierte man den jüdischen Beitrag als besonderen Zusatz zu dem sozialen Spektrum. Das gleiche galt für tolerante Kreise in Frankreich, Deutschland, Österreich und Ungarn. Jedoch die Masse der Bevölkerung konnte kaum jemals ihre Bedenken gegen den jüdischen, von der Norm abweichenden Faktor in ihrer Mitte überwinden und intolerante, unzufriedene und starrköpfige Elemente wählten sich die Juden als Zielscheibe ihrer Kritik oder bezeichneten sie geradezu als Quelle des Übels, dem man die Bürden und Unzulänglichkeiten der modernen Gesellschaft zur Last legen konnte. Dergleichen Anschuldigungen begleiteten den jüdischen Integrationsprozeß von Anfang an, obgleich in den 60er und 70er Jahren des 19. Jahrhunderts, als es mit der Sache der Juden nach oben ging und volle Emanzipation erreicht war, eine Besserung einzutreten schien. Doch wurden die Beschuldigungen in den 70er und 80er Jahren mit dem Entstehen der neuen antisemitischen Bewegungen wieder aufgenommen. Auch dann hätte niemand voraussagen können, zu welchen Exzessen es innerhalb von zwei oder drei Generationen in den 30er und 40er Jahren des 20. Jahrhunderts kommen würde. In der Tat würde nur eine fatalistische Auffassung der Geschichte es als gegeben ansehen, daß die endgültige Katastrophe durch die früheren Ereignisse vorherbestimmt war.

Die Erwartungen, die sich mit dem Auszug aus dem Ghetto verbanden, hätten sich wohl besser verwirklicht, wenn dieser Exodus in der gesamten jüdischen Welt gleichzeitig stattgefunden, d. h. wenn man den Juden in allen Ländern gleichzeitig die Emanzipation gewährt hätte. Dem Einfluß ihrer Umgebung ausgesetzt und unbehindert durch äußere Faktoren, hätte sich jede Gemeinde dem gesellschaftlichen und kulturellen Muster ihrer Umgebung anpassen können. Eine schnelle und radikale Assimilation hätte vielleicht die Bedenken und den Widerstand der Gesellschaft, die sie aufnahm, überwinden helfen und eine Verschmelzung von Juden und Nichtjuden herbeigeführt.

Obgleich Vermutungen über die möglichen Resultate eines Vorgangs, der überhaupt nicht stattfand, nicht Sache des Historikers sind, seien sie ihm dennoch gestattet, wenn solche Vermutungen die tatsächlichen Ereignisse in einer deutlicheren Perspektive zeigen. Natürlich war die jüdische Emanzipation kein gleichzeitiger und gleichmäßiger Vorgang. Wie bereits im einleitenden Kapitel erwähnt, gab es sogar in den westlichen Ländern Verzögerungen. Zwei oder drei Generationen lagen zwischen der Emanzipation der Juden Frankreichs während der Revolution und der der jüdischen Gemeinden in Ländern wie Österreich-Ungarn und Deutschland gegen Ende der liberalen Ära. Erst mit der Thronbesteigung von Alexander II. (1855–1881) zeigte sich der großen jüdischen Gemeinschaft in Rußland, die noch immer repressiven Gesetzen und hemmenden Lebensbedingungen unterworfen war, ein Hoffnungsschimmer von Emanzipation. Doch wurde diese bis zur Revolution von 1917 nicht realisiert. Während dieser Zeitspanne kämpften die Juden der Balkanländer, des Nahen Ostens und Nordafrikas entweder um ihre Gleichstellung oder ergaben sich passiv in ihr Schicksal als rechtlose Minderheit, während sie gleichzeitig ihre bessergestellten Glaubensgenossen im Westen um Hilfe ersuchten. Und in der Tat wurden die nichtemanzipierten Gemeinden mit großer Aufmerksamkeit von denen beobachtet, deren Mitglieder bereits eingebürgert waren oder sogar schon die bürgerliche Gleichberechtigung hatten. Zur gleichen Zeit begann eine langsame, aber stete Wanderung von Juden der weniger emanzipierten Gemeinden zu den mehr emanzipierten. Sowohl die Sorge um ihre weniger emanzipierten Glaubensgenossen als auch deren Emigration zu befreiten Gemeinden verlangsamte den Assimilationsprozeß in diesen Gemeinden. Die dadurch gewonnene Zeit gestattete das Aufkommen von Kräften, die sich der jüdischen Assimilation widersetzten – der Antisemitismus von außen und die nationale Bewegung von innen.

Da sich die Diaspora über die gesamte christliche und moslemische Welt erstreckte, befanden sich die Juden jeweils in Ländern von unterschiedlicher sozialer und politischer Entwicklung. Aus diesem Grund war auch keine gleichzeitige Emanzipation zu erwarten. Eine Verzögerung des Assimilationsprozesses war historisch bedingt und unausweichlich. Die Erwartung einer sich schnell auflösenden jüdischen Gemeinschaft als Ergebnis der Emanzipation war lediglich ein Traum, das Wunschdenken jüdischer wie nichtjüdischer Ideologen. Es lag in der Natur jüdischer Existenz, daß die Emanzipation ein Wendepunkt in der jüdischen Geschichte wurde – doch in keiner Weise ein Schlußpunkt.

Anmerkungen

ABKÜRZUNGEN

AZJ	*Allgemeine Zeitung des Judenthums*
BLBI	*Bulletin des Leo Baeck Instituts*
CCAR	*Central Conference of American Rabbis*
HUCA	*Hebrew Union College Annual*
JGJCR	*Jahrbuch für Geschichte der Juden in der Cechoslovakischen Republik*
JJLG	*Jahrbuch der jüdisch-literarischen Gesellschaft in Frankfurt am Main*
JJS	*The Jewish Journal of Sociology*
JSS	*Jewish Social Studies*
LBIYB	*Leo Baeck Institute Year Book*
MGWJ	*Monatsschrift für die Geschichte und Wissenschaft des Judenthums*
PAAJR	*Proceedings of the American Academy for Jewish Research*
REJ	*Revue des Études Juives*
ZGJD	*Zeitschrift für die Geschichte der Juden in Deutschland*

Erstes Kapitel: GESELLSCHAFTLICHE REVOLUTION – MIT UNTERSCHIEDEN

1 Siehe Jacob Katz, „The Term ‚Jewish Emancipation'; ‚Its Origin and Historical Impact' ", *Studies in Nineteenth-Century Jewish Intellectual History,* hg. v. Alexander Altmann (Cambridge, Mass., Harvard University Press, 1964) S. 1–25.

2 Siehe Jacob Katz, *Tradition and Crisis; Jewish Society at the End of the Middle Ages* (New York, Free Press of Glencoe, 1961).

3 Vergleiche der Situation der Juden mit derjenigen der Hugenotten wurden oft angestellt. Siehe Selma Stern, *Der preußische Staat und die Juden* (Tübingen, Mohr-Siebeck, 1962), I/1, 10, 14. Stern deutet auf den untergeordneten Status der Juden im Vergleich mit den Hugenotten hin. Der antijüdische Schriftsteller Karl Wilhelm Friedrich Grattenauer *(Über die physische und moralische Verfassung der heutigen Juden)* [Berlin] 1791, S. 119) zog diesen Vergleich, um den Nachteil des Staates in der Aufnahme von Juden im Gegensatz zu französischen Einwanderern aufzuzeigen. David Friedländer, der Vorsteher der Berliner Juden, wies auf die französische Kolonie hin,

um zu zeigen, was Einwanderer unter günstigen Bedingungen erreichen konnten. Siehe David Friedländer, *Aktenstücke, die Reform der jüdischen Kolonien in den preußischen Staaten betreffend* (Berlin 1793) S. 110 f.

4 Anders war es in den Vereinigten Staaten, wo, wie Ben Halpern erwähnte, Emanzipation niemals ein Problem war. Siehe: Ben Halpern *The American Jews* (New York, Theodor Herzl Foundation, 1956) S. 13 f. Halpern vertritt die Meinung, daß amerikanischen Juden ein großer Vorteil daraus erwuchs, daß sie nicht um ihre Emanzipation kämpfen mußten.

5 Aus der umfassenden Literatur über den jüdischen Stereotyp des Mittelalters möchte ich nur folgende Werke erwähnen: Marcel Simon, *Verus Israel; étude sur la relation entre chrétiens et juifs dans l'Empire Romain 135–425* (Paris, E. de Boccard, 1964). Joshua Trachtenberg, *The Devil and the Jews: The Medieval Conception of the Jew and its Relation to Modern Antisemitism* (Cleveland, World Publishing Co. and Philadelphia, Jewish Publication Society of America, 1943).

Zweites Kapitel: GHETTO-ZEITEN

1 Dieses Kapitel stützt sich vielfach auf zwei meiner früheren Bücher: Katz, *Tradition and Crisis*, und Katz, *Exclusiveness and Tolerance; Studies in Jewish-Gentile Relations in Medieval and Modern Times* (London, Oxford University Press, 1961).

2 Ich folge Raphael Mahler, *History of the Jewish People in Modern Times* (hebräisch: Merhavyah, Sifriat Hapoalim, 1952–1956) I, 93, 103, 211.; II, 14, 183, 248, 333–336. Etwas abweichende Zahlen erscheinen in Arthur Ruppins *Soziologie der Juden* (Berlin, Jüdischer Verlag, 1930–31) I, 7, 25.

3 Albert Montefiore Hymson, *A History of the Jews in England* (London, Methuen, 1928) S. 221; Mahler, *History of the Jewish People* I, 93.

4 Genaue Angaben über das Wachstum der jüdischen Bevölkerung von Amsterdam – der Hälfte der holländischen Judenheit – findet man in Herbert Ivan Bloom, *The Economic Activities of the Jews of Amsterdam in the Seventeenth and Eighteenth Centuries* (Willamsport, Pa., The Bayard Press, 1937) S. 31 f.

5 Alajos Kovács, A zsidóság térfoglalása Magyarországon (Budapest, Szerzö kiadasa, 1922) S. 9, gibt 12 000 an, was als zu niedrig angesehen wird. Nathaniel Katzburg, *Encyclopaedia Hebraica*, XIII (Jerusalem / Tel Aviv, Encyclopaedia Publ. Comp. 1961), 864.

6 Die jüngste Zusammenfassung über die Wiederansiedlung der Juden in Frankreich stammt von Arthur Hertzberg, *The French Enlightenment and the Jews* (New York, Columbia University Press, 1968) S. 12–17, 22–28.
7 Ebda., S. 18–20.
8 Elie Scheid, *Histoire des Juifs d'Alsace* (Paris 1887) S. 167–198.
9 Eljakiem Menachem Bolle, „De Opheffing van de Autonomie der Kehilloth (Joodse Gemeenten) in Nederland 1786" (Amsterdam 1960 S. 197.
10 Joseph Melkman, *Encyclopaedia Hebraica,* XIII, 753.
11 Henry Straus Quixano Henriques, *The Jews and the English Law* (Oxford, Hart, 1908) S. 162–164, 171, 177–178.
12 Hugo Barbeck, *Geschichte der Juden in Nürnberg und Fürth;* (Nürnberg 1878) S. 55–73.
13 Stern, *Der Preußische Staat und die Juden,* I/1, S. 6–8, 19–22, 65–66, 71–73.
14 Richard Wilhelm Markgraf, *Zur Geschichte der Juden auf den Messen in Leipzig von 1664–1839* (Bischofswerden 1894) bes. S. 92.
15 Alfred Francis Pribram, *Urkunden und Akten zur Geschichte der Juden in Wien,* I (Wien, Braumüller 1918) S. XXXVIII, XLVI, CLXIV.
16 Sandor Büchler, „A Zsidok törtenete Budapesten, a legrégibb idöktöl 1867-ig ..." (Budapest IMIT, 1901) S. 332–335.
17 Bernhard Wachstein, *Urkunden und Akten zur Geschichte der Juden in Eisenstadt und den Siebengemeinden* (Wien, Braumüller 1926) S. XIII–XIX M. Pollak, *A zsidök törtenete Sopronba* (Budapest 1896) S. 197–198, 206–222. – In Böhmen war es den Juden verboten, die Bergstädte zu betreten, wo wertvolle Metalle gemünzt wurden. Dieses Verbot blieb auch nach dem Toleranzedikt von 1781 in Kraft, siehe Ludwig Singer, „Zur Geschichte der Toleranzedikte in den Sudetenländern", JGJCR, V (1933), 236, 261. In Mähren war es den Juden verboten, in den königlichen Städten, wie z. B. in Brünn, zu wohnen. Ebd. S. 276.
18 Joseph Bergl, *Geschichte der ungarischen Juden,* (Leipzig 1879) S. 69–71.
19 Hertzberg, *The French Enlightenment and the Jews,* S. 17–20.
20 Siehe 13 oben.
21 Robert Anchel, „La tolerance au Moyen-Age," *Les Juifs en France* (Paris J. B. Janin, 1946) S. 93–124.
22 Hyamson, *A History of the Jews in England,* S. 130–134, Cecil Roth, *A Life of Menasseh Ben Israel; Rabbi, Printer and Diplomat* (Philadelphia, Jewish Publication Society of America (1934) S. 206–208.
23 Luthers antijüdische Tiraden hatten eine große Wirkung auf seine

Zeitgenossen wie auch auf spätere Generationen. Viele der Bemühungen des Verteidigers jüdischer Interessen, Josel von Rosheim, waren gegen Luthers Angriffe gerichtet. Siehe Selma Stern, *Josel von Rosheim, Befehlshaber der Judenschaft im Heiligen Römischen Reich Deutscher Nation* (Stuttgart, Deutsche Verlagsanstalt, 1959). Katholischer Eifer spielte eine Rolle in der Vertreibung aus Wien im Jahre 1670.

24 Die Hofjuden sind von Selma Stern beschrieben, *The Court Jew; Contribution to the History of the Period of Absolutism in Central Europe* (Philadelphia, Jewish Publication Society of America, 1950). Sorgfältige Recherchen zu diesem Thema findet man in: Heinrich Schnee, *Die Hoffinanz und der moderne Staat; Geschichte und System der Hoffaktoren an deutschen Fürstenhöfen im Zeitalter des Absolutismus nach archivalischen Quellen*, I–VI (Berlin, Dunker und Humblot, 1952–1967.

25 Johann Ulrich von Cramer, *Wetzlarische Nebenstunden* (Ulm 1756) III, 95.

26 Bemühungen, die Vertreibung aus Prag zu verhindern, sind wie folgt beschrieben: Barouh Mevorah, „Jüdische, diplomatische Bemühungen, die Vertreibung der Juden aus Böhmen und Mähren 1744–1745 zu verhindern (hebräisch), *Zion*, XXVIII (1963) 125–164. Es fehlt an jede Berufung auf legitime Wohnrechte von Juden.

27 Moses Mendelssohn, *Gesammelte Schriften*, V (Leipzig 1844). Siehe M[eyer] Kayserling, *Moses Mendelssohn. Sein Leben und seine Werke* (Leipzig 1862) S. 272–274; Kaim Isidor Sidori, *Geschichte der Juden in Sachsen* (Leipzig 1840), S. 91–96.

28 Rudolf Glanz, „Die unterste Schicht von deutschem Judentum im 18. Jahrhundert", *Yivo Bletter*, XI (1937), 356–368. IDEM, *Geschichte des niederen jüdischen Volkes in Deutschland* (New York 1968) 82–171.

29 Katz, *Tradition and Crisis*, Kap. 6 und 7.

30 Ebenda, Kap. 9 und 10.

31 Jizchak Fritz Baer, *Das Protokollbuch der Landjudenschaft des Herzogtums Kleve*, I (Berlin, Schwetschke, 1922) Berthold Altmann, „The Autonomous Federation of Jewish Communities in Paderborn", JSS, III (1941) 159–188. Daniel J. Cohen, „The Organisation of the Landjudenschaften, Jewish Corporations in Germany during the XVII and XVIII Centuries" (Dissertation, hebräisch, Jerusalem 1967) Eine allgemeine Zusammenfassung gibt Salo Wittmayer Baron, *The Jewish Community. Its History and Structure* (Philadelphia Jewish Publication Society of America, 1942) I, 79–80.

32 Tobias Jakobovits, „Das Prager und böhmische Landesrabbinat

Ende des siebzehnten und Anfang des achtzehnten Jahrhunderts", JGJCR, V (1933) 79–80; Baron, *The Jewish Community,* I, 339–340.

33 Die Statuten der Organisation erschienen zuerst in der deutschen Übertragung von Gerson Wolf, *Die alten Statuten der Jüdischen Gemeinden in Mähren* (Wien, 1880). In 1952 wurde der hebräische Originaltext von Israel Halpern veröffentlicht, *Constitutiones Congressus Generalis Judeorum Moraviensium* (Jerusalem, Mekize Nirdamim, 1952).

34 Katz, *Tradition and Crisis;* Kap. 5, 16 und 17.

35 Ebenda, Kap. 9 und 10.

36 Ebenda, Kap. 16 und 18.; Tobias Jakobovits, *Die jüdischen Zünfte in Prag,* JGJCR, VII (1936), 57–141.

37 Katz, *Tradition and Crisis,* Kap. 19.

38 Ebenda, Kap. 12.

39 Ebenda.

40 Ebenda, Kap. 3 und 18; Katz, *Exclusiveness and Tolerance* S. 138–146.

41 Gerschom Scholem, *Major Trends in Jewish Mysticism* (New York, Schocken Books, 1954) S. 287–324.

42 Heinrich Graetz, *Geschichte der Juden von den ältesten Zeiten bis auf die Gegenwart* (Leipzig 1878–1897), X (1887), 347–377; Mortimer Joseph Cohen, *Jacob Emden; A Man of Controversy* (Philadelphia, Dropsie College, 1937) 118–242.

43 Simon Ginzburg, *The Life and Work of Moses Hayyim Luzzatto, Founder of Modern Hebrew Literature* (Philadelphia, Dropsie College, 1931) 64–65.

44 Simon Ginzburg, *R'Moshe Hayyim Luzzatto Uvne Doro* (Tel-Aviv, Dvir, 1937) 360. Diese Formulierung stammt von Moses Hagiz, dem Hauptverfolger sabbatianischer Ketzerei.

45 Katz, *Exclusiveness and Tolerance,* 148–150.

46 Johann F. A. de Le Roi, *Die evangelische Christenheit und die Juden unter dem Gesichtspunkt der Mission geschichtlich betrachtet* (Karlsruhe 1884–1891), I, 246–269.

47 Azriel Shohet, *Beginnings of the Haskalah among German Jewry in the First Half of the Eighteenth Century* (hebräisch, Jerusalem, Bialik Institute, 1960) 174–197.

48 Katz, *Exclusiveness and Tolerance,* 156–162.

49 Ebenda, 162–168.

Drittes Kapitel: DIE VORZEICHEN DES WANDELS

1 Die Geschichte der Hofjuden ist in der Hauptsache von zwei Historikern behandelt worden: Stern, *The Court Jew;* und Schnee, *Die Hof-*

finanz und der moderne Staat. Eine ausgezeichnete Zusammenfassung der Forschungsarbeiten dieser zwei Autoren gibt Francis Ludwig Carsten in *The Court Jews; A Prelude to Emancipation,* LBIYB, III (1958), 140–156.

2 Schnee, *Die Hoffinanz und der moderne Staat,* III, 205–207, 209–211, 214, 222–227.

3 Über das moslemische Spanien und andere moslemische Länder siehe Salo Wittmayer Baron, *A Social and Religious History of the Jews* (New York, Columbia University Press, 1957), III, 150–161. Über das christliche Spanien siehe Abraham Aaron Neuman, *The Jews in Spain. Their Social, Political and Cultural Life during the Middle Ages* (Philadelphia, Jewish Publication Society of America, 1942) II, 221–274; nach dem Index unter Court Officials, Fiscal Administrators, Tax Farming.

4 Schnee, *Die Hoffinanz und der moderne Staat,* III, 215.

5 Schnee ist von Carsten („The Court Jews", LBYIB, III, (1958, 155–156) wegen seiner antisemitischen Vorurteile kritisiert worden, die in seinem Ton und in seinen unangebrachten, abwertenden Bemerkungen zum Ausdruck kommen. Doch verdient Schnee noch mehr Kritik für fehlende Perspektive und Wahrnehmungsvermögen. Seine historischen Schlußfolgerungen, die am Ende von Buch III gesondert zusammengefaßt sind, sind unkritische Schlüsse aus Einzelheiten und keineswegs das Produkt einer Analyse des vielen von ihm gesammelten Materials. Die Tatsache, daß er die Emanzipation auf die Tätigkeit der Hofjuden zurückführt, ist ein Beispiel.

6 Über Österreich siehe Pribram, *Urkunden und Akten,* LXYI-LX-VI. Über Frankreich siehe Hertzberg, *The French Enlightenment and the Jews;* 338–368.

7 Siehe Herbert Ivan Bloom, „Felix Libertate and the Emancipation of Dutch Jewry", in: *Essays on Jewish Life and Thought Presented in Honor of Salo Wittmayer Baron,* ed. Joseph Leon Blau (New York, Columbia University Press, 1959) 105–122.

8 Ismar Freund, *Die Emanzipation der Juden in Preußen unter besonderer Berücksichtigung des Gesetzes vom 11. März 1812; Ein Beitrag zur Rechtsgeschichte der Juden in Preußen* (Berlin, Poppelauer, 1912), besonders I, 208–226. Freund betont die aktive Rolle der jüdischen Führer (S. 208), gibt jedoch zu, daß sie, was das Ergebnis betraf, unbedeutend war. Friedländers Rolle ist vor kurzem von Michael A. Meyer analysiert worden, in *The Origins of the Modern Jew. Jewish Identity and European Culture in Germany,* 1749–1824 (Detroit, Wayne State University Press, 1967) 64–70, 78–81.

9 Salo Wittmayer Baron, *Die Judenfrage auf dem Wiener Kongreß,* (Wien-Berlin, K. Löwit, 1920) 131–145.

10 Egon Caesar Conte Corti, *The Rise of the House of Rothschild*

(London, Gollancz, 1928) 183, 209–212, 223–240, 244–245, 288–294, 323–324, idem, *The Reign of the House of Rothschild* (London, Golancz, 1928) 174–175, 295–298, 328–336; Cecil Roth, *The Magnificent Rothschilds* (London, Halle, 1939) 42–54.

11 Mevorah, „Jewish Diplomatic Activities", *Zion*, XXVIII (1963) 125–164.

12 Siehe Anm. 2.

13 Felix Priebatsch, „Die Judenpolitik des fürstlichen Absolutismus im 17. und 18. Jahrhundert", *Festschrift zum 70. Geburtstag von Dietrich Schäfer* (Jena 1915) 564–651. Shohet, *Beginnings of the Haskalah among German Jewry;* 58, 284.

14 Stern, *Der Preußische Staat und die Juden,* II/1, 123–149.

15 A. Weber, *Die Entwicklung der Judenemanzipation in Württemberg bis zum Judengesetz von 1828* (Stuttgart 1940).

16 Cohen, „The Organisation of Landjudenschaften Jewish Corporations in Germany", 86–106.

17 Stern, *Der Preußische Staat und die Juden,* II/1, 148 f.

18 Die Möglichkeit der Ausweisung von Juden wurde in Wien und Prag öffentlich debattiert, als Gerüchte über ein baldiges Toleranzpatent die Öffentlichkeit erreichten. Siehe *Über die Juden und deren Duldung* (Prag 1781) 42–47; *Die Juden so wie sie sind, und wie sie seyn sollten* (Wien 1781) S. 29. Während der Debatte über die Judenfrage in der Nationalversammlung in Paris erwähnte kein anderer als Clermont-Tonnerre, ihr glühendster Fürsprecher, die Möglichkeit einer Verbannung der Juden aus Frankreich als einzige Alternative zu ihrer vollen Einbürgerung (Achille Edmond Halphen, *Recueil des lois, décrets, ordonnances ... concernant les Israélites depuis la Révolution de 1789* (Paris 1851) S. 185. Gleichermaßen sagten zwei der wichtigsten Teilnehmer in den Beratungen, die dem Edikt von 1812 in Preußen vorangingen, nämlich Franz Ferdinant von Schrötter und Wilhelm von Humboldt dem König, daß wenn eine vollkommene Eingliederung der Juden in das Staatsgefüge nicht erreicht werden könne, wäre die einzig logische Antwort auf das Problem ihre Verweisung aus dem Lande (Freund, *Die Emanzipation der Juden in Preußen,* II, 227, 273). Die Idee, besondere jüdische Kolonien zu errichten, wurde von Dohm und anderen erörtert (Christian Wilhelm von Dohm, *Über die bürgerliche Verbesserung der Juden,* I–II, [Berlin 1883] I, 124–125; II, 118–123). Die Idee einer Art halber Staatsbürgerschaft für deutsche Juden wurde von den Gegnern der vollen Einbürgerung in der Restorationsära aufrechterhalten und von Heinrich Eberhard Gottlob Paulus energisch vertreten. – *Die Jüdische Nationalabsonderung nach Ursprung, Folgen und Besserungsmitteln, oder über Pflichten, Rechte und Verordnungen zur Verbesserung der jüdischen Schutzbürgerschaft in*

Teutschland. Allen Teutschen Staatsregierungen und Landständischen Versammlungen zur Erwägung gewidmet (Heidelberg 1831).

19 Hertzberg, *The French Enlightenment and the Jews,* 74–76, 142–153.

20 Shohet, *Beginning of the Haskalah among German Jewry.*

21 Shohets Buch wurde von Barouh Mevorah kritisch rezensiert in *Kirjath Sefer,* XXXVII (1961–62), 150–155. Siehe ebenfalls Jacob Toury, „Neue Veröffentlichungen zur Geschichte der Juden im deutschen Lebenskreise", BLBI, IV (1961), 55–73.

22 Über die umfassende Wohlfahrtstätigkeit der Hofjuden, siehe Stern, *The Court Jew,* 219–226, und Schnee, *Die Hoffinanz und der moderne Staat;* III, 191–192, 222–224.

23 Siehe Jacob Katz, „Marriage and Sexual Life among the Jews at the Close of the Middle Ages" (hebräisch) in: *Zion,* X (1945), 46–47, Katz, *Tradition and Crisis,* Ende v. Kap. XIV, 147–148.

24 Shobet, *Beginnings of the Haskalah among German Jewry,* 198–235, 259–260.

25 Trevor-Roper kam zu einer ähnlichen Schlußfolgerung in seinen Recherchen über das Weiterbestehen der Hexerei trotz weitverbreiteter Skepsis in dieser Frage. Neue Begriffe, welche den Erscheinungen dieser Tradition widersprachen, beeinflußten nicht die allgemeine Stellungnahme dazu. Erst der Wechsel in der ganzen Denkweise veränderte die allgemeine Anschauung. Hugh Redwald Trevor-Roper, „The European Witchcraft of the Sixteenth and Seventeenth Centuries" in *Religion, The Reformation and Social Change* (London-Melbourne-Toronto, Macmillan 1967), 175–182.

26 Einige Unterlagen dazu wurden von Barouh Mevorah gesammelt, „The Problem of the Messiah in the Emancipation and Reform Controversies, 1781–1819", Diss. Jerusalem 1966, 18–25. Noch im Jahre 1710 erschien in Amsterdam ein Traktat (Isak Cantarini, ET KEZ), welches das Datum des messianischen Jahres voraussagte. Siehe Zalman Shasar, *Ha-Tiqva Li-Shnat Hataq, The Messianic Hope for the Year* 1740 (Jerusalem, Magnes Press, 1970).

27 Jizchak Fritz Baer war der erste, der die Quellen, die auf diese Abweichung hindeuteten, beachtete. Siehe Jizchak Fritz Baer, *Galuth* (Berlin, Schocken, 1936) 96–98; Mevorah, „The Problem of the Messiah", 19–21.

28 Siehe Shmuel Ettinger, „The Beginning of the Change in the Attitude of European Society towards the Jews", *Scripta Hierosolymitana,* VII (1961) 193–219; Katz, „The Term Jewish Emancipation".

29 Das Zitat ist von der Ausgabe von J. W. Gough, *The Second Treatise of Civil Government and a Letter Concerning Toleration* (Oxford, Blackwell, 1945) S. 160.

30 Im folgenden zitiere ich aus meinem Artikel, erwähnt in Anmerkung 28.
31 Tolands Ansichten erscheinen in seinem anonymen Traktat *Reasons for Naturalizing the Jews in Great Britain and Ireland* (London, 1714).
32 Thomas Whipple Perry, *Public Opinion, Propaganda and Politics in Eighteenth-Century England. A Study of the Jew Bill of 1753.* (Cambridge, Mass., Harvard University Press, 1962).
33 In diesem Punkt stimme ich nicht mit Perrys Darlegung überein (siehe 32 oben). Siehe Katz, „The Term Jewish Emancipation", S. 9, n. 39.
34 Voltaire, *Essai sur les Moeurs et L'Esprit des Nations.* Die beste Ausgabe ist von René Pomeau (Paris, Garnier Freres, 1963). Siehe Band II, 63. Emmerich, *Das Judentum bei Voltaire,* S. 47.
35 Die Originalbroschüre, 1753 in Berlin veröffentlicht, ist nicht mehr vorhanden, doch wurde sie 1759 in Hamburg nochmals anonym veröffentlicht. *Schreiben eines Juden an einen Philosophen nebst der Antwort. Mit Anmerkungen* (Hamburg 1759). Sogar dies ist eine Rarität. Eichstädt Nr. 71 A fand es nur in der Universitätsbibliothek in Hamburg, doch wurde diese im Zweiten Weltkrieg zerstört. Die Bibliothek des Hebrew Union College in Cincinnati besitzt eine Kopie, und eine Fotokopie kam mir in die Hände. Die Originalbroschüre von Levi Israel war in Form eines Briefwechsels zwischen ihm und einem nichtjüdischen Philosophen aufgesetzt, doch besteht kein Zweifel, daß dies nur ein literarischer Kunstgriff war. Tatsächlich war die gesamte Broschüre von ihm geschrieben, worauf auch der Hamburger Verleger in seiner Einleitung hinweist.

Viertes Kapitel: DIE HALBNEUTRALE GESELLSCHAFT

1 Siehe Kap. 10.
2 Stern, *The Court Jew,* 234–235, und Schnee, *Die Hoffinanz und der moderne Staat,* III, 224–231, erwähnten viele Anlässe, bei denen die höchsten Würdenträger Juden durch ihre Anwesenheit bei jüdischen Festen und dgl. ehrten.
3 Siehe Shohet, *Beginning of the Haskalah among German Jewry;* 38–39.
4 Graetz, *Geschichte der Juden,* 3. Aufl. X, 266–274, siehe Anm. 6.
5 Louis Lewin, „Die jüdischen Studenten an der Universität Frankfurt an der Oder", *JJLG,* XIV (1921) 217–238; Guido Kisch, „Der erste in Deutschland promovierte Jude", *MGWJ,* XL (1934) 350–363.
6 Gerson Wolf, „Der Prozeß Eisenmenger", *MGWJ,* XVIII (1869)

379–380. Meier Wiener, „Des Hof- und Kammeragenten Leffmann Berens Intervention bei dem Erscheinen judenfeindlicher Schriften", *Magazin für die Wissenschaft des Judenthums,* VI, (1879), 52.

7 Jacob Katz, *Jews and Freemasons in Europe 1723–1939* (Cambridge, Mass., Harvard University Press, 1970). Ich habe einige der hauptsächlichsten Punkte meines Buches zusammengefaßt. Jacob Katz, *Freemasons and Jews, JJS,* IX (1967) 137–148. Hier beziehe ich mich teilweise auf diese Zusammenfassung.

8 James Anderson, *The Constitutions of the Freemasons* (London 1723), 50.

9 Lawrence Dermott, *Ahiman Rezon* (London 1756).

10 Die Standard-Biographie von Mendelssohn auf deutsch ist immer noch die von M[eyer] Kayserling, *Moses Mendelssohn. Sein Leben und seine Werke,* (Leipzig, 1862) 8–14. Auf englisch liegt jetzt die großangelegte Biographie von Alexander Altmann, *Moses Mendelssohn, A Biographical Study* (Alabama, The University of Alabama Press, 1973) vor. Eine vollständige Bibliographie wurde von Hermann Meyer veröffentlicht, *Moses Mendelssohn Bibliographie. Mit einigen Ergänzungen zur Geistesgeschichte des ausgehenden 18. Jahrhunderts* (Berlin, W. de Gruyter, 1965).

11 Dies ist die vielbesprochene *Koheleth Mussar.* Siehe die Artikel von Jacob Toury, „On the Authorship of Koheleth Mussar (hebräisch), *Kijath Sefer,* XLIII (1968), 279–284. Idem. „Die Anfaenge des juedischen Zeitungswesens in Deutschland", *BLBI,* X (1967) 93–110. Hermann M. Z. Meyer, „Kohelet Mussar, Berichtigungen, Ergaenzungen, Meinungen", *BLBI,* XI (1968) 48–60.

12 Moses Mendelssohn, *Gesammelte Schriften. Jubiläumsausgabe* (Berlin, Akademie Verlag, 1929–1932) XVI, 119. Siehe Bemerkungen des Herausgebers (Leo Strauss) III, S. XVIII, XL. Mendelssohn zog es schließlich vor, seine These auf rationale Argumente zu stützen und die Offenbarung zu übergehen. Doch ändert das nichts an der Tatsache, daß er deshalb gezwungen war, für ein ganz anderes Publikum zu schreiben.

13 Kayserling, *Moses Mendelssohn,* S. 70.

14 David Kaufman und Max Freudenthal, *Die Familie Gomperz* (Frankfurt a. M., J. Kauffmann, 1917) 167–189.

15 Julius Fürst (Hg.), *Henriette Herz. Ihr Leben und ihre Erinnerungen* (Berlin 1858) 93–101.

16 Salomon Maimon, *Salomon Maimons Lebensgeschichte. Von ihm selbst geschrieben und hrsg. von K. P. Moritz in zwei Theilen* (Berlin 1792–93); wiederaufgelegt von Jacob Fromer, München 1911).

17 Siehe Katz, *Jews and Freemasons,* 24–25.

18 Mendelssohn, *Gesammelte Schriften, Jubiläumsausgabe,* XI, 338, 494.
19 Kayserling, *Moses Mendelssohn,* 229–233.
20 Ebenda, 184–190. Simon Rawidowitz, „Zum Lavater-Mendelssohn-Streit“, Mendelssohn, *Gesammelte Schriften, Jubiläumsausgabe,* VII, S. XI–LV.
21 Kayserling, *Moses Mendelssohn,* 190–198. Rawidowitz, „Zum Lavater-Mendelssohn-Streit.“
22 Siehe Katz, *Exclusiveness and Tolerance,* 170–177.
23 Siehe Mendelssohn, *Gesammelte Schriften, Jubiläumsausgabe,* XVI, 148–149. Kayserling, *Moses Mendelssohn,* 192, 493.
24 Kayserling, *Moses Mendelssohn,* 201–216; Rawidowitz, „Zum Lavater-Mendelssohn-Streit“. Mendelssohn, *Gesammelte Schriften, Jubiläumsausgabe,* VII, S. LXXIII–LXXVII; Friedrich Wilhelm von Schütz, *Leben und Meinungen Moses Mendelssohn, nebst dem Geiste seiner Schriften in einem kurzen Abrisse dargestellt* (Hamburg 1787) 175.
25 *Das Forschen nach Licht und Recht in einem Schreiben an Herrn Moses Mendelssohn auf Veranlassung seiner merkwürdigen Vorrede zu Manasseh Ben Israel* (Berlin, 1782.) Siehe Jacob Katz „Wem antwortete Mendelssohn in ‚Jerusalem‘?“ (hebräisch), *Zion,* XXIX (1964) 112–132 und *Zion,* XXXVII.
26 Meier Kayserling, *Der Dichter Ephraim Kuh: Ein Beitrag zur Geschichte der deutschen Literatur* (Berlin 1864) bes. 15–19.
27 In meiner Dissertation (Jacob Katz, *Die Entstehung der Judenassimilation in Deutschland und deren Ideologie* – Frankfurt a. M., D. Droller, 1935; Neudruck in Jacob Katz, *Zur Assimilation und Emanzipation der Juden,* Darmstadt, Wissenschaftliche Buchgesellschaft 1982) gebrauchte ich den Ausdruck „die neutralisierte Gesellschaftsform“. Jetzt erscheint mir „halbneutral“ ein passenderer Ausdruck zu sein.
28 Einzelheiten in Katz, *Jews and Freemasons,* Kap. iii, bes., 26–37.
29 Ebenda, 37–53.
30 Über diese Salons ist viel geschrieben worden. Siehe Meyer, *The Origins of the Modern Jew;* 102–114; Baron, *Die Judenfrage auf dem Wiener Kongreß,* 117–145; Hilde Spiel, *Fanny von Arnstein oder die Emanzipation: Ein Frauenleben an der Zeitenwende 1758–1818* (Frankfurt a. M., Fischer, 1962).
31 Julius Fürst, *Henriette Herz, ihr Leben und ihre Erinnerungen* (Berlin 1858) 126.

Fünftes Kapitel: ZUKUNFTSVORSTELLUNGEN

1 Christian Wilhelm von Dohm, *Über die bürgerliche Verbesserung der Juden,* I–II (Berlin 1781–1783). Der erste Band von Dohms Schriften wurde erweitert und zusammen mit dem zweiten wiederveröffentlicht. Über Dohm siehe W. Gronau, *Christian Wilhelm von Dohm nach seinem Wollen und Handeln: Ein biographischer Versuch* (Lemgo 1824), und Ilsegret Dambacher, „Christian Wilhelm von Dohm: Ein Beitrag zur Geschichte des preußischen aufgeklärten Beamtentums und seinen Reformbestrebungen am Ausgang des 18. Jahrhunderts" (Diss. München 1957).

2 Mendelssohn Beitrag zum Programm für die Zukunft der Juden ist in seinem Vorwort zu Menasseh ben Israels *Vindiciae Judaeorum* enthalten, welches auf seine Veranlassung oder möglicherweise auch von ihm selbst übersetzt (siehe Alexander Altmann, „A New Evaluation of Moses Mendelssohn's *Jerusalem* in the Light of Bibliographical Data" (hebräisch), *Zion,* XXXIII (1968) 49, n. 15). Das Vorwort ist enthalten in Moses Mendelssohn, *Gesammelte Schriften,* III, 179–202. Ebenso sein wichtigstes Werk *Jerusalem* veröffentlicht in 1783 in seinen *Gesammelte Schriften;* III, 257–362.

3 Wessely schrieb eine hebräische Broschüre, *Divre Shalom ve-Emeth* (Berlin 1782). Deutsch: *Worte der Wahrheit und des Friedens an die gesammte jüdische Nation* (Berlin 1782).

4 Siehe Katz, „The Term ‚Jewish Emancipation'" 10–11 und oben Kap. iii. Anm. 35.

5 Siehe *An die jüdische Nation, Brief* 1, 2 (Frankfurt und Leipzig, 1776–77), Wilhelm Ludwig Weckherlin, „Über das Project, die Juden in Deutschland zu naturalisieren", *Chronologen* (1779), I, 76–87. Ein Jahr später die anonyme Broschüre *Versuch über die Frage: Ob die Juden zu einer reichsschlußmäßigen Toleranz unter gewissen Bedingungen gelangen könnten* (Regensburg 1780) befaßt sich lediglich mit der Frage der Aufnahme. Siehe Katz, „The Term ‚Jewish Emancipation'", 10–12.

6 Dohm, *Über die bürgerliche Verbesserung der Juden;* I, 126–128; II, 168–171.

7 Siehe Katz, „The Term ‚Jewish Emancipation'" 12–13. Dambacher, „Christian Wilhelm von Dohm", 72–84.

8 Während des Streits mit Lavater in 1769 sagte Mendelssohn unmißverständlich, die Juden „sind zufrieden, wenn sie geduldet und beschützt werden", *Gesammelte Schriften,* III, 47, Anzeichen von Resignation gab es auch noch im Jahre 1777 (siehe Kap. iii oben). Es war nur die Veröffentlichung des Toleranzpatents gleichzeitig mit Dohms Buch sowie auch die Aufführung von Lessings Theaterstück *Nathan der Weise* auf der deutschen Bühne, welche ihn überzeugten,

daß die Zeiten sich änderten – *Gesammelte Schriften*, III, 179–180. Siehe Katz, *Die Entstehung der Judenassimilation in Deutschland*, 72–73.

9 Ausführlich erklärt in seinem *Jerusalem*, Teil I, *Gesammelte Schriften*, III, 297–298. Ernst Cassirer, „Die Philosophie Moses Mendelssohns", *Moses Mendelssohn, zur 200jährigen Wiederkehr seines Geburtstages* (Berlin, Schneider, 1929) 62–66. Altmann, „A new Evaluation", *Zion*, XXXIII, 56–57 betont, daß Mendelssohn die Idee einer Zusammenarbeit zwischen Staat und Religion beibehielt, um das Wohl der Menschheit zu gewährleisten. Doch sollte diese Zusammenarbeit trotz der Trennung staatlicher und kirchlicher Institutionen erreicht werden.

10 Mendelssohn, *Gesammelte Schriften*, III, 194–202, 264–269, 285–289, 296–298.

11 Dohm, *Über die bürgerliche Verbesserung der Juden*, I, 117–122; II, 270–290.

12 Mendelssohn, *Gesammelte Schriften*, III, 183, 187–193; siehe auch sein Brief an Herz Homberg über die beschränkte Berufswahl, die seinem Sohn offenstand. *Gesammelte Schriften*, V, 673–674, auch 679–680.

13 Die Fragen waren von Dohm vorausgesehen und wurden von seinen Kritikern gestellt. Der Gelehrte Michaelis und der Prediger Schwager waren unter seinen Kritikern. Dohm nahm ihre Kommentare in seinen zweiten Band auf: Dohm, *Über die bürgerliche Verbesserung der Juden*, I, 143–155; II, 46–51, 100–103. Andere, die solche Argumente vorbrachten, um der möglichen Integration der Juden rechtzeitig vorzubeugen, werden im nächsten Kapitel behandelt.

14 Dohm, *Über die bürgerliche Verbesserung der Juden*. I, 134–137.

15 Moses Mendelssohn, *Ritualgesetze der Juden, betreffend Erbschaften, Vormundschaften, Testamente und Ehesachen* ... (Berlin 1778). Das Buch wurde von dem Berliner Rabbiner Hirschel Lewin genehmigt.

16 Mendelssohn, *Gesammelte Schriften*, III, 193–202.

17 Kayserling, *Moses Mendelssohn*, 289–297; Perez Sandler, *Mendelssohns Edition of the Pentateuch* (hebräisch, Jerusalem, Rubin Mass, 1940) 194–208. Moshe Samet bewies, daß ein eigentlicher Bann gegen das Pentateuch oder seinen Autor niemals ausgesprochen wurde (M. S. Samet, „Mendelssohn, Weisel and the Rabbis of their Time", in A. Gilboa, ed. *Studies in the History of Jewish People and the Land of Israel* (hebräisch, Haifa, Universität von Haifa, 1970) 233–297. Gerüchte davon erreichten Mendelssohn bevor er seine Erklärung veröffentlichte, über die Frage, ob die Rabbiner das Recht hätten, den Bann auszusprechen.

18 Diese Überlegung wurde zuerst von Michaelis angestellt. Siehe auch Dohm, *Über die bürgerliche Verbesserung der Juden,* II, 42–43.

19 Mendelssohns Antwort – ebenda, II, 74–75.

20 „Und auch jetzt kann dem Hause Jacobs kein weiserer Rath erteilt werden, als eben dieser. Schicket Euch in die Sitten und in die Verfassung des Landes, in welches Ihr versetzt seid; aber haltet Euch standhaft bei der Religion Eurer Väter. Tragt beider Lasten, so gut Ihr könnet! Man erschweret Euch zwar von der einen Seite die Bürde des bürgerlichen Lebens um der Religion willen, der ihr treu bleibet, und von der andern Seite macht das Clima und die Zeiten die Beobachtung Eurer Religionsgesetze, in mancher Betrachtung, lästiger, als sie sind. Haltet nichts desto weniger aus, stehet unerschüttert auf dem Standorte, den Euch die Vorsehung angewiesen und lasset Alles über Euch ergehen, wie Euch Euer Gesetzgeber lange vorher verkündigt hat."

21 Dohm, *Über die bürgerliche Verbesserung der Juden,* I, 145–155, II, 171–187, 214–215, 222–224, 236–246, 259–262, 290–294, 358–360.

22 Siehe Zitate in voriger Anm., besonders II, 178–179.

23 Mendelssohns Theorie über das Judentum ist wiederholt analysiert worden. Siehe Max Wiener, *Jüdische Religion im Zeitalter der Emanzipation* (Berlin, Philo Verlag, 1933) 36–37; Julius Guttmann, *Die Philosophie des Judentums* (München, E. Reinhardt, 1933) 303–317.

24 Dohm, *Über die bürgerliche Verbesserung der Juden;* II, 171–179.

25 Band XVI der *Jubiläumsausgabe* enthält außer den hebräischen die jüdisch-deutschen Briefe.

26 Siehe die von Shohet angeführten Quellen, *Beginnings of the Haskalah among German Jewry,* S. 58, n 84. Das Toleranzpatent annullierte die Gültigkeit aller Schriftstücke, die in hebräischer Sprache oder mit hebräischen Buchstaben geschrieben waren. Pribram, *Urkunden und Akten,* I, 498. In anderen Ländern wurden ähnliche Maßnahmen eingeführt.

27 Über die wechselnde Bewertung von Jüdisch-Deutsch siehe Leopold Zunz, *Die gottesdienstlichen Vorträge der Juden, historisch entwikkelt; ein Beitrag zur Alterthumskunde und biblischen Kritik, zur Literatur- und Religionsgeschichte* (Frankfurt a. M. 1892) 466–468.

28 Isaak Eisenstein-Barzilay, „The Ideology of the Berlin Haskalah". PAAJR, XXV (1956) 25–26. Das wechselnde Erziehungsmuster dieser Zeit ist ausführlich beschrieben von Mordehai Eliav, *Jewish Education in Germany in the Period of Enlightenment and Emancipation* (hebräisch) (Jerusalem, The Jewish Agency, 1960).

29 Ebenda, 8 f., 22, 71.

30 Über Wessely siehe Joseph Klausner, *Historiya shel ha-Sifruth ha-Hadasha* (Die Geschichte der modernen hebräischen Literatur) (Jerusalem, Achiasaf Publ. House Ltd., 1952) 103–120.

31 Ebenda, 112 f.

32 Siehe Anm. 3.

33 Eliav, *Jewish Education in Germany,* S. 39–49.

34 Katz, *Die Entstehung der Judenassimilation in Deutschland;* S. 55–57.

35 Katz, „The Term Jewish Emancipation", 13–14.

36 In seinen früheren Jahren protestierte Mendelssohn gegen die Verallgemeinerung von Michaelis, der die mögliche Existenz eines rechtschaffenen Juden verneinte, wie ihn Lessing in *Die Juden* porträtiert hatte *(Gesammelte Schriften,* III, 476–480). Während der Dohm-Kontroverse sprach er von einem unter Händlern häufigen „Mißbrauch" (ebenda 190–193). Er befürwortete den freien Wettbewerb als einziges Heilmittel. Bei anderen Gelegenheiten sprach er von der „Unsittlichkeit des gemeinen Mannes" und schrieb diese wenigstens zum Teil dem Gebrauch der „jüdisch-deutschen Mundart" zu (ebenda, V, 605). Er betrachtete das wahrscheinlich als einen Hinweis auf die soziale Kluft, welche die moralische Gleichgültigkeit des Juden gegenüber dem Nichtjuden herbeiführte. Siehe ebenfalls die Quellen, angeführt in meinem Artikel, der in obiger Anm. zitiert ist. Siehe Eliav, *Jewish Education in Germany,* 32–33.

37 Über das ganze Problem siehe Katz, *Exclusiveness and Tolerance,* 143–155.

38 (Toland) *Reasons for Naturalizing the Jews in Great Britain and Ireland,* 17–21.

39 Der Roman heißt *Das Leben der schwedischen Gräfin.* Er erschien 1746 und wurde in Christian Fürchtegott Gellerts *Sammlung der sämtlichen Schriften,* I, 1765, nachgedruckt.

40 Siehe Gotthold Ephraim Lessing, *Sämtliche Schriften* (Stuttgart, G. J. Göschen, 1846–1924), VII, (1890) 159–166; siehe Katz, „The Term Jewish Emancipation", 10.

41 Pintos Antwort an Voltaire ist zitiert in: Antoine Guenée, *Lettres de quelques Juifs Portugais, Allemands et Polonais à M. de Voltaire. Avec un petit commentaire extrait d'un plus grand* (Paris 1765) 10–44. Der entsprechende Absatz ist auf S. 25–26.

42 Hertzberg, *The French Enlightenment and the Jews,* 158–159.

43 Es existiert eine ganze Literatur über die Berliner Haskalah. Siehe Klausner, *Historiya,* 151–190; Eisenstein-Barzilay, „The Ideology of the Berlin Haskalah", PAAJR, XXV, 1–37.

44 Siehe die Nachschrift zu Dohms, *Über die bürgerliche Verbesserung der Juden,* I, 161–164.

45 Die Elsässer Juden formulierten ihre Wünsche in einem *Mémoire sur l'etat des Juifs en Alsace,* das von Dohm auf S. 165–210 abgedruckt ist. Diese sind nicht sehr weitreichend, beruhen jedoch auf dem Konzept der natürlichen Rechte und der Menschlichkeit. Siehe bes. S. 176–178. Über den Ablauf der Ereignisse siehe Gronau, *Christian Wilhelm von Dohm,* 84–85; Graetz, *Geschichte der Juden,* XI, 58–61; Zosa Szajkowski, *The Economic Status of the Jews in Alsace, Metz and Lorraine* 1648–1789 (New York, Editions historiques franco-juives, 1954, 123–140.

46 Siehe Katz, „The Term Jewish Emancipation", 12–16.

47 Die ganze Sache ist ausgiebig behandelt in: Abraham Cahen, „L'Emancipation des Juifs devant la Société Royale des Sciences et Arts de Metz en 1787 et M. Roederer", REJ, I (1880) 83–104.

48 Abbé Henri-Baptiste Grégoire, *Essai sur la Régenération Physique, morale et Politique des Juifs* (Metz, Devilly, 1789) S. 108.

49 Thiéry, *Dissertation sur cette question: Est-il des moyens de rendre les Juifs plus heureux et plus utiles en France?* (Paris 1788) 46–50, 152–153.

50 Grégoire, *Essai sur la régénération des Juifs,* 130–133. Paul Grunebaum-Ballin, „Grégoire convertisseur? ou la croyance au ‚Retour d'Israel' ", REJ, CXXI (1962) 383–407.

51 Hertzberg, *The French Enlightenment and the Jews;* 264–265.

52 Zalkind Hourwitz, *Apologie des Juifs* (Paris 1789) 64–68, 72.

53 Ebenda, 56–57; Grégoire, *Essai sur la régénération des Juifs,* 44, 99, 107, 109, 111. Die Kritik von Michaelis über Dohms ersten Band ist im zweiten Band enthalten (Dohm, *Über die bürgerliche Verbesserung der Juden,* II, 31–71). Das war Grégoires Quelle. Zusätzlich wurden Dohms und Mendelssohns Ideen in Frankreich bekannt durch Mirabeaus *Sur Moses Mendelssohn, sur la réforme politique des Juifs, et en particulier sur la révolution tentée en leur faveur en 1753 dans la Grande Bretagne* (London 1787). Diese Broschüre wird ebenfalls von Grégoire zitiert. S. 214.

54 Siehe Hertzberg, *The French Enlightenment and the Jews;* 178–179.

55 M. Liben, „Les Juifs et la convocation des État Généraux", REJ, LXIII (1912) 185–210; LXIV (1912) 89–108, 244–277; LXV (1913) 89–133; LXVI (1913) 161–212.

56 Liben, *Rej,* LXV (1913) 117–128; Hertzberg, *The French Enlightenment and the Jews,* 344.

57 Die Protokolle der Nationalversammlung bezüglich der Juden erscheinen in: Achille Edmond Halphen, *Recueil des lois, décrets, ordonnances, avis du Conseil d'Etat, arrêtés et règlements concernant les Israélites depuis la Révolution de 1789* (Paris 1851). Über Grégoires Rolle siehe 178–179, 181, 196.

58 Über den politischen Aspekt der Emanzipation in Frankreich und den anderen Ländern siehe Kap. X unten.

59 Halphen, *Recueil des lois,* 210.

60 *Actenstücke zur Geschichte der Erhebung der Juden zu Bürgern in der Republik Batavien* (Neusterlitz, bei dem Hofbuchhändler Michaelis, 1797) 9 f.

61 Über Jacobsons Tätigkeit siehe Schnee, *Die Hoffinanz und der moderne Staat,* II, 109–154. Schnees Behandlung ist nicht sehr wohlwollend, noch wird Jacobsons Rolle von vielen jüdischen Historikern objektiv bewertet. Eine Ausnahme bildet die umfassende Biographie von Jacob Rader Marcus, „Reform Judaism and the Laity: Israel Jacobson", *Central Conference of American Rabbis,* XXXVIII (1928) 368–498.

62 Siehe Immanuel Heinrich Ritter, *David Friedländer, sein Leben und sein Wirken* (Berlin 1861); Freund, *Die Emanzipation der Juden in Preußen.* Meyer, *The Origins of the Modern Jew,* 57–84, trug erheblich zu einer objektiven Bewertung von Friedländers nicht sehr sympathischen Erscheinung bei.

63 Zur Zeit des Edikts von 1812 war Preußen durch territoriale Verluste nach der Niederlage von 1806 zusammengeschrumpft; deshalb war die Zahl der Juden, die sofort eingebürgert wurden, verhältnismäßig klein. Siehe Mahler, *History of the Jewish People in Modern Times,* II, 333–335.

64 Siehe Freund, *Die Emanzipation der Juden in Preußen,* II, 192, 227, 251–253.

65 Siehe Kap. IV.

66 Freund, *Die Emanzipation der Juden in Preußen,* II, 269.

67 Er spricht von einem „nie ganz zu entzifferndem Nationalcharakter", ebenda.

68 Ebenda, 271.

69 Ebenda, 274–276.

70 Die Hauptpunkte von Humboldts Ansicht wurden von Freund zusammengefaßt (ebenda, I, 149–152), doch ignoriert er Humboldts Erwartung von einer letztlichen Bekehrung der Juden. Franz Rosenzweig betont dies in einem seiner Briefe (Franz Rosenzweig, *Briefe* [Berlin, Schocken, 1935, 278–279]. Franz Rosenzweig war sich der Erwartungen Humboldts bewußt und akzeptierte sie als natürlichen Standpunkt eines christlichen Partners der Emanzipation.

Sechstes Kapitel: WIDERSTAND DER NICHTJUDEN

1 Sabattja Joseph Wolff, *Maimoniana. Oder Rhapsodien zur Charakteristik Solomon Maimons. Aus seinem Privatleben gesammelt* (Berlin 1813) 210–211.

2 August Friedrich Cranz, *Heuss und die Juden, oder Nachtrag zu den sämtlichen fariseirenden Abgeordneten in Rostadt insinuirten Schrift, die Stimme der Menschheit, von einem Weltbürger betrachtet* (Altona 1798); die Gesellschaft der Freunde, gegründet in Berlin in 1798, soll die Funktion gehabt haben, junge jüdische Männer zu beherbergen, die in keinem Klub, der von Christen besucht wurde, Aufnahme fanden. Ludwig Lesser, *Chronik der Gesellschaft der Freunde in Berlin* ... (Berlin 1842) 29.

3 Siehe Kap. V., über die negative Einstellung der jüdischen Aufgeklärten zu Jiddisch oder Jüdisch-Deutsch.

4 Über Knigge siehe Karl Gödeke, *Adolf Freiherr von Knigge* (Hannover 1844).

5 Adolf Franz Friedrich Ludwig, Freiherr von Knigge, *Über den Umgang mit Menschen* (Hannover 1804; erste Auflage erschien in 1788) S. XII; über den soziologischen Hintergrund und die Bedeutung des Buches siehe Barbara Zaehle, *Knigges Umgang mit Menschen und seine Vorläufer; ein Beitrag zur Geschichte der Gesellschaftsethik* („Beiträge zur neueren Literaturgeschichte, N. F. Heft 22", Heidelberg 1933) 163–206.

6 Knigge, *Über den Umgang mit Menschen,* 151 f.

7 Ebenda, 152–157.

8 Ebenda, S. 154, 157. 1796 veröffentlichte Knigge sein *Über Eigennutz und Undank* (Leipzig, Jacobäer, 1896) eine Fortsetzung seines *Umgang mit Menschen.* Wie es im Untertitel heißt: *Ein Gegenstück zu dem Buche: Über den Umgang mit Menschen.* Der Jude ist hier (S. 169–173) als die Verkörperung von Eigennutz dargestellt.

9 Guenée, *Lettres de quelques Juifs portugais, allemands et polonais à M. de Voltaire,* 16–19.

10 Katz, *Jews and Freemasons,* S. 11–25.

11 Die größere Fertigkeit der jüdischen Frau im Annehmen gesellschaftlicher Umgangsformen wurde oft beobachtet, *Schattenrisse von Berlin* (Amsterdam 1788) S. 30–31. Wolf Davidsohn schrieb 1792: „Die Erziehung ist die Ursache, daß das weibliche Geschlecht bei den Juden schöner und wohlgebildeter ist, als das männliche, und neben den häßlichsten, schmutzigsten Jungen steht das niedlichste, schönste Mädchen ... Nächst dem Gelde hat auch das schöne Geschlecht unsere Aufklärung sehr befördert. N. O. S. D. J. V. A. D. V. (rückwärts gelesen: W. Davidso(h)n. *Ein Wörtchen über Juden. Veranlaßt durch die von Herrn Friedländer*

herausgegebenen Aktenstücke (Berlin 1792). (Dieses Büchlein ist eine Seltenheit: Volkmar Eichstädt, *Bibliographie zur Geschichte der Judenfrage* [Hamburg, Hanseatische Verlagsanstalt, 1938, S. 42] gibt nicht an, wo man es finden kann, noch konnte er die Initialen des Autors entziffern. Ich fand eine Kopie in der Bibliothek von Jews College, London [Montefiore], wo sich die Bücher von Leopold Zunz befinden. Der Name des Autors ist hier in Zunz' Handschrift eingetragen. Siehe auch die Beobachtung von Ignaz Aurelius Fessler, *Rückblicke auf seine siebzigjährige Pilgerschaft. Ein Nachlaß an seine Freunde und an seine Feinde* (Breslau 1824) 245–246. Fessler war als Gast der Ephraim-Familie in Berlin und besuchte auch die Häuser von anderen reichen Juden. Er fand die Jüdinnen äußerst kultiviert und im Besitz tadelloser Umgangsformen, während die Männer immer noch mit den Grundelementen weltlicher Erziehung kämpften. Siehe auch Fürst, *Henriette Herz,* S. 121–122.

12 Über die Geschichte des Ordens siehe Kap. IV oben, und weitere Einzelheiten siehe Katz, *Jews and Freemasons,* Kap. 3.

13 (Carl Ferdinand von Broscamp, genannt Laspolski) [Hans Carl von Ecker und Eckhofen] *Werden und können Israeliten zu Freymaurern aufgenommen werden?* (Hamburg 1788) 46–49.

14 Karl Wilhelm Friedrich Grattenauer, *Über die physische und moralische Verfassung der heutigen Juden* (Berlin 1791) 111–132; „... aber diese kann man auch nicht mehr zu den Juden rechnen, sie sind Deisten und Naturalisten dem Glauben nach", ebenda, 113–114.

15 Ebenda, S. 114.

16 Das berühmteste Bühnenstück dieser Art war *Unser Verkehr* von Karl B. A. Sessa. Nach Graetz *(Geschichte der Juden,* [1902] 308) wurde das Stück zuerst in Breslau im Jahre 1812 aufgeführt. Erst die späteren Auflagen sind in den Bibliographien angeführt. Über Inhalt und Zweck des Stückes siehe Herbert Carrington, *Die Figur des Juden in der dramatischen Litteratur des XVIII. Jahrhunderts* (Heidelberg 1897) 66–76. Siehe *Die Schattenrisse von Berlin,* zitiert in Anm. 11.

17 Julius von Voss, „Über des Schauspielers Herrn Wurm jüdische Deklaration", *Jüdische Romantik und Wahrheit, von einem getauften Israeliten* (Berlin 1817) 291–300.

18 Grattenauer, *Über die physische und moralische Verfassung der heutigen Juden,* S. 3 des nicht paginierten „Vorworts".

19 Über Schulz siehe Martin von Geismar (Pseud.) *Bibliothek der deutschen Aufklärer des achtzehnten Jahrhunderts* (Leipzig 1846–47) III, 139–144.

20 Mendelssohn drückt seine Meinung aus in *Jerusalem, Gesammelte Schriften,* III, 287.

21 Johann Heinrich Schulz, *Philosophische Betrachtung über Theologie und Religion überhaupt und über die jüdische Insonderheit* (Frankfurt und Leipzig 1784) siehe bes. S. 65–89, 229–241.
22 Siehe Kap. IV.
23 Dohm, *Über die bürgerliche Verbesserung der Juden,* II, 30, 103.
24 Cahen, „L'Emancipation des Juifs", REJ, I (1880) 88.
25 Dohm, *Über die bürgerliche Verbesserung der Juden,* II, 103.
26 Der Hauptverfechter der Theorie des christlichen Staates war der jüdische Konvertit Julius Stahl, der geistige Vater der konservativen Partei in Preußen. Siehe Julius Stahl, *Der christliche Staat und sein Verhältnis zu Deismus und Judentum; eine durch die Verhandlungen des Vereinigten Landtags hervorgerufene Abhandlung* (Berlin 1847).
27 Friedrich Traugott Hartmann, *Untersuchung, ob die bürgerliche Freiheit den Juden zu gestatten sei* (Berlin 1783) S. 3.
28 Allgemeine deutsche Biographie (Leipzig, Duncker und Humblot, 1875–1912), XXI, 685–692.
29 Dohm, *Die bürgerliche Verbesserung der Juden,* II, 37, 41–51; Nachdruck aus: *Orientalische und exegetische Bibliothek,* 19 (1782).
30 Dohm, *Die bürgerliche Verbesserung der Juden,* II, 42–43.
31 Siehe Kap. ii, Anm. 22.
32 Hartmann, *Untersuchung,* S. 142–146 folgt Michaelis, was auch einige der Mitwirkenden an der Metz-Debatte taten. Von hier an tauchte das Messias-Motiv immer wieder in Verbindung mit der Judenfrage auf. Siehe Mevorah, „Das Problem des Messias in der Emanzipation und den Reformkontroversen 1781–1819".
33 Dohm, *Über die bürgerliche Verbesserung der Juden,* II, 34–36, 38–39, 54–56.
34 Hartmann, *Untersuchung,* 17, 44–65, 115–117, 157–175, 183–186.
35 Ebenda, 109–111. Über Eisenmenger siehe Anm. 41.
36 Ebenda, 8, 40, 124–134, 145.
37 Schulz, *Philosophische Betrachtungen,* 216, 219.
38 Die Juden versuchten, die Veröffentlichung des Buches zu verhindern, doch konnten sie sein Erscheinen nur um etwa zehn Jahre aufschieben. Siehe Graetz, *Geschichte der Juden* (1897) X, 275–280.
39 Dohm, *Die bürgerliche Verbesserung der Juden,* II, 38–39.
40 Siehe Anm. 35.
41 Der Titel des letzten Kapitels von Eisenmengers Werk lautet: „Warumb die Juden sich so standhafft in ihrer Religion erweisen und so wenig den Christlichen glauben annehmen; und wie mit denselben zu verfahren seye, damit sie sich in mehrer anzahl alss bisshero geschehen ist, bekehren mögen."

42 Die Literatur über Voltaires Einstellung zu Juden ist immens. Das Standardwerk ist immer noch Hanna Emmrich, *Das Judentum bei Voltaire* (Breslau, Priebatsch's Buchhandlung, 1930). Die jüngste Behandlung dieses Themas ist von Hertzberg, *The French Enlightenment and the Jews*, 280–313.

43 Emmrich, *Das Judentum bei Voltaire*, 256–259.

44 Die antijüdische Tendenz des Deismus wird von Shmuel Ettinger hervorgehoben in „Jews and Judaism as seen by the English Deists of the 18th Century" (hebräisch), *Zion*, XXIX (1964) 182–207.

45 Max Wiener, „John Toland and Judaism", *Huca*, XVI (1941) 215–242; Ettinger, „Jews and Judaism as seen by the English Deists", *Zion*, XXIX, 188–190. Gleichermaßen ist Jean Bodin ein Philo-Semit; siehe Jakob Guttmann, *Jean Bodin in seinen Beziehungen zum Judenthum* (Breslau, M & H Marcus, 1906). Georg Roellenblech, *Offenbarung, Natur und jüdische Überlieferung bei Jean Bodin; eine Interpretation des Heptaplomeres* (Gütersloh, G. Mohn, 1964).

46 Von der immensen Literatur über Antisemitismus in der Alten Welt führe ich nur an: Isaak Heinemann, „Antisemitismus", Pauly-Wissowa, *Real-Encyclopedie der klassischen Altertumswissenschaft*, Zusatz V (1931) 3–43; und Johanan Hans Lewy, *Studies in Jewish Hellenism* (hebräisch, Jerusalem, Bialik Institute, 1969) 79–196.

47 Schulz bezieht sich nicht auf Voltaire, und es ist durchaus möglich, daß Voltaire ihn indirekt erreichte. Voltaire bezeichnete sich als Deist, während Schulz sich zum Atheismus bekannte. Doch führen beide ähnliche Argumente an, und Voltaires Einfluß war zu Schulz' Zeit schon sehr verbreitet.

48 Über folgendes siehe Jacob Katz, „A State within a State – the History of an anti-Semitic Slogan", *The Israel Academie of Sciences and Humanities Proceedings*, IV (1971) 32–58.

49 Johann Gottlieb Fichte, *Beitrag zur Berichtigung der Urteile des Publikums über die Französische Revolution* (Berlin 1793) 188.

50 Halphen, *Recueil des lois*, 186–187.

51 Siehe mein Artikel, zitiert in Anm. 48.

52 Einzelheiten in Freund, *Die Emanzipation der Juden in Preußen*, I, 89–100.

53 Christian Ludwig Paalzow, *Über das Bürgerrecht der Juden übersetzt von einem Juden* (Berlin 1803) 98–99 (ursprünglicher Titel: *Tractatus historico-politicus de civitate Judaeorum* (Berlin 1803) 98 f.

54 Karl Wilhelm Friedrich Grattenauer, *Wider die Juden. Ein Wort der Warnung an alle unsere christlichen Mitbürger*. 2. Aufl. (Berlin 1803) 5. Über seine Abhängigkeit von Eisenmenger s. S. 28–31.

55 Freund, *Die Emanzipation der Juden in Preußen*, II, 177.

56 Siehe Ende von Kap. V.
57 Vgl. Freund, *Die Emanzipation der Juden in Preußen*, II, 208–209. Über den Grund von Schroetters Meinungsänderung siehe ebenda, I, 109–118.
58 Siehe Ende von Kap. V.

Siebentes Kapitel: DIE FLÜCHTIGEN RANDGESTALTEN

1 Siehe Kap. X.
2 Das war zum Beispiel in Preußen der Fall; siehe Freund, *Die Emanzipation*, I, 28–30.
3 Katz, *Exclusiveness and Tolerance;* 148–150.
4 Siehe Kap. ii, Anm. 46.
5 *Merkwürdige Bekehrungsgeschichte aus dem Judenthum von 8, 10 und 12 Jahren getauft* (Berlin 1798).
6 Über Berlin siehe Ludwig Geiger, „Vor hundert Jahren", *ZGJD*, III (1889) 223–233; über Wien siehe Pribram, *Urkunden und Akten zur Geschichte der Juden in Wien*, I, 384–388, 414–417; II, 18, 77.
7 Siehe Eichstädt, *Bibliographie*, 175–178.
8 Als deutliches Beispiel für den ersteren Typus kann man Gottfried Selig ansehen und für den zweiten Johann Friedrich Heinrich Selig. Beide erzählen ihre jeweilige Lebensgeschichte. Gottfried Selig, *Geschichte des Lebens und der Bekehrung Gottfried Seligs; Lect. Publ. seiner drey Schwestern und einiger nahen Anverwandten, welche sämmtlich das Judenthum verlassen und treue Bekenner Jesu geworden sind. Von ihm selbst beschrieben*, I–III (Leipzig 1775–1779). Johann Friedrich Heinrich Selig, *Johann Friedrich Heinrich Seligs, eines Bekehrten aus dem Judenthume eigene Lebensbeschreibung*. I–II (Leipzig 1783). Die Geschichte des ersteren, obgleich im Rückblick ausgeschmückt, beschreibt eine echte Entfremdung vom Judentum und eine echte Akzeptierung christlicher Dogmen. Der zweite ist ein klarer Fall von vorgetäuschter Bekehrung.
9 Siehe Kap. V und VI.
10 Siehe Barouch Mevorah, „The Background of Lavaters Appeal to Mendelssohn" (hebräisch), *Zion*, XXX (1965) 158–170.
11 Siehe Mevorahs Artikel zitiert in vorheriger Anm.
12 Siehe Kap. IV.
13 *Das Forschen nach Licht und Recht*, 10 f.
14 Ebenda, 25. Siehe Katz, „To Whom Was Mendelssohn Replying in ‚Jerusalem'", *Zion*, XXIX, 120–125, XXXVI, 116–117.
15 Über Hezel siehe *Allgemeine deutsche Biographie*, XII, 381–382.

16 Wilhelm Friedrich Hezel, *Die allgemeine Judenbekehrung oder die Möglichkeit, die Juden, mit Vernunft und Billigkeit, zu Christen und zu nützlichern und glücklichern Staatsbürgern zu machen* (Gießen 1792) I, 3–11, 17–21, 28–33.

17 Der Brief ist gedruckt von Hilde Spiel, *Fanny von Arnstein oder die Emanzipation. Ein Frauenleben an der Zeitenwende 1798–1818* Frankfurt a. M. 1962), 86–89. Der Brief ist undatiert und unterzeichnet: Michael Joseph Edler v. Arnsteiner. Er ist der fünfte Sohn von Adam Isaak Arnstein. Siehe Bernhard Wachstein, *Die Inschriften des alten Judenfriedhofes in Wien,* I–II (Wien und Leipzig, Braunmüller, 1912–1917) II, 463–464.

18 Grattenauer, *Über die physische und moralische Verfassung der heutigen Juden,* 20–21.

19 Geiger, „Vor hundert Jahren", *ZGJD,* III (1889) 205–211. Siehe auch Anm. 20, 21.

20 *Olof Gerhard Tychsens Nachtrag zu des Herrn Oberconsistorialraths Teller Beytrag zur neuesten jüdischen Geschichte über die Streitfrage: ob der Ausdruck: nicht bey der jüdischen Religion bleiben nach jüdischen Sprachgebrauch heiße die christliche Religion annehmen?* (Rostock 1788). Über die Bestimmung des jüdischen Religionsgesetzes bezüglich des Konvertiten siehe Katz, *Exclusiveness and Tolerance,* 68–73. In mancher Hinsicht war der Konvertit als Jude anzusehen, und Tychsen konnte Quellen angeben, welche prima facie seine Ansicht bekräftigten. Was jedoch diesen Fall betrifft, waren seine Argumente etwas eigenwillig und wurden von dem liberal denkenden Theologen Teller energisch zurückgewiesen. Siehe Wilhelm Abraham Teller, *Beytrag zur neusten jüdischen Geschichte für Christen und Juden gleich wichtig und veranlaßt durch die vor dem Königl. Cammergerichte zu Berlin erhobene Streitfrage: Bleibt der Jude, der zum Christenthum übergeht, bey der jüdischen Religion?* (Berlin 1788).

21 Heinrich Friedrich von der Dietz, *Kann die von jüdischen Vätern verbotene Glaubensänderung ihren Kindern den angedrohten Verlust des Erbtheils nach sich ziehen?* (Dessau und Leipzig 1783), 14–20.

22 Katz, *Jews and Freemasons,* 28–37.

23 Über die Gesellschaft siehe Ludwig Lesser, *Chronik der Gesellschaft der Freunde zu Berlin, zur Feier ihres fünfzigjährigen Jubiläums* (Berlin 1842), 8–16. Mir sind die Unterlagen über den Beschluß der Gesellschaft, der im Text erwähnt wird, verlorengegangen, aber aus den Tatsachen ist deutlich ersichtlich, daß dies ihre Stellungnahme war. Viele der Gründer bekehrten sich zum Christentum, blieben aber trotzdem Mitglieder, wie zum Beispiel Abraham Mendelssohn-Bartholdy und Gerhard Friedrich Eschwe alias Jeremias Baruch. Sie-

he Jacob Jacobson (Hg.), *Die Judenbürgerbücher der Stadt Berlin, 1809–1851* (Berlin, W. de Gruyter, 1962) 16–17, 77; und Lesser, *Chronik*, 19–20. Über Saul Aschers Haltung siehe Claus Günther Reissner, *Eduard Gans, Ein Leben im Vormärz* (Tübingen, Mohr, Siebeck, 1965), 54. Über Gans' Tätigkeit nach seiner Bekehrung siehe ebenda, 154.

24 Zitiert von Meyer, *The Origins of the Modern Jew*, 98.

25 Øgvind Andreasen, *Aus den Tagebüchern Friedrich Münters* (Kopenhagen/Leipzig 1937) 41. Siehe Katz, „To Whom Was Mendelssohn Replying in ‚Jerusalem'?" *Zion*, XXIX, 116–118.

26 Siehe Katz, *Jews and Freemasons*, S. 54, und die dort erwähnten Quellen.

27 Maimon erzählt seine Lebensgeschichte in seiner berühmten Autobiographie, veröffentlicht im Jahre 1792–93. Salomon Maimon, *Lebensgeschichte* (ich beziehe mich auf die Ausgabe von Schocken, Berlin 1935). Über Maimons philosophischen Beitrag siehe Schmuel Hugo Bergmann, *The Philosophy of Salomon Maimon* (Jerusalem, Magnes Press; Hebrew University, 1967).

28 Maimon, *Lebensgeschichte*, S. 173–176.

29 Über Friedländer siehe Immanual Heinrich Ritter, *Geschichte der jüdischen Reformation*, I–III (1858–1865) Band II, „David Friedländer, sein Leben und sein Wirken im Zusammenhange mit den gleichzeitigen Culturverhältnissen und Reformbestrebungen im Judenthum dargestellt (1861)". Umfangreiche Hinweise zum Verständnis von Friedländers Persönlichkeit stammen von Meyer, *The Origins of the Modern Jew*, 57–84.

30 David Friedländer, *Sendschreiben an seine Hochwürden, Herrn Oberconsistorialrath und Probst Teller zu Berlin, von einigen Hausvätern jüdischer Religion* Berlin 1799) 21–25.

31 Gleichzeitig war Friedländer bereit, die Zeremonien der protestantischen Kirche als pure Formalität zu akzeptieren. Siehe ebenda, 85–86.

32 Meyer, *The Origins of the Modern Jew*, 63.

33 Die Ideen Friedländers sind enthalten in seinem *Akten-Stücke. Die Reform der jüdischen Kolonien in den preußischen Staaten betreffend* (Berlin 1793). Siehe Meyer, *The Origins of the Modern Jew*, 62–64.

34 Friedländer deutet diese Hoffnungen in seinen öffentlichen Reden an (*Aktenstücke*, 23–24) und drückt sie in seinem privaten Briefwechsel mit einem orthodoxen Freund aus Glogau klar aus. Siehe Josef Meisl, „Letters of David Friedländer", *Yivo Studies in History* (Jiddisch), II (1937) 390–412.

35 Dies ist der Zweck der Eingaben, enthalten in den *Aktenstücken*.

36 Die Meinungen derer, die an der Friedländer-Teller-Affäre teilnah-

men, sind gut zusammengefaßt von Ellen Littmann, „David Friedländers Sendschreiben an Probst Teller und sein Echo", *ZGJD*, VI (1935) 92–112.

37 Wilhelm Abraham Teller, *Beantwortung des Sendschreibens einiger Hausväter jüdischer Religion an mich, den Probst Teller* (Berlin 1799), 32–33.

38 Siehe Littmann, „David Friedländers Sendeschreiben an Probst Teller", 108. Meyer, *The Origins of the Modern Jew*, 76–78.

39 Über Schleiermacher und besonders seine Haltung während des Streites siehe Wilhelm Dilthey, *Leben Schleiermachers* (Berlin, W. de Gruyter, 1922) 467–471.

40 Friedrich Schleiermacher, *Briefe bei Gelegenheit der politisch theologischen Aufgabe und des Sendschreibens jüdischer Hausväter. Von einem Prediger außerhalb Berlin* (Berlin 1799) 9–10.

41 Ebenda, 45–48, 55–59.

42 Teller, *Beantwortung des Sendschreibens*, 19–21, 48–49.

43 Andreasen, *Aus den Tagebüchern Friedrich Münters*, 42. Siehe Katz, „To Whom Was Mendelssohn Replying in ‚Jerusalem'", *Zion*, XXIX, 118.

44 Schleiermacher, *Briefe*, 30–38.

45 Hilde Hüttmann, „August Neander (David Mendel) in seiner Entwicklung (Diss. Hamburg, 1936) 18, 20–26, 33–36. Siehe auch Karl Axenfeld, „Über Dr. August Neanders Stellung zum christlichen Glauben bei seinem Übertritt zur christlichen Kirche." Anhang zu *Moses Mendelssohn im Verhältnis zum Christentum. Nebst Anhang* (Erlangen 1866) 31–32; Justus Ludwig Jacobi, *Erinnerungen an D. A. Neander* (Halle 1882) 1–6.

46 Dilthey, *Leben Schleiermachers*, 462–471.

47 Siehe Julius Guttmann, „Kant und das Judentum", *Schriften herausgegeben von der Gesellschaft zur Förderung der Wissenschaft des Judenthums* (Leipzig 1908) 41–61; Nathan Rotenstreich, „Hegels Image of Judaism", *JSS*, XV (1953) 36–37; ebenso „Kant's Interpretation of Judaism" (hebräisch), *Tarbiz*, XXVII (1958) 404–405. Guttmann und Rotenstreich weisen auf die Konsequenzen von Mendelssohns Theorie hin, in der er den ethischen Charakter des Judentums verleugnet. Die Konsequenzen waren sogar noch härter, als es sich um die Bewertung des Judentums vom Standpunkt des Gefühls und der Frömmigkeit handelte.

48 Der zerstörende Einfluß des Salons vom Standpunkt jüdischer Selbsterhaltung ist oft beschrieben worden. Siehe die jüngste Behandlung des Themas von Meyer, *The Origins of the Modern Jew*, 85–114.

49 Hans Landsberg, *Henriette Herz, ihr Leben und ihre Zeit* (Weimar,

Kiepenheuer, 1913) 113, 135. Siehe Meyer, *The Origins of the Modern Jew*, 105–106.

50 Meyer, ebenda, 20–101.

51 Friedländer, *Aktenstücke*, 140.

52 Friedländer, *Sendschreiben*, 78–80. Siehe Anm. 54.

53 Siehe Anm. 44.

54 Freund, *Die Emanzipation der Juden in Preußen*, 421–422. Siehe Geiger, „Vor hundert Jahren" *ZGJD*, III (1889) 232–233. Geiger war im Besitz der Liste, hielt es aber nicht für angebracht, sie zu veröffentlichen. Siehe dort seine Anm. S. 233.

55 Schnee, *Die Hoffinanz und der moderne Staat*, III, 216–220. Hier faßt Schnee seine Befunde zusammen.

56 Siehe Graetz, *Geschichte der Juden*, XI, 155–156. Der Herausgeber der zweiten Auflage (Leipzig 1900), Markus Brann, nahm Anstoß an Graetz' Behauptung; siehe Anhang von S. Neumann, 579–580. Ebenso Nathan Samter, *Judentaufen im Neunzehnten Jahrhundert* (Berlin, Poppelauer, 1906) 5. Richtige Bewertung von Mahler, *History of the Jewish People in Modern Times*, ii, 160.

57 Schleiermacher, *Briefe*, 31 f.

58 E. G. Adolf Böckel, „Noch einige Worte über die Frage: Ob Israeliten als Freimaurer aufgenommen oder als Besuchende zugelassen werden können", *Archiv für Freimaurerei*, Bd. 3, H. 2, 1845, 57–58.

59 Grattenauer, *Über die physische und moralische Verfassung der heutigen Juden*, 19–21.

60 „Politisch-theologische Aufgabe über die Behandlung der jüdischen Täuflinge", *Berlinisches Archiv der Zeit*, I (1799) 228–239.

61 „Ja, ein judaisierendes Christentum das wäre die rechte Krankheit, die wir uns inokulieren sollten!", Schleiermacher, *Briefe*, 36–37.

62 *Die Kinder Israels in den Wüsten; ein Beytrag zur Geschichte der Fehden unseres Jahrhunderts* (Boston-Sorau 1804) 57.

Achtes Kapitel: EIN HANDSTREICH FÜR REFORM

1 John Seiler Brubacher, *A History of the Problems of Education* (New York, McGraw-Hill, 1947) 117–119; Robert Freeman Butts, *A Cultural History of Education; Reassessing our Educational Traditions* (New York, McGraw-Hill, 1947) 316–326.

2 Siehe Kap. V.

3 Über die erzieherischen Ideologien der jüdischen Aufklärung siehe Eliav, *Jewish Education in Germany*, 52–70; Ernst Akiba Simon, „Philantropism and Jewish Education", *Mordecai M. Kaplan Jubilee*

Volume on the occasion of his seventieth birthday (New York, Jewish Theological Seminary of America, 1953, Hebrew Section) 149–187.

4 Joseph Klausner, *Historia shel ha-Sifruth ha-Ivrith ha-Hadashah,* I, 151–164.

5 Siegfried Stein, „Die Zeitschrift ‚Sulamith'", *ZGJD,* VII (1937) 193–226.

6 Boaz Shahewitch, „Arba Leshonoth, iyunim shel Sifruth be-Lashon ha-Maskilim al pi ‚Hameasef' *Molad,* XXIV (1967) 236–242.

7 Israel Zinberg, *The History of the Jewish Literature* (jiddisch, New York, Morris S. Sklarsky, 1943) VII, 113–132 (hebräische Übersetzung, Tel Aviv, Merhavia, 1959, V, 63–72).

8 Hayyim Yosef David Azulai, *Ma'agal-Tob Hashalem* (Jerusalem, Mekize Nirdamim, 1934) 114; siehe Hertzberg, *The French Enlightenment of the Jews,* 159.

9 Eliav, *Jewish Education in Germany,* 22–24.

10 Mordecai Levin, „The Problem of the Productivization in the Haskalah Period" (hebräisch, Diss. Jerusalem, 1964) 43–50, 65–73.

11 Eliav, *Jewish Education in Germany,* 71–118.

12 Zvi Scharfstein, *History of Jewish Education in Modern Times* (hebräisch, Jerusalem, Rubin Mass, 1960) 145–188, 226–228.

13 Siehe Anm. 11 und 12.

14 Eliav, *Jewish Education in Germany,* 52–70; Simon, „Philantropism and Jewish Education", 167–169.

15 Eliav, *Jewish Education in Germany,* 72 f.

16 Die Geschichte von Mendelssohns Übersetzung ist wiederholt ausführlich erzählt worden, besonders von Sandler, *Mendelssohns Edition of the Pentateuch.*

17 Wessely, *Divre Shalom ve-Emeth,* Kap. 5.

18 Eliav, *Jewish Education in Germany,* 162–165.

19 Ebenda, 165–167.

20 Ebenda, 99, 117–118.

21 *Freimütige Gedanken über die vorgeschlagene Verbesserung der Juden in den preußischen Staaten, von einem Juden, mit Zusätzen eines Christen* (Halle, 1792) 25, 30. Eichstädt, *Bibliographie,* Nr. 540, hält Sabbatja Joseph Wolff für den Autor dieses Buches. In der Kopie der Universitätsbibliothek Halle ist Weil als Autor angegeben.

22 Siehe Kap. V.

23 Eliav, *Jewish Education in Germany,* 57–60, 67–68, 76–79, 85–87.

24 Lazarus Bendavid, *Etwas zur Charakteristick der Juden* (Leipzig, 1793) 45–52; Aaron Wolfsohn, *Jeschurun, oder unpartheiische Beleuchtung der dem Judenthume neuerdings gemachten Vorwürfe*

(Breslau 1804) 111–116. Bendavid hatte vier Kategorien, Wolfsohn fünf.

25 Wolfsohn, *Jeschurun,* 114.

26 Mendelssohn, *Gesammelte Schriften,* III, 355–357; V, 669; siehe Guttmann, *Die Philosophie des Judentums,* 312–316. Siehe Wolfsohn, *Jeschurun,* 114–115.

27 Nach Henriette Herz war dies die vorherrschende Meinung unter Mendelssohns Zeitgenossen, obgleich sie selbst ihr nicht zustimmte. Landsberg, *Henriette Herz,* 147.

28 Saul Ascher, *Leviathan, oder, Über Religion in Rücksicht des Judenthums* (Berlin 1792).

29 Fritz Pinkuss, „Saul Ascher, ein Theoretiker der Judenemanzipation aus der Generation nach Mendelssohn", *ZGJD,* VI, 28–32, Ellen Littmann, „Saul Ascher, First Theorist of Progressive Judaism", *LBIYB,* V (1960), 107–113.

30 Aschers Theorie, die bis vor einer Generation unbeachtet blieb, ist wiederholt, aber nicht erschöpfend analysiert worden. Siehe Wiener, *Jüdische Religion im Zeitalter der Emanzipation,* 40–41, 46–47; Hans Joachim Schoeps, *Geschichte der jüdischen Religionsphilosophie in der Neuzeit* (Berlin, Vortrupp Verlag, 1935) 49–60. Littmann, „Saul Ascher" *LBIYB,* V, 113–119; Meyer, *The Origins of the Modern Jew;* 122–125. Siehe auch den Artikel von Pinkuss, zitiert in Anm. 29.

31 Ascher, *Leviathan,* 19–25, 212–213.

32 Ebenda, 14–15, 220, 227; siehe Pinkuss, „Saul Ascher", 30; Wiener, *Jüdische Religion,* 41.

33 Ascher, *Leviathan,* 172, 229; es ist daher nicht relevant, ob die von Ascher vorgeschlagenen Gesetze rational sind oder nicht. Er ist bereit, die Dogmen aufgrund des Glaubens allein zu akzeptieren. Schoeps' kritische Bemerkungen gehen vom christlichen Konzept des Dogmas aus, doch fehlende Rationalität ist nicht zwangsläufig eines der charakteristischen Grundelemente des Dogmas.

34 Ebenda, 237.

35 Siehe Schoeps, *Geschichte der jüdischen Religionsphilosophie,* 53, Anm. 4.

36 Ascher, *Leviathan,* 229, 237–239.

37 Die Nachricht erschien in *Staats- und Gelehrte Zeitung des Hamburgischen unparteyischen Correspondenten,* 1796, Nr. 57, Freytag den 8. April. Aus der *Gazette des Deux-Ponts.* Die deutsche Übersetzung des Dementi aus Florenz (siehe Anm. 39) erwähnt den *Altonaischer Gelehrter Merkurius* (ebenda 4), siehe dort S. 8; siehe auch Anm. 38.

38 *Hameasef,* VII, 271–273. Ruth Kestenberg Gladstein, *Neuere Ge-*

schichte der Juden in den böhmischen Ländern; I: Das Zeitalter der Aufklärung (Tübingen, Mohr-Siebeck 1969) 145–146.

39 *Mihteve ha-Rabbanim* (Livorno 1796). Daß der Protest auf Veranlassung von Raphael Cohen erfolgte, steht bei Hayyim Joseph David Azulai, *Josef Omez* (Livorno 1798) Nr. 7. Die Hamburger Ausgabe mit deutscher Übersetzung erschien im selben Jahr.

40 Azulai, *Josef Omez,* ebenda.

41 Schleiermacher erklärte Friedländers Absicht in den *Aktenstücken* (1792) dahingehend, daß der Staat auf Juden, die sich aus religiösen Bedenken der geplanten Reform widersetzten, Druck ausüben solle. Schleiermacher, *Briefe,* 57-58. Elkan Henle wollte Juden, welche die Einbürgerung wegen möglicher Beeinträchtigung religiöser Pflichten verweigerten, als krank angesehen wissen: „Der kluge und menschenfreundliche Arzt versucht in solchen Fällen gewiß alles, dem Kranken einige Hülfe, durch Ueberredung, auch im Nothfalle durch Anwendung einiger Gewalt zu verschaffen." (Elkan Henle) *Über die Verbesserung des Judenthums* (Frankfurt a. M. 1803) 22-23. Ein anonymer Autor befürwortet im Jahre 1804 ausdrücklich die Anwendung von Zwang, um die Juden mit den Christen zu vereinen: *Ein freundliches Wort an die Christen, zur gänzlichen Beylegung ihres Streites mit den Juden. Von einem Juden* (Königsberg 1804) 45-51. Von nichtjüdischer Seite befürwortete der *Judenreformator (Der Judenreformator oder wie können die Juden vertilgt werden, ohne einem einzigen den Kopf abzuschneiden?* [Hamburg, 1805] die Auflösung der jüdischen Gemeinde und die gewaltsame Unterdrückung jüdischer Erziehung; siehe bes. 132-138. Siehe unten – Tätigkeit des westfälischen Konsistoriums.

42 Graetz, *Geschichte,* XI, 150–152. Siehe den Artikel von Moshe Samet, „Rabbi Saul Berlin and his Works", *Kiryath Sefer,* XLIII (1968) 427–441.

43 *Besamim Rosh* (Berlin 1793) Nr. 18–20, 36, 64. Siehe Mahler, *History of the Jewish People;* II, Anhang, 336–342. Mahler sieht in Berlin einen radikalen Reformer.

44 Jacob R. Marcus, „Reform Judaism and Laity, Israel Jacobson, *Central Conference of American Rabbis,* XXXVIII (1928) 452–456.

45 *Sulamith,* III, 1 (1810) 15–20; Marcus, „Reform Judaism and Laity". 453, 490, N. 72.

46 Menahem Mendel Steinhardt, *Divre Igeret* (Rödelheim, 1812), 1–9.

47 Ascher, Leviathan, 212.

48 (Rabbi Assa) (Abraham Asch) *Der Messias, oder Reform der Juden in religiöser und moralischer Hinsicht, philosophisch und theolo-*

gisch erläutert (Berlin 1805), 74–95. Der Autor ist in Zunzes Kopie in der Jewish College Library, London, identifiziert.

49 Ähnlich wie Aschs Argumente sind die in der Broschüre *Licht und Wahrheit, die Umbildung des israelischen Kultus betreffend. In zwei Briefen gewechselt zwischen zwei Freunden der Wahrheit* (Leipzig 1813).

50 Der Brief besteht nicht mehr, aber sein Inhalt ist wiedergegeben in *Les premiers pas de la nation juive vers son bonheur sous les auspices du grand monarque Napoléon* (Paris 1806), 7–14, siehe Anm. 51.

51 Marcus, „Reform Judaism", S. 413–418, und bes. N. 30, S. 485. Marcus hatte *Les premiers pas* nicht gesehen, kannte jedoch den Inhalt aus einem Zitat von Alexander Bran, *Gesammelte Actenstükke und öffentliche Verhandlungen über die Verbesserung der Juden in Frankreich* (Hamburg 1806–07). Seine Rekonstruktion ist aller Wahrscheinlichkeit nach korrekt.

52 Über Napoleons Politik gegenüber den Juden siehe Robert Anchel, *Napoléon et les Juifs* (Paris 1928), 128–225, und Barouh Mevorah, *Napoleon U-Tekufato* (Napoleon und seine Zeit), Jerusalem, Bialik Institute, 1968).

53 Das folgende beruht auf meiner Analyse in Katz, *Exclusiveness and Tolerance,* 182–193.

54 Rabbi Moses Sopher äußerte seine Hochachtung über die Art, wie Sinzheim seine Aufgabe als Präsident des Sanhedrin erfüllt hatte. Siehe Kap. IX.

Neuntes Kapitel: KONSERVATIVE IN VERLEGENHEIT

1 Über die Bedeutung des Messianismus in der jüdischen Gesellschaft siehe Gershom Sholem, „Zum Verständnis der messianischen Idee im Judentum", *Eranos-Jahrbuch* 28 (1959) 193–239.

2 Siehe Kap. iii.

3 Der Brief ist abgedruckt in – Mendelssohn, *Gesammelte Schriften, Jubiläumsausgabe,* XVI, 2–3.

4 Ebenda, 178–179. Dieser Brief trägt ein späteres Datum, weist jedoch auf eine frühere Anfrage Mendelssohns zum gleichen Thema hin.

5 Siehe Katz, *Exclusiveness and Tolerance,* 174–177.

6 Kayserling, *Moses Mendelssohn,* 276–280. Das Problem ist von Moshe Samet ausführlich behandelt – in seiner unveröffentlichten Dissertation „Halaha ve-Reforma" (hebräisch, Jerusalem 1967), 76–172.

7 Für den relevanten Briefwechsel zu diesem Thema siehe Mendelssohn, *Gesammelte Schriften, Jubiläumsausgabe,* XVI, 154–159, 161–168.

8 Ebenda, 172, 178–183.

9 Eliav, *Jewish Education in Germany,* 41–42.

10 Naphtali Herz Wessely, *Yen Levanon* (Berlin 1775). Die Approbation von Landau steht auf S. 1 a-b.

11 Der Inhalt dieses Gedichts ist von Bolle besprochen, *De Opheffing van de Autonomie der Kehilloth,* 66–67, 200.

12 Das tat insbesondere Shohet, *Beginning of the Haskalah Among German Jewry.* Siehe Kap. III, wo die Bedeutung von Shohets Befunden erörtert wird.

13 Zerah Eidlitz, *Or la-Jesharim* (Prag 1785) 96 b–97 a.

14 Yehezkel Landau sagte in deutlichen Worten, die Sabbatianer seien schlimmer als die Deisten, die die Offenbarung und die göttliche Vorsehung leugnen; *Drushe ha-Zelah* (Warschau 1897) S. 79. Siehe auch S. 106. Eleazar Fleckeles hatte noch 1799 einen Streit mit dieser Gruppe und schrieb dann seine verdammende Broschüre *Ahavat David* (Prag 1800), die gegen sie gerichtet war.

15 Landau, *Drushe ha-Zelah,* 76. Das Datum der Predigt ist auf S. 77 und 80 angeführt.

16 Jaroslaus Schaller, *Kurzgefaßte Geschichte der Kais. Kön. Bücherzensur und Revision im Königreich Böhmen* (Prag 1796), 9.

17 Salomon Hugo Lieben, „Rabbi Eleazar Fleckeles“, *JJLG,* X (1913) 4–7.

18 Eleazar Fleckeles, *Olath Hodesch Hascheni, Olath Zibur* (Prag 1796), 54 b–56 a, 86 b–87 b, 97 a. In dem gleichen Sinn sind einige der späteren Predigten von Yehezkel Landau gehalten, *Drushe ha-Zelh,* 46–48, 103–104. Das Datum der letzten liegt offenbar nach den achtziger Jahren; über die letzte bestehen keine Hinweise, doch nach dem Inhalt zu urteilen, stammt sie aus einer späten Zeit.

19 (August Friedrich Cranz) *Über den Mißbrauch der geistlichen Macht oder der weltlichen Herrschaft in Glaubenssachen, durch Beyspiele aus dem jetzigen Jahrhundert ins Licht gesetzt* (Berlin 1781–82). Mendelssohn bezog sich auf die Intoleranz des Rabbiners von Altona (Hamburg) in seinem Brief vom 13. Juli 1779 (Kayserling, *Moses Mendelssohn,* 524); und sein öffentlicher Protest ein Jahr später gegen das Recht der Rabbiner, den Bann auszusprechen, war offenbar auf diesen Fall und andere bezogen. Mendelssohn, *Gesammelte Schriften,* III, 198–208. Siehe auch Friedländer, *Akten-Stücke,* 19–20.

20 Abraham Meir Habermann, *Encyclopaedia Hebraica,* XIV, 882–884.

Voyager 2,5 SE, 11/92, 1.Hand, R/C, weiß **DM 21 900,-**
Hennige Automobile GmbH – 3803160
Chrysler–Jeep–Frankfurt

Lada

Dringend Lada gesucht! 02631/352737

Geländewagen

Pajero 3.0 V 6 lg., 5t., 4/92, 60 tkm, Klima, Aut., Led. etc., 36800,- 06332-43363

Grand Cherokee 5,2 Ltd., 10/95, schwarz, dkl. Scheiben **DM 69 880,-**
Hennige Automobile GmbH – 3803160
Chrysler–Jeep–Frankfurt

Unfallwagen

Nissan-Bus Vanette, Totalschaden, Bj. 92, VB 3000,- ☎ 06048/1496

Nutzfahrzeuge Verkauf

VW Mutivan Syncro, Bj. 94, 16tkm, weiß, el. Glas-SD, eFH, Wegfahrsp. usw., DM 39900,-. ☎ 0172-6730480

Everything! Julie Newmar. – 18.30 Uhr: **Der Totmacher.** – 13.30, 15.30 Uhr: **Der kleine Pandabär,** ab 6 J.
BETA – Telefon 28 31 28 – 15.00, 18.00, 20.30 Uhr: **Der Engländer, der auf einen Hügel stieg und von einem Berg herunterkam.**
CINEMA – Telefon 28 29 33 – 15.00, 17.45, 20.30 Uhr: **Sabrina.**
CINEMONDE – Telefon 28 29 33 – 15.45, 18.15, 20.45 Uhr: **Dem Himmel so nah.**
CINESTAR – Telefon 28 29 33 – 15.45, 18.15, 20.45 Uhr: **Für Wong Foo, Dank für alles, Julie Newmar.**
EDEN – Telefon 28 52 05 – 11.00, 2.00, 5.00, 8.00 p.m.: **Goldeneye** (orig. vers.).
ELDORADO – Telefon 28 13 48 – 16.15, 18.15, 20.30 Uhr: **Blue in the Face.**
ELITE – Telefon 28 52 05 – 10.00, 12.30, 15.00, 17.45, 20.30 Uhr: **Sabrina.**
ELYSEE 1 – Telefon 28 71 57 – 10.45, 13.15, 15.45, 18.15, 20.45 Uhr: **Dangerous Minds – Wilde Gedanken.**
ELYSEE 2 – Telefon 28 71 57 – 10.30, 13.00, 15.30, 18.00, 20.30 Uhr: **Money Train.**
ESPLANADE 1 – Telefon 28 57 89 – 10.15, 12.45, 15.15, 17.45, 20.15 Uhr: **Ein Schweinchen namens Babe.**
ESPLANADE 2 – Telefon 28 57 89 – 10.00, 12.00, 14.00, 16.15, 18.30, 20.45 Uhr: **Der Trip.**
ESPRIT 1 – Telefon 28 52 05 – 10.00, 12.00, 14.00, 16.00 Uhr: **Pocahontas;** 18.00, 20.45 Uhr: **Sieben.**
ESPRIT 2 – Telefon 28 52 05 – 10.15, 12.45, 15.15, 17.45, 20.15 Uhr: **Hallo, Mr. President.**
EUROPA – THX-Lucas-Soundsystem – Telefon 28 52 05 – 11.15, 14.15, 17.15, 20.15 Uhr: **James Bond – Goldeneye;** 23.00 Uhr: **Überraschungsfilm** DM 6,-.
FILMFORUM HOCHST – Telefon 31 06 - 56 64 –
20.30 Uhr: **Le Franc** (OmeU); **La Téte Dans Les Nuages** ...

Train.
③ 14.30, 17.15 Uhr: ...
namens Babe.
④ 14.15, 17.00, 20.00, 2...
rous Minds – Wilde ...
⑤ 14.45 Uhr: **Der Indi...**
schrank.
⑥ 15.00, 17.30 Uhr: **Ac...**
wird's wild.
⑦ 15.00, 17.30 Uhr: **Du...**
der Flucht.
⑧ 17.30 Uhr: **Dem Himm...**
⑨ Do.–Di. 20.30 Uhr: **N...**
⑩ 17.30 Uhr: **Hallo, Mr. ...**
⑪ 14.30, 17.00 Uhr: **Poc...**
⑫ 14.30 Uhr: **Santa Cla...**
⑬ 17.00 Uhr: **Sieben.**
⑭ 14.15. 17.00 Uhr: ...
Thanks for Everythin...
MAL SEH'N – Telef...
19.30 Uhr: **J'ai pas ...**
kann nicht schlafen...
OmU; „Cahier du Ci...
Film zum weltweit ...
Jahres 1994. Tägl. ...
Priscilla – Queen of ...
phen Eliot, OmU.
OLYMPIA – Telefon 2...
17.45, 20.30 Uhr: **De...**
ORFEO – Telefon 70...
20.15 Uhr: **Dead Mar...**
Uhr: **Down by Law.**
ROYAL – Telefon 28...
17.30, 20.30 Uhr: **Go...**
TURMPALAST – Tele...
14.45, 17.30, 20.30, ...
(orig. vers.). – 15. ...
Uhr: **Dangerous Min...**
15.15, 18.00, 20.45 U...
Thanks for Everythin...
– 14.45, 17.30, 20. ...
(orig. vers.). – 15. ...
Uhr: **Blue in the Fac...**
15.00, 17.45, 20.30 U...
– 15.00, 17.45, 20.3...
VALENTIN, Höchs...
3 08 69 27 – 19.45, ...
Uhr: **Cyclo.** – 22.0...
buch des jungen Gift...
ZEIL 1 – Telefon 28...
15.45, 18.15, 20.45 ...

21 Siehe die Verdammung von David Tewele, Rabbiner in Lissa, veröffentlicht von Louis Lewin in *JJLG*, XII (1918) 182–183. Teilweise nachgedruckt in Simha Assaf, *Mekoroth le-Toldoth ha-Hinuh be-Yisrael* (Tel-Aviv, Dvir, 1925) I, 1, 236–238. Ähnlich im Ton ist der Brief, den Rabbi Yehezkel Landau an die Gemeindeführer in Berlin zum gleichen Thema schrieb. Ebenda, 239–240.

22 Siehe Mendelssohns Brief an Avigdor Levi in *Gesammelte Schriften, Jubiläumsausgabe*, XVI, 251–253. Siehe Eliav, *Jewish Education in Germany*, 33–34. Es gibt keinen Hinweis, daß Mendelssohn später um Genehmigung bat, wie Eliav annimmt. Die Worte von Yehezkel Landau, die Eliav zitiert, beziehen sich auf Salomon Dubno und nicht auf Mendelssohn.

23 Siehe die von Sandler zitierte Quelle, *Mendelssohns Edition of the Pentateuch*, 196–197.

24 Fleckeles, *Olath Hodesch Haschení*, 12 b–13 a.

25 Im Vorwort zur Pentateuch-Ausgabe von Sussmann Glogau nachgedruckt 1785 in Assaf, *Mekoroth le-Todoth ha-Hinuh be-Yisrael*, 240–241. Ich sehe keinen Grund, an Landaus Urheberschaft dieses Vorworts zu zweifeln.

26 Fleckeles, *Olath Hodesch Haschení*, 13 b.

27 Dieser Streit ist sehr oft behandelt worden. Siehe Graetz, *Geschichte*, XI, 86–90; Eliav, *Jewish Education in Germany*, 36–51.

28 Moshe S. Samet, „Mendelssohn, Weisel, and the Rabbis of their Time", *Studies in the History of the Jewish People and the Land of Israel in Memory of Zvi Avneri* (hebräisch), 233–257, zeigt deutlich, daß dies der Fall war.

29 Dagegen, siehe Anm. 9.

30 Marcus Herz, *An die Herausgeber des hebräischen Sammlers über die frühe Beerdigung der Juden* (Berlin 1787). Ein Jahr später erschien eine erweiterte Ausgabe.

31 Siehe Klausner, *Historiya*, I, 254–260. Über Pappenheims philosophischen Beitrag siehe Harry Austin Wolfson, „Solomon Pappenheim on time and space and his relation to Locke and Kant", *Israel Abrahams Memorial Volume* (New York, Press of the Jewish Institute of Religion, 1927) 426–440; Pappenheim drückte seine Besorgnis aus über eine mögliche Reform-Tendenz des von Napoleon einberufenen Sanhedrin. Solomon Seligmann Pappenheim, *Nachruf an den Rabbiner Levi Schauelsohn Fränkel in Angelegenheit seiner unternommenen Reise nach Paris* (Breslau 1807).

32 Salomon Pappenheimer ‚*An die Barmherzigen aus En-dor; oder, über die zu früh scheinende Beerdigung der Juden* (Breslau 1807); *Idem, Deduction seiner Bereits herausgegebenen Apologie für die frühe Beerdigung der Juden* (o. O. 1798).

33 Kestenberg-Gladstein, *Neuere Geschichte der Juden in den Böhmischen Ländern*, I, 124–146.
34 Louis Lewin, „Materialien zu einer Biographie Wolf Heidenheims", *MGWJ*, XLIV (1900) 134–138; XLV (1901) 422–432; *Idem*, „Heidenheimiana" *Jeschurun* (Berlin) X (1923) 212–214.
35 Lesser, *Chronik der Gesellschaft der Freunde in Berlin*, 10, 25–27.
36 Eliav, *Jewish Education in Germany*, 80–87.
37 Benjamin Hirsch Auerbach, *Geschichte der israelischen Gemeinde Halberstadt. Nebst einem Anhange ungedruckter, die Literatur wie die religiösen und politischen Verhältnisse der Juden in Deutschland in den letzten 2 Jahrhunderten betreffende Briefe und Urkunden* (Halberstadt 1866), 146. Jost sagt als Augenzeuge über den Widerstand der Gemeinden gegen die Vorschriften des Konsistoriums aus. Israel Marcus Jost, *Geschichte des Judenthums und seiner Sekten* (Leipzig 1857–1859) III, 327.
38 Saul Berlin,Isaac Eichel und Aaron Wolfsohn waren auf diesem Gebiet sehr produktiv; siehe Zinberg, *The History of the Jewish Literature*, VII, 1, 171–184, 232–234 (hebräische Ausgabe, V, 91–97, 122–125).
39 Zvi Hirsch Horowitz, *Lahme Toda* (Offenbach 1816) 18 a, 33 b.
40 Isidor Krakauer, *Geschichte der Juden in Frankfurt a. M.* [1150–1824] (Frankfurt a. M., Kauffmann, 1925–1927), II, 355–431.
41 Siehe Katz, *Jews and Freemasons, 56–59.*
42 Siehe Horowitz, *Lahme Toda*, 36 a–b, 44 a–47 a. Jede der Predigten endet mit der Begründung, die ihn dazu führte, die Gemeinde zu tadeln.
43 Shlomo Sofer (Hg.), *Igroth Sofrim* (Wien, Budapest, Schlesinger, 1929; nachgedruckt: New York, Ziegelheim, 1946) Abs. 2, 1 f.
44 Nahman Berlin, *Et ledaber* (Breslau 1819), 66 b–67 a.
45 Yekutiel Arieh Kammelhaar, *Mofet Hador* (Munkacs, Kahn und Fried, 1903), 76.
46 Landau, *Drushe Ha-Zelah*, 53.
47 Herbert Juan Bloom, „Felix Libertate and the Emancipation of Dutch Jewry", *Essays on Jewish Life and Thought, presented in honor of Salo Wittmayer Baron* (New York, Columbia University Press 1959) 114.
48 Eleazar Fleckeles, *Tschuva me-Ahava* (Prag 1804–1820), III, 71 a; siehe Samet, „Halaha ve-Reforma", 141–143.
49 Siehe Kap. VIII.
50 *Organisation civile et réligieuse des Israelites de France et du Royaume d'Italie* (Paris 1808), 144.
51 Jacob Katz, „Contribution towards a biography of R. Moses So-

fer", *Studies in Mysticism and Religion presented to Gershom G. Sholem* (Jerusalem, Magnes Press, 1967), Hebrew Section, 142 f.

52 Ebenda, 141 f.

53 Die bewußt konservative Haltung von Moses Sofer wird von Josef Bendavid betont – „Beginning of Modern Jewish Society in Hungary during the First Half of the Nineteenth Century" (hebräisch), *Zion,* XVII (1952) 122–128.

54 Ebenda; Katz, „Contribution towards a Biography of R. Moses Sofer", 133–136.

55 Siehe Anm. 54.

56 Katz, „Contribution towards a Biography of R. Moses Sofer", 138–141.

57 Ebenda, 143 f.

Zehntes Kapitel: AUF DEM WEG ZUR GLEICHBERECHTIGUNG

1 Dohm, *Über die bürgerliche Verbesserung der Juden,* I, 152–153.

2 Priebram, *Urkunden und Akten,* I, LXXIX–LXXX; Yehezkel Land au, *Drushe ha-Zelah,* 105; über Mendelssohns Stellung zum Edikt siehe Katz, „To whom was Mendelssohn replying in Jerusalem" *Zion,* XXIX (1964) 127–129; über Wessely siehe Kap. V, Anm. 3.

3 Friedrich Gottlieb Klopstock, *Sämmtliche Werke* (Leipzig 1854), 262–263. Das Gedicht wurde zuerst 1782 veröffentlicht.

4 Pribram, *Urkunden und Akten,* I, 494–500. Ludwig Singer, „Zur Geschichte der Toleranzpatente in den Sudetenländern", *JGJCR,* V, (1933) 231–311. Joseph Bergl, *Geschichte der ungarischen Juden* (Leipzig 1879; Kaposvar 1879), 75–78).

5 Pribram, *Urkunden und Akten,* I 494. Singer, „Zur Geschichte der Toleranzpatente", 293.

6 Eduard Winter, *Der Josefinismus; Die Geschichte des Reformkatholizismus* 1741–1848 (Berlin, Rütten und Löning, 1962) 172–176.

7 Pribram, *Urkunden und Akten,* 440–494. Singer, „Zur Geschichte der Toleranzpatente", 248–258, 278–287.

8 Singer, „Zur Geschichte der Toleranzpatente", 260, 295.

9 Pribram, *Urkunden und Akten,* I, CII–CXXVI.

10 Simon Adler, „Das Judenpatent von 1797", *JGJCR,* V (1933) 199–229, bes. 205.

11 Pribram, *Urkunden und Akten,* I, CXVI–CXVIII.

12 Es ist bekannt, daß Rabbi Landau die ersten jüdischen Rekruten mit Tränen in den Augen verabschiedete: Ruth Kestenberg-Gladstein, *Neuere Geschichte der Juden in den böhmischen Ländern,* 70–72.

Gegen das Recht des Kaisers, Juden zum Militärdienst einzuziehen, schrieb Saul Ascher seine *Bemerkungen über bürgerliche Verbesserung der Juden veranlasst bei der Frage: Soll der Jude Soldat werden?* (Frankfurt an der Oder 1788).

13 Adler, „Das Judenpatent von 1797", 224.

14 Die Einleitung zum Judenpatent von 1797 sprach von „christlichen und jüdischen Unterthanen", ebenda, 205.

15 Paul Tänzer, *Die Rechtsgeschichte der Juden in Württemberg* 1806–1828 (Berlin, Kohlhammer, 1922), 22–27, 97.

16 *Sammlung der im Großherzogtum Baden in bezug auf die Israeliten erschienenen Gesetze und Verordnungen* (Karlsruhe 1837), 3. Selma Täubler-Stern, *Die Emanzipation der Juden in Baden* (Frankfurt a. M., Kauffmann, 1934), 30–33.

17 Stefan Schwarz, *Die Juden in Bayern im Wandel der Zeiten* (München, Olzog, 1963), 77–180.

18 Die Vorschriften von 1808 lauteten: „Die Einwohner der jüdischen Nation ... sind als erbfreie Staatsbürger zu behandeln", *Sammlung*, 3.

19 Täubler-Stern, *Die Emanzipation der Juden in Baden*, 51–52.

20 Über die Geschichte des Leibzolls siehe Ulrich Friedrich Kopp, „Vom Juden-Leibzoll", *Bruchstücke zur Erläuterung der teutschen Geschichte und Rechte* (Kassel 1799) 97–154: Einzelheiten über die Abschaffung des Leibzolls siehe: Michael Silberstein, „Wolf Breidenbach und die Aufhebung des Leibzolles in Deutschland" *ZGJD*, V (1892) 126–145.

21 In Württemberg konnten sich Juden gegen Zahlung vom Militärdienst befreien lassen. Friedrich Fr. Mayer, *Sammlung der Württembergischen Gesetze in Betreff der Israeliten* (Tübingen 1847), 6, doch hatten andere Gruppen ähnliche Vorrechte. J. M. Jost, *Neuere Geschichte der Israeliten* (Berlin 1846), I, 167.

22 Carl August Buchholz, *Actenstücke. Die Verbesserung des bürgerlichen Zustandes der Israeliten betreffend* (Stuttgart 1815) 99.

23 Halphen, *Recueil des lois*, 15. Probleme halachischer Natur, die sich aus diesem Zustand ergaben, erreichten Moses Sofer, damals Rabbiner in Mattersdorf, West-Ungarn, aus Triest schon im Jahre 1804. Siehe Jacob Katz, „Contribution towards a Biography of R. Moses Sofer", *Studies in Mysticism and Religion Presented to Gershom G. Sholem* (Jerusalem, Magnes Press, 1967, Hebrew Section), 138, Anm. 159.

24 Buchholz, *Actenstücke*, 100. Die Vorschriften in Mecklenburg-Schwerin passen sich in der Hauptsache den preußischen an, doch ist das Ende dieses Absatzes eine Neuheit, verglichen mit den preußischen Bestimmungen. Vergleiche Buchholz, *Actenstücke*, 90.

25 Mayer, *Sammlung*, 6, 11. Die Behörden in Baden scheinen geglaubt

zu haben, daß Rabbiner, genau wie katholische Priester, religiöse Vorschriften aufheben konnten, wenn sich ein Konflikt zwischen diesen und anderen Pflichten ergab; siehe Täubler-Stern, *Die Emanzipation der Juden in Baden, 55.*

26 Robert Anchel, „Les lettres-patentes du 10 juillet 1784 pour les Juifs d'Alsace". *Les Juifs en France* (Paris, Janin, 1946), 213–233.

27 Die Frage, ob man die Juden im vorrevolutionären Frankreich als Franzosen ansehen solle, ist von Gelehrten diskutiert worden. Siehe M. Maignial, *La question juive en France en 1789* (Paris 1903). Maignial kam zu dem Schluß, die Juden seien Ausländer gewesen. Morice Libers Einwände zu dieser Schlußfolgerung („Les Juifs et la convocation des Etâts Généraux" *REJ*, LXIV [1912] S. 245) sind eine unüberzeugende Apologie.

28 Diese Phase in der Geschichte jüdischer Emanzipation ist wiederholt beschrieben worden. Die jüngste Behandlung ist die von Hertzberg, *The French Enlightenment and the Jews*, 338–368.

29 Ludwig Horwitz, *Die Israeliten unter dem Königreich Westfalen: Ein Aktenmässiger Beitrag zur Geschichte der Regierung König Jérôme's* (Berlin, Kommissionsverlag von S. Calvary, 1900), 6.

30 Siehe Bolle, *De Opheffing van de Autonomie der Kehilloth* 123–177 (englische Zusammenfassung, 196–207).

31 Isidor Kracauer, *Geschichte der Juden in Frankfurt a. M.* (Frankfurt a. M., Kauffmann 1927), II, 402–419.

32 Anchel, *Napoléon et les Juifs*, 260–352, 412–426.

33 Ludwig von Rönnes und Heinrich Simon, *Die früheren und gegenwärtigen Verhältnisse der Juden in den sämtlichen Landestheilen des Preussischen Staates* (Berlin 1843), 373.

34 Freund, *Die Emanzipation der Juden in Preussen*, II, 49, 76–88, 206–207.

35 Ebenda, I, 451–452; II, 226; Ludwig Geiger, *Geschichte der Juden in Berlin* (Berlin 1971), I, 142–145; Ludwig Geiger, „Aus den Gemeindeakten", *Gemeindeblatt der jüdischen Gemeinde zu Berlin*, II (1912) 34–36; *Sulamith*, IV (1812) Bd. 1, 45–46. Über Friedländers Hoffnungen im Zusammenhang mit dem Edikt siehe Meyer, *The Origins of the Modern Jew*, 79–81; (Gotthold Solomon) *Licht und Wahrheit, die Umbildung des israelischen Kultus betreffend* (Leipzig 1813), V–XI; Abraham Asch, *Der heilige Verein oder die wahre Vaterlandsliebe* (Berlin 1813), 30–32; Dieses Büchlein ist, soweit ich ersehen kann, in keiner Bibliographie aufgeführt. Eine Kopie befindet sich in der Jews College Library, London, Montefiore Collection.

36 Freund, *Die Emanzipation der Juden in Preussen*, II, 457 (Abs. 18–19), 458–459 (Abs. 31, 32, 34, 36). Über Mecklenburg-Schwerin, Bayern und Dänemark siehe Buchholz, *Actenstücke*,

95–96 (Abs. 3), 132 (Abs. 2), 152 (Abs. 19); Mayer, *Sammlung*, 17–18 (Verordnung gegen das Eindringen fremder Juden in das Königreich). Diese Verordnung ist aus dem Jahre 1814, bezieht sich jedoch auf frühere Vorgänge ähnlicher Art.

37 Leopold Löwenstein, „Die Juden im Elsass vor und während der Schreckensherrschaft", *Blätter für jüdische Geschichte und Literatur* I (1900) 17–18, 33–34, 49–50, 65–69; II (1901) 1–3. Moïse et Ernest Ginsburger, „Contributions à l'histoire des Juifs d'Alsace pendant la terreur", *REJ*, XLVII (1903) 283–299.

38 Halphen, *Recueil des lois*, 15.

39 Nathan Netter, *Die Schuldennot der Metzer Gemeinde* (Metz 1913) 48–56; Nathan Netter, *Vingt siècles d'histoire d'une communauté juive, Metz et son grand passé* (Paris, Libschutz, 1938) S. 207–211, 229–233.

40 *The Cambridge modern history*, IX (1907), 203 f.

41 Diogene Tama, *Collection des actes de l'Assemblée des Israélites de France et du Royaume d'Italie* (Paris 1807), 274– 303. Das Vorwort zur Verfassung des Consistoires präsentiert das Werk als einen Beschluß der Versammlung. Halphen, *Recueil des lois*, 38.

42 Ebenda, 38–42.

43 Siehe Kap. II.

44 Halphen, *Recueil des lois*, 41 (Abs. 23) 39–40 (Abs. 12).

45 *Sulamith*, II (1808) Bd. 1, 3–9.

46 Täubler-Stern, *Die Emanzipation der Juden in Baden*, 30–32.

47 Pribram, *Urkunden und Akten*, I, 494 f.

48 Adler „Das Judenpatent" von 1797, 199 f.

49 Alfred Willmann, „Die mährischen Landesrabbiner" in Hugo Gold, *Die Juden und Judengemeinden Mährens in Vergangenheit und Gegenwart* (Brünn, Jüdischer Buch- und Kunstverlag (1929) 45–49.

50 Freund, *Die Emanzipation der Juden in Preußen*, II, 459.

51 Leopold Auerbach, *Das Judenthum und seine Bekenner in Preußen und in den anderen deutschen Bundesstaaten* (Berlin 1890), 281–283, 288–301.

Elftes Kapitel: DIE VERGEBLICHE FLUCHT VOR JÜDISCHEN BERUFEN

1 Siehe oben, bes. Kap. V.

2 Halphen, *Recueil des lois*, 185, 211. Auch in Holland erwartete man eine vielfältigere Verteilung und einen besseren moralischen Standard der Juden. Siehe *Actenstücke zur Geschichte der Erhebung der Juden zu Bürgern in der Republik Batavien* (Neustrelitz 1797), 12–13,

25–26, 56–63; Bolle, *Die Opheffing van de autonomie der Kehilloth,* 128–129, 202.

3 Siehe die Quellen in Kap. X. oben.

4 Das Toleranzpatent gestattet den Juden, ihren Wohnsitz in allen Teilen Wiens aufzuschlagen; Pribram, *Urkunden und Akten,* I, 498 (Abs. 18). In Prag beschränkte sich diese Erlaubnis auf den Kaufmann. Singer „Zur Geschichte der Toleranzpatente in den Sudetenländern," *JGJCR,* V, 270. Die anderen Bestimmungen enthielten ein stilles Einverständnis, in allen Teilen der Stadt zu wohnen, wo Juden zugelassen waren. In Bayern war die Hauptstadt München die Ausnahme. Dort brauchte der Jude eine Sondererlaubnis, sich ein Wohnhaus zu kaufen. Buchholz, *Actenstücke,* 135.

5 Zosa Szajkowski, *The Economic Status of the Jews in Alsace, Metz, and Lorraine* (1648–1789) (New York, Editions historiques Franco juives, 1954) 50–67, 73–76, 91–99.

6 Die Kritik der Elsässer an den Juden ihres Verhaltens wegen ist in dem Memorandum der Straßburger Bürger an die Nationalversammlung in Paris in 1790 gut zusammengefaßt, in dem sie sich der möglichen Aufnahme von Juden in ihre Stadt widersetzen. Die Juden werden beschuldigt, „nach den Bedürfnissen Ausschau zu halten oder sie sogar durch falsche Verlockungen künstlich zu erzeugen", besonders bei jungen Leuten und Hausangestellten, und ihnen ihre Waren aufzudrängen. *Très humble et très respectueuse Adresse que présente à l'Assemblée Nationale la Commune toute entière de la Ville de Strasbourg,* 11. Über den Hintergrund siehe Paul Hildenfinger, „L'Adresse de la commune de Strasbourg a l'Assemblée Nationale contre les Juifs", *REJ,* LVIII (1909) 112–120.

7 Dies ist ein vielumstrittener Punkt; siehe Szajkowski, *The Economic Status of the Jews,* 50–54.

8 Dies war das immer wiederkehrende Motiv in den Eingaben der Juden und ihrer Verteidiger. Siehe, „Mémoire sur l'état des Juifs en Alsace", Dohm, *Über die bürgerliche Verbesserung der Juden,* 174–175; Henry Grégoire, *Essai sur la régénération physique, morale et politique des Juifs* (Metz 1789) 84–85.

9 Solomon V. Posener, „The Immediate Economic and Social Effects of the Emancipation of the Jews in France", *JSS,* I (1939) 281–293.

10 Alfred Glaser, *Geschichte der Juden in Straßburg* (Straßburg 1891), 31–44; Erwin Schnurmann, *La statistique de la population juive de Strasbourg* (Strasburg 1933).

11 Posener, „The Immediate Economic and Social Effects", 281–293.

12 S. Posener, Les Juifs sous le premier Empire, *REJ*, XCIII (1932), 202; Léon Kahn, *Les juifs à Paris depuis le VIe siècle* (Paris, 1889), 99–105.

13 Posener, „The Immediate Economic and Social Effects", 297–304.

14 Berr-Isaac Berr, *Lettre du sieur Berr-Isaak-Berr, Manufacturier, membre du conseil municipal de Nancy, a M. Grégoire, senateur, à Paris* (Nancy 1806), 15.
15 Zosa Zsajkowski, „Jewish Participation in the Sale of National Property during the French Revolution", *JSS,* XIV (1952) 291–316.
16 Posener, „The Immediate Economic and Social Effects", 293–307; Leon Kahn, *Les professions manuelles et les institutions de patronage* (Paris 1885) 11–15, 65–74.
17 Der Brief, der in Anm. 14, oben, erwähnt ist.
18 (D. Ring) *Vierzig Jahre von Frankfurt am Main, oder Frankfurt im Jahr 1792, im Jahr 1832 und im Jahr 1872* (Frankfurt a. M. 1834) S. 62. Ring beschreibt die Plätze außerhalb der Judengasse, zu denen die Juden keinen Zutritt hatten oder nur zu bestimmten Zeiten. Diese Einschränkungen wurden schließlich nach langem Streit zur Zeit der französischen Hegemonie im Jahre 1811 aufgehoben. Siehe Kracauer, *Geschichte der Juden in Frankfurt am Main,* 395–417. Über Prag siehe Singer, „Zur Geschichte der Toleranzpatente", 270–271. Die gleiche Tendenz auch in Hamburg während der kurzen Zeit der Gleichberechtigung unter französischer Herrschaft. Helga Krohn, *Die Juden in Hamburg,* 1800–1850 (Frankfurt am Main, Europäische Verlagsanstalt, 1967), 17. Über die sozialen und religiösen Konsequenzen siehe Kap. IX oben.
19 Ernst Weyden, *Geschichte der Juden in Köln am Rhein* (Köln 1867) 273–277.
20 Maria Zelzer, *Weg und Schicksal der Stuttgarter Juden. Ein Gedenkbuch* (Stuttgart, Klett, 1964) 23, 508.
21 Die Aufhebung der jüdischen Rechte in Bremen und Lübeck war einer der Hauptgründe, die Judenfrage vor den Wiener Kongreß zu bringen; siehe Baron, *Die Judenfrage auf dem Wiener Kongress,* 39–49, 86–100.
22 Schnee, *Die Hoffinanz und der Moderne Staat,* II, 137–139, 144–145.
23 Aus Böhmen gibt es konkrete Hinweise, daß die Juden sich von der Landwirtschaft nicht angezogen fühlten.: Josef Johann Schiffner, *Gallerie der interessantesten und merkwürdigsten Personen Böhmens* (Prag 1804), 344. Über das Weiterbestehen politischer und anderer Motivation siehe Anm. 24 und 25 unten.
24 Hermann Baerwald, „Zur Geschichte der Schule: Das Philantropin 1804–1813", *Einladungsschrift zu der am 15. März 1869 stattfindenden Prüfung der Real- und Volksschule der Israel. Gemeinde* (Frankfurt a. M. 1869), 16. Siehe auch Krohn, *Die Juden in Hamburg,* 17.
25 *Die Kinder Israels in den Wüsten* (Boston, Sorau, 1804), 65. *Sulamit,* VI, 2 (1824) 195; VII, 1 (1825) 17, 132– 133, 365, 373 (ein

optimistischer Bericht). In den vierziger Jahren beschreibt Ludwig Philippson, (*Wie sich der Statistiker Staatsrath etc. Dr. J. G. Hoffmann verrechnet!* [Leipzig 1842], 37–39) die Schwierigkeiten, denen ein angehender jüdischer Handwerker begegnete.

26 Beispiele für diese Schwierigkeiten werden von einem anonymen Autor angegeben in *Gespräch zwischen dem Schuhmacher Ehrlich und einem hausierenden Juden Israel in einer Dorfschenke ohnweit Breslau* (Berlin 1799), 9–11. (Dieses Buch erscheint nicht in den Bibliographien. Eine Kopie befindet sich in der Jews' College Library, London). Die Schwierigkeiten wurden von einigen Gegnern jüdischer Integration vorausgesehen. Siehe Hartmann, *Untersuchung, ob die bürgerliche Freiheit den Juden zu gestatten sei,* 176–179, 183–186. Die Erfahrung einiger Jahrzehnte lehrte auch einen jüdischen Apologeten eine Lektion. Siehe Jost, *Offenes Sendschreiben an Herrn Geh. Ober-Regierungs-Rath K. Streckfuß zur Verständigung über einige Punkte in den Verhältnissen der Juden* (Berlin 1833) 82.

27 Schnee, *Die Hoffinanz und der moderne Staat,* II, 146–148. Siehe auch S. 122.

28 (Michael Benedikt Lessing) *Die Juden und die öffentliche Meinung im preussischen Staate* (Altona 1833) 79.

29 Gedruckt mit dem Brief zitiert in Anm. 14. Siehe ebenda S. 39–42.

30 Die im Text erwähnte Geldsammlung von Geisenheimer ist vielleicht der Hinweis auf einen solchen Schritt. Vom zweiten Jahrzehnt des 19. Jahrhunderts an wurden in fast allen wichtigen Gemeinden Gesellschaften zur Förderung jüdischer Handwerker gegründet. Die Geschichte dieser Gesellschaften muß erst geschrieben werden. Viel Material befindet sich in den Berichten von *Sulamith,* angeführt in Siegfried Stein „Die Zeitschrift Sulamith," *ZGJD,* VII, (1937) 223–224.

31 Siehe Kap. X; Wenzel Gustav Kopetz, *Allgemeine österreichische Gewerbs-Gesetzeskunde* (Wien 1829) 322–323.

32 Halphen, *Recueil des lois,* 46–47.

33 Eine frühe Beschreibung gibt Schiffner, *Gallerie der Personen Böhmens,* 344.

34 Kopetz, *Allgemeine österreichische Gewerbs-Gesetzeskunde,* 322–324.

35 Pribram, *Urkunden und Akten,* I, S. CXVIII–CXXIX.

36 Ebenda. Dieselbe Praktik war in Bayern üblich, wo der Jude keinen Grundbesitz erwerben und weiterverkaufen durfte. Darum nahm man sich einen Nichtjuden als stillen Teilhaber. Siehe Buchholz *Aktenstücke,* 135; Alexander Lips, *Über die künftige Stellung der Juden in den deutschen Bundesstaaten* (Erlangen 1819) 86 f.

37 Pribram, *Urkunden und Akten,* I, CXI–CXII.
38 Täubler-Stern, *Die Emanzipation der Juden in Baden,* 51–52, 54.
39 Ebenda, 95–96. Die angegebene Zahl ist 570 Handwerker.
40 Pribram, *Urkunden und Akten,* II, 5.
41 Posener, „The Immidiate Economic and Social Effects", 294–302.
42 Karl Gutzkow, „Börnes Leben", *Gesammelte Werke* (Frankfurt a. M. 1845) VI, 85–91.
43 Edmund Silberner, *Sozialisten zur Judenfrage* (Berlin, Colloquium Verlag, 1962), 109–112.
44 Über Österreich siehe Anm. 33. Über Preußen siehe Selma Täubler-Stern, *The Jews in the Economic Policy of Frederick the Great",* *JSS,* XI (1949) 141–152. In Baden, Täubler-Stern, *Die Emanzipation der Juden in Baden,* 95–96.
45 Buchholz, *Aktenstücke,* 115–116, 134, 137; Kopetz, *Allgemeine österreichische Gewerbs-Gesetzeskunde,* 317, 326–327; Bergl, *Geschichte der ungarischen Juden,* 87.
46 Eine moralisierende Haltung wird sogar von Juristen und Wirtschaftsexperten angenommen, wie Günther Heinrich von Berg, *Staatswissenschaftliche Versuche* (Lübeck und Leipzig 1795) II, 255–263. In ähnlicher Weise blieb auch Johann Ludwig Ewald, Theologe und Verfechter jüdischer Rechte, kritisch gegenüber jüdischen Geschäftsgepflogenheiten. Johann Ludwig Ewald, *Ideen über die nöthige Organisation der Israeliten in christlichen Staaten* (Karlsruhe 1816) 177–181. Nur selten wurde der wirtschaftliche Nutzen des Hausierers – der die Waren zu Konsumenten ins Haus brachte und alles aufkaufte, was man sonst weggeworfen hätte – anerkannt. Doch eine Ausnahme war Ignatz von Rudhardt. Siehe sein *Über den Zustand des Königreichs Bayern nach amtlichen Quellen* (Stuttgart 1825–1827) I, 63–68. Gabriel Riesser zitierte ihn, um seine Rechtfertigung jüdischer Geschäftsgepflogenheiten zu unterstützen. Gabriel Riesser, *Gesammelte Schriften* (Frankfurt am Main, Leipzig 1867) II, 126.
47 Dies war eine der Beschwerden der Frankfurter Bürger (Schreiber): *Über die Ansprüche der Judenschaft in Frankfurt a. M. Auf das volle Bürgerrecht dieser Stadt* (Frankfurt a. M. 1817) 56. Ludwig Börne bagatellisierte die wirtschaftliche Ausbreitung der Juden, leugnete sie jedoch nicht ab in seiner anonymen Schrift *Actenmäßige Darstellung des Bürgerrechts der Israeliten zu Frankfurt a. M.,* LXX–LXXI. Über Böhmen siehe Schiffner, *Gallerie der Personen Böhmens,* 350. In den vierziger Jahren erklärte Ludwig Philippson, die Anpassung des jüdischen Kaufmanns an den nichtjüdischen Typ sei das hervorragendste Ergebnis des Anpassungsprozesses. Ludwig Philippson, *Wie sich der Statistiker Hoffmann verrechnet,* 34–35.
48 Die Situation ist – unfreundlich, aber nicht unrichtig – von Brice-

vitz in *Minerva,* II (1812) 165–169, beschrieben, wobei er schwere Bedenken über das preußische Edikt dieses Jahres, welches die Juden begünstigte, aussprach. Ähnlich die Bemerkungen von Schmidt-Phiseldeck, *Über das jetzige Verhältnis der jüdischen Nation zu den christlichen Bürgervereinen und dessen künftige Umgestaltung* (Kopenhagen 1817), 44–49, 62–63. Der erste Teil dieses Buches erschien in der dänischen Originalausgabe schon 1811 und wurde 1816 ins Deutsche übersetzt (gedruckt in Wiesbaden). Das Buch wurde von Ch. H. Pfaff umfassend rezensiert, unter Hervorhebung von – für unsere Diskussion – wichtigen Punkten. Ch. H. Pfaff „Über das Verhältnis christlicher Regierungen und Staaten gegen die Juden in dem gegenwärtigen Zeitpunkt," *Kieler Blätter für 1819,* I (1819) 127, 141–142, 145–146.

49 Siehe Kap. III, Anm. 10.

50 Der berühmteste Fall eines Hofjuden ist der von Joseph Süss Oppenheimer, bekannt unter dem Namen Jud Süss, der seinem Herrn Karl Alexander von Württemberg diente. Als der Herzog 1737 starb, kam die Oppositionspartei der Aristokratie an die Macht. Sie stellte Jud Süss unter Anklage, worauf er verurteilt und gehenkt wurde (Selma Stern, *Jud Süss* [Berlin 1927]; Schnee, *Die Hoffinanz und der moderne Staat,* IV, 109–148. Die Rothschilds in Frankreich überlebten die Restauration und die Revolution von 1830 und 1848. Ein weiteres Beispiel für die unsichere Situation des Hofjuden ist das von Samuel Oppenheimer in Wien. Max Grunwald, *Samuel Oppenheimer und sein Kreis* (Wien und Leipzig, Braumüller, 1913), 117–137. Über einen anderen Fall berichtet Schnee, *Die Hoffinanz und der moderne Staat,* III, 99–106. Schnee faßt die Fälle zusammen, ebenda, S. 204, bagatellisiert jedoch die Gefährlichkeit der Position des Hofjuden.

51 Louis Poujol, *Quelques observations concernant les Juifs en général, et plus particulièrement ceux d'Alsace* (Paris 1806) 55, 61, 66–67, 150–151.

52 Siehe oben erwähntes Memorandum, Anm. 6, S. 13–14. Das Edikt von 1753 (im Memorandum irrtümlicherweise 1751 datiert) gewährte nur einer begrenzten Anzahl von Juden das Wohnrecht. Die Juden in Lothringen beeilten sich, die Angaben des Straßburger Memorandums zurückzuweisen, und zwar in einer Broschüre *Réponse des Juifs de la Province de Lorraine à l'adresse présentée à l'Assemblée Nationale par la commune toute entière de la ville de Strasbourg:* Eine deutsche Übersetzung wurde von David Friedländer veröffentlicht, *Berlinische Monatsschrift,* XVIII, 1 (1791) 351–392. Ich habe nur die deutsche Übersetzung gelesen. Siehe M. Ginsburger, „Nancy et Strasbourg", *REJ,* LXXXIX (1930), 79–85. Die angeblich schlechten Erfahrungen von Lothringen mit den Juden dien-

ten einem hohen Beamten in Berlin im Jahre 1810 als Argument gegen die Einbürgerung der Juden in Preußen. Freund, *Die Emanzipation der Juden in Preußen,* II, 300.

53 Berr, *Lettre,* 12.

54 Die erste wissenschaftliche Analyse der Tatsachen ist von dem preußischen Statistiker Johann Gottfried Hoffmann aus den Jahren 1830 und 1840, als sich genügend Material angesammelt hatte. Siehe *Die Bevölkerung des preußischen Staates nach dem Ergebnisse der zu Ende des Jahres 1837 amtlich aufgenommenen Nachrichten in staatswirtschaftlichen, gewerblichen und sittlichen Beziehung* (Berlin 1839), 81–83; ders., *Zur Judenfrage. Statistische Erörterungen* (Berlin 1842). Gegen Hoffmanns Analyse richtet sich der Angriff von Ludwig Philippson (siehe Anm. 25 und 47), doch sind seine Ausführungen rein apologetisch. Hoffmanns Analyse kommt den Folgerungen aus der besten Behandlung dieses Problems in unserer Zeit sehr nahe. Siehe Simon Kuznetz, „Economic Structure and Life of the Jews", *The Jews, Their History, Culture and Religion,* (Louis Finkelstein, Philadelphia, Jewish Publication Society of America, 1960) II, 1597–1666.

55 Schmidt-Phiseldeck, *Über das jetzige Verhältnis,* 24, 62; sucht offenbar eine passende Bezeichnung und gebraucht einmal (ebenda, S. 18) den neu gemünzten Ausdruck „Familienvolk" Friedrich Rühs, *Über die Ansprüche der Juden an das deutsche Bürgerrecht* (Berlin 1816), 6; Jakob Friedrich Fries, *Über die Gefährdung des Wohlstandes und Charakters der Deutschen durch die Juden* (Heidelberg 1816) 3, 5, 12, 17, 17, 18.

56 Ludolf Holst, *Judenthum in allen dessen Theilen aus einem staatswissenschaftlichen Standpunkte betrachtet* (Mainz 1821) 78. Holst schreibt den Ausdruck Ludwig Börne zu, der bestreitet, ihn gebraucht zu haben, ihn jedoch nicht unpassend fand. Ludwig Börne, „Der ewige Jude", *Gesammelte Schriften* (Nürnberg 1880) V, 10–11.

57 Siehe Jakob Katz, „The German-Jewish Utopia of Social Emancipation", *Studies of the Leo Baeck Institute,* hrsg. von Max Kreuzberger (New York, F. Ungar Pub. Co., 1967) 61–80.

Zwölftes Kapitel: DAS PROFIL DES EMANZIPIERTEN JUDENTUMS

1 Über dieses und das nachfolgende siehe Jakob Katz, „The Term ‚Jewish Emancipation'", 1–25.

2 Jacob Toury, *Die politischen Orientierungen der Juden in Deutschland, von Jena bis Weimar* (Tübingen, Mohr-Siebeck, 1966) 1–28.

3 Jost, *Neuere Geschichte der Israeliten;* II, 160–165.
4 Ebenda, I, 110–129, 271–310.
5 Siehe Kap. IX.
6 Moshe Rinott, „Gabriel Riesser – Fighter for Jewish Emancipation“ *LBIYB,* VII, 11–38; Katz, „The Term ‚Jewish Emancipation‘ “, 21–15.
7 Katz, „The Term ‚Jewish Emancipation‘ “, 16–21.
8 Ich halte es für lohnend, das volle Zitat wiederzugeben: „Ein kurzes, aber starkes und eindringliches Wort, ganz aus dem Gefühle eines constitutionellen Staatsbürgers hervorgegangen, nicht aus einem so oft als kränkelnd und charakterlos getadelten falschen Humanitätsgefühl“, Jost, *Neuere Geschichte;* I, 196; Jost deutet auch auf den englischen Ursprung des Ausdrucks und den katholischen Zusammenhang hin, eine Tatsache, die mir entgangen war, als ich den oben zitierten Artikel schrieb.
9 Die Gegner werden weiter unten behandelt.
10 Siehe Katz, „The Term ‚Jewish Emancipation‘ “, 23–25.
11 Der Kampf um die jüdische Emanzipation in England ist oft beschrieben worden. Siehe Albert M. Hyamson, *A History of the Jews in England* (London, Macmillan, 1928) 260–272; Cecil Roth, *A History of the Jews in England* (Oxford, Clarendon Press, 1964) 241–266.
12 Jost, *Neuere Geschichte,* I, 78–93, 158–177.
13 Salo W. Baron, „Impact of the Revolution of 1848 on Jewish Emancipation“, *JSS,* XI (1949) 195–248.
14 Ismar Elbogen, *A Century of Jewish Life* (Philadelphia, Jewish Publication Society of America, 1944) 3–17; Otto Jöhlinger, *Bismarck und die Juden* (Berlin, Reimer 1921) 6–26.
15 Elbogen, *A Century of Jewish Life,* 17–29.
16 Die Polemik, die sich um die Schriften von Rühs und Fries entwickelte, ist von Jost beschrieben in *Neuere Geschichte,* I, 46–47; eine moderne Analyse der gegnerischen Weltanschauung ist von Selma Stern-Täubler, „Der literarische Kampf um die Emanzipation in den Jahren 1816–1820 und seine ideologischen und soziologischen Voraussetzungen“, *HUCA,* XXIII (1950–51) 171–196.
17 Katz, „The Term ‚Jewish Emancipation‘ “ 19–25.
18 Bruno Bauer, *Die Judenfrage* (Braunschweig 1843). Eine Analyse von Bauers Stellungnahme offeriert Nathan Rotenstreich, *Judaism and Jewish Rights* (hebräisch, Tel Aviv, ha Kibbutz ha Meuhad, 1959) 9–25.
19 Theophile Hallez, *Des Juifs en France; De leur état moral et politique depuis les premiers temps de la monarchie jusque à nos jours* (Paris 1845) 230–238; Henry Lucien-Brun, *La condition des Juifs en France depuis 1789* (Paris-Lyon, Retaux, 1901), 217–224. Paul

Leuilliot, *L'Alsace au debut du XIXe siècle: essais d'histoire politique, économique et religieuse* (1815–1839) Paris 1959–1960, III, 233–246.

20 Silberner, *Sozialisten zur Judenfrage,* 56–62.

21 Toussenels Buch erschien 1845 in Paris und wurde 1847 nachgedruckt.

22 Toussenels Ideen wurden von Silberner analysiert in *Sozialisten zur Judenfrage,* 28–35.

23 Katz, *Jews and Freemasons,* Kap. 2–4.

24 Ebenda, 63, 74 f.

25 Ebenda, 82–91.

26 Ebenda, 73–81, 84–91.

27 Heinrich Eberhard Gottlob Paulus, *Die jüdische Nationalabsonderung nach Ursprung, Folgen und Besserungsmitteln* (Heidelberg 1831) 2–4, und anderswo in diesem Buch, das Paulus' wichtigste Veröffentlichung über die Judenfrage ist.

28 Karl Streckfuss, *Über das Verhältnis der Juden zu den christlichen Staaten* (Halle 1833) 21–22.

29 Salo Baron, *Die Judenfrage auf dem Wiener Kongreß* (Wien 1953) 117–120. Das großartige Haus und Gesellschaftsleben der Rothschilds in Neapel und Frankfurt beschreibt Moritz Oppenheim, *Erinnerungen* (Frankfurt a. M., Frankfurter Verlagsanstalt 1924) 44, 75–77.

31 Heinrich Heine, *Sämtliche Werke* (Hamburg 1862) XIII, 296–297; Joseph Dresch, *Heine à Paris* (1831–1856), *D'après sa correspondance et les témoignages de ses contemporains* (Paris, 1956), 73.

32 Rudolf Vierhaus, *Am Hof der Hohenzollern, Aus dem Tagebuch der Baronin Spitzemberg 1865–1914* (München, Deutscher Taschenbuch Verlag, 1965) 34–35.

33 Es gibt eine umfangreiche Literatur über Mischehen. Die jüngste Zusammenfassung und ausführlichste Bibliographie zu diesem Thema ist von Moshe Davis, „Mixed Marriage in Western Jewry: Historical Background to the Jewish Response", *JJS,* X (1968) 177–220.

34 Die soziologische Definition der jüdischen Gemeinschaft als Paria-Menschen von Max Weber hat denselben Ausgangspunkt wie die mehr impressionistischen Bezeichnungen antijüdischer Kritiker. Webers Definition ist oft besprochen und kritisiert worden, vor kurzem von Efraim Shmueli, „The Pariah-People and its Charismatic Leadership. A Re-evaluation of Max Weber's ‚Ancient Judaism'" *PAAJR*, XXXVI (1968) 167–247. Was immer man von der Bewertung jüdischer Existenz, wie von Weber beschrieben, halten mag, bleibt die faktische Grundlage der kastenähnlichen Struktur der jüdischen Gemeinschaft eine Tatsache.

35 Einige der Teilnehmer an der Versammlung von Notablen, die 1806 in Paris von Napoleon einberufen wurde, beabsichtigten, die Frage des Kaisers über die Stellungnahme des Judentums zu Mischehen im positiven Sinne zu beantworten. *Collection des actes de l'assemblée des Israélites de France et du royaume d'Italie* (Paris 1807), 143–144. Ähnliche Meinungen äußerten die Mitglieder der ersten Versammlung von Reform-Rabbinern 1844 in Braunschweig; siehe *Protokolle der ersten Rabbinerversammlung abgehalten in Braunschweig vom 12ten bis zum 19ten Juni 1844* (Braunschweig 1844). Der anonyme Autor der Broschüre *Ein freundliches Wort an die Christen zur gänzlichen Beylegung ihres Streits mit den Juden* (Königsberg 1804) 45 f., glaubte, die Mischehe könne durch den Staat erzwungen werden.

36 Diese Haltung zeigt sich in der Debatte auf der Rabbinerversammlung von Braunschweig, wie oben erwähnt. Siehe auch den Artikel „Zur Mischehe", *AZJ* (1847) 485–487.

37 Dies wurde wiederholt von den Gegnern der Mischehe mit Juden betont. (Kinorhe) (Isidor Ludwig Chronik) *„Über die Ehe zwischen Juden und Christen", kirchliche Reform* (Oktober 1846) 6 f.

38 Michael Hess, *Freimütige Prüfung der Schrift des Herrn Professor Rühs über die Ansprüche der Juden an das deutsche Bürgerrecht* (Frankfurt am Main 1816) 55–57. Rühs antwortet darauf in *Die Rechte des Christenthums und des deutschen Volkes vertheidigt gegen die Ansprüche der Juden und ihrer Verfechter* (Berlin 1816), 12–14.

39 Rinott, „Gabriel Riesser", 17–19.

40 Solomon Schechter, „Abraham Geiger", *Studies in Judaism,* Third Series (Philadelphia, Jewish Publication Society of America, 1924) 69–77.

41 Ich kann hier nicht die auf dieses Thema bezügliche Bibliographie anführen. Eine ausgezeichnete Übersicht und Analyse über das Konzept des Judentums in seiner neuen Umgebung gibt Max Wiener, *Jüdische Religion im Zeitalter der Emanzipation* (Berlin, Philo Verlag, 1933).

42 Martin Philippson, *Neueste Geschichte des jüdischen Volkes* (Leipzig 1900) II, 175–180; Leopold Löw, *Zur neueren Geschichte der Juden in Ungarn,* 274–296;

43 Über die historische Bedeutung der Wissenschaft des Judentums siehe Wiener, *Jüdische Religion,* 175–208; Meyer, *The Origins of the Modern Jew,* 144–182.

44 Jacob Katz, „The Influence of Religion and Society on each other at the Time of the Emancipation", *European Judaism,* I (1966), 22–29.

45 Siehe Kap. VIII.

46 Die historische Rolle der Philosophie des Judentums und jüdischer Historiographie ist gut analysiert von Wiener, *Jüdische Religion,* 114–174, 209–228. Unter den Historikern ist Heinrich Graetz' Einfluß besonders spürbar. Darüber siehe die jüngste Bewertung von Shmuel Ettinger, *Introduction* zu H. Graetz' *Essays, memoirs, letters* (hebräisch, Jerusalem, Bialik Institute, 1969) 7–36.
47 Theodor Mommsen, *Auch ein Wort über unser Judenthum* (Berlin 1881) 15 f.
48 Siehe Kap. X, Anm. 36.
49 Doch gab es Beschränkungen für die Bewegungsfreiheit der Rabbiner. Die École Rabbinique in Metz, im Jahre 1829 vom Staat gegründet, nahm nur französische Studenten auf. Halphen, *Recueil des lois,* 82. In Württemberg mußte ein Rabbiner Staatsbürger sein. Nur in Ausnahmefällen durfte ein Ausländer an den Prüfungen teilnehmen, die die Vorbereitung für die Position eines Rabbiners waren. Mayer, *Sammlung der Württembergischen Gesetze in Betreff der Israeliten,* 85.
50 Graetz, *Geschichte der Juden,* XI, 384 f.
51 Barouh Mevorah, „Effects of the Damascus Affair upon the Development of the Jewish Press, 1840–1846" (hebräisch *ZION,* XXIII–XXIV (1958–59) 46–65.
52 Philippson, *Neueste Geschichte,* II, 300–309.
53 Narcisse Leven, *Cinquante ans d'histoire. L'alliance israélite universelle et la renaissance juive contemporaine,* 1860–1960 (Paris, Presses universitaires de France, 1965) 1–141.

Personenregister